Rügen

& Hiddensee

Dagny Eggert · Karola Kostede

W0194678

Reise-Taschenbuch

Inhalt

Unterwegs auf Rügen und Hiddensee

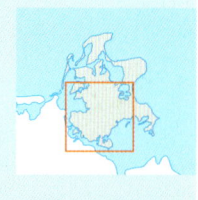

Inhalt

Auf Entdeckungstour

Karten und Pläne

▶ Dieses Symbol im Buch verweist auf die Extra-Reisekarte Rügen und Hiddensee

Das Klima im Blick

Reisen bereichert und verbindet Menschen und Kulturen. Wer reist, erzeugt auch CO_2. Der Flugverkehr trägt mit einem Anteil von bis zu 10 % zur globalen Erwärmung bei. Wer das Klima schützen will, sollte sich für eine schonendere Reiseform (z. B. die Bahn) entscheiden – oder die Projekte von *atmosfair* unterstützen. *Atmosfair* ist eine gemeinnützige Klimaschutzorganisation. Die Idee: Flugpassagiere spenden einen kilometerabhängigen Beitrag für die von ihnen verursachten Emissionen und finanzieren damit Projekte in Entwicklungsländern, die dort den Ausstoß von Klimagasen verringern helfen. Dazu berechnet man mit dem Emissionsrechner auf *www.atmosfair.de*, wie viel CO_2 der Flug produziert und was es kostet, eine vergleichbare Menge Klimagase einzusparen (z. B. Berlin – London – Berlin 13 €). *Atmosfair* garantiert die sorgfältige Verwendung Ihres Beitrags. Klar – auch der DuMont Reiseverlag fliegt mit *atmosfair!*

Schnellüberblick

Hiddensee

Mit dem Pferd, mit dem Rad oder zu Fuß geht es über eine der sonnenreichsten Inseln in Deutschland. Die kleine autofreie Insel war seit jeher ein beliebtes Ziel für Literaten, Schauspieler und Maler. Im Sommer ist der Trubel auf dem Eiland mit dem berühmten Dornbusch groß. Wer die Schönheit der Natur entdecken will, sollte ein paar Tage bleiben statt nur ein paar Stunden. S. 262

Der Westen Rügens

Rügens ruhigste Ecke mit Ackerland, Wiesen und vielen kleinen Dörfern. Besonders gut geeignet für Erkundungen per Rad. Gingst, Trent, Schaprode und Ralswiek sind die Zentren der dünn besiedelten Region. Die Halbinsel Ummanz ist ein verwunschenes Naturparadies und der Rügenpark für Kinder ein Riesenspaß. S. 196

Hansestadt Stralsund

Die stolze Handelsstadt mit ihren zahlreichen Baudenkmälern aus der Hansezeit ist das Tor zu Rügen. Unbedingt sehenswert ist die Altstadt mit den zahlreichen Häusern der Kaufleute und dem Straßennetz, das seit dem Mittelalter unverändert geblieben ist. Die Kirchen und das Rathaus mit seiner prächtigen Schaufassade zeugen vom Reichtum der Fernhändler. Genügend Zeit einplanen sollte man für den Besuch der zahlreichen Museen wie dem Meeresmuseum und dem Ozeaneum. S. 90

Der Süden und das Zentrum Rügens

Eine flach gewellte Landschaft mit Feldern und Wiesen und zahlreichen kleinen Siedlungen prägt das Bild von Rügens Süden. Die Inselhauptstadt Bergen

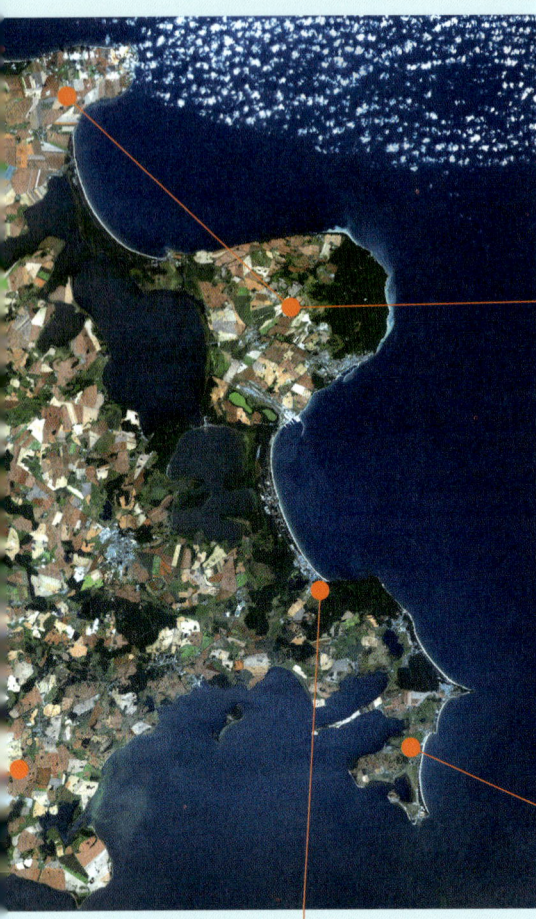

Berühmt sind die beiden Badeorte für ihre eleganten weißen Bädervillen. Zwischen beiden liegt die Granitz, Rügens größtes zusammenhängendes Waldgebiet. Vom Aussichtsturm von Schloss Granitz bietet sich ein fantastischer Rundblick. S. 168

Jasmund und Wittow

Sehenswürdigkeiten ohne Ende bietet der Nordosten Rügens: Kap Arkona, Stubbenkammer und die berühmten Kreidefelsen sind hier zu finden. Sassnitz Altstadt eignet sich bestens für einen Stadtbummel, Badefreuden garantieren Rügens schönste Strände auf der Schaabe und der Nationalpark Jasmund ist für Naturfreunde Pflicht. Ruhiger ist es am Großen Jasmunder Bodden und im Windland Wittow, wo stets eine leichte Brise weht. S. 216

Mönchgut und die Insel Vilm

Land und Bodden prägen das Mönchgut: Felszungen ragen malerisch in die Ostsee hinaus und Buchten zerschneiden die Küstenlinie. Rügens Schatzkästchen vereint den Zauber der Insel auf engstem Raum. Ein besonderes Highlight ist ein Besuch auf der Insel Vilm mit ihren uralten Baumriesen. S. 142

befindet sich an den Hängen von Rügens ›Zentralmassiv‹, dem Rugard. Unbedingt einen Besuch wert ist Putbus, das klassizistische Kleinod, die Residenzstadt von Fürst Wilhelm Malte I. S. 110

Die Bäder und Granitz

Rügens touristisches Herz schlägt in den traditionsreichen Kaiserbädern Binz und Sellin: Breite feinsandige Strände und Promenaden locken jedes Jahr unzählige Besucher.

Mit Dagny Eggert und Karola Kostede unterwegs

Dagny Eggert ist Historikerin und Journalistin. Sie interessiert sich für fremde Kulturen, vergessene Regionen und die kleinen Schätze vor der eigenen Haustür. Reiseberichte sind ihre Schwerpunkte, Hafenstädte, Küstenregionen und Strände ihre Leidenschaft.

Karola Kostede ist Kunsthistorikerin und Autorin. Sie schreibt für Magazine und Zeitschriften und ist in Hamburg zuhause. Doch immer wieder zieht es sie ans Meer. Egal, ob Atlantik, Mittelmeer, Nord- oder Ostsee – sie muss immer Meer sehen.

Rügen – unsere Sehnsuchtsinsel

Wer einmal auf Rügen war, kommt immer wieder: ob flaches, stilles Boddengewässer, türkisblaue Ostsee, raue Steilküste oder urwüchsige Wälder. Schneeweiße Bäderarchitektur, Kreidebrüche, Wiesen und Felder – jeder Blick so scheint es, wird zum Gemälde. Wer einmal die weiten Kornfelder gesehen hat, die sich gespickt mit blauen Kornblumen und rotem Klatschmohn sanft gewellt bis fast zum Meer hinziehen, weiß, was wir meinen. Auch jenseits des berühmten Kreidefelsens ist Rügen Romantik pur.

Auf der kleinen Schwesterinsel Hiddensee müssen wir die Seebühne besuchen. Das maritime Kammertheater mit seinen wunderbaren Puppen ist viel mehr als gute Unterhaltung. Wo Gerhart Hauptmann, Asta Nielsen und Joachim Ringelnatz schon lange vor uns ihren Urlaub verbrachten, fühlen wir uns wie im Paradies: denn das »söte Länneken« ist nicht nur autofrei, sondern auch ruhig – Stress kennt man hier nicht.

Zelt oder Gutshof

Es scheint, als seien auf Rügen und Hiddensee das Licht, die Sonnenuntergänge und der Himmel heller und farbiger als anderswo in Deutschland. Beim Angeln, Segeln, Surfen, Wandern oder Radfahren finden Outdoor-Fans nicht nur die passende Erholung, sondern auch jede Menge Spaß – und das meist unter strahlend blauem Himmel, denn Rügen und Hiddensee zählen stets zu den sonnenreichsten Orten Deutschlands.

Ballspieler, Badenixen und Beachboys tummeln sich an den schönen Stränden der Seebäder. Die Promenaden mit ihren vielen Cafés in Binz, Sellin, Göhren und Baabe sind mitunter so etwas wie die Laufstege von Rügen. Dazu bieten die weißen Villen der Bäderarchitektur die passende Kulisse. Auch laden die elegantesten Restaurants und Cafés zu einer kulinarischen Entdeckungsreise ein. Dennoch bietet Rügen für jede Preisklasse etwas, ob 5-Sterne-Hotel, Zelt, Familienpension

oder Gutshof. Wir lieben besonders die Herrenhäuser, die nicht nur durch nette Gastgeber, sondern auch oft durch ihre einzigartige Lage in wunderschönen Parkanlagen für das besondere Extra sorgen.

Kreide und Kraniche

Ohne das 60 bis 70 Mio. alte Material aus den Kreidebrüchen wäre Rügen nicht Rügen. Als Wellness-Highlight schwören wir auf eine wohlige Heilkreidepackung. »Das weiße Gold« ist wie ein Jungbrunnen, den sich jeder unbedingt gönnen sollte, denn es entschlackt und reinigt Körper und Haut.

Jeder sollte die bekannten touristischen Ziele wie die Stubbenkammer oder das Kap einmal besucht haben. Wir schätzen besonders das ursprüngliche Rügen: Kleinode wie das Mönchgut oder die Insel Ummanz. Das stille Hinterland jenseits des großen Trubels mit kleinen Ortschaften inmitten von weiten Wiesen und Feldern, wo im Herbst unzählige Kraniche rasten. Das ist jedes Jahr ein besonderes Erlebnis. Jeder Urlauber wird auf Rügen seine persönlichen Lieblingsecken finden.

Putbus statt Prora

Gerade die vielen Zeugnisse aus 5000 Jahren Siedlungsgeschichte geben der Insel ihr Flair. Noch heute sind unzählige Bauwerke aus den verschiedenen Epochen zu finden, die sich alle harmonisch in die Landschaft einfügen: allen voran die Hünengräber, die Backsteinkirchen und natürlich die Residenzstadt Putbus mit ihren klassizistischen Stadthäusern und dem historischen Theater. Neben den verspielten Bädervillen bereichern die futuristisch anmutenden Bauten Ulrich Müthers die Insel.

Doch Rügen ist auch Prora. Das nie fertiggestellte »Kraft durch Freude«-Seebad der Nationalsozialisten: Nirgends ist Rügen so hässlich, nirgends wird Hitlers Größenwahn auch so körperlich spürbar. Ein wichtiger Ort deutscher Geschichte, der noch immer für Diskussionen sorgt.

Seit Jahrhunderten zählt Rügen zu den beliebtesten Reisezielen. Schließlich besitzt Rügen eine solche Vielfalt an Natur und Kultur, dass wir bei jedem Besuch wieder neue Facetten der Insel entdecken.

Chorruine vom St. Johannis-Kloster in Stralsund, S. 102

Idyllischer Naturstrand Wreechen, S. 126

Lieblingsorte!

Reddevitzer Höft: Verwunschener Apfelgarten mit Schlossblick, S. 166

Flanieren zwischen Himmel und Meer: Seebrücke in Binz, S. 178

Mystischer Herthasee unweit des Königstuhls, S. 228

Der kleine Bruder des Dornbuschturms: Süderleuchtturm auf dem Gellen, S. 282

Sie liegen manchmal einsam und manchmal mitten im Leben. Unsere Lieblingsorte sind so vielfältig wie die Insel Rügen. Ob Chorruine in Stralsund, am Waldsee im Nationalpark Jasmund, auf Rügens schönster Terrasse oder im verwunschenen Apfelgarten im Mönchgut – das Repertoire reicht von Garten Eden bis zum Badevergnügen an Rügens schönsten Stränden. Natürlich sind auch kulinarische Highlights darunter, die sich bestens für eine kleine Pause eignen. Die besten Räucherfische sind hier genauso zu finden wie die kleinen Fluchten auf Hiddensee.

Bakenberg Strand: schönster FFK-Strand im äußersten Nordwesten Rügens, S. 254

Panoramahotel Lohme: Rügens schönste Terrasse mit Kap-Blick, S. 234

Reiseinfos, Adressen, Websites

Von Wind, Wellen und Sonne verwöhnt: Strand bei Vitte auf Hiddensee

Informationsquellen

Infos im Internet

www.ruegen.de

Offizielle Seite der Tourismuszentrale Rügen. Etwas unübersichtlich gestaltet, aber mit vielen interessanten Infos zu Tourismus, Wirtschaft und Bürgerservice: unter Tourismus/Kultur ein Veranstaltungskalender, der nach Themen und Orten sortiert ist. Darüber hinaus gibt es z. B. auch Infos zum Thema Urlaub mit Handicap und natürlich einen Hotel- und Zimmervermittlungslink.

www.ruegen-hiddensee.de

Ebenfalls umfassend informiert auch diese Website, unter anderem mit vielen nützlichen Tipps zum Thema Kunst und Kultur.

www.kreis-rueg.de

Homepage der Kreisverwaltung, vielfach verlinkt mit ruegen.de – wichtig ist unter Aktuelles die Rubrik Verkehrsinformationen, die über aktuelle Sperrungen und Fährzeiten informiert. Interessant auch unter Regionales die Themen Tourismusentwicklung und Regionale Entwicklungspolitik.

www.mv-wetter.info

Website zum Wetter auf Rügen.

www.ostsee-zeitung.de/ruegen//index.phtml

Die Rügen-Rubrik auf der Homepage der Ostsee Zeitung informiert über aktuelle Themen und Entwicklungen auf der Insel.

www.ruegen-forum.net

Eine Informationsplattform mit Hinweisen zu Urlaub, Freizeit, Sport, Shopping und Ausgehen auf Rügen.

Regionale Seiten

www.stralsund.de
www.hiddensee.de
www.binz.de
www.putbus.de
www.sassnitz.de

Für Naturfreunde

www.biosphaerenreservat-suedostruegen.de

www.rpnv.de

Website der Rügener Personennahverkehrs GmbH mit Fahrplanauskunft, Routenplaner und Ausflugstipps.

Rügen-App

Die kostenlose Rügen-App für das iPhone von Apple stellt mit 1500 einzelnen Informationen die Insel vor. Man findet sie im iTunes App Store.

Internetcafés und Internetzugänge

Bergen

Bibo ergo sum: Am Markt 14, Tel. 03838 25 22 59, www.biboergosum.de, Mo–Fr ab 11, Sa, So ab 18 Uhr. Kneipe mit Internetzugang.

Binz

Haus des Gastes: Heinrich-Heine-Str. 7, Tel. 038393 14 81 48, www.ostseebad-binz.de, Nov.–Jan. Mo–Fr 9–16, Sa, So 10–16 Uhr, Feb.–Okt. Mo–Fr 9–18, Sa, So 10–18 Uhr. Internetzugang mit Münzeinwurf in der Bibliothek, 1 Std. 5 €, 6 Min. 0,50 Cent.

Binz

Jugendherberge: Strandpromenade 35, Tel. 038393 325 97, www.binz.jugendherbergen-mv.de, hier gibt es W-Lan,

Internetzugang tgl. von 10–22 Uhr. Anmeldung an der Rezeption, bis 20 Uhr kann man einen PIN-Code für die Benutzung des Internetzugangs erhalten. 20 Min. kosten 1 €, 1 Std. 3 €.

Sellin
Buchhandlung und Internetcafé im Seepark: Mönchguter Str. 6 a, Tel. 038303 959 80, www.buchhandlung-sellin.de, Mo–Sa 10–20 Uhr, bis 30 Min. 2, 50 €, jede weitere angefangene 1/4 Std. 1 €.

Putbus
IT-College Putbus: Circus 16, Putbus, Tel. 038301 885 20, www.itc-putbus. de. Öffentlicher Internetzugang in den Räumen des IT-College nach Anmeldung am Empfang, Mo–Fr 8–17 Uhr.

Informationsstellen/ Fremdenverkehrsämter

Vor Ort
Tourismuszentrale Rügen
Markt 25
18528 Bergen
Tel. 03838 807 70
www.ruegen.de
Mo–Fr 8–18 Uhr

Touristeninformation Stralsund
Alter Markt 9
18439 Stralsund
Tel. 03831 246 90
info@stralsundtourismus.de
Mai–Okt. Mo–Fr 10–18, Sa, So 10–16 Uhr und Nov.–April Mo–Fr 10–17, Sa 10–16 Uhr

Insel-Information Hiddensee
Norderende 162
18565 Vitte
Tel. 038300 642 26
www.seebad-hiddensee.de
info@seebad-hiddensee.de

… in Deutschland
Deutsche Zentrale für Tourismus e. V. (DZT)
Beethovenstr. 69
60325 Frankfurt/Main
Tel. 069 97 46 40
www.deutschland-tourismus.de

… in Österreich
Deutsche Zentrale für Tourismus e. V. (DZT)
Mariahilfer Str. 54
1070 Wien
Tel. 01 513 27 92
deutschland.reisen@d-z-t.com
www.deutschland-tourismus.at

… in der Schweiz
Deutsche Zentrale für Tourismus e. V. (DZT)
Talstr. 62
8001 Zürich
Tel. 044 213 22 00
deutschland-ferien@d-z-t.com
www.deutschland-tourismus.ch

Deutsche Bahn in Zürich
Tel. 044 213 22 12

Lesetipps

Sabine Bock, Thomas Helms: Schlösser und Herrenhäuser auf Rügen, 2. Aufl., Bremen 2004. Auflistung des gesamten Bestandes mit ausführlichen Beschreibungen und Bebilderung der erhaltenen Gebäude sowie einer historischen Einführung.

Hans-Jürgen Herbst: Reise eines Gesunden in die Seebäder Swinemünde, Putbus und Doberan, Berlin 1828, Nachdruck Godewind Verlag. Der historische Reisebericht gibt einen wortgewandten Einblick in den Bädertourismus von anno dazumal.

Ernst Moritz Arndt: Die schönsten Märchen. Mit einem Vorwort von Ur-

Auch in Lancken-Granitz steht eine der vielen schönen Backsteinkirchen Rügens

sula Schulze, Düsseldorf und Zürich 2002. Märchen und Sagen aus Arndts Rügener Kindertagen, mit vielfältigen Bezügen zu Dörfern und Gegenden auf der Insel.

Roswitha Schieb, Gregor Wedekind: Rügen. Deutschlands mythische Insel, Berlin 1999. Ein interessantes und unterhaltsames Lesebuch über Rügen in Literatur und Dichtung, mit zahlreichen Textbeispielen.

Peter Knobloch, Lutz Grünke: Rügen schmeckt. Rezepte von Peter Knobloch, Rügen 2004. Ausgewählte Rezepte und nützliche Kochtipps von Peter Knobloch, Starkoch der Insel Rügen (s. a. S. 156) – von Bärlauchsuppe bis zum gefüllten Gänsehals.

Wetter und Reisezeit

Klima

Ein weiter blauer Himmel und jede Menge Sonnenschein – so kennen die meisten Urlauber ihre Lieblingsinsel. Zusammen mit Usedom gehört Rügen zu den sonnigsten Regionen Deutschlands. 1850 Stunden im Jahr scheint sie hier, doch eine stabile Wetterlage ist trotzdem selten. Bestimmt wird das Klima von einem Mix aus Sonne, Wolken, Regen und Wind. Selbst wenn es morgens noch kühl und bedeckt aussieht, strahlt am Mittag schon wieder der blaue Himmel, als hätte er noch nie eine Wolke gesehen. Nur der Wind ist an Rügens Küsten ein ständiger Begleiter, so dass es am Strand nie zu warm wird, auch wenn die Temperaturen im Hochsommer nicht selten bis auf über 30 °C klettern. Die jodhaltige Brise beschert Rügen ein gemäßigtes Reizklima, mit 8 °C im Jahresmittel und 19 °C im August. Im Januar erreichen die Werte mit 2 °C ihren Tiefststand.

Auf Rügen regnet es im Vergleich mit anderen Regionen Deutschlands eher selten; am regenreichsten ist es im November und Dezember. Dabei ist der Süden und Osten sowie Hiddensee deutlich trockner als der Westen und Norden. Dafür ist durch die Nähe zu den großen Wasserflächen gerade an der West- und Nordwestküste die Luft besonders rein und durch ihre Pollenarmut für Allergiker angenehm.

... im Sommer

Die Badeurlauber kommen im Hochsommer und lieben die Insel für ihre weiten weißen Strände mit Wassertemperaturen um 17 und 18 °C im flachen Wasser an den Küsten und bis zu 22 °C warmen Boddengewässern. Für die beiden beliebtesten Rei-semonate sind 271 Sonnenstunden durchschnittlich im Juli und 260 im August ein gutes Argument.

... im Frühling und Herbst

Doch auch jenseits der sonnigsten Monate ist Rügen ein lohnenden Reiseziel: Ab Mitte Mai blühen die leuchtend gelben Rapsfelder, etwas später dann der Klatschmohn. Der Frühling beginnt im Vergleich zum Festland mit zwei Wochen Verspätung, dafür sind die Tage bis weit in den Herbst hinein oft noch ziemlich mild, da das Meer nur langsam die im Sommer gespeicherte Wärme wieder abgibt.

Mai und September sind die besten Monate zum Wandern, Fahrradfahren und für die meisten Outdoor-Aktivitäten. Mit den Temperaturen fallen nach den Sommertagen im Herbst auch die Zimmerpreise, die Alleen und Wälder zeigen sich in ungewohnter Farbenpracht und der Strand lockt zu ausge-

Klimatabelle Rügen (Arkona)

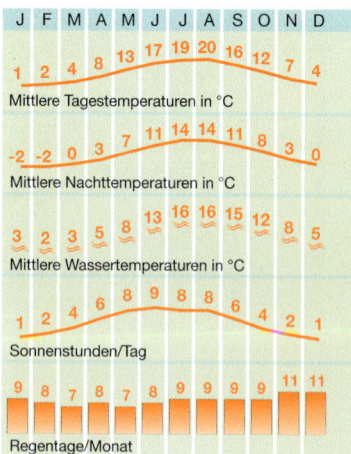

	J	F	M	A	M	J	J	A	S	O	N	D
Mittlere Tagestemperaturen in °C	1	2	4	8	13	17	19	20	16	12	7	4
Mittlere Nachttemperaturen in °C	-2	-2	0	3	7	11	14	14	11	8	3	0
Mittlere Wassertemperaturen in °C	3	2	2	5	8	13	16	16	15	12	8	5
Sonnenstunden/Tag	1	2	4	6	8	9	8	8	6	4	2	1
Regentage/Monat	9	8	7	8	7	8	9	9	9	9	11	11

dehnten Spaziergängen. Doch gerade die Außenküsten werden im Frühjahr und Herbst gern von heftigen Stürmen mit mehr als 10 Windstärken heimgesucht.

Eine besondere Attraktion im Westen von Rügen ist im Herbst der Kranichzug, wenn die großen Vögel auf ihrem Flug in die Winterquartiere auf der Insel Rast machen.

... im Winter

Das ist die Zeit der wahren Rügenfans: die Strände menschenleer, Raureif überzieht die Boddenlandschaften, viele Hotels und Restaurants haben geschlossen, andere haben ihre Preise z. T. drastisch gesenkt. Das ist die Zeit für alle, die absolute Ruhe suchen und auch finden – abgesehen von den Weihnachtstagen, denn bis in die erste Januarwoche hinein ist Hochsaison.

Kleidung

Eine Kopfbedeckung und ausreichend Sonnenschutzmittel sind in den Sommermonaten am Strand in jedem Fall die wichtigste Ausrüstung, da man in der kühlenden Meeresbrise die Kraft der Sonne leicht unterschätzt. Dazu kommt Mückenschutz für angenehme Abende in der Nähe von Boddengewässern sowie eine leichte Jacke, da selbst im Sommer die Abende kühl sein können.

Gleichermaßen wichtig sind zu jeder Jahreszeit wärmende sowie wind- und regendichte Kleidungsstücke, da das Wetter zu jeder Jahreszeit unbeständig sein kann, sowie festes, bequemes Schuhwerk, damit man bei Spaziergängen die landschaftliche Schönheit der Insel ausgiebig und ungetrübt genießen kann.

Bei klarer Luft und Sonnenschein macht ein Strandspaziergang am Südstrand von Göhren auch im Winter Laune

Rundreisen planen

Rügen ist schön! Und größer als man denkt – eine Stunde Fahrzeit und mehr kann man mit dem Pkw einplanen, wenn man z. B. von Bergen aus in die entlegeneren Gebiete vom Mönchgut fährt wie nach Groß Zicker, zum Reddevitzer Höft oder Richtung Thiessow. Wer nicht viel Zeit mitbringt, sollte sich zunächst auf eine Region konzentrieren – bald wiederkommen und dann eine andere Facette von Deutschlands größter Insel kennenlernen. Die Touren lassen sich auch nacheinander zu einer größeren Rundreise verbinden. Erster Halt, bevor es auf die Insel geht, ist die alte Hansestadt Stralsund – sie ist wegen ihrer schönen Altstadt und der vielen Museen auf jeden Fall eine Tagesreise wert.

Die Highlights im Norden (3–4 Tage)

Rügens größte Attraktionen befinden sich im Norden und Westen. Wahrzeichen und bekanntestes Motiv der Insel sind die **Kreidefelsen von Jasmund**. Das war schon vor zweihundert Jahren so, und ein Spaziergang durch die Buchenwälder der Stubbenkammer und der Blick von der Victoria-Sicht gehörten immer noch zu den absoluten Highlights. Genießen Sie die ruhige Stimmung frühmorgens oder im Frühsommer am späten Abend, wenn auf den Wegen weniger los ist. Anfahrt nach Jasmund: über Stralsund auf der B 96 über Bergen weiter nach Sassnitz und in die Stubbenkammer. Von dort lohnt ein Abstecher über die kiefernbestandene schmale Landzunge Schaabe nach Wittow zum **Kap Arkona**.

Ebenfalls unerlässlich: ein Besuch in den beiden Kaiserbädern **Sassnitz** und **Binz**. Von Sassnitz führt die Straße über die Schmale Heide bis nach Binz. Genügend Zeit sollte man sich auf dem Weg dahin für **Prora** nehmen. Das gigantomanische Bauprojekt der Natio-

nalsozialisten ist ein eindrucksvolles Stück Zeitgeschichte und beherbergt einige interessante Museen und seit 2011 eine Jugendherberge. Der auch im Hochsommer meist leere Sandstrand gehört zu den schönsten der Insel und lädt zum Baden ein.

Das Beste im Osten (3–4 Tage)

Auf den ersten Blick nicht ganz so spektakulär, aber nicht weniger reizvoll ist Rügens Osten: Hier ist der Blick

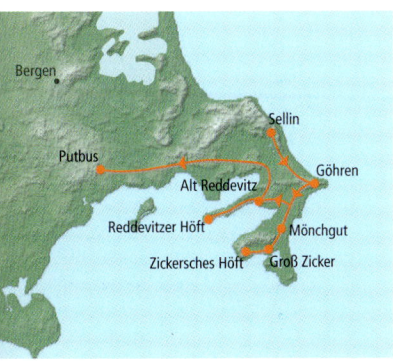

nie weit entfernt von der Küstenlinie; Bodden und Hügel, Wald und Graslandschaften bilden einen Mikrokosmos auf engstem Raum, in etwa vergleichbar mit den Fjord- und Schärenlandschaften der skandinavischen Nachbarländer. Schön anzuschauen ist auch **Sellin** mit den weißen Villen in der Wilhelmstraße, die direkt zur Seebrücke führt. Dann geht es weiter ins **Mönchgut**: Erster Stopp ist das Ostseebad **Göhren** mit seinen zwei Stränden und der restaurierten Konzertmuschel im Kurpark. Landschaftlich unglaublich schön ist das **Zickersche** und das **Reddevitzer Höft** mit den malerischen Dörfern Groß Zicker und Alt

Reddevitz. Ein Highlight schon auf dem Rückweg ist die Weiße Stadt **Putbus**. Europas jüngste Residenzstadt wurde auf dem Reißbrett entworfen, das klassizistische Ensemble strahlt heute wieder wie vor 200 Jahren – nur das herrschaftliche Schloss steht nicht mehr.

Rügens ruhiger Westen (2–3 Tage)

Ganz im Westen der Insel liegt Rügens liebliche kleine Schwester – die autofreie Insel **Hiddensee** mit ihren malerischen Dörfern **Kloster**, **Neuendorf** und **Vitte**. Keinesfalls verpassen sollte man einen Spaziergang auf dem windzerzaust schönen Dornbusch mit dem charakteristischen Leuchtturm und seinem weiten Blick. Die Fähre nach Vitte und Neuendorf legt in **Schaprode** ab. Viel mehr als nur ein Fähranleger ist der kleine Ort auch für sich schon eine Reise wert. Touristisch weniger erschlossen und mehrheitlich landwirtschaftlich genutzt ist der Westen von Rügen genau das Richtige für Urlauber, die Ruhe und Abgeschiedenheit suchen. Besonders während des Kranichzugs empfehlenswert: Ein Besuch auf **Ummanz**; in **Tankow** lassen sich die scheuen Vögel gut beobachten.

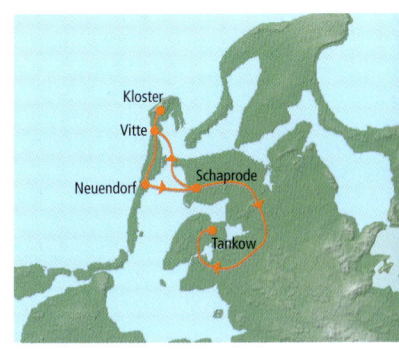

Anreise und Verkehrsmittel

Anreise

… mit dem Pkw

Seit die Ostseeautobahn A 20 Lübeck mit Stettin verbindet, hat sich die Fahrzeit nach Rügen für viele Reisende deutlich verkürzt. Wer von Westen anreist, benutzt am besten die A 1 Richtung Hamburg bis Lübeck und fährt dann weiter auf der A 20 bis Stralsund. Urlauber aus dem Süden Deutschlands, aber auch Österreicher und Schweizer kommen am schnellsten mit der A 9 via Nürnberg bis Berlin in den hohen Norden. Ab Berlin führt die A 19 nach Rostock und von dort geht es dann weiter auf der A 20 oder über die alte Bundesstraße B 105 bis Stralsund.

Zwei Brücken verbinden die Insel mit dem Festland: Die Ziegelgrabenbrücke ist eine Zugbrücke, die sich mehrmals täglich für den Schiffsverkehr im Strelasund öffnet: jeweils um 2.30 (Bedarfsöffnung), 5.20, 8.20, 12.20, 17.20 und 21.30 Uhr für 20 Min., in dieser Zeit ist sie für Züge und Fahrzeuge gesperrt. Neben der Ziegelgrabenbrücke quert seit Oktober 2007 auch eine Hochbrücke den Strelasund. Die neue Rügenbrücke ist ein umstrittenes Projekt: Bereits während der Planungen hatten vor allem Umweltverbände das Vorhaben kritisiert, so gehe die Planung an den Bedürfnissen der Region vorbei. Auf der alten Brücke wurden Spitzenzeiten bis zu 20 000 Autos täglich gezählt, auf der neuen rechnen Experten mit 30 000 Fahrzeugen. Dass aber das Straßennetz der Insel die Erhöhung des Verkehrs um ganze 50 % verkraften könne, ist zweifelhaft.

Alternativ hat die Autofähre Stahlbrode/Glewitz bei Stralsund eine Anbindung an die B 96 im Süden von Rügen und an die Deutsche Alleenstraße im Osten der Insel. Beförderungskapazität ca. 44 Pkw, Abfahrten Mai–Sept. tgl. 6–21.40 Uhr alle 20 Min.

… mit der Bahn

Wer mit dem Zug nach Rügen fahren möchte, hat mit der Deutschen Bahn verschiedene Möglichkeiten: Die Fahrt von München z. B. dauert ca. 10,5 Std. Nach der Fahrt im ICE bis Hamburg steigt man in den IC nach Stralsund ein. Von dort fährt stündlich die Regionalbahn über Bergen nach Binz. Berliner fahren mit dem Regionalexpress in drei Stunden nach Stralsund. Eine charmante Alternative bietet die Bahn den Urlaubern aus der Schweiz: Schweizer können mit dem Nachtzug Sirius von Zürich aus bis Berlin fahren, im Juli und August direkt bis Binz. Für Pkw-Reisende aus dem Süden empfiehlt die Deutsche Bahn den Autozug: von München, Lörrach, Villach, Narbonne, Bozen, Verona oder Alessandria bis nach Hamburg.

… mit dem Flugzeug

Der nächste internationale Flughafen für Rügen ist Rostock/Laage, eine Alternative für Rügen-Gäste, die über München, Stuttgart, Köln (Bonn) oder Zürich anreisen wollen.

Auf Rügen

Pkw

Der schnellste Weg über die Insel führt von der Rügenbrücke auf der B 96 bis nach Bergen und von dort zu den beliebten Feriengebieten an der Ostseeküste von Rügen. Eine malerische Alternative für Urlauber, die es in den Osten der Insel speziell nach Sellin, Baabe, Göhren oder weiter ins Mönch-

Autofreies Hiddensee

In Stralsund kann das Auto im Parkhaus am Ozeaneum beim Fähranleger abgestellt werden (6–11 €/Tag, 42 €/Woche). Wer in Schaprode auf Rügen die Fähre nimmt, kann als Übernachtungsgast den kostenpflichtigen und überwachten Parkplatz direkt am Hafen nutzen. In der Hochsaison ist dieser aber meist restlos belegt. Preis pro Pkw 3,50 €, ab dem zweiten Tag 2 €. Im Ort selber stellen die Schaproder ihre Grundstücke als Stellplätze für die Autos zur Verfügung, ab 2–3 €/Tag. Am Ortsrand ist ein weiterer großer Parkplatz, auf dem auch Wohnmobile abgestellt werden können. Von dort verkehrt eine kleine Bahn, die die Urlauber für 1 € zum Fähranleger bringt.

gut zieht, ist die Alte Bäderstraße, die direkt hinter dem Rügendamm rechts abgeht und über Gustow und Poseritz nach Garz führt. Ausgewiesen als Teil der Deutschen Alleenstraße geht es von dort unter Bäumen nach Putbus. Die Fahrt durch Rügens Alleen ist ein Highlight für sich, folgende Vorsichtsmaßnahmen sind dabei zu beachten: Auf Rügen sollte man auch am Tage mit Licht fahren. Das hilft, um von den entgegenkommenden Fahrern auf den engen Straßen besser gesehen zu werden, man wird gerade im Sommer durch den schnellen Wechsel von Licht und Schatten auf den zugewachsenen Strecken in seiner Sicht beeinträchtigt. Auf den meisten Alleestraßen gilt die Höchstgeschwindigkeit von 80 km/h. Tankstellen gibt es in Altenkirchen, Sagard, Sassnitz, Binz, Sellin, Bergen, Samtens und Putbus.

Taxiruf auf Rügen

Tel. 03838 25 26 27, für Stralsund Tel. 03831 39 33 33.

Mietwagen

SIXT-24h Autovermietung Rügen in Binz, Proraer Chaussee, neben der Total Tankstelle, Tel. 038393 66 63 80. **Europcar** Autovermietung in Bergen, Industriestr. 12, Tel. 03838 25 42 80. Mietwagen Auto **Eggert** in Bergen, Stralsunder Chaussee 22, Tel. 03838 803 00.

Flugzeug

Rund- und Fotoflüge für 3–6 Passagiere starten tgl. ab 10 Uhr vom Flugplatz Güttin an der B 96 vor Bergen, www.flugplatz-ruegen.de.

ÖPNV

Rügen ganz ohne Auto geht auch! Die Insel ist gut erschlossen: Knapp 40 Buslinien erreichen fast alle Orte der Insel. Die Tourenplaner naTourlich der Rügener Personennahverkehrs GmbH (RPNV, www.rpnv.de) geben Auskunft und Anregung für lohnende Reiseziele entlang der Buslinien. Sie sind kostenlos bei den Touristeninformationen erhältlich. Über sämtliche Verbindungen informiert der Fahrplan, den es in allen Touristeninformationen zu kaufen gibt. Hier sind nicht nur die Busverbindungen gelistet, auch die verschiedenen Regionalzüge, wie die 190 Stralsund–Bergen–Sassnitz/Binz, und auch die Kleinbahn Rasender Roland (www. ruegensche-baederbahn.de), die zwischen Putbus, Lauterbach, Binz, Sellin und Göhren nicht nur eine touristische Attraktion, sondern auch ein ernstzunehmendes Verkehrsmittel ist. Dazu kommen die verschiedenen Fähren der Weißen Flotte (www.weiße-flotte.de) wie die Reederei Kipp (www.reederei-kipp.de) mit der Verbindung Ralswiek–Breege–Hiddensee und zurück, die Wittower Fähre zwischen Wittow und West-Rügen sowie die Reederei Hiddensee (www.reederei-hiddensee.de) mit der Linie Schaprode–Hiddensee

und Stralsund–Hiddensee. Eine Tageskarte, gültig für die Insel sowie Stralsund, kostet 11,50 € für einen Erwachsenen und 23 € für eine Familie (zwei Erwachsenen und bis zu drei Kinder).

Rad

Ein attraktives, aber nicht immer einfaches Pflaster bietet Rügen seinen Radfahrern. Es gibt viele schöne Touren und ausgeschilderte attraktive Strecken, aber auch Kopfsteinpflasterstraßen, sandige Wege und vielbefahrene Autopisten ohne Fahrradweg, die den Fahrspaß trüben. Nützlich ist da die Fahrradkarte im Maßstab 1:75 000 für Rügen und Hiddensee. Sie kostet 5,50 € und ist bei der Touristeninformation in Bergen erhältlich. Gut ist auch das Angebot RADzfatz der RPNV: 9 Busse fahren mit Fahrradanhängern und bieten so eine gute Möglichkeit, lange oder gefährliche Strecken zu überbrücken und erschöpfte Radler sicher ans Ziel zu bringen. Dazu gibt es

Schiff-Rad-Wandern

Von Mai bis September befördert Reederei Kipp nicht nur Personen, sondern auch Fahrräder. Abwechslungsreich sind die Schiff-Rad-Touren Breege–Ralswiek und zurück sowie Ralswiek–Breege–Vitte und zurück (Mo–Fr). Preise: Erwachsene Hin- und Rückfahrt 16 €, Kinder 10 €, Fahrrad 6 €, www.reederei-kipp.de.

die Karte »RADzfatz über die Insel«, mit sieben Ausflugstipps. Darüber hinaus bieten Leih-Elektrofahrräder die Gelegenheit zu ausgedehnten Touren mit deutlich weniger Kraftaufwand (www.movelo.com).

Zu Fuß

Für Wanderfreunde gibt es in der Touristeninformation in Bergen die Wanderkarte Rügen und Hiddensee im Maßstab 1:50 000 für 6,95 €.

Auf Hiddensee geht es auch ohne Auto munter vorwärts

Übernachten

Ein Haus am Meer, ein 5-Sterne-Hotel oder lieber eine kleine Wohnung am einsamen Bodden? Auf Deutschlands größter Insel mit 65 000 Gästebetten alles kein Problem. Auch Privatzimmer, Jugendherbergen und Campingplätze sind vorhanden. Der Trend geht zum Rundum-Verwöhnprogramm. Zahlreiche Häuser haben in Zeiten der Wirtschaftskrise erkannt, dass der Gast genau hinschaut, was er für sein Geld bekommt. Allein die schöne Lage reicht da längst nicht mehr.

Luxushotels

Die meisten exquisiten First-Class-Hotels befinden sich in den Ostseebädern. In Binz sind nicht nur die weißen Villen an der Strandpromenade aufgereiht; auch die Design- und Luxushotels stehen hier dicht beieinander. Wer bereit ist ein gewisses Budget auszugeben und sich im Urlaub gern rundum verwöhnen lässt, findet garantiert das Richtige. Ob im klaren Design des 21. Jh., im modernen Landhausstil mit

Heute das Luxushotel der Insel Rügen: das 1908 eröffnete Kurhaus Binz

gediegenem Ambiente oder im schicken Biohotel mit eigenem Gesundheitsbereich – Binz besitzt als mondänster Ort der Insel auch die meisten Angebote. Die Häuser direkt an der Strandpromenade, mit nur wenigen Schritten bis zum Meer, sind natürlich die teuersten. Die Preise der Häuser sind in Haupt-, Neben- und Zwischensaison unterteilt. Wann diese Saison beginnt, entscheidet das Hotel individuell. Auch bei Übernachtungen an Feiertagen ist mehr zu zahlen. Pro Person und Nacht muss in der Hauptsaison mit mindestens 150 € in diesen exquisiten Häusern gerechnet werden.

Privatzimmer

Wer gerne mehr Kontakt zu den Rüganern haben möchte und eine kleine Pension einem Hotelaufenthalt vorzieht, mietet sich am besten ein Zimmer bei einem privaten Vermieter. Viele schätzen diese individuelle Unterbringung wegen der wertvollen Tipps und Hinweise der Pensionswirte. Auch eine individuelle Betreuung und eine meist kleine Frühstücksrunde sind inklusive. Allerdings sind diese Zimmer oft auch sehr individuell eingerichtet. Im Hinterland sind die Angebote meist günstiger als in den Seebädern. Die Preise schwanken je nach Lage, Ausstattung und Jahreszeit erheblich. Im mittleren Bereich bewegen sie sich zwischen 45 und 65 € am Tag. Auch kleine Ferienwohnungen mit Kochnische oder separater Küche sind zu haben. Eine Wohnung kostet zwischen 60 und 150 € am Tag. Ein detailliertes Verzeichnis enthält der Gastgeberkatalog der Tourismuszentrale Rügen.

Appartements und Ferienparks

Wer unabhängig sein will, mietet sich ein kleines Zuhause auf Zeit. Meist sind die Häuser und Wohnungen wochenweise zu mieten. Neben schicken Appartements wie etwa die schwimmenden Ferienhäuser in Lauterbach gibt es mittlerweile auch ganze Urlaubsdörfer. Diese Ferienparks erinnern eher an Neubausiedlungen. Sie besitzen zumeist zusätzlich ein Freizeitangebot, so dass der Urlauber die Anlage eigentlich gar nicht unbedingt verlassen muss … Bestens für Menschen geeignet, die sich auch im Urlaub selbst versorgen. Die Preise schwanken nach Ort und Ausstattung, in der Regel ab 55 € pro Tag aufwärts.

Zimmerpreise

Hochsaison ist hier nicht nur im Juli und August, sondern auch im Winter, von Weihnachten bis zur ersten Januarwoche. Wem es möglich ist, der sollte lieber vor und nach den Schulferien kommen, da fallen die Preise oft erheblich. Viele Übernachtungen werden auch billiger, wenn der Gast nicht nur eine Nacht bleibt. Die meisten Hotelzimmerpreise werden pro Person angegeben. In der Regel ist das Frühstück meist inklusive, es sei denn, es ist vorher ausdrücklich mit einem Extrapreis ausgewiesen. Besonders lohnenswert sind oft auch spezielle Hotelangebote für einen Kurzaufenthalt.

Ferien auf dem Lande

Wer es gerne einsam mag und dazu noch tierlieb ist, sollte sich eine Wohnung im Hinterland suchen. Am besten auf einen Bauernhof. Ideal für Kinder, die hier mal auf einen Traktor klettern oder mit dem Hofhund Freundschaft schließen können. Tierliebe Zeitgenossen kommen hier genauso auf ihre Kosten wie Menschen, die die Einzellage und einen großen Garten zu schätzen wissen. Meist gibt es eine kleine Wohnung, die direkt an dem Hof liegt. Wer mag, kann oft auch im Heu übernachten.

Wer es lieber ein wenig komfortabler mag, kann auf einen der schönen Gutshof oder ein Landgasthaus ausweichen (s. S. 74). Diese sind darüber hinaus oft besonders schön gelegen und bieten meist ein bisschen mehr Annehmlichkeiten und Luxus als ein Bauernhof. Außerdem sind die Bauernhofferien nicht unbedingt preiswerter als ein Zimmer auf einem Gutshof. Auch hier variieren die Preise je nach Ausstattung, Größe

und Saison. In der Regel sollte man mit um die 55 € pro Person und Nacht rechnen.

Jugendherbergen

Die Herberge in Binz gehört zu den Top-Jugendherbergen in Deutschland. Sie bietet neben preisgünstigen, schönen Zimmern und W-Lan auch noch eine tolle Lage direkt an der Strandpromenade. In der Hochsaison ist sie deshalb meist schon Wochen vorher ausgebucht. Doch gibt es in Sellin und Stralsund auch noch Häuser des Deutschen Jugendherbergswerkes. Im Juli 2011 hat zudem die Vier-Sterne-Jugendherberge Prora mitsamt Zeltplätzen eröffnet und bietet nun eine gute Alternative zu Binz. Auf Hiddensee gibt es leider keine Jugendherberge.

In den Genuss der günstigen Unterkunft, pro Person ab 23,50 €, kommt der Gast nur, wenn er in Besitz eines gültigen Jugendherbergsausweises ist. Das gilt auch für »Senioren« ab 27 Jahre, die übrigens auch ein bisschen mehr bezahlen und mit 28,90 € pro Bett rechnen müssen.

Günstige Alternativen sind auf Rügen außerdem das Internationale Jugenddorf Wittow und Ummanz sowie das »Alte eWerk Sassnitz«, das einfache Quartiere in gemütlichen Doppel- oder Mehrbettzimmern in umgebauten Bauwagen anbietet.

Camping

Auf Hiddensee ist Campen nicht erlaubt, doch auf der Insel Rügen bieten mehr als 22 Campingplätze schöne Plätze für Wohnwagen, Wohnmobil und Zelt. Viele wurden in den letzten Jahren modernisiert und auf den neuesten Stand gebracht. Immer mehr Ur-

lauber verreisen im eigenen Wohnmobil und mittlerweile hat sich die Insel auch darauf eingestellt und genügend Ver- und Entsorgungseinrichtungen geschaffen. Wildes Campen ist grundsätzlich verboten, Parken ist im Notfall für eine einmalige Übernachtung dagegen erlaubt, aber auch nur um die Fahrtüchtigkeit wiederherzustellen. Dennoch gibt es noch relativ wenige Wohnmobil-Verbotsschilder auf Rügen. Eine sichere Alternative und eine Ausweichmöglichkeit sind die Wohnmobilstellplätze. Die Stellplätze in der Hauptsaison kosten ab 20 € pro Nacht. Die Tourismuszentrale Bergen gibt eine Broschüre zum Thema heraus, in der eine Reihe der Campingplätze mit detaillierten Kurzbeschreibungen zu finden sind.

Internetadressen für die Unterkunftssuche

www.ruegen.de

Portal der Tourismuszentrale Rügen mit Sitz in Bergen. Guter Einstieg für die erste Orientierung, darunter vor allem der Service »Gastgebersuche«.

www.ruegen.im-web.de

Großes Angebot an Ferienwohnungen, Appartements und Last-Minute-Angeboten. Unter »Urlaubsangebote« finden sich besonders günstige Unterkünfte.

www.ruegener-reiselotse.de

Hauptsächlich Angebote in den Seebädern Binz, Selling, Baabe und Göhren. Anfrage individueller Übernachtungswünsche über ein Online-Formular.

www.ruegen-travel.de

Übersichtliche Auswahl an Hotels, Appartements und Wohnungen; auch ein kleines Angebot an Ferienhäusern.

www.ruegen-abc.de

Guter Überblick mit zahlreichen Unterkünften. Einfach den gewünschten Ort anklicken und Liste durchblättern. Auch preisgünstige Unterkünfte und Last-Minute-Angebote.

www.seebad-hiddensee.de

Zimmervermittlung der kleinen, autofreien Schwesterinsel Rügens. Von luxeriös bis günstig. Für spontane Kurzvisiten »Übernachtungen« anklicken.

www.hiddenseeservice.de

Gelistet ist eine kleine Auswahl an Wohnungen und Zimmern, darunter auch Minihäuser mit Reetdach.

www.hrs.de und www.hotel.de

übergreifende Hotelübersicht, die nicht nur durch Übersichtlichkeit punktet, sondern auch mit Extras wie Lageplan und Kundenbewertungen.

www.landurlaub.m-vp.de

Heuherbergen, Bauernhöfe, aber auch Schlösser und Gutshöfe. Suchen Sie über die Landkarte Ihre Unterkunft, das ist userfreundlicher, als sich durch die Auflistungen der einzelnen Unterkünfte zu klicken.

www.jugendherbergen-mv.de

Infos über die Jugendherbergen in Binz, Sellin und über die längste Jugendherberge der Welt in Prora. Auch Infos über den Jugendzeltplatz in Prora gibt es hier.

www.camping-caravan-mv.de

Gute und detaillierte Auflistung der einzelnen Plätze auf der Insel. Mit allen Informationen, die ein Camper, ob nun mit Wohnmobil oder Einmannzelt, benötigt: Von Aktivprogramm bis zu besonderen Zeiten wie der Mittagsruhe findet sich auf dieser Seite alles wieder.

Essen und Trinken

Landesküche

Wer an die Ostseeküste fährt, kommt in erster Linie wegen der frischen Seeluft, doch die macht ganz schnell hungrig. Große und sättigende Portionen sind daher auf Rügen Usus. Der Gast kann hier so manche Überraschung erleben. Wenn die Spitzenköche der Insel auf frische, heimische Produkte setzen, überzeugen sie auch Feinschmecker und Gourmets. Doch die ursprüngliche mecklenburgische und vorpommersche Küche ist vor allem eines: kräftig und bodenständig. Von Bratfisch mit Kartoffelsalat bis zum kross gebratenen Bodden-Zander auf Safran-Gemüse-Schaum reichen die kulinarischen Entdeckungen der In-

Regionale Esskultur

Überall, wo Sie diesem Gütesiegel begegnen, erwartet Sie etwas Besonderes: **»Das Beste von Rügen«** dürfen nur Restaurants und Gaststätten tragen, die die strengen Kriterien einer unabhängigen Kommission bestehen. Diese prüft Qualität und regionale Herkunft und vergibt anschließend ein Gütesiegel für befristete zwei Jahre. Danach wird abermals geprüft, ob der Hersteller noch immer der hohen Qualität entspricht. Wer auf Rügen eine weiße Kochmütze, flankiert von einem Essbesteck auf blauem Grund an der Türe hängen hat, serviert pflanzliche und tierische Rohstoffe von der Insel Rügen. Auch für Lebensmittel wird das Gütesiegel vergeben, so kann der Gast sicher sein, dass die Lebensmittel auf der Insel Rügen veredelt, verarbeitet und verpackt wurden.
www.ruegenprodukt-ev.de

sel. Grundnahrungsmittel der Urlauber ist Fisch, und den gibt es jeden Tag auch fangfrisch.

Fisch, Fisch oder Fisch?

Rügens Nummer eins ist und bleibt der Aal: ob gebraten, sauer, d. h. mit Zwiebel, Essig und Zucker eingelegt, oder geräuchert und auch grün eingelegt in Petersiliensoße. Ein echter Klassiker und schon über die Grenzen der Insel bekannt ist die Rügener Aalsuppe. Am besten schmeckt der ›Rökeraal‹ frisch geräuchert auf die Hand.

Nach dem Aal ist auch der Rügener Hering sehr beliebt. »Dei Hiring kümmt!« rufen die Angler immer im Frühjahr. Anschließend wetteifern die Restaurants um die besten Rezepte. Der Hering kommt frisch gebraten, in Bierteig gebacken, geräuchert oder eingelegt daher. Von Januar bis in den Mai hinein wird Hering in allen denkbaren Variationen angeboten – selbst als Heringsklopse oder zu Sushi vom hausgebeizten Heringsfilet oder gar zur Heringspraline verarbeitet.

Auf diese Delikatessen folgen nahtlos die Rügener Hornfischtage; der Fisch wird auch Maifisch oder Hornhecht genannt. Der Name geht auf die knochenartige, leicht grüne Mittelgräte zurück. Zuhause ist der Fisch eigentlich im Mittelmeer und im Atlantik, doch Anfang Mai kommt er zum Laichen in die Ostsee.

Die Flunder sollte nur in den Monaten ohne »R« gegessen werden, also von Mai bis August. Der Dorsch hingegen ist von September bis April immer gut. Auch Hecht und Zander kommen aus der Ostsee oder aus dem Bodden. Wer sicher gehen will, dass der Fisch

Ostseevitamine

Die orangenfarbigen Beeren wachsen überall – und besonders gut auf sandigen Böden. An der Küste gedeiht der **Sanddorn** hervorragend, da die Luft genügend Feuchtigkeit besitzt, um den Strauch auch in trockenen Zeiten zu versorgen. Die Beeren sind groß und sie enthalten hohe Mengen an Vitamin C, was Entzündungen vorbeugen und auch vor Herzinfarkt schützen soll. Auf Rügen wird aus Sanddorn nicht nur Marmelade, sondern auch Hochprozentiges, Säfte, Gummibären, Tees, Kuchen und Torten sowie Eis hergestellt.

auf traditionelle Art mit Reuse, Stellnetz und Langleine auf Rügen gefischt wurde und nicht mehr Fisch gefangen wird, als nachwächst, kauft vorzugsweise in den Fischereibetrieben die der NABU-Kreisverband prüft. Eine Liste mit den Adressen findet man in einer Broschüre, die man unter www.nabu.de/landwirtschaft/fischerei_ruegen.pdf downloaden kann.

Süßsauer und wild

Wenn die Rüganer keinen Fisch essen, mögen sie es gerne süßsauer. Backpflaume im Gänsebraten, Rosinen im Grünkohl oder Honig am Schweinebraten. Auch Himmel und Erde, ein sehr altes Rezept mit Kartoffeln, Äpfel

sowie Speck oder Blut- und Leberwurst ist so ein kulinarisches Vergnügen. In den waldreichen Gebieten wie Granitz und Jasmund gibt es auch gute Möglichkeiten, Hase, Hirsch und Reh zu essen, oftmals mit Pilzen aus den heimischen Wäldern.

Kohlfieber

Die Halbinsel Wittow auf Rügen ist das einzige Kohlanbaugebiet der Insel mit insgesamt 160 ha landwirtschaftlicher Nutzfläche. Dem Wittower Kohl wird nachgesagt, er wachse aufgrund des guten Seeklimas und des idealen Bodens langsam und gleichmäßig und sei deswegen besonders lecker. Egal ob Weiß-, Rot- oder Wirsingkohl sowie

Frischer Räucherfisch ist für jeden Urlauber Pflicht

Kohlrüben – an der Küste auch bekannt als Wrukken –, wenn der Herbst kommt, ist Kohlzeit auf Rügen. Mehr als dreißig Restaurants und Gaststätten bieten im Rahmen dieser Aktion verschiedenste Kohlgerichte an. Sauerkrautrahmsuppe mit Räucherfischfilets, Rotkohlroulade oder Weißkrautroulade mit Wildpilzfüllung werden dann aufgetischt.

Spezialitäten

Das Fast Food der Insel

Fischbrötchen gehen immer. Das knackige Brötchen kommt vom heimischen Bäcker stets frisch, genau wie der Fisch vom Kutter. Das Ganze liebevoll und üppig belegt von der Gattin des Fischers. Die besten Fischbrötchen gibt es im Hafen von Lauterbach, Sassnitz und Vitt.

Rügener Badejunge

Deutschlands einzigen Inselcamembert gibt es in verschiedenen Variationen als Leicht-Camembert, Feiner Camembert oder Sahne-Camembert. Auch die Sommervariante mit Tomaten, Paprika und Peperoni sowie der winterlichen mit Cashewnüssen sind beliebt. Das Logo zeigt einen Jungen mit einem Segelschiff unterm Arm vor den Rügener Kreidefelsen. In Bergen wird dieser Camembert produziert.

Die Wellnessmolkerei Poseritz

Frischer Naturjoghurt ist perfekt für die kleine Mahlzeit zwischendurch. Gesund, lecker und leicht. Die Molkerei Naturprodukt Rügen führt unter anderem Sorten wie »Vanilletraum« mit frischen Früchten und ein Sanddorndessert. Die milden und cremigen Joghurts werden ohne jegliche Zusätze hergestellt und der Kunde kann zwischen drei Fettgehaltstufen wählen, von leicht bis sahnig. Viele Hotels ordern den Joghurt für das Frühstück. Daneben haben sich die eingelegten Käsebällchen in Öl zur Spezialität gemausert. Verkauf aller Produkte ab Molkerei Mo–Sa 10–18 Uhr (www.ruegener-inselfrische.de).

Prosit

Die regionalen Brauereien Stralsund, Rostock und Lübz versorgen die Insel mit beliebten Gerstensaft. Das norddeutsche, herbe Pils der Stralsunder Brauerei wurde 2008 mit dem Bundesehrenpreis, der höchsten Auszeichnung der deutschen Ernährungswirtschaft, ausgezeichnet. Nicht minder beliebt ist das »Störtebeker Bier«, das unter anderem auch als Schwarzbier und als Bernstein Weizen zu haben ist. Der beste Sanddornlikör kommt vorzugsweise aus der Ersten Rügener Edeldestillerei in Lieschow, die ausschließlich Rügener Obst verwendet.

Unser Tipp

Zum Selbermachen: Rügener Heringssalat
(Zutaten für 4 Personen, Zubereitungszeit ca. 30 Min.)
8 Rügener Matjesfilets
1 Salatgurke
2 El Pflanzenöl
2 Äpfel
1 Zitrone
2 Zwiebeln
2 hartgekochte Eier
1 Bund Dill
Die Matjesfilets in kleine Würfel schneiden. Die Salatgurke schälen, entkernen, ebenfalls würfeln und dem Matjes beifügen. Mit zwei Esslöffel Pflanzenöl alles gut untereinander mischen. Die Äpfel schälen, kleinschneiden und mit etwas Zitronensaft beträufeln. Nun die Zwiebeln häuten, kleinhacken und mit den Äpfeln zu den anderen Zutaten geben. Mit Salz, Pfeffer und Zucker abschmecken. Jetzt die Eier pellen, in zwei Hälften schneiden, das Eigelb entfernen und das Eiweiß würfeln und über den Salat streuen. Etwas Dill dient der abschließenden Geschmacksverfeinerung. Ein letztes Mal umrühren – fertig!

Aktivurlaub, Sport und Wellness

Auf Rügen gibt es eine Vielzahl an Möglichkeiten seinen Urlaub aktiv zu gestalten. Von A wie Angeln bis Z wie Zeesboot segeln – reicht die Auswahl allein bei den maritimen Angeboten. Auch das Angebot an Wellness-Behandlungen ist mittlerweile gut. Verschiedenste Massagen, Beauty- und die berühmten Rügener Heilkreidenanwendungen sorgen für einen perfekten Wohlfühlurlaub.

Angeln

Rügen ist Petriland. Ob Aal, Barsch, Dorsch, Flunder und Scholle, Hecht, Zander, Hering, Meerforelle oder Hornfisch – sie alle warten nur auf einen leckeren Köder an der Angelrute. Beliebt ist auch das Hochseeangeln auf der Ostsee, um Wittling, Lachs und Steinbutt zu fangen. Alle Gewässer Rügens einschließlich der Zwölfmeilenzone der Ostsee gelten als Küstengewässer im Sinne des Fischereigesetzes von Mecklenburg-Vorpommern: Das heißt ein gültiger Fischereischein, mit dem die Angelberechtigung erworben werden kann, ist Pflicht. Bislang waren für die Angelscheinausgabe allein die örtlichen Ordnungsbehörden zuständig, doch mittlerweile können die Scheine auch von Touristinformationen Kurverwaltungen, Campingplatzbetreibern, Angelservice-Unternehmen,

Aktiv am Strand

Binnenfischern und anderen Anbietern vertrieben werden. Es gibt Tages-, Wochen- und Jahresberechtigungen sowie den Touristen-Fischereischein, der einschließlich Fischereiabgabe 20 € kostet und für einen zusammenhängenden Zeitraum von vier Wochen gilt. Der Touristenangelschein kann aber auch mehrmals verlängert werden. Dazu erhält der Urlauber eine Informationsbroschüre, die über Rechtsgrundlagen, Ordnung beim Angeln, Ausübung der Fischerei und Umgang mit gefangenen Fischen informiert. Weitere Infos unter: Landesamt für Fischerei, Thierfelderstraße 18, 18059 Rostock, Tel. 0381 40 35 0, www. lallf.de und www.angeln-in-mv.de.

Fahrradfahren

Eine Radtour ist auf Rügen eigentlich eine Pflichtübung, denn es gibt ein gutes ausgebautes Radwegenetz. Wer es flach und gemütlich mag, wählt vorzugsweise Strecken am Bodden. In Wittow ist mitunter mit kräftigem Wind zu rechnen und im Jasmunder Nationalpark sind einige Höhenunterschiede zu überwinden.

Ganz umweltbewusst lässt sich Rügen mit eigener Muskelkraft ohne Pkw erkunden: Die geführte Fahrradtour von Kirsten-Susann Wiedenhöft umrundet in acht Tagen die Insel per Rad, die Teilnehmer übernachten jeden Tag an einem anderen Ort, Anmeldung unter www.ruegen-radfahren.de.

Große Vorsicht ist bei nassem Kopfsteinpflaster sowie bei den Alleen- und Bundesstraßen geboten. Manche Wege muss der Radfahrer sich mit den Wanderern teilen. Insgesamt sind über 200 km Radweg zu erradeln. Beliebt ist die Tour durch das Mönchgut, die Granitztour und die Tour zum Königsstuhl. Die Jasmunder Bodden Tour mit 70 km und die Große Rügenrundtour mit 270 km sind nur was für Ambitionierte.

RADzfatz

Wem die Puste ausgeht, der muss seinen Drahtesel nicht schieben. Auch gefährliche Teilstücke wie die Bundesstraßen sollten Radfahrer besser meiden und gerade diese Strecke dem RADzfatz-Bus mit Fahrradanhänger überlassen. 16 Räder kann er mitnehmen. Neun Busse fahren in der Zeit von Mai bis Oktober auf allen nachgefragten Strecken wie Göhren–Bergen–Schaprode und Göhren–Sellin–Binz–Sassnitz–Altenkirchen–Wittow. Täglich vormittags und nachmittags bis in die Abendstunden ist RADzfatz unterwegs. Weitere Fahrten wurden auf der Linie 12 von Bergen über Sagard nach Wittow eingerichtet. Alle Fahrten, bei denen die Fahrradbeförderung möglich ist, sind im Fahrplan gesondert gekennzeichnet. Natürlich stehen diese Busse auch allen anderen Fahrgästen zur Verfügung. Zudem können Räder auch in der Regionalbahn sowie mit der Schmalspurbahn Rasender Roland mitgenommen werden. Infos unter: www.rpnv.de.

Wer sein eigenes Fahrrad mit nach Hiddensee nehmen möchte, sollte in der Hochsaison darauf achten, dass er mit der Fähre MF Vitte übersetzt, die dank ihres großen Frachtraumes die Mitnahme der Fahrräder garantiert (www.reederei-hiddensee.de; s. S. 23).

Elektrofahrräder movelo

Seit Mai 2010 gibt es auf Rügen Elektrofahrräder. Die Firma BikeTec hat die Insel mit E-Bikes ausgestattet. An über 30 Verleih- und Akkuwechselstationen können sie ausgeliehen werden. Mit den Elektrofahrrädern wird der Tritt elektronisch verstärkt und das Radeln ist damit leichter. Gästen, die mit einem movelo in das Nationalparkzentrum Königsstuhl anreisen wird freier Eintritt gewährt und die Weisse Flotte transportiert diese Räder zwischen Vitte-Wiek/Dranske und Lauterbach-Baabe kostenlos (www.movelo.com).

Golf

Der Golfsport ist seit der Wende auch auf der Insel Rügen zu finden. Der größte und derzeit turnierfähige Platz auf der Insel ist die Golfanlage Schloss Karnitz mit 9- und 18-Loch, gelegen zwischen Bergen und Garz. Dort gibt es von Eintages-Schnupperkursen für Anfänger bis zum Training mit Videoanalyse ein rundes Angebot. In Lohme im Hotel Schloss Ranzow gibt es bereits Driving Range, Pitching Area und Putting Green. Der PAR 72 18-Loch-Course soll 2013 eröffnen. Eine Golfübungsanlage gibt es zudem im Golf- und Landclub Wittow in Bakenberg (www.inselgolf-ruegen.de, www.golfen-mv.de, www.hotel-schloss-ranzow.de).

Kanu und Kajak

Für geführte Kajaktouren auf dem Meer sind keine Vorkenntnisse erforderlich. Tagestouren bis hin zur Rügenumrundung in acht bis 15 Tagen sind möglich. Rund um Mönchgut, Vilm und Hiddensee liegen die besten Gebiete. Spektakulär ist auch eine Fahrt durch den Stralsunder Hafen und unter der Rügenbrücke (www.seekajakreise.de, www.ruegen-safari.de, www.ruegen.de, www.wasser-wind.de).

Kitesurfen und Surfen

Rügen bietet ideale Reviere für Kiter und Surfer. Sowohl Anfänger als auch Profis werden hier optimale Wind-

Meereslust

Ob Bogenschießen, Baummeditation oder eine Radtour durch Nebelfelder – das vielfältige und abwechslungsreiche Angebot reicht von abenteuerlich bis mystisch. Zur Entspannung kann abschließend auch ein Picknick im Feld gebucht werden. Die Agentur bietet ein breites Angebot, das sich bestens als Überraschungsevent der Extraklasse eignet (meereslust holitainment, Binzer Str. 3, Putbus, Tel. 038301 610 45, www.meereslust.de).

und Wasserbedingungen vorfinden: strahlend blauer Himmel, Windstärken zwischen 6 und 7. Nachdem mit Dranske der Norden der Insel für die Deutschen Meisterschaften im Windsurfen entdeckt wurde, gehört der Südzipfel in Mönchgut zum beliebten Revier der Kiter. Für Anfänger sind die flachen Boddengewässer gut geeignet. In der Broschüre »Maritim« der Tourismuszentrale finden sich Adressen der Kite- und Surfschulen der Insel. Angebote u. a.: www.proboarding.de, www.fly-a-kite.de, www.windsurfing-ruegen.de, www.timpeltu.com, www.surf-kite-camp.de, www.ustruegen.de

Nordic Walking

Ob individuell oder mit erfahrenen Trainern, im Nordic Walking Park Rügen, zwischen der Baaber Heide und den Ostseebädern Baabe und Göhren treffen Anfänger und Geübte schnell auf Gleichgesinnte. In Baabe, Göhren, und Groß Zicker gibt es neben Kursen und verschiedenen Touren auch einen Stockverleih (Pfand 10 €). Infos im Haus des Gastes, Am Kurpark, oder im Info-Pavillon, Tel. 038303 14 20, www.baabe.de, www.goehren-ruegen.de.

Reiten

Über zwei Dutzend Reiterhöfe gibt es auf Rügen. Vom Trakehnergestüt im schönen Gutshaus bis zum Appaloosa-Stall ist alles zu haben. Manche Reiterhöfe besitzen auch Hallen. Neben Unterrichtsstunden, Geländetouren und geführten Ritten können auch eigene Pferde mit in den Urlaub fahren und in Pensionsboxen unterkommen. Das Tourismusbüro hat zu diesem Thema eine eigene Broschüre herausgegeben (www.reiten-in-mv.de).

Segeln

Das attraktive Revier besitzt auch ein sehr gutes Angebot. Neben den üblichen Anfänger- und Schnupperkursen ist auch die Anzahl an Segeltörns sehr groß. Die größten Häfen sind Stralsund und Sassnitz. Die ausgebauten Sporthäfen verteilen sich rund um die Insel. Besonders schön ist der Yachthafen in Lohme. Auch unerfahrene Mitsegler sind willkommen. Törns um Vilm, Kap Arkona, zur Nachbarinsel Usedom oder eine Tour rund um Hiddensee stehen zur Auswahl. Einmalig ist auch das Segeln mit der Zeese, dem 100 Jahre alten Fischerboot, das auch in flachen Gewässern zuhause ist. Die Broschüre »Maritim« der Tourismuszentrale Rügen enthält umfangreiche Infos. www.segeln-in-vorpommern.de www.im-jaich.de www.goor.de, www.mola.de www.sehnsucht-segeln.de www.yachtcharter-ruegen.de www.hiddensee-segeln.de

Wandern

Blühende Wiesen und Kornfelder mit Mohnblumen, schattige Buchenwälder

Vom Angeln bis zum Walking – das Sportangebot ist vielfältig und gut auf Rügen

oder lieber eine Wanderung auf einem Höhenwanderweg? Das Angebot ist so reichhaltig und vielfältig wie die Natur auf Rügen. Geführte Wanderungen oder einsame Wege haben hier schon so manchen Wandermuffel überzeugt. Romantiker wandern selbstverständlich auf den Spuren Caspar David Friedrichs, Kräuterfreunde kommen in den Zickerschen Bergen auf ihre Kosten und der Nationalpark bietet ganz umsonst Wanderungen mit einem Ranger. Die Wege sind meist gut in Schuss, dennoch wird festes Schuhwerk empfohlen. Die Vorsichtsschilder und Warnhinweise an Steilufern sind ernst zu nehmen. Besonders nach starken Regenfällen kann es am Strand der Kreidefelsen zu Küstenabbrüchen kommen. Weitere Infos:
www.nationalpark-jasmund.de
www.naturgeyer.de
www.wald-mv.de
www.ruegen.de

Rad- und Wanderkarten

Insel Rügen. Wandern/Rad, Kompasskarten, Innsbruck 2009.
Wanderführer Rügen, Kompass-Karten, Innsbruck 2006
Lutz Gebhardt: Detaillierte Karten von Wittow, Hiddensee, Bergen, Altefähr-Zudar und der Halbinsel Jasmund, Verlag Grünes Herz, Ilmenau.

Wellness und Kuren

Ohne Wellness geht es auch auf Rügen nicht. Chinesische Akupunktur, orientalisches Dampfbad, fernöstliche Massagen oder die gute alte Kneippkur. Rügens natürliche Rohstoffe sind die gute Seeluft und die Heilkreide. Viele der Hotels bieten umfangreiche Wellness-Behandlungen, die durch ein Spa-Bereich mit Sauna und Pool ergänzt werden. Daneben gibt es auch eine Anzahl von Erlebnisbädern und eine

kleine Anzahl von Wellnesszentren. Das Binzer Hotel MeerSinn ist nicht nur das einzige Biohotel der Insel, sondern besitzt auch noch ein Gesundheitszentrum mit Arzt im Haus. Kureinrichtungen und Kliniken für die ganze Familie bieten zudem ein umfangreiches Gesundheitsprogramm, um zu »Rü-Generieren«. Die Broschüre »Wellness und Gesundheit« der Tourismuszentrale Bergen gibt einen umfassenden Überblick zum Thema. Infos zum Gesundheitsurlaub unter: www.gesundheits insel-ruegen.de.

Bäder und Thermen

Seehotel Binz – Therme Rügen

Strandpromenade 76, 18609 Binz, Tel. 0383 93 60, www.binz-therme.de. Tgl. 8–22 Uhr, Badepreis 8 € Erw.

HanseDom Stralsund

Grünhufer Bogen 18–20,18437 Stralsund, Tel. 03831 37 33 0, www.hanse dom.de. Mo–So 9.30–23 Uhr, ab 2 Std. Erw. 10,50 €, Kinder (5–15 J.) ab 8 €, Tageskarte ab 17,50 € für Erw., ab 15 € für Kinder.

Inselparadies Sellin

Badstr. 1,18586 Sellin, Tel. 0383 03 123 0, www.inselparadies.de. Mai–Okt. tgl. 9–22 Uhr, Nov.–April tgl.10–22 Uhr, Badeparadies: Erw. ab 8 €, Kinder (3–14 J.) ab 5 €, Kinder bis 3 J. 2 €.

Jasmar-Therme in Neddesitz

Neddesitz, 18551 Sagard, Tel. 038302 977 00, www.jasmar.de. Tgl. 8–22 Uhr, Therme 3 Std. Erw. 11 €, Kinder (4–12 J.) 8 €, Tageskarte Erw. 14 €, Kinder (4–12 J.) 10 €, Familientageskarte 30 €.

Feste und Veranstaltungen

Feste und Traditionen

Wer meint, wenn die Sonne auf Rügen streikt, könnte Langweile aufkommen, liegt völlig falsch. Es gibt in der Hochsaison (aber nicht nur!) immer eine Vielzahl an Darbietungen, Festen und Events, um sich die Zeit zu vertreiben. Ob Störtebeker Festspiele oder Radrennen, hier die wichtigsten Termine auf einen Blick.

Rügener Heringswoche im April

Riesige Heringsschwärme suchen alljährlich im Frühjahr die flachen Küstengewässer der Ostsee auf, um dort zu laichen. Viele Hobbyangler kommen dann aus der Ferne extra angereist, um das ›Silber der Ostsee‹ an den Angelhaken zu bekommen (www.rue gen.de).

Anbaden und Saisoneröffnung

Die DLRG ermittelt die Badetemperatur und die Binzer Hoteliers eröffnen am 1. Mai bei oft ziemlich kühlen Temperaturen offiziell die Badesaison. Hunderte schaulustige Besucher nehmen als Zaungäste an diesem Spektakel teil. Anschließend gibt es das erste Kurkonzert auf dem Kurplatz (www. ostseebad-binz.de).

Rügener Hornfischtage

Dem Hering folgt dann im Mai der Hornfisch, auch Hornhecht oder Maifisch genannt. Charakteristisch für ihn sind seine grünen Gräten und die lange aalartige Form mit dem spitz zulaufenden Maul. Die Rügäner essen ihn traditionsgemäß mit Stampfkartoffeln und Rhabarberkompott (www. ruegen.de).

Pfingsten heißt es »Kunst offen«

Im ganzen Bundesland Mecklenburg-Vorpommern öffnen Künstler an drei Tagen ihre Ateliers und Werkstätten. Natürlich machen auch die Rügener Künstler mit. Neben vielen Profis zeigen durchaus auch begabte Amateure ihr Können. Entdeckungen inklusive (www.kunst-offen.com).

Putbus-Festspiele

Ende Mai finden Opernaufführungen, Theater und Konzerte, nicht nur im Theater, sondern auch im Park statt.
Neben professionellen Künstlern nehmen auch Studierende der Hochschule für Musik und Theater Rostock jährlich an dem Kulturhighlight teil (www.putbus-festspiele.de).

Rügenclassics

Jedes Jahr über Himmelfahrt geben sich auf den Alleen und in den Seebädern die Oldtimer ein Stelldichein. Es ist Deutschlands größte Inselrallye für Oldtimer bis Baujahr 1977. Start und Ziel ist in Binz (www.ruegenclassics.de).

Mittsommerfest

Am 21. Juni ist Mittsommernacht – der längste Tag und die kürzeste Nacht des Jahres. Die Rüganer begehen den Beginn des Sommers in verschiedenen Gemeinden. In Bergen wird sogar eine Mittsommerstange aufgerichtet und geschmückt und im Kreis um sie herum getanzt. Schließlich gehörte Rügen im 17. und 18. Jh. zu Schweden (www.stadt-bergen-auf-ruegen.de).

Blues Wave in Binz

Das größte Musikereignis der Insel Rügen. Im Juni wird drei Tage lang Blues geboten, und zwar nicht nur auf dem Kurplatz, sondern auch in ausgewählten Hotels und Bars des Seebades. Eröffnet wird mit einer Straßenparade durch Binz, die Partys in den Bars und

Was, Wann und Wo?

Weitere und aktuelle Infos zu Veranstaltungen sind im Inselmagazin »Rügen à la carte« und »Rügen aktuell« sowie bei den Kurverwaltungen, Touristeninformationen oder bei den Stadt- und Gemeindeverwaltungen zu erfahren. Einen ausführlichen Kalender der aktuellen Events gibt es online unter: www.ruegen.de.

Hotels dauern meist bis in die frühen Morgenstunden (www.blueswave.de).

Störtebeker Festspiele in Ralswiek

Action pur! 150 Darsteller, 4 Schiffe, 30 Pferde und jede Menge Stunts, so werden die Sagen um den Seeräuber Klaus Störtebeker, der in Ruschvitz auf Jasmund der Legende nach geboren wurde, wieder zum Leben erweckt. Deutschlands größte Naturbühne pausiert immer sonntags und spielt von Mitte Juni bis Anfang September (www.stoertebeker.de). (Abb. S. 38)

Festspiele Mecklenburg-Vorpommern

Gut drei Monate von Juni bis August können Besucher des Klassikfestivals mehr als 100 Konzerte genießen. Als Kulissen für die Konzerte dienen Kirchen, Schlösser und Herrenhäuser inmitten reizvoller Landschaften zwischen dem Klützer Winkel und Usedom. Rügen und Stralsund machen natürlich mit (www.festspiele-mv.de).

Sundschwimmen

Ganze 2,3 km misst die Strecke, die die Schwimmer von Altefähr nach Stralsund überwinden müssen. Am ersten Juliwochenende starten die Teilnehmer, die Zahl ist auf 1000 begrenzt. Zur Sicherheit begleiten etliche Boote die

Schwimmwütigen. Bereits im Jahr 1825 gab es die erste Schwimmfahrt, damals mit preußischen Offizieren, die eineinhalb Stunden brauchten. Heute liegt der Rekord bei 23,33 Min. (www.sundschwimmen.de).

Palucca-Woche auf Hiddensee

Performances und Happenings unter freiem Himmel: Seit 1997 organisiert die Dresdner Hochschule jedes Jahr im Juli oder August einen einwöchigen Sommerworkshop unter dem Motto »Tanz und Natur« für Studierende der Palucca-Schule Dresden. Mit dem Hiddensee-Projekt erinnert die Hochschule an ihre Schulgründerin, eine führende Vertreterin des Ausdruckstanzes, Gret Palucca (1902–93), die ab 1948 alljährlich Hiddensee besuchte, um die Sommerferien in ihrem kleinen Haus in Vitte zu verbringen (www.palucca.eu).

Selliner Seebrückenfest

Buntes Unterhaltungsprogramm mit jeder Menge Musik rund um die 400 m lange Seebrücke in Sellin. Optisches Highlight ist das Höhenfeuerwerk zum Abschluss der alljährlichen Veranstaltung im August (www.ostseebad-sellin.de).

Rügener Kabarett-Regatta

Schon seit über zehn Jahren ist es ein fester Bestandteil des Kulturprogramms der Insel. Immer im September bieten Prominente und neue Talente politisches Kabarett vom Feinsten. Spielort ist das schöne historische Theater in Putbus (www.kabarett-regatta.de).

Monat der Bäderarchitektur

Keine der Villen sieht aus wie die andere. Die verspielten Ornamente und Rosetten an den Holzbalkonen faszinieren durch ihre Vielfalt und Einzigartigkeit. Die herrlichen weißen Villen der Rüganer mit ihren geschnitzten, schönen hölzernen Fassaden und ihren großzügigen Veranden und Loggien werden im September in Binz sogar mit Führungen und Vorträgen geehrt (www.binz.de).

Rügener Kohlwochen

Ende September bis Anfang November wird ausschließlich auf der Halbinsel

Wittow der Kohl geerntet. Egal, ob Weiß-, Rot- oder Wirsingkohl oder Kohlrüben – anschließend wird vier Wochen lang das vitaminreiche Gemüse in den Inselrestaurants serviert, z.B. als Kohlroulade auf Mönchguter Art. Die Städte Bergen, Binz und Putbus veranstalten in dieser Zeit große Kohlmärkte, während auf dem Gutshof Kap Arkona dann ein großes Erntefest gefeiert wird.

Tour d'Allee

Schon seit dem Jahr 1995 strampeln die Radsportler die insgesamt 100 km rund um den Jasmunder Bodden. Im Oktober jeden Jahres gehen sowohl Profis als auch Hobbyfahrer gemeinsam an den Start. Ziel der Veranstaltung ist es, nicht nur den Radsport, sondern auch das einfache Radwandern auf der Insel Rügen zu fördern (www.tda-ruegen.de).

Störtebeker Festspiele – Rügens berühmtes Piratenspektakel

Reiseinfos von A bis Z

Apotheken

Den Apotheken-Notdienst erreicht man unter Tel. 0800 228 22 80. Der aktuelle Bereitschaftsdienst der Apotheken auf Rügen ist auch online abrufbar: www.ostsee-zeitung.de.

Ärztliche Versorgung

Auf Rügen gibt es eine ausreichende ärztliche Versorgung sowie Kliniken und Fachärzte. Auf Hiddensee gibt es einen Arzt und einen Zahnarzt.

In Bergen befindet sich das Sana-Krankenhaus, das neben einer Ambulanz auch eine Kinder- und Frauenklinik und Chirurgische Klinik besitzt.
Notaufnahme: Tel. 038 38 39 18 30
Calandstraße 7/8, 18528 Bergen, Tel. 038 38 39 0, www.sana-ruegen.de
Augenärztlicher Notdienst in Greifswald: Tel. 03834 860
Zahnärztlicher Notdienst Rügen: Tel. 018 05 92 46 68

Diplomatische Vertretungen

Schweizer Botschaft
Otto-von-Bismarck-Allee 4 A
D-10557 Berlin
Tel. 030 390 40 00
Fax 030 391 10 30
www.botschaft-schweiz.de

Honorarkonsulat der Republik Österreich
Am Campus 1–11
18182 Rostock-Bentwisch
Tel. 0381 64 91 22
Fax 0381 64 91 49
www.konsulat-oesterreich.de

Fahrradverleih

In fast jedem Ort Rügens kann man Fahrräder leihen (um 5 € pro Tag). Viele Hotels und Vermieter von Ferienwohnungen stellen ihren Gästen auch Räder zur Verfügung.

FKK

Auf Rügen und auf Hiddensee wurde schon immer gern nackt gebadet. Heute gibt es an fast jedem Strand auch einen eigens gekennzeichneten FKK-Bereich. An den Stränden in Bakenberg/Nonnevitz, Dranske/Bug, Gager, Lobbe, Prora und in den Ostseebädern Binz, Baabe, Göhren, Sellin, Thiessow und Hiddensee darf jeder sich kleiden bzw. entkleiden, wie es ihm beliebt. Generell wird heute aber im Strandkorbbereich Badebekleidung getragen.

Geld

Kreditkarten werden nur in großen Hotels akzeptiert. In den Badeorten und größeren Ortschaften befinden sich in der Regel verschiedene Bankfilialen, Postämter und auch Geldautomaten.

Kartensperrung leicht gemacht
Zentrale, gebührenfreie Notrufnummer zum Sperren von EC-, Kredit-, Kunden- und Handykarten Tel. 11 61 16. Der Notruf ermöglicht den schnellen Zugang zu den unterschiedlichen Kreditkarteninstituten: 24 Stunden täglich und an 365 Tagen im Jahr.

Hunde

Auf Hiddensee gilt: Der beste Freund des Menschen muss im Nationalparkgebiet, in den Naturschutzgebieten und in den Ortslagen der Insel angeleint werden. In den Landschaftsschutzgebieten haben die Besitzer dafür Sorge zu tragen, dass ihre Hunde andere Tiere nicht beunruhigen. Besonders rastende Vögel dürfen nicht gestört werden. An den bewachten Badestränden in Vitte und Neuendorf besteht ein generelles Hundeverbot, in Kloster in Teilbereichen. Extra Hundestrände gibt es auf Hiddensee nicht.

Kinder

Rügen bietet auch für die Kleinen ein breites Angebot an Entdeckungen. Klassiker sind der **Rügen Park**, der die Insel im Miniaturformat zeigt, sowie die **Störtebeker Festspiele** in Ralswiek (s. S. 37). Auch ein Dinopark, eine Sommerrodelbahn sowie ein Kletterwald sind vorhanden. Viele Hotels und Ferienanlagen bieten auch eigens Kinder- und Familien-Animateure. Neben sportlichen Highlights sind auch die **Piratenschifffahrten** beliebt (www.diekinderanimateurin.de).

Kurtaxe

Die Höhe der Kurtaxe ist von Ort zu Ort und von Jahr zu Jahr und je nach Saison unterschiedlich. Legitimiert wird dieses Geld durch die Kosten für Strandpflege, Kurkonzerte oder Parkanlagen. Tagesgäste auf Hiddensee bezahlen Kurtaxe bereits mit dem Kauf der Fährkarte. Kinder müssen in der Regel nicht zahlen. In manchen Orten erhalten Schüler, Rentner und Studenten eine Ermäßigung. Rechnen muss

der Gast von 0,50 € pro Tag in der Nebensaison bis zu 2,60 € in der Hochsaison (www.ruegen.de).

Medien

Die »Ostsee-Zeitung« mit wechselnden Lokalseiten informiert als Tageszeitung über das aktuelle Geschehen vor Ort. »Rügen aktuell« ist ein Kultur- und Veranstaltungsmagazin. Alle zwei Monate erscheint zudem das Magazin »à la carte«, das neben Veranstaltungen auch Fahr- und Stadtpläne enthält. Einige überregionale Tageszeitungen gibt es in den Ostseebädern.

Notruf

Notarzt und Feuerwehr: Tel. 112
Polizei: Tel. 110
DRzRS – Deutsche Gesellschaft zur Rettung Schiffbrüchiger: UKW-Kanal 16 (156,800 MHz) oder Mobiltel.:12 41 24.

Öffnungszeiten

Restaurants, Museen und Cafés sind im Sommer täglich und durchgehend geöffnet. Nur Museen haben in der Regel montags geschlossen. Oft haben die Touristenzentralen knappe Öffnungszeiten. Auch in den Restaurants ist meist zu später Stunde nichts mehr zu bekommen. Als Faustregel gilt: Hauptzeit zum Mittagstisch 12–14 Uhr und zum Abendessen zwischen 18–20 Uhr. Wer später kommt, muss damit rechnen, dass er mit einem leeren Magen wieder gehen muss, daher am besten lieber früh gehen und den Biorhythmus den Zeiten der Insel anpassen.

Mit Ende der Sommerferien werden die Öffnungszeiten zudem eingeschränkt, und von Oktober bis März

Beliebtes Mitbringsel: Der Hühnergott schützt vor bösen Geistern!

sind viele Museen und Kirchen ganz geschlossen. Winterurlauber sollten sich außerhalb der weihnachtlichen Hochsaison vorher erkundigen, was und wann wie lange geöffnet ist, um böse Überraschungen zu vermeiden.

Rauchen

Seit dem 1. Januar 2008 gilt das Rauchverbot auch in Gaststätten. Zuvor hatte Mecklenburg-Vorpommern bereits seit dem 1. August 2007 ein Rauchverbot für öffentliche Gebäude wie Behörden, Schulen, Hochschulen, Heime, Sportstätten, Kinos, Museen, Theater, Bibliotheken, Veranstaltungsstätten sowie Flug- und Fährhäfen eingeführt. Weiter geraucht werden darf nur in speziell gekennzeichneten Rauchräumen von Gaststätten, Diskotheken und Hotels. Wer das Rauchverbot nicht beachtet, muss als Raucherin oder Raucher mit Bußgeldern von bis zu 500 € rechnen.

Reisen mit Handicap

In Bergen, Sellin, Binz, Göhren und Baabe gibt es mehrere behindertengerechte Hotels. Behindertengerechte Campingplätze sind in Baabe, Thiessow, Suhrendorf und den Banzelvitzer Bergen zu finden. Die Ostseebäder Baabe und Binz haben behindertenfreundliche Strandzugänge, abgesenkte Bordsteine, Behindertentoiletten und Parkplätze. Die Störtebeker

Festspiele sind entsprechend dafür eingerichtet und der Bäderexpress wie der Rasende Roland nehmen auch Rollstuhlfahrer mit.

Eine Übersicht über behindertengerechte Unterkünfte findet man unter: www.ruegen.de oder unter www.barrierefrei.m-vp.de.

Reisekasse und Preise

Rügen bietet in jeder Preisklasse und für jeden Anspruch geeignete Unterbringung und Verpflegung. Von der 5-Sterne-Luxusherberge bis zum preiswerten Campingurlaub reicht das Angebot. Für die Nacht im Luxushotel zahlt der Gast ab 150 € pro Person. Auf dem Campingplatz um die 20 €. Die Restaurants bieten in der Regel kleine Gerichte ab 7 €. Für Hauptgerichte sind mit ca. 12–15 € zu rechnen. Die Gerichte in der Spitzengastronomie liegen zwischen 15–25 €.

Museen, Bäder und Ausflugsdampfer gewähren Studenten, Rentnern, Wehr- und Zivildienstleistenden in der Regel eine Ermäßigung, aber nur gegen Vorlage eines gültigen Ausweises.

Souvenirs

Hoch in der Gunst steht das »Gold des Nordens«, der Bernstein. Schöne Keramiken entstehen in Breege, Göhren, Middelhagen und Waase auf Ummanz. Originale Rügenprodukte (u. a. hausgemachte Wurst, Frischkäsebällchen im Glas, Honig vom Imker, Rügen-Fisch und Rügen-Salami) sind in der »Rügener Seekiste« verpackt. Auch Likör oder Marmelade aus Sanddorn sind beliebt.

Eines der schönsten Souvenirs dürften aber die sein, die Sie bei Ihren Strandspaziergängen finden. Mit et-

Tipp für einen günstigen Familienurlaub

Eltern sollten sich für den Besuch der zahlreichen Attraktionen den »Kinderspass«, ein Familien-»Sparbuch« klassisch nach dem Gutscheinprinzip, zulegen. Erwachsene zahlen ihren Obolus und der Nachwuchs (Kinder bis 16 Jahre) ist gratis. 56 familienfreundliche Freizeitattraktionen und Restaurants der Insel machen mit. Gegen eine Gebühr von 12,50 € kann die Familie so mit 56 Gutscheinen über 750 € sparen (www.kinderspass.de).

was Glück findet der Urlauber nach Nordweststürmen unter dem Seetang Bernstein, sonst sind aber auch Muscheln, Steine, Holzstücke oder die Donnerkeil genannten versteinerten Skelettreste von urweltlichen Tintenfischen eine schöne Erinnerung an die Ostseereise.

Tankstellen

Schnell ist der Tank des Automobils leer gefahren, da ist es gut zu wissen, wo es die nächste Zapfsäule gibt, denn mitunter dauert das ein paar Kilometer. In Altenkirchen, Bergen, Binz, Sagard, Sassnitz, Putbus und Sellin kann das Auto aufgetankt werden.

Wasserqualität

Das Wasser der Ostsee um Rügen und Hiddensee bekommt seit Jahren gute und sehr gute Noten. Die seichten Boddengewässer laden allerdings nicht immer zum Baden ein. Das Sozialministerium Mecklenburg-Vorpommern gibt jährlich die Badewasserkarten heraus (www.regierung-mv.de).

Panorama – Daten, Essays, Hintergründe

Rügens Steilküsten bieten eine fantastische Aussicht auf die Ostseeküste

Daten und Fakten

Rügen

Fläche: 976 km², Rügen ist Deutschlands größte Insel, die Fläche ist damit im Vergleich etwas größer als das Berliner Stadtgebiet

Inselhauptstadt: Bergen

Bundesland: Mecklenburg-Vorpommern

Einwohner: 67 526

Hiddensee

Fläche: 18,6 km², ca. 18 km lang und zwischen 300 m und 3 km breit

Hauptstadt: Vitte, Sitz der Insel-Verwaltung

Einwohner: 1300

Die längste Brücke Deutschlands führt nach Rügen

Geografie und Natur

Die geografischen Koordinaten der Insel Rügen lauten 13° 6′ bis 13° 46′ östlicher Länge und 54° 13′ bis 54° 41′ nördlicher Breite. Die Nord-Süd-Ausdehnung Rügens beträgt rund 50 km, die Ost-West-Ausdehnung ca. 45 km. Die Küste ist 580 km lang. Die höchste Erhebung ist mit 161 m der Piekberg auf der Halbinsel Jasmund. Besonders im Süden und Westen bestimmen Felder und Wiesen das Landschaftsbild. Auf Jasmund und in der Granitz gibt es noch ausgedehnte Misch- und Buchenwälder, Rügens Osten ist stark zergliedert: Hier ragen Boddenausläufer weit ins Binnenland hinein.

Hiddensee ist fast autofrei, es gibt den Schulbus und einige Versorgungsfahrzeuge. Das südliche Ende, der Gellen, steht unter Naturschutz und darf nicht betreten werden.

Geschichte und Kultur

Rügen war schon in der Steinzeit von Menschen besiedelt. Davon zeugen die zahlreichen erhaltenen Großstein-

gräber und Grabhügel. Der Insel ihren Namen gaben die Rugier, ein ostgermanischer Stamm, der zur Zeit um Christi Geburt im späteren Vorpommern heimisch war. Ab dem 7. Jh. gehörte Rügen zum Reich der westslawischen Ranen, die im 12. Jh. von den Dänen besiegt und christianisiert wurden. Nach dem Tod des letzten Slawenfürsten Wizlaw III. im Jahr 1325 kam das Land zum Herzogtum Pommern-Wolgast. Mit Pommern fiel die Insel durch den Westfälischen Frieden 1648 an Schweden, bis sie 1815 nach dem Wiener Kongress mit Neuvorpommern zu Preußen kam. 1872 nach einem heftigen Sturm wurde an der Küste von Hiddensee wertvoller Schmuck aus dem 10. Jh. gefunden. Der Schatz von Hiddensee gilt als ein herausragendes Beispiel der Goldschmiedekunst der Wikinger.

Staat und Politik

Im September 2011 ist der Landkreis Rügen im neuen Landkreis Vorpommern-Rügen aufgegangen, mit der neuen Verwaltungshauptstadt Stral-

sund. Zusammengefasst wurden bei der Kreisgebietsreform die Landkreise Nordvorpommern und Rügen sowie die bis dahin kreisfreie Hansestadt Stralsund. Größte Stadt auf Rügen ist Bergen (14 000 Einw.), gefolgt von Sassnitz (11 000 Einw.), Putbus (4770 Einw.) und Garz (2500 Einw.). Zum Landkreis gehört ebenfalls die Insel Hiddensee.

Wirtschaft und Tourismus

Bedeutendster Wirtschaftszweig Rügens ist der Tourismus. Über die Hälfte der Gemeinden sind Fremdenverkehrsorte, darunter sieben Seebäder und sechs Erholungsorte. Auf der Insel gibt es 55 000 Gästebetten. Der maximale Abstand jedes Ortes zum Wasser beträgt 7 km. Die Insel verzeichnet etwa ein Viertel aller Übernachtungen in Mecklenburg-Vorpommern. Im Jahr 2010 hatte Rügen über 1 Mio. Besucher mit rund 6 Mio. Übernachtungen. Man geht davon aus, dass ca. 11 000 Menschen direkt oder indirekt im Tourismus beschäftigt sind.

Rund zwei Drittel der Fläche wird landwirtschaftlich genutzt. Angebaut werden hauptsächlich Kartoffeln, Gemüse (vor allem Kohl) und Getreide. Dazu kommt die Zucht von Rindern, Schweinen und Hühnern. Die Fischerei war traditionell der wichtigste Erwerbszweig der Insel, heute wird sie meist nur im Nebenerwerb betrieben. Grund ist der Preisverfall für Fisch. Einzig der Heringsfang ist regional noch von Bedeutung, dazu kommen die Kutterrundfahrten für Touristen. Zu den wenigen Großbetrieben auf Rügen gehören die Fischverarbeitung sowie der Abbau von Kreide, das ›weiße Gold Rügens‹, und in zurückgehendem Maße der Bootsbau.

Umwelt

Rügen ist die Insel der Naturschutzgebiete. In den letzten Tagen der DDR gelang es, viele der schönen Insellandschaften unter Schutz zu stellen. Der Nationalpark Jasmund ist seit 2011 UNESCO-Weltnaturerbe und erstreckt sich über 30 km². Zum kleinsten Nationalpark Deutschlands gehören die Kreidefelsen sowie die Stubnitz mitsamt dem Küstenstreifen. Das Biosphärenreservat Südost-Rügen stellt auf 23 500 ha die Granitz bis nach Putbus und das Mönchgut unter Schutz. Der Nationalpark Vorpommersche Boddenlandschaft beinhaltet Ostsee- und Boddengewässer sowie Landflächen Vorpommerns der Halbinsel Darß-Zingst sowie der westlich der Insel Rügen gelegenen Gewässer. Der Nationalpark liegt in einem landschaftlich vielfältig strukturierten Raum, der gleichzeitig eines der wichtigsten Tourismusgebiete des Landes Mecklenburg-Vorpommern ist. Zum Nationalpark Vorpommersche Boddenlandschaft gehören Teile von Hiddensee, Ummanz und Westrügen.

Bevölkerung und Religion

Mit 69 Einwohnern pro km² zählt die Region zu den dünnbesiedelten ländlichen Räumen in Deutschland – und die Bevölkerung Rügens schrumpft weiter: bisher von 85 275 Einw. im Jahr 1990 auf 67 526 Einw. im Dezember 2010. Die evangelisch-lutherischen Kirchengemeinden gehören zum Kirchenkreis Stralsund der Pommerschen Evangelischen Kirche, die katholischen Gemeinden gehören zum Dekanat Vorpommern des Erzbistums Berlin. Darüber hinaus gibt es auf der Insel noch drei Neuapostolische Gemeinden.

Vor- und Frühgeschichte

8000 v. Chr. Pfeilspitzenfunde weisen auf eine erste dauerhafte Besiedelung Rügens und Hiddensees in der Mittleren Steinzeit hin.

5./4. Jt. v. Chr. Funde von Feuersteinwerkzeugen und Keramik belegen, dass in der Nähe von Lietzow zwischen dem Kleinen und Großen Jasmunder Bodden frühe Bewohner Rügens siedeln (Lietzow-Kultur).

4./3. Jt. v. Chr. Die Bewohner der Insel betreiben Ackerbau und Viehzucht. Die ersten Großsteingräber entstehen in der Jungsteinzeit.

ab 1800 v. Chr. In der Bronzezeit werden die Großsteingräber durch eine Einzelgrabkultur abgelöst. Die frühen Siedler beginnen, die Toten zu verbrennen und ihre Asche in Urnen in Hügelgräbern beizusetzen.

600 v. Chr. Während der Eisenzeit besiedeln die ostgermanischen Rugier die Insel. Die namensgebenden Bewohner Rügens verlassen die Insel zur Zeit der Völkerwanderung zwischen dem 3. und 6. Jh. wieder.

Slawen und Dänen – von der Christianisierung bis zur Reformation

7. Jh. n. Chr. Der slawische Stamm der Ranen besiedelt die Insel. Sie errichten mehrere mit Burgwällen befestigte Festungsanlagen, die zugleich Kultstätten sind. In der Festung Arkona befindet sich das Hauptheiligtum, ein Monument des vierköpfigen Svantevit, Gott des Friedens und der Fruchtbarkeit. Weitere Burgen, die auch als Marktplatz und Versammlungsstätte genutzt werden, befinden sich in Garz und am Rugard.

1168 Der Dänenkönig Waldemar I. unternimmt mit dem deutschen Herzog Heinrich der Löwe einen Feldzug gegen die als Seeräuber gefürchteten Inselbewohner. Der Stammesfürst Jaromar I. unterwirft sich und nimmt den christlichen Glauben an. Er bekommt die Insel von Waldemar als dänisches Lehen. Beginn der Christianisierung.

1234 Witzlaw I. unterzeichnet die Gründungsurkunde der Stadt Stralsund.

1252 Jaromar II. schenkt dem Kloster Eldena bei Greifswald den südöstlichen Teil Rügens, seitdem bekannt als Mönchgut.

1316 Garz im Südosten erhielt als erster Ort auf Rügen das Stadtrecht.

1325 Nach dem Tod des letzten slawischen Fürsten Witzlaw III. fällt Rügen an die deutschen Herzöge von Pommern-Wolgast, bei dänischer Lehnsoberheit.

| **1401** | Störtebeker, der legendäre Pirat und Freibeuter, wird in Hamburg hingerichtet. Er soll der Legende nach auch auf Rügen ein Versteck gehabt haben. |

| **1534** | Der Landtag zu Treptow führt für ganz Pommern die Reformation ein. Die Klöster in Bergen und auf Hiddensee werden säkularisiert und fallen an den pommerschen Herzog. |

| **1613** | Nach Garz erhält auch Bergen das Stadtrecht. Die Stadt wird 1621 durch einen Brand größtenteils zerstört. |

Dreißigjähriger Krieg und Schwedenzeit

| **1618–1648** | Im Dreißigjährigen Krieg besetzen die kaiserlichen Truppen Wallensteins sowie dänische und schwedische Truppen die Insel. Wallenstein belagert Stralsund ohne Erfolg. Plünderungen und Verwüstungen sind die Folge. |

| **1637** | Mit dem Tod Bogislaws XIV. stirbt auch das pommersche Fürstengeschlecht. Rügen müsste damit laut Erbvertrag an Brandenburg fallen, wird jedoch von den Schweden besetzt. |

| **1648** | Durch den Westfälischen Frieden geht Rügen mit Westpommern auch offiziell in schwedischen Besitz über. Preußen versucht im Verlauf der Jahre drei Mal erfolglos, die Insel zu erobern. |

| **17.–18. Jh.** | Auf Rügen breitet sich durch das sog. „Bauernlegen" die Leibeigenschaft aus. Ehemals freie Bauern verlieren ihren Hof und ihre Freiheit an adelige Gutsherren. |

| **1769** | Ernst Moritz Arndt wird als Sohn eines ehemaligen Leibeigenen in Groß Schoritz geboren. |

| **1794** | In Sagard öffnet eine „Brunnen-, Bade- und Vergnügungsanstalt". Das Wasser des ersten Badebetriebs auf Rügen stammt aus einer eisen- und kohlensäurehaltigen Quelle. |

| **1806** | Der schwedische König Gustav IV. Adolf schafft in Schwedisch-Pommern und damit auch auf Rügen die Leibeigenschaft ab. |

| **1807–1810** | Rügen wird von französischen Truppen unter Napoleon besetzt. |

| **1810** | Wilhelm Malte I. gründet die Stadt Putbus. |

| **1815** | Nach dem Wiener Kongress gehört Rügen zu Preußen. |

Die Entdeckung der Sommerfrische im 19. Jh.

1816   In Putbus eröffnet das erste Seewasser-Warmbad auf Rügen.

1818   Wilhelm Malte I. lässt beim Fischerdörfchen Lauterbach das Friedrich-Wilhelm-Bad direkt am Rügischen Bodden errichten.

1826   Rügens erster neuzeitlicher Leuchtturm entsteht nach Plänen von Karl Friedrich Schinkel am Kap Arkona.

ab 1860   Sassnitz und Binz entwickeln sich zu Rügens Haupturlaubsorten.

1872   Der Schatz von Hiddensee wird geborgen, ein Goldschatz mit mehreren feingearbeiteten Schmuckstücken aus der Wikingerzeit.

1878   Sassnitz wird ein wichtiger Brückenkopf nach Schweden: Die Schiffslinie Stettin-Sassnitz-Bornholm wird eröffnet. 1897 folgt die Postdampferlinie nach Trelleborg.

1883   Die Eisenbahnverbindung Stralsund-Bergen erschließt die Insel per Schiene, weitere Abschnitte folgen 1891 von Bergen nach Sassnitz.

1895   Zwischen Putbus und Binz fährt die Rügener Kleinbahn, im folgenden Jahr sogar bis nach Sellin und Göhren.

Rügen im 20. und 21. Jh.

ab 1920   Rügen ist eines der beliebtesten Reiseziele in Deutschland.

1936   Der 2,5 km lange Rügendamm verbindet die Insel mit Stralsund und ermöglicht eine direkte Bahnverbindung nach Schweden. Die Nationalsozialisten beginnen den Bau der riesigen Ferienstadt Prora. Das gigantische Kraft-durch-Freude-Prestigeprojekt wird nicht vollendet.

1939–1945 Der Badebetrieb kommt mit dem Beginn des Zweiten Weltkriegs während der Kriegsjahre zum Erliegen. Die Kinderlandverschickung bringt Kinder aus den Großstädten auf die Insel. Dazu kommen viele Flüchtlinge aus Ostpreußen, Hinterpommern und Schlesien.

1942   Schwerer Eisgang zerstört im Winter alle Seebrücken der Insel.

1945   Die Hafen- und Bahnanlagen von Sassnitz werden im März bei einem Bombenangriff der Alliierten zerstört. Der deutsche Kommandeur befiehlt die Sprengung des Rügendamms. Nach Kriegsende werden unter sowjetischer Besatzung im September die Gutsbesitzer enteignet. Beginn der Bodenreform in Mecklenburg-Vorpommern.

1952–1960	Auf zunehmenden Druck der DDR-Regierung schließen sich die Bauern zu landwirtschaftlichen Produktionsgenossenschaften (LPG) zusammen.
1953	Aktion Rose, Enteignung der Hotel- und Pensionsbesitzer.
ab 1955	Rügen wird wichtigstes Urlaubsziel in der DDR. In den 1970er-Jahren entstehen große Ferienheime für Gewerkschaftsmitglieder (FDGB).
1989	Friedliche Demonstrationen gegen die SED-Regierung. Versammlungen in der Marienkirche in Bergen und an anderen Orten der Insel.
1990	Während der Wende können in den letzten Tagen der DDR weite Teile der Insel unter Naturschutz gestellt werden. Der Landkreis Rügen gehört nach der Wiedervereinigung zum neu gegründeten Bundesland Mecklenburg-Vorpommern.
1991	Die Wiedervereinigung führt zunächst zu einem Ende des staatlich organisierten Ferienwesens und zu einem Zusammenbruch der Rügener Wirtschaft. In den folgenden Jahren setzt in den Urlaubsorten ein Bauboom ein, alte Bädervillen werden wieder hergerichtet.
1998	Im April können Besucher in Sellin die mit Café und Restaurant wieder errichtete Seebrücke betreten. In Putbus wird das historische Theater nach jahrelanger Renovierung neu eröffnet.
2000	Angela Merkel, Abgeordnete für den Wahlkreis Rügen/Stralsund, wird Bundesvorsitzende der CDU.
2002	Die Altstädte von Wismar und Stralsund werden gemeinsam in die Welterbeliste der UNESCO aufgenommen.
2003	Im Rahmen der Internationalen Gartenbauausstellung (IGA) in Rostock entsteht der Garten der Sinne am Schmachter See bei Binz.
2005	Die Ostseeautobahn A 20 von Lübeck nach Stettin wird fertig gestellt. Große Kreideformationen brechen von der Rügener Steilküste ab, darunter die bis zu 20 m hohen Wissower Klinken.
2007	Die zweite Strelasundquerung wird eröffnet.
2011	In einem Block der Nazi-Ferienstadt Prora öffnet die Jugendherberge Prora ihre Pforten. Die UNESCO erklärt den Buchenwald im Nationalpark Jasmund zum Weltnaturerbe.

Eine Insel zwischen Natur und Tourismus

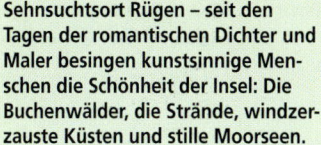

Sehnsuchtsort Rügen – seit den Tagen der romantischen Dichter und Maler besingen kunstsinnige Menschen die Schönheit der Insel: Die Buchenwälder, die Strände, windzerzauste Küsten und stille Moorseen.

Zunächst durch Reiseberichte und durch den Heimatdichter und Theologen Gotthard Ludwig Kosegarten und besonders durch die epocheprägenden Bilder Caspar David Friedrichs verbreitete sich seit dem ausgehenden 18. Jh. ein fast sagenhaftes Bild von der Insel mit ihren urwüchsigen und spektakulären Landschaften. Bis heute kommen die Touristen in Scharen – nicht nur wegen des erholsamen Strandurlaubs, sondern auch auf der Suche nach Rügens wildem Herzen. Das gibt es wirklich, es schlägt in seinen ausgedehnten Naturschutzgebieten.

Einsame und viel besuchte Nationalparks

Große Teile der Insel wurden noch in den letzten Tagen der DDR unter besonderen Schutz gestellt: darunter einsame und abgeschiedene Gegenden wie der Nationalpark Vorpommersche Boddenlandschaft mit seinen Ostsee- und Boddengewässern zwischen der Halbinsel Darß-Zingst und Rügens stillem Westen vor der Insel Ummanz (s. S. 207). Hier wird die Ruhe nur im Frühling und Herbst von den trompetenden Rufen der Kraniche unterbrochen. Die geflügelten Glücksbringer rasten im Herbst zu Zehntausenden in dem 80 500 ha großen Schutzgebiet auf dem langen Weg in ihre südlichen Winterquartiere. Aber auch viel besuchte touristische Anziehungspunkte

gehören zu den geschützten Zonen wie der Nationalpark Jasmund, mit etwas über 3000 ha Deutschlands kleinster Nationalpark.

Im Sommer strömen die Besuchermassen über die schattigen Wege unter dem dichten Laub des Buchenwaldes Richtung Küste, vorbei an dem tatsächlich immer noch verwunschen daliegenden Herthasee, um wie Caspar David Friedrich von der Victoriasicht aus selbst einen Blick auf die imposanten 118 m über dem Meer aufragenden Kreideklippen zu werfen. Wer Glück hat, entdeckt dabei vielleicht Eisvögel oder Mehlschwalben, die in den Kliffs der Felsen brüten. Weniger augenfällig sind die zahlreichen seltenen Pflanzenarten, die die Wälder, Moore und Wiesen auf Jasmund bevölkern: Neben der Rotbuche wachsen hier Schwarzerle, Eibe, Wildbirne, Eisbeere und 27 verschiedene Orchideenarten. In der Stubbenkammer spielen sie die Hauptrolle, Touristen sind Publikum.

Kultur- und Naturlandschaft Südost-Rügen

Im Osten der Insel dagegen steht das fragile Zusammenspiel zwischen Mensch und Umwelt im Vordergrund: 1993 wurde der Südosten von Rügen von der UNESCO als Biosphärenreservat anerkannt: 23 500 ha von der Granitz bis nach Putbus, auch das Mönchgut gehört dazu. Hier wird die traditionelle Kulturlandschaft gepflegt, etwa durch extensive Beweidung. Von der jahrtausendelangen Nutzung und Gestaltung der Landschaft durch den Menschen zeugen jungsteinzeitliche

Großsteingräber, Hügelgräber aus der Bronzezeit und mittelalterliche Kirchen. Doch die Region bot immer auch genug Raum für Pflanzen und Tiere: Gänse machen hier Rast und im Greifswalder Bodden ist das größte Laichgebiet des Ostseeherings.

Natur und Tourismus – fragiles Gleichgewicht

Doch dieses jahrtausendalte Mit- und Nebeneinander von Mensch und Natur funktioniert nicht mehr. Die Touristen kommen in Scharen wegen der Schönheit der Landschaft und gefährden das, was sie suchen. Wie viele Besucher verträgt die Insel? Das Limit ist erreicht, meint Marlies Preller vom Rügener Kreisverband des Naturschutzbundes Deutschland (NABU). Ein besonderes Problem dabei ist der Verkehr: Nach der Einweihung der neuen Hochbrücke über den Strelasund im Jahr 2007 staut sich der An- und Abreiseverkehr nicht mehr in

Stralsund, sondern nun auf der Insel selbst, auf der B 96 zwischen Samtens und Bergen. Der geplante Aus- und Umbau der zentralen Verbindungsstraße ist für den NABU keine Lösung. »Das ist ein riesiger Eingriff, irreversibel und fatal für Tourismus und Landschaftsbild. Eine verbesserte Anbindung lockt nur weitere Tagesgäste, aber Rügen sollte auf Touristen setzen, die länger bleiben«, resümiert Marlies Preller.

Der zunehmende Verkehr und der damit verbundene Ausbau der Straßen gefährden besonders Rügens berühmte Alleen. Ein schleichender Prozess: Über 300 Bäume sollen 2011 für die Arbeiten an der B 96 und B 96n gefällt werden. Um das zu verhindern, plädiert der NABU für ein umfassendes Konzept zum Schutz der landschaftsprägenden Baumreihen. Es gebe zwar ein Tourismuskonzept unter dem Motto »Für jeden etwas, aber nicht für jeden alles«, doch das sei noch nicht umgesetzt.

Wie wichtig der Schutz der Natur besonders für den Tourismus ist, erklärt Marlies Preller an einem weiteren Beispiel: Experten befürchten, dass die im Industriehafen von Mukran entstandene Fischfabrik unerwünschte Auswirkungen auf Rügens Küste hat. So wird Sand, der bei den Abbruchkanten der Jasmunder Kreidefelsen ins Meer rutscht, nicht mehr in der gleichen Menge am Proraer Wiek angeschwemmt. Dies verringert die Fläche des weißen prächtigen Strand von Binz.

Es bleibt also einiges zu tun für Rügens engagierte Naturschützer. Immerhin können sie einige sichtbare Erfolge vorweisen. Als besonders spektakulär gelten die 18 Fischadlerpaare, die inzwischen wieder auf Rügen brüten.

Rügens Landschaft

Die Ostseeküste um Rügen ist mit ihren Steilküsten und flachen Ufern so vielgestaltig wie kaum eine zweite Region in Deutschland. Insel und Meer durchdringen sich durch Boddengewässer bis weit ins Land hinein. Entstanden ist der Naturraum durch eiszeitliche Gletscher, die bis zum Ende der letzten Eiszeit vor 10 000 Jahren Teile Norddeutschlands und Skandinaviens bedeckten. Das vordringende Eis bewegte gewaltige Gesteinsmassen, eine hügelige Endmoränenlandschaft entstand. Das tauende Eis ließ den Meeresspiegel ansteigen; Wittow, Jasmund, Mönchgut und Granitz ragten als Inseln aus der jungen Ostsee. Ihr Erdreich, durch Wind und Wellen abgerieben, lagerte sich zwischen den Inselkernen ab und bildete die Insel Rügen.

Granitz: Rügens größtes zusammenhängendes Waldgebiet im Südosten von Rügen nahe Binz (s. S. 183).

Having: Bucht im Nordosten des Rügischen Boddens, die tief in die Halbinsel Mönchgut im Südosten Rügens einschneidet.

Jasmund: Bewaldete Halbinsel im Norden mit den berühmten Kreidefelsen. Der Nationalpark Jasmund mit seinem Buchenwald zählt seit 2011 zum UNESCO-Weltnaturerbe (s. S. 218).

Mönchgut: Buchtenreiche und zergliederte Halbinsel im Südosten Rügens, südlich von Baabe (s. S. 142).

Nordperd: Bewaldete Landzunge im Mönchgut, die bei Göhren weit in die Ostsee hineinragt (s. S. 149).

Rugard: Rügens ›Zentralmassiv‹, mit 91 m über NN die höchste Erhebung im Kernbereich Rügens. Die Endmoräne liegt am nordöstlichen Stadtrand von Bergen (s. S. 136).

Schaabe: Ca. 8 km lange Nehrung mit schönem Strand, verbindet Jasmund und Wittow (s. S. 242).

Schmale Heide: Nehrung zwischen Sassnitz und Binz mit schönem Strand bei Prora (s. S. 170, 242).

Strelasund: Ein Meeresarm der Ostsee, der bei Stralsund Rügen vom Festland trennt. Das schmale Boddengewässer ist mit 4 m ungewöhnlich tief (s. S. 92).

Stubbenkammer: Unmittelbare Umgebung des markanten Kreidefelsens Königsstuhl im Nationalpark Jasmund. Die Große Stubbenkammer umfasst den 118 m hohen Königsstuhl selbst und die nördlich direkt angrenzende Kreidefelsformation, einschließlich der dazwischen liegenden Schlucht. Die Kleine Stubbenkammer ist die vom Königsstuhl südlich gelegene Kreidewand mit dem Aussichtspunkt Victoria-Sicht (s. S. 230).

Stubnitz: Waldgebiet im Nationalpark an der Ostküste der Halbinsel Jasmund (s. S. 230).

Ummanz: Flache, ca. 20 km² große Insel nahe Hiddensee, die durch eine Brücke mit Rügen verbunden ist (s. S. 207).

Vilm: Kleine, streng geschützte Insel im Rügischen Bodden mit markanten alten Bäumen (s. S. 144).

Wittow: Nördlichste Halbinsel Rügens mit dem Kap Arkona (s. S. 242).

Zudar: Halbinsel im äußersten Süden (s. S. 115).

Naturschützer zwischen Widerstand und Staatsauftrag

In der DDR war Naturschutz Bürgerpflicht, verankert in der Verfassung seit 1968 als Artikel 15. Bereits in der Schule befassten sich Schüler theoretisch und praktisch in Arbeitsgruppen mit Umwelt- und Naturschutzaufgaben. Doch gleichzeitig wurden aktive Naturschützer von der Staatssicherheit misstrauisch beäugt und verfolgt: Schließlich gehörten Umweltinformationen in der DDR seit 1982 zu den Staatsgeheimnissen. In der Grauzone zwischen staatlicher Duldung und kriminalisiertem Protest entwickelte sich die Umweltbewegung zu einem Weg der Opposition in der ehemaligen DDR. In der Wende und danach fanden einige der damals Aktiven den Weg in die gesamtdeutsche Politik wie der Rügener Pastor und Naturschützer Frieder Jelen.

Umweltschutz begann in der ehemaligen DDR bereits in der Schule: »Die Schüler sollen ihre Verpflichtung erkennen, als Staatsbürger die Umwelt entsprechend den Bedürfnissen der Gesellschaft zu nutzen und gemäß unserer sozialistischen Verfassung die Landschaft zu schützen und zu pflegen.« So stand es für die Schüler der 9. Klasse im Jahr 1969 auf dem Lehrplan. Neben den Umweltgruppen in der Schule und bei den Jungen Pionieren gab es auch eine große ehrenamtliche Umweltschutzbewegung, eingebunden in die sozialistischen Strukturen: Als Natur- und Heimatfreunde waren zahlreiche Gruppen ab 1949 unter dem Dach des Kulturbunds der DDR zusammengefasst. Man kann davon ausgehen, dass es in jedem Kreis der DDR ca. 40–120 ehrenamtliche Naturschutzbeauftragte gab.

Die Umweltbewegung wird politisch

In den 1970er-Jahren nahm die Zahl derjenigen zu, die sich in den staatlichen Organisationen nicht wiederfanden. Massive Verschmutzungen von Luft und Flüssen wurden in der Zeit offensichtlich, jedoch wurden schwerwiegende Umweltvergehen der Wirtschaft nicht juristisch verfolgt. So entwickelten sich die ersten Umweltgruppen unter dem Dach der evangelischen Kirche. Naturschutz generell rückte in Ost und West zunehmend ins öffentliche Bewusstsein, und 1980 wurde innerhalb des Kulturbundes die Gesellschaft für Natur und Umwelt (GNU) gegründet, die bald 40 000 Mitglieder in 1600 Arbeitsgruppen hatte.

Daneben initiierten auch die kirchlichen Umweltgruppen erfolgreiche Projekte: Die Baumpflanzbewegung der kirchlichen Jugendgruppen oder die Aktion ›Mobil ohne Auto‹ markierten den Beginn des Umweltengagements in der Kirche. Ab Mitte der 1980er-Jahre politisierte sich die Bewegung, und in vielen Gruppen rückten auch Friedensfragen auf die Agenda. Dabei stellte die Mehrheit der Umweltaktivisten das politische und wirtschaftliche System der DDR nicht öffentlich infrage. Angesichts von Repressionen entwickelten sie eine projektbezogene Umweltarbeit, die die Staatsorgane nach Möglichkeit nicht auf den Plan rufen sollte.

Umweltschutz in den Achtzigern

Frieder Jelen, Pastor, Naturschützer und ehemaliger Umweltminister von Mecklenburg-Vorpommern berichtet über seine Erfahrungen als Umweltaktivist auf Rügen. Noch bis September 2008 war er Landrat im Kreis Demmin in Mecklenburg-Vorpommern. Er hat unmittelbar miterlebt, wie seit den 1980er-Jahren auf Rügen vielfältige Anstrengungen unternommen wurden, die Natur und Landschaft vor Verschmutzung und Missbrauch zu bewahren.

Als Pastor war Jelen seit 1982 für die Kirchengemeinde in Middelhagen zuständig. Er organisierte Vorträge zu ökologischen Themen: Es ging um die Uferwälder, die durch Camping geschädigt wurden, aber auch um den Sinn und Unsinn von Atomkraft. Eine Veranstaltung beschäftigte sich mit den Gefahren für den Greifswalder Bodden durch Erwärmung mit Kühlwasser vom AKW Lubmin.

Gefährliches Engagement für die Natur

Solcherart ›Umtriebe‹ blieben auch der Stasi nicht verborgen, spätestens, als an einem dieser Tage die Traditionsgaststätte Zum Walfisch in Lobbe fast aus allen Nähten platzte. Eine seltene Gelegenheit, zu der auch Gäste aus Stralsund kamen. In dieser Zeit verfolgten bis zu 12 Spitzel seine Aktivitäten auf Schritt und Tritt.

Trotzdem konnten die Inselschützer auch vor 1989 einiges erreichen: Dazu gehörte unter anderem die Schließung der wilden Müllkippe in Alt Reddevitz. Das schafften die Naturschützer in gemeinsamen Aktionen mit Schulen, was für die beteiligten Lehrer durchaus nicht ungefährlich war, darunter auch die spätere Rügener Landrätin Karin Timmel. In Gager konnte das Abladen von Sassnitzer Hafenschlick verhindert werden. Viele Menschen engagierten

sich um den Kreis von etwa zwei Dutzend Aktiven. Ein besonderer Erfolg war, dass die Gemeinde Middelhagen schließlich einen Ausschuss für Umweltschutz einrichtete.

Wendegewinner: Rügens Boddengewässer

Während der Wende und nach den ersten freien Wahlen 1990 gab es einen regelrechten Schub, ein starkes Gefühl von Aufbruch und Veränderung: Friedensandachten wurden in den Kirchen von Göhren und Bergen abgehalten, Gesprächskreise und Wählerforen wurden gegründet.

Frieder Jelen gründete den Verband Insula Rugia zum Schutz und zur Pflege der Insel Rügen, der in Spitzenzeiten bis zu 400 Mitglieder hatte. Im Jahr 1990 war Jelen Mitglied der letzten Volkskammer der DDR und zog auch in den ersten Landtag von Mecklenburg-Vorpommern ein.

Ein wichtiges Thema nach der Wende war der Schutz der Boddengewässer in ganz Mecklenburg-Vorpommern, die durch Überdüngung stark belastet waren und umzukippen drohten. Das konnte durch den Bau von Kläranlagen noch rechtzeitig verhindert werden. Die Vorarbeiten dazu leisteten Umweltschützer aber in der DDR noch im Verborgenen. So hatte Jelen mit einem befreundeten Vikar zur DDR-Zeit noch heimlich Wasserproben aus der Hagenschen Wiek entnommen und über Kontakte eine geheime Untersuchung in einem Berliner Speziallabor veranlasst. Der Schutz der Boddengewässer erfolgte in letzter Minute.

Nach der Wende gerieten die bis dato weniger bekannten Probleme ins Blickfeld: Müllberge, Verkehrsinfarkt und globale Umweltprobleme. Zurzeit ist das Ringen um die Umsetzung eines tragfähigen Tourismus- und Verkehrskonzeptes eine vordringliche Aufgabe für Rügens Naturschützer.

Rügen, deine Schutzgebiete

Viele Gebiete waren zu DDR-Zeiten der Verwertung und Nutzung durch Menschen weitgehend entzogen: Staatsjagdgebiete, Grenzstreifen und Truppenübungsplätze bedeckten 15 % des DDR-Territoriums. Hier konnte sich die Natur weitgehend ungestört entwickeln. Naturschützer hatten so die Möglichkeit, in einer einmaligen Aktion nachhaltig wertvolle Naturflächen auf dem Gebiet der ehemaligen DDR großräumig zu schützen.

Kurz vor der Wende gelang Michael Succow, stellvertretender Umweltminister der Regierung Modrow, der folgenreiche Coup: Sein umfassendes Nationalpark-Programm, das mehr als 5 % der Fläche Ostdeutschlands unter strengen Naturschutz stellte, wurde auf der letzten Sitzung des DDR-Ministerrats auf den Weg gebracht. Dank ihm und seiner Mitstreiter wurde die Einrichtung von einem Dutzend Schutzgebieten beschlossen, darunter auf Rügen der Nationalpark Jasmund und das Biosphärenreservat Südost-Rügen. In Mecklenburg-Vorpommern entstanden gleich drei Nationalparke, ein Biosphärenreservat und ein Naturpark.

Allein 3 Mio. Menschen besuchen zurzeit jährlich den Nationalpark Vorpommersche Boddenlandschaft. Gerade im Tourismusland Mecklenburg-Vorpommern spielen die Schutzgebiete inzwischen nicht zuletzt als Wirtschaftsfaktor eine große Rolle.

Alltag im Ferienparadies

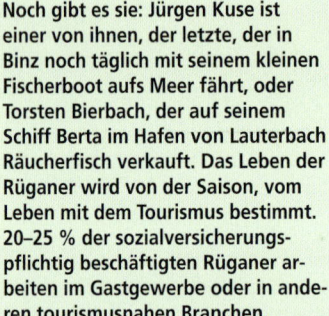

Noch gibt es sie: Jürgen Kuse ist einer von ihnen, der letzte, der in Binz noch täglich mit seinem kleinen Fischerboot aufs Meer fährt, oder Torsten Bierbach, der auf seinem Schiff Berta im Hafen von Lauterbach Räucherfisch verkauft. Das Leben der Rüganer wird von der Saison, vom Leben mit dem Tourismus bestimmt. 20–25 % der sozialversicherungspflichtig beschäftigten Rüganer arbeiten im Gastgewerbe oder in anderen tourismusnahen Branchen.

Doch auch diejenigen, die nicht direkt vom Tourismus leben, werden vom Rhythmus der Insel beeinflusst: »Im Sommer sind die Gottesdienste sehr gut besucht. Viele Urlauber nutzen die freie Zeit, um zur Ruhe zu kommen und auch um mal wieder in die Kirche zu gehen«, erzählt Vikarin Franziska Patzak über die zwei Gesichter ihrer Kirchengemeinde und über den Alltag der Menschen im Mönchgut. Während sich im Sommer das Leben auf der Insel um die Besucher dreht, nutzen die Rüganer im Winter die freie Zeit, besuchen Nachbarn und Freunde, renovieren oder machen einfach nur mal wieder einen Tanzkurs.

Der Winter ist dabei besonders für Beschäftigte aus Hotellerie und Gaststättengewerbe zwar eine ruhige, aber nicht unbedingt besinnliche Zeit. Die Arbeit im Saisongeschäft bedeutet für die überwiegende Zahl der Angestellten befristete Verträge im Sommer und Arbeitslosigkeit im Winter: Der niedrigen Arbeitslosenquote von 7,6 % auf Rügen im September 2010 stehen die 18,2 % im Januar 2011 gegenüber. Da hilft auch die eine Woche Hochsaison über die Weihnachtsfeiertage wenig.

Auch für Torsten Bierbach unterscheidet sich das Leben im Sommer und Winter ganz erheblich: Er wartet jedes Jahr gespannt auf den ersten Frost. Im Sommer betreibt er das Räucherschiff Berta im Hafen von Lauterbach und verkauft selbst geräucherten Fisch. Im Winter zieht er nach Absprache mit dem Förster in die Wälder, um Buchenholz für seine Räucherei zu schlagen. Er sägt und hackt und stapelt meist im Januar und Februar so lange, bis es dunkel wird. Das Holz muss dann zwei bis drei Jahre liegen, bis es verfeuert werden kann. Natürlich muss er auch reparieren und die Dinge erledigen, zu denen er in den hektischen Sommermonaten nicht kommt, damit das Räucherschiff im Frühjahr wieder glänzt, wenn die ersten Gäste kommen.

Andreas Kuhfuß lebt ebenfalls im Rhythmus mit dem Tourismus. Acht Monate arbeitet er durch, vier Monate hat er frei: Von Frühjahr bis Ende Oktober wartet sein Boot jeden Tag im Hafen von Lauterbach auf Gäste. Er ist der Einzige, der Exkursionen auf die Insel Vilm anbieten darf. Zwei Mal am Tag führt er Urlauber über die Insel und erzählt Geschichten und Anekdoten, von Erich Honeckers Feriendorf und dem Leben und Sterben der alten Baumriesen, für die die Insel berühmt ist. Die Ruhephasen und besonders der Ausgleich sind dabei ungemein wichtig, betont er. Auch auf einer ganz anderen Ebene stellen die Besuchermassen die Rüganer vor besondere Herausforderungen, erklärt der Vilm-Experte: »Der Fremdenverkehr macht das Leben auch für die Einheimischen teurer, doch die Leute leben mit und vom Tourismus und wissen, dass es ohne nicht geht.«

»Gerade Auszubildende können sich ein Leben in den Tourismushochburgen wie Binz und Sellin gar nicht leisten«, mahnt Christian Glaser, Sprecher der Agentur für Arbeit in Stralsund. Trotz vergleichsweise geringer Bezahlung im Gastgewerbe befindet sich bei den Ausbildungswünschen der Beruf Koch immerhin unter den ersten zehn. Doch auf Rügen fehle es an günstigem Wohnraum für Auszubildende. Dazu kommt, dass gerade auf Rügen viele Hotels und Gaststätten ohne Pkw schwer zu erreichen sind und die Taktung im öffentlichen Nahverkehr schon gar nicht mit der Arbeitszeit von Kellnern oder Köchen harmoniert. Bis jetzt konnten Ausbildungsplätze mit jungen Menschen aus der Region besetzt werden. Doch auch in diesem Bereich macht sich der demografische Wandel bemerkbar, die Zahl der Schulabgänger hat sich von 2008 bis 2011 auf Rügen halbiert. Im Sommer 2009 konnten zum ersten Mal Ausbildungsplätze auf der Insel nicht besetzt werden, die meisten davon im Gastgewerbe. Im August 2011 kamen auf 909 freie Ausbildungsplätze nur 349 Bewerber. Eine Herausforderung für die Branche.

»Rügen war schon immer touristisch«, gibt Jürgen Kuse zu bedenken. In Binz ist er jetzt der einzige Fischer – in vierter Generation. Er liebt seine Arbeit, will aber seine Kinder in ihrer Berufswahl nicht beeinflussen. Auch Kuse lebt nicht mehr vom Fischfang allein: Seine Fischräucherei liegt ganz romantisch am Strand gegenüber der Binzer Strandhalle und ist eigentlich immer gut besucht. Die Gäste kommen wegen des leckeren Fisches, aber auch wegen des tollen Blicks auf die Bucht. Für den Fischer ist der bekannteste Geheimtipp des beliebten Badeorts inzwischen vom Spielbein zum ersten Standbein geworden. Auch er hat bis Oktober gut zu tun und freut sich dann schon auf das ruhigere Winterhalbjahr – dann kann er auch in Urlaub fahren.

Deutschlands berühmteste Wetterstation

Hiddensee beherbergt seit 1999 eine der mittlerweile rund 1200 Wetterstationen von Jörg Kachelmanns Wetterdienst Meteomedia. Dank Kachelmann hat der Leuchtturm Dornbusch Hiddensee schon Kultcharakter. Einer der Männer auf der Station ist Meteorologe Stefan Kreibohm, der dort arbeitet, wo andere Urlaub machen und von dem immer nur alle das eine wissen wollen: Wie wird es denn – das Wetter?

Egal ob es schüttet oder der Wind peitscht, die Wettervorhersage von Dornbusch Hiddensee ist eine der beliebtesten und bekanntesten Vorortberichterstattungen. Richtig schön finden es die Zuschauer zuhause auf dem Sofa, wenn der Wetterexperte in Regenjacke bei stürmischen Winden versucht seine Standposition zu halten und der Puschel so wild flattert, als stünde er kurz vor dem Abflug. Das ist Wetter live! Dabei wird dem im Trockenen und Warmen sitzenden Zuschauer trotz aller Widrigkeiten gekonnt die aktuelle Lage des norddeutschen Wetters von Borkum bis Usedom und von Rügen bis zum Harz erklärt. Zudem gibt der Meteorologe natürlich auch eine Prognose ab, wann das Schietwetter ein Ende hat. In der Regel arbeitet der Diensthabende der Station allein, ohne einen Techniker für Kamera, Ton oder Licht.

Immer nah dran – am Wetter: Thomas Globig, Meteorologe von der Wetterstation Hiddensee, verrät das Wetter von morgen

Aktuelle Daten an 360 Tagen im Jahr

Schon seit 1999 berichten die Diensthabenden des Wetterstudios an fast 360 Tagen im Jahr. Im ARD-Morgenmagazin oder um 19.50 Uhr im »Wetter im Ersten« sowie täglich im NDR »Nordmagazin« um 19.55 Uhr sind die Experten von Hiddensee zu sehen. Sonnabends sind sie zusätzlich auch manchmal vor der Sportschau auf Sendung. Wetterrevoluzzer Jörg Kachelmann hatte 1998 die bahnbrechende Idee, zu seinem Hauptstudio in der Schweiz Außenstellen zu schaffen, um von draußen zu berichten und auch um genauere Prognosen abgeben zu können. Zudem sollte es auch noch was Typisches aus der Region sein – und für Norddeutschland ist das natürlich ein Leuchtturm. Doch die Station befindet sich nicht etwa im Leuchtfeuer Dornbusch, auch nicht mehr in der Nähe, in dem kleinen Ferienhaus Erika. Das hat seit Ende 2005 ausgedient, denn hier saßen die Experten wie die Wetterfrösche im Glas. Das Haus war viel zu klein geworden und jeder, der vorbeikam, wollte zudem sehen, wie so eine Wetterstation funktioniert. Beim neuen Studio in Kloster verrät dagegen nur das Satellitenbild auf dem Bildschirm des PCs, dass hier kein Steuerberater vorm Rechner sitzt, sondern die Wetterexperten von Hiddensee. Morgens früh um 5.30 Uhr beginnt der Dienst und endet nach 12 bis 14 Stunden. Erste Amtshandlung: Kontrolle der aktuellen Wetterlage und Auswertung der neuesten Messwerte sowie Schreiben des ersten Wetterberichts für den anbrechenden Tag. Aktualisiert wird der Bericht alle drei Stunden. Dazu muss der Experte aber keineswegs zum Leuchtturm hinauf und die Daten ablesen. Alles wird elektronisch übermittelt: Luftdruck, Temperatur und Niederschlagsmenge. Die Stationen oben am Leuchtturm und in der Dünenheide messen die Daten für Hiddensee, Deutschlands Sonneninsel Nummer eins mit im Jahresdurchschnitt 2000 Sonnenstunden.

Orkan Anatol schaffte 178 km/h

»Typisches Wetter gibt es hier nicht!«, stellt Kreibohm lächelnd fest. – 17 Tage im Monat ist der Meteorologe auf der Insel im Dienst. Seine Kollegen Juliane Pestel und Thomas Globig reisen aus Leipzig und Berlin an und bleiben dann für die Wochenschicht vor Ort. Kreibohm benutzt dagegen die Fähre wie andere den Bus oder die Bahn, denn seine Familie wohnt auf Rügen. Zur Not gibt es aber auch eine Schlafmöglichkeit in der Station. Für den Fall der Fälle, so wie damals 1999, als der Orkan Anatol über Hiddensee fegte. Das war die bisher stärkste Orkanböe, die am 3. Dezember mit 178 km/h über die Insel raste. In der Nacht vom 3. zum 4. Dezember brachte dieser Orkan alles durcheinander und Kreibohm berichtete unentwegt, schrieb Berichte,

gab Statements ab und stand Rede und Antwort. Am Ende war es 6.30 Uhr am Morgen und der Orkan hatte ihn um seine Nachtruhe gebracht. Das kommt aber nicht oft vor. Doch Außergewöhnliches wie ein Tornado kam ihm auch schon vor die Kamera, das war im Jahre 2005. Auch zwei Ostseehosen, so genannte Wassertornados, hat er bereits gefilmt. Die Daten zu solchen Wetterkapriolen weiß er aus dem Kopf, ohne lange nachzudenken.

Wölkchen zählen muss der Meteorologe nicht

Für Kreibohm ist es der Traumjob schlechthin. Schließlich ist immer etwas los am Himmel. Und wenn es doch einmal langweilig werden sollte, kann er immer noch Schäfchenwolken zählen … Diese Quellwolken heißen beim Experten allerdings Altocumulus und liegen in der Mitte der Troposphäre, dem Bereich zwischen 2500 und 6000 m über Seehöhe. Der Altocumulus wird oft als ›Schäfchenwolke‹ bezeichnet, weil seine Struktur einer Schafherde auf einer Wiese ähnelt.

Und wie zählt er nun die Wolken? Der Himmel wird dazu in Achtel eingeteilt: verhangen ist 8/8, wolkenlos dagegen 0/8. Auf Hiddensee sind es gerade eher 6/8 – und alles andere als schön, das kann aber gleich wieder anders aussehen. »Das Wetter ist schließlich das Spannendste, was es gibt.«

Wölkchen zählen tut Kreibohm allerdings nie. Nur im Spätherbst oder im November, wenn das Wetter beständig bleibt und es nicht viel Neues gibt – für den Laien: es bleibt gleich trist –, ist es schon mal ruhiger auf der Station. Im Sommer dagegen gibt es gut zu tun, und wenn Kreibohm sich auf den Weg macht für seinen Fernsehbeitrag, wol-

len alle Urlauber immer nur eines von ihm wissen: Wie wird's? Schließlich weiß er es am besten und liegt ganz selten völlig verkehrt. Er beantwortet auch stets gelassen alle Fragen, auch die, die er schon x-mal beantwortet hat. Zudem muss er mittlerweile auch nicht mehr erklären, dass er nicht Herr Kachelmann ist. »Wobei neulich einer wissen wollte, ob ich nicht der Sohn von Herrn Kachelmann sei …«, fügt er schmunzelnd hinzu.

Wetterdaten

Hiddensee ist nicht nur einer der sonnigsten Orte, sondern auch einer der trockensten Deutschlands. Hier ein Überblick über Hiddenseer Wetterextreme seit 1998, gemeldet von Kachelmanns Wetterdienst Meteomedia auf Hiddensee (Stand 06/2009):

Heißester Tag: 21. Juni 2000 mit 36 °C in der Dünenheide

Kältester Tag: 24. Januar 2006 mit -16,7 °C in der Dünenheide

Regenreichster Tag: 23. August 2008 mit 82,4 l/m^2 in der Dünenheide

Stärkste Orkanböe: 3. Dezember 1999 mit 178 km/h am Leuchtturm Dornbusch (Orkan Anatol)

Sonnigster Tag: 16. und 17. Juni 2010 mit jeweils 16,8 Std. (astronomisch möglich 17,2 Std.) am Leuchtturm Dornbusch.

Sonnigster Monat: Juli 2006 mit 408,3 Std. am Leuchtturm Dornbusch

Höchste Wassertemperatur am Weststrand, Ostsee: Ende Juli 2006 mit 26 °C

Die jeweils neuesten Wetterdaten gibt es unter www.wetterstudio-hiddensee.de.

Wilhelm Maltes Putbus: Residenz-
stadt und Rügens erstes Seebad

Er brachte den Tourismus nach Rügen: Fürst Wilhelm Malte I. (1783–1854) lockte mit seinem nach neuester Mode eingerichteten Kureinrichtungen in der Stadt Putbus ab 1816 den badebegeisterten preußischen Hochadel auf die Insel und begründete so die bis heute dauernde Tradition der Rügener Sommerfrische. Seltsam nur, dass Rügens erstes Seebad gar nicht am Wasser lag.

Der Architekt Karl Friedrich Schinkel war bei einem Besuch 1835 nicht wirklich angetan: Zwar lobte er einzelne »sehr ansehnliche Bauwerke« in Putbus, kritisierte aber die für einen Badeort ungünstige Lage der Stadt: »Im Ganzen scheint die Anlage nicht recht planmäßig entstanden, sondern durch zufällige Umstände nach und nach herbeigeführt zu sein. Für das Prospe-

rieren des Seebades möchte es vorteilhafter gewesen sein, die Stadtanlage statt nach den Höhen hinauf lieber gegen das Meer und die Badeanstalten hinunter zu ziehen. Denn ohne Equipage ist ein Badeaufenthalt in Putbus fast unmöglich, weil von der Stadt, wo die einzigen Wohnungen der Badegäste eingerichtet sind, nur durch eine halbe Meile lange schattenlose Allee mit tiefsandigem und staubigem Wege zu gelangen ist, was für Fußgänger fast unmöglich wird.«

Karl Friedrich Schinkel spricht von der langen schnurgeraden Allee, die von Putbus zum Hafen von Lauterbach führt. Tatsächlich ist die Stadt etwa 5 km von der Küste entfernt und liegt auf einer Anhöhe dem Greifswalder Bodden zugewandt mit einem weiten Blick über die Küste, die Insel Vilm und das Mönchgut.

Wilhelm Malte baut eine Stadt

Maßgeblicher Gestalter des einzigartigen Ensembles war Wilhelm Malte I., der auf dem Reißbrett eine der letzten klassizistischen Residenzstädte entwarf. Auf Bildungsreisen nach England 1805 begeisterte Wilhelm Malte sich für die hiesigen Landschaftsparks und erhielt eine fundierte Ausbildung. Er hatte in Greifswald und Göttingen studiert und in Lehrveranstaltungen zu Architektur und Ökonomie Kenntnisse erworben, die ihm bei seiner späteren regen Bautätigkeit und der Ansiedelung von Zucker- und Kreidefabriken auf der Insel nützen sollten. Zu Beginn seiner Regentschaft stand das herrschaftliche Schloss derer zu Putbus ganz allein in der Landschaft. Wilhelm Malte gründete die Stadt 1810. Ein Grund für den prächtigen Ausbau des kleinen Ortes in der Nähe des Familiensitzes lag wahrscheinlich daran, dass er 1807 von König Gustav IV. Adolf von Schweden in den schwedischen Fürstenstand erhoben wurde und nach Formen der Repräsentation suchte, die seinem neuen Stand entsprachen.

Putbus wird Seebad

Erste Aufzeichnungen der Überlegungen zur Gründung eines Bades sind belegt aus dem Jahr 1815. Eine genaue Idee vom Betrieb eines Badeortes bekam der Herr von Putbus durch Reisen ins englische Bath, das um 1800 wegen seiner Quellen von ca. 8000 Fremden im Jahr besucht wurde und nicht zuletzt durch die regelmäßigen Visiten des englischen Königshauses anziehend auf die gute Gesellschaft wirkte. Möglicherweise hatte Wilhelm Malte einen ähnlichen Effekt im Sinn: 1815 übergab Schweden die Insel Rügen nach der Niederlage Napoleons in Russland an Preußen. Wilhelm Malte wurde 1817 in den preußischen Fürstenstand erhoben und betrieb erfolgreich eine Annäherung an den preußischen Hof. Während Wilhelm Malte zur Befriedigung der aristokratischen Bedürfnisse zunächst in Putbus Badehäuser bauen ließ, in denen Wannen mit warmem Seewasser aufgestellt waren, verlangte der damalige Zeitgeist jedoch schon bald die Nähe zum Wasser: 1819 eröffnete er daher direkt am Boddenufer in Lauterbach das Friedrich-Wilhelm-Bad. Doch der Ruhm des Badehauses in der Goor währte nur kurz. Denn als viel gesünder galt bereits 1824 das Bad im offenen Meer. So löste Binz Putbus als beliebte Sommerfrische ab. Auch hier wirkte der gastfreundliche Fürst wieder ganz entschieden an der Gestaltung des Ortes mit. Er investierte erneut und richtete Aalbeck, einen kleinen Fischerort bei Binz, für die anspruchsvollen Gäste her. Denn auch die Konkurrenz schlief nicht – nach dem ersten Bad in Heiligendamm entstanden an vielen Orten der Ostseeküste neue mondäne Badeorte, die um die Gunst ihrer exklusiven Besucher warben.

Literatur

Andre Farin: Wilhelm Malte zu Putbus und seine Fürstenresidenz auf der Insel Rügen. Eine Biographie über eine Gründerpersönlichkeit des 19. Jh., Putbus 2007.
Johannes Friedrich Weise: Zwischen Strandleben und Ackerbau. Die Herrschaft Putbus im 19. Jh, Rostock 2003.
Andreas Vogel: J. G. Steinmeyer und Putbus, Schwerin 2003.

Verehrt, verhasst, vergessen: Ernst Moritz Arndt

Ein heute fast vergessener Sohn Rügens galt noch bis vor 50 Jahren als einer der berühmtesten Deutschen: Ernst Moritz Arndt, geboren am 26. Dezember 1769 in Groß Schoritz auf Rügen, setzte sich erfolgreich für die Abschaffung der Leibeigenschaft im damaligen Schwedisch-Pommern ein. Für sein Engagement zur Befreiung der Bauern wurde er später in der DDR verehrt. Doch seinen größten Bekanntheitsgrad erreichte der Theologe und Historiker während der Freiheitskriege gegen Napoleon: In seinen Schriften hetzte er zuerst gegen Franzosen, dann gegen Polen, Russen und Juden. Später feierten die Nationalsozialisten Arndt als einen ihrer Vordenker.

Schon zu Lebzeiten vielfach bejubelt und wieder vergessen, ist er eine der zwiespältigsten Persönlichkeiten in Deutschlands Geschichte auf dem Weg zum Nationalstaat. In Rügens Buchläden finden sich auch eine Auswahl Rügener Märchen und Sagen aus Arndts Kinderzeit, die er ähnlich wie die Brüder Grimm begeistert zusammengetragen hatte. Welche Erlebnisse prägten den jungen Mann, dessen Vater noch als Leibeigener des Grafen zu Putbus geboren worden war? Und was machte ihn während seines langen Lebens und darüber hinaus zu einer der umstrittensten Personen seiner Zeit?

Wider die Leibeigenschaft

Neun Monate vor der Geburt von Ernst Moritz in Groß Schoritz hatte sich sein Vater Ludwig Arndt 1769 für 80 Taler

die Freiheit erkauft und konnte so vom Leibeigenen zum freien Gutspächter prosperieren.

Noch im Mittelalter gab es auf Rügen eine große Zahl freier Bauern. Das änderte sich jedoch im Laufe der Zeit und besonders nach den Wirren und Verwüstungen des Dreißigjährigen Krieges. Immer häufiger gingen adelige Grundbesitzer rigoros dazu über, die Felder der Bauern ihrem Besitz einzuverleiben und aus Bauern Leibeigene zu machen, das sogenannte ›Bauernlegen‹. Gegen Ende des 18. Jh. waren bereits mehr als drei Viertel der Landbevölkerung unfrei.

In Dumsevitz bei Schoritz gab es 1532 noch sechs Bauernhöfe, 1695 war für das Dorf kein Bauer mehr verzeichnet, nur noch der Gutshof, der »Tonnies von Kahlden hört«. Ein Grund für das Interesse der Gutsherren an dem Bauernland könnte an den gestiegenen Bedürfnissen der Adeligen gelegen haben. Immer höhere Steuern und Frondienste zwangen die Bauern in die Unfreiheit – wer seine Pflichten nicht mehr erfüllte, verlor sein Land an den Gutsherren und ging damit in dessen Besitz über. Hilfe gab es nicht, da auch die volle Gerichtsbarkeit der Ritterschaft übertragen war. Ein Leibeigener hatte keinerlei Rechte.

Der soziale Aufstieg Ludwig Arndts ermöglichte seinem Sohn den Besuch des Gymnasiums und später der Universität. Nach Abschluss seines theologischen Examens in Greifswald reiste der junge Arndt von 1798 bis 1799 mit seinem schwedischen Pass durch Europa. Denn Rügen und der westliche Teil Pommerns gehörten vom Ende des Dreißigjährigen Krieges bis 1815 zu Schweden. Die Bildungsreise erweiterte Arndts Horizont – Pastor wollte er anschließend allerdings nicht mehr werden. Stattdessen habilitierte er sich

1800 in Greifswald als Privatdozent für Geschichte. Schon drei Jahre später wurde er schlagartig bekannt durch seine Schrift »Versuch einer Geschichte der Leibeigenschaft in Pommern und Rügen« – mit überraschenden Folgen: Die Leibeigenschaft schaffte der schwedische König Gustav Adolf IV. 1806 tatsächlich ab – in dem Sommer, als Napoleon Triumphe feierte und das Heilige Römische Reich Deutscher Nation erschütterte.

Ein deutscher Patriot

Angesichts der Napoleonischen Eroberungen rief Ernst Moritz Arndt als Professor zum Widerstand gegen die Franzosen auf. Bekannt wurde insbesondere seine historisch-politische Aufsatzsammlung »Geist der Zeit«. Nach dem Sieg Napoleons über Preußen ging der als Franzosenhasser bekannte Ernst Moritz Arndt zunächst ins Exil nach Schweden.

Die folgenden Jahre widmete er sich ganz seinem literarisch-patriotischen Kampf gegen Frankreich und für eine

Arndt auf Rügen
Zu besichtigen ist das **Geburtshaus** von Ernst Moritz Arndt in Groß Schoritz, das heute zugleich Sitz der Ernst-Moritz-Arndt-Gesellschaft ist, Mo–Fr 10–16 Uhr, www.ernst-moritz-arndt-gesellschaft.de; das **Ernst-Moritz-Arndt-Museum** in Garz, An den Anlagen 1, Mai–Okt. Di–Sa 10–16 Uhr, Nov.–April 10–15 Uhr, Tel. 038304 122 12 sowie der **Ernst-Moritz-Arndt-Turm** in Bergen, Auf dem Rugard, Ostern–Nov. tgl. 10–18 Uhr, Nov.–Ostern auf Anfrage, Tel. 03838 201 90.

Auswahl literarischer Werke Ernst Moritz Arndts

Märchen aus dem Norden, Frankfurt 1990.

Mährchen und Jugenderinnerungen. Erster Teil 1818, http://de.wikisource.org/wiki/Mährchen_und_Jugenderinnerungen/Erster_Theil.

Mährchen und Jugenderinnerungen. Zweiter Teil 1843, http://de.wikisource.org/wiki/Mährchen_und_Jugenderinnerungen/Zweiter_Theil.

Pariser Sommer 1799. Reisen durch einen Theil Teutschlands, Ungarns, Italiens und Frankreichs in den Jahren 1798 und 1799, Wolfgang Gerlach (Hg.), Frankfurt u. a. 1982.

Versuch einer Geschichte der Leibeigenschaft in Pommern und Rügen. Nebst einer Einleitung in die alte teutsche Leibeigenschaft (Berlin 1803), Hildesheim 2007.

Literatur über Ernst Moritz Arndt

Walter Erhart, Arne Koch (Hg.): Ernst Moritz Arndt (1769–1860). Deutscher Nationalismus – Europa – Transatlantische Perspektiven, Tübingen 2007.

Mit seinen Worten traf er den Zeitgeist und schürte den Hass zwischen den Völkern.

Universität und Nationalversammlung

1818 wurde Arndt Professor für Geschichte an der neu gegründeten Friedrich-Wilhelms-Universität in Bonn. Doch bald wandelte sich das politische Klima: sowohl reformerisches als auch nationalpatriotisches Gedankengut wurden nach dem Sieg über Napoleon von den Herrschenden misstrauisch beäugt. 1820 wurde Arndt als Demagoge wegen »aufrührerischer Umtriebe« seines Amtes enthoben; 20 Jahre lang musste er seinem Lehrstuhl fernbleiben und kehrte erst 79-jährig ein letztes Mal auf die politische Bühne zurück: 1848 als Abgeordneter der Frankfurter Nationalversammlung.

Hochbetagt, mit 90 Jahren, starb Arndt 1860 in Bonn. Rügen hatte er da seit 40 Jahren nicht mehr besucht, denn als arbeitsloser Professor mit einer großen Familie war an eine solche Reise nicht mehr zu denken. Aus der Ferne widmete er seiner Heimat verschiedene Gedichte:

O Land der dunklen Haine
O Glanz der blauen See
O Eiland, das ich meine
wie tut's nach dir mir weh. (1842)

Noch heute tragen viele Straßen und Schulen in Deutschland seinen Namen – seit 1933 auf Initiative von Hermann Göring nicht zuletzt die Ernst-Moritz-Arndt-Universität Greifswald. Studenteninitiativen an der Universität entflammen bis heute immer wieder heftige Diskussionen. Sie plädieren dafür, sich von dem umstrittenen Namenspatron zu trennen und wollen ihre Alma Mater umbenennen.

deutsche Nation. Er verließ die Universität Greifswald und trat in den Dienst des Freiherrn vom Stein, der von St. Petersburg aus die Erhebung der Deutschen gegen die französische Fremdherrschaft vorbereitete. Als ideologischer Propagandist publizierte Arndt auf dem Höhepunkt seiner Laufbahn zwischen 1812 und 1814 unzählige Schriften.

Das ist des Deutschen Vaterland
Wo Zorn vertilgt den welschen Tand
Wo jeder Franzmann heißet Feind,
Wo jeder Deutsche heißet Freund.

Quo vadis? – Wohin gehst Du, Prora?

Der »Koloss von Prora« wurde nie in Betrieb genommen. Das von den Nationalsozialisten geplante Seebad war in der DDR militärisches Sperrgebiet. Heute steht es unter Denkmalschutz. Ein Erbe, dessen Nutzung nach wie vor heiß diskutiert wird.

20 000 Menschen wollten die Nationalsozialisten in ihrem »Kraft durch Freude«-Seebad (KdF) unterbringen, doch die gigantische Ferienanlage wurde als solche nie ihrer Bestimmung übergeben. Eine Jugendherberge mit 96 Zimmern und 400 Betten wurde im Sommer 2011 eröffnet. Somit wird im ersten Teil des denkmalgeschützten Baus eine neue Nutzung möglich. Auch das Prora-Zentrum, das sich nicht nur mit der NS-Zeit, sondern auch mit der DDR-Geschichte auseinandersetzt, wurde im Sommer 2011 eröffnet. Außerdem sollen Hotels und Ferienwohnungen entstehen, doch gibt es dafür bisher keine rechtskräftigen Bebauungspläne. Sollten alle Projekte umgesetzt werden, stünden in Prora rund 3000 Gästebetten zur Verfügung. Die Idee, aus der Ruine eine Jugendherberge zu machen, entstand bereits 2003 mit dem von Bund und Land unterstützten Jugendwettbewerb Prora 03. Eine erste Umsetzung erfolgte bereits 2007 mit dem Jugendzeltplatz Prora, der 2008 rund 14 000 Gäste zählte. Nach der Wende hatte der Bund die zwischen 1936 und 1939 gebaute und insgesamt fast 4,5 km lange NS-Ferienimmobilie übernommen und ließ ein neues Nutzungskonzept erar-

Der gigantische »Koloss von Rügen« aus der Vogelperspektive

beiten. 2005/06 wurden jedoch Teile der Mega-Anlage an verschiedene Privatinvestoren und den Landkreis Rügen verkauft. Doch darf in Prora aus Nazi-Ruinen eine neue Ferienhochburg entstehen?

Historiker kritisierten den Verkauf des Bundes als Rückzug aus der politischen Verantwortung. Auch die ehemaligen Bausoldaten bemängelten, dass die historische Bedeutung des Baus sich nicht allein auf die NS-Geschichte reduzieren lasse. Sie forderten einen Gedenkraum für die Kriegsdienstverweigerer in der DDR. Heute haben sie im Prora-Zentrum neben der Jugendherberge einen festen Platz gefunden, in demselben Block, in dem sie damals untergebracht waren. Sie mussten in Prora für den Bau des Fährhafens Mukran unter unwürdigen Bedingungen arbeiten. Nach der Wende übernahm 1992 die Bundeswehr zunächst einen Großteil der gigantischen Relikte. Hinter dem Kiefernhain stehen die Gebäude heute leer und verfallen zunehmend. Neben dem Prora-Zentrum sind noch das Dokumentationszentrum und die KulturKunststatt Prora mit ihrem NVA-, KdF- und Rügen-Museum auf dem Gelände zu finden.

Prora als Prototyp

»Der schaffende, deutsche Mensch« dürfe in seiner arbeitsfreien Zeit nicht sich selbst überlassen bleiben, denn »aus der Langeweile entspringen dumme hetzerische, ja letzten Endes verbrecherische Gedanken«, verkündete Robert Ley, der Leiter der nationalsozialistischen Pseudogewerkschaft Deutsche Arbeitsfront (DAF), auf der Festrede zur Gründung der NS-Organisation ›Nach der Arbeit‹, später in ›Kraft durch Freude‹ (KdF) umbenannt.

Sie war die populärste NS-Massengemeinschaft und veranstaltete Nah- und Fernreisen. Neben den ›Bettenhäusern‹ gab es auch Gemeinschaftsgebäude mit Cafés, Kinos, Restaurants und Läden sowie einen großen Festsaal und einen gigantisch großen Festplatz. Architekt Clemens Klotz sollte mit Prora einen Prototyp schaffen, der später für vier weitere Anlagen als Vorbild dienen sollte. Doch die geplanten 20 000 Urlauber kamen nie.

Bei Ausbruch des Zweiten Weltkrieges stellten die Nazis den Bau ihres Vorzeigebades ein. Die Arbeiter wurden von dem Rohbau auf Rügen zur Raketenversuchsanstalt nach Peenemünde und zum Westwall abgezogen. Und die große Freizeitorganisation KdF widmete sich fortan der Truppenbetreuung. Sie organisierte Bunkerabende und Theateraufführungen an der Front und in Prora wurden sowjetische Kriegsgefangene und osteuropäische Zwangsarbeiter interniert. Zwischen 1947 und 1949 dienten Teile des Gebäudes als Steinbruch für das erste Wohnbauprogramm in der Sowjetischen Besatzungszone. Mit Gründung der DDR wurde Prora militärisches Sperrgebiet. Die Nationale Volksarmee (NVA) baute einige Gästehäuser notdürftig aus, auch Kasernen und Schulungsräume wurden errichtet. Im südlichen Teil zog das Ferienheim Walter Ulbricht ein. Nach der Wende übernahm die Bundeswehr das Gelände. Mit dem Abzug der Bundeswehr entstand dann der Streit um die Nutzung des Geländes. Prora ist neben dem Reichsparteitagsgelände in Nürnberg die größte geschlossene architektonische Hinterlassenschaft der NS-Zeit und wurde deshalb unter Denkmalschutz gestellt. Doch soll das Gelände an einem der schönsten Strände der Insel weiter leer stehen?

Rügens Architekturmoderne –
Ulrich Müthers Ostseeperlen

Revolutionäre Bauten wie Muscheln, Wellen und Segel aus Stahl sind Ulrich Müthers Markenzeichen. Der Rüganer schuf auf der Insel zu DDR-Zeiten eine Reihe von futuristischen Bauten, die heute als moderne Klassiker verehrt werden.

»Ich bin der Landbaumeister von Rügen.« – Kein Architekt, sondern diplomierter Bauingenieur war der 2007 in Binz verstorbene Rüganer Ulrich Müther, Meister der Schalenbauten. In Binz an der Strandpromenade steht sein wohl bekanntester Bau: die Rettungsstation. Diese Strandwache sieht aus wie ein gelandetes Ufo, das mit einem Stielauge und großen Kulleraugen aus den Dünen die Umgebung beäugt. Es ist rundlich, glatt und nach allen vier Seiten mit großen Fenstern ausgestattet. Eines der kleinsten Bauwerke Mü-

thers besteht nur aus einer Betonkapsel und zwei hauchdünnen Halbschalen, zu betreten über eine weiß getünchte Stahltreppe. Heute dient es als Ausstellungsraum und als Trauzimmer für Hochzeitspaare. Die Binzer Baywatch saß in der Station nur bis 2003, dann zogen die Lebensretter in einen schicken Holzsitz nebenan. Bevor die Rettungswache dann jedoch völlig verfiel, nahm der Baumeister es zu Lebzeiten unter seine persönliche Obhut. Auch die Ostseeperle in Glowe wurde gerettet, saniert und im Sommer 2009 wieder eröffnet als Restaurant in der ersten Reihe. Das Gebäude der unter Denkmalschutz stehenden ehemaligen Gaststätte Inselparadies in Babbe ist zur Zeit noch in einem recht bedauerlichen Zustand. Die geplanten Sanierungsarbeiten wurden bisher nicht begonnen.

Kult und Ignoranz

Dabei sind Müthers Betonschalenbauten längst Kult. Bereits 1999 entdeckte das Lifestylemagazin »Wallpaper« Müthers kühne Konstruktionen und führte ihn unter der Kategorie »Hundert Entdeckungen des Jahres«. Doch der Ruhm brachte dem Rüganer nicht gleichzeitig auch Erfolg. Als sein Hauptwerk, die Großkantine des DDR-Bauministerium in Berlin 2000 abgerissen wurde, obwohl es unter Denkmalschutz stand, nützten auch die lautstarken Protestwellen seiner Fangemeinde nichts. Müther ging an diesem Tag segeln. Vielleicht sammelte er anschließend noch ein paar Muscheln, schließlich faszinierte ihn die belastbare Schale schon als kleiner Junge. Die Muschel war so etwas wie der Ursprung all seiner späteren Entwürfe. Später fertigte er dann seine Kurmuscheln, sein Segel aus Stahl oder seine Ostseeperlen. Den tristen Plattenbau-

ten setzte Müther etwas Futuristisches und Modernes entgegen: »Ich habe zum richtigen Zeitpunkt das Richtige angefangen, man brauchte neben diesen Plattenbauten irgendetwas, das ein wenig Schwung hat.«

Dennoch war sein Name kaum bekannt, dafür aber seine Gebäude. – Passend zur Ideologie des Arbeiter- und Bauernstaates, in dem das kreative Individuum nichts war und nur das Kollektiv zählte. Müther hatte diese Ideologie verinnerlicht. Obwohl er kein Parteibuch besaß, sagte er nach der Wende: »Das ist das Geheimnis unseres Erfolges: Pommersche Bauernsöhne, die wenig reden und viel arbeiten.« Dabei sah es zunächst nicht wirklich danach aus, als würde Müther in der DDR Karriere machen können. Vater Willy Müther, der in Binz als Architekt eine eigene Baufirma besaß, wurde in der Aktion Rose 1953, genau wie die Hoteliers an der Ostseeküste, enteignet. Doch die Familie erhielt den Betrieb zurück und führte ihn unter neuen Auflagen weiter. Sohn Ulrich blieb das Abitur verwehrt, so dass er zunächst eine Lehre als Zimmermann machte. Anschließend besuchte er die Ingenieurschule in Neustrelitz und absolvierte sein Fernstudium an der TU Dresden. Eine gekrümmte Spritzbetonplatte, die als Terrassenüberdachung für ein Binzer Ferienheim diente, war seine Abschlussarbeit.

Hyper-Müther-Rausch

Diese Hyperschale wurde nur aus Geraden konstruiert. Eigentlich ist sie eine doppelt gekrümmte Fläche, aber vor allem auch ein Rechenexempel. Für das damalige Ferienheim in der Zeppelinstraße rechnete Müther allein 14 Monate lang. Die 1964 fertiggestellte

»fliegende« Diplomplatte erweckte Aufsehen. Heute ist diese Arbeit nicht mehr zu bewundern, denn die Hyperschale musste einem Wellnessbereich weichen und wurde 2002 abgerissen.

Tragisch, denn mit dieser Platte begann doch eigentlich die Karriere des Ingenieurs. Schon 1966 erhielt er den Auftrag eine große Halle für die Ostmesse in Rostock zu bauen, und zwar in nur 150 Tagen. Zur offiziellen Eröffnung wird der Landbaumeister aber lieber nicht geladen, war er doch kein Parteigenosse. Immerhin durfte Müther weiter Betonplatten formen, und das tat er ziemlich kühn. Materialien wie Sandhügel, Fischernetze und Segelstoffe nutzte er zum Modellbau und experimentierte damit so lange, bis er eine optimale Form gefunden hatte. Eine Versuchsplatte ist heute in Binz noch zu sehen.

Die Buswartehalle ist ein Vorläufermodell für die in Rostock Lütten-Klein geplante Hyperschale. Heute fristet sie ein tristes Dasein inmitten des Binzer Kreisverkehrs.

Seine Betonschalen ließen die DDR in der Welt so modern erscheinen, doch die kühnen Entwürfe waren nicht nur eine Imagewerbung. Die Verwendung des Spritzbetons war ganz im Sinne des Staates, weil seine Verarbeitung materialsparend war und der Auftrag auf die gebogene Stahlbetonmatten arbeitsaufwendig. Ideal für den Arbeiter- und Bauernstaat, den Müther für seine »Sonderbauten« auserwählt hatte. Der Baumeister plante, entwarf und baute mit seiner Firma in Binz. Von 1963 bis zur Wende erschuf er mehr als 50 Hyperschalenbauten. Als Vorbild dienten ihm immer die Pionierarbeiten von Félix Candela (1910–97), woraus er nie einen Hehl machte.

Doch der Rüganer fertigte nicht nur für das Kollektiv. Er baute auch Kuppeln im Ausland: Das Raumfahrtzentrum und Planetarium in Tripolis war sein erstes internationales Projekt, für das im Gegenzug libysches Öl in die DDR geliefert wurde. Daraufhin folgten Aufträge für Kolumbien, Kuwait, Jordanien und Finnland. Auch für die Bundesrepublik Deutschland konstruierte er die Zeiss-Sternwarte in Wolfsburg. Im Gegenzug rollten 10 000 VW Golf über die innerdeutsche Grenze.

Von seinen Auslandseinsätzen kehrte Müther immer auf die Insel zurück. In Sassnitz steht seine Kurmuschel am Strand, in Buschvitz eine Bushaltestelle, die die Dorfbewohner liebevoll Taucherhelm nennen. Im Cliff Hotel in Sellin stammt die Schwimmbadüberdachung von ihm. Und egal welcher Bau es auch ist, sie scheinen immer noch alle ihrer Zeit weit voraus.

Die Wende brachte Ulrich Müther beruflich kein Glück, im Gegenteil: Er musste akzeptieren, dass Hyperschalen nicht mehr gefragt waren. Mittlerweile hatten sich die Verhältnisse völlig verändert: Material wurde billig, Arbeitskräfte dagegen teuer. Obwohl Ulrich Müther die Firma über die DDR hinwegrettete, musste der Landbaumeister von Rügen im Kapitalismus kapitulieren. Im August 2007 verstarb Ulrich Müther im Alter von 73 Jahren in Binz.

Literaturtipp

Rahel Lämmler , Michael Wagner: Ulrich Müther. Schalenbauten in Mecklenburg-Vorpommern, Zürich 2008. Dokumentation zahlreicher Bauten Müthers auf Rügen, mit kurzen Baubeschreibungen zu den Betonschalenbauten im ganzen Norden sowie eine Einführung in die Technik der Hyperschalen.

Gekommen, um zu bleiben – Rügens neue Gutsherren

Sie stehen überall auf Rügen: große und kleine, verfallene und prächtige Gutshäuser. So vielgestaltig die Gebäude, so unterschiedlich ist auch die Motivation ihrer Besitzer, die mit ihnen ein Stück Rügener Kultur erhalten. Gemeinsam ist allen die besondere Beziehung zu den alten Mauern, die Liebe und Begeisterung, mit der die oft heruntergekommenen Anwesen ganz individuell wieder hergerichtet und modernisiert wurden.

In einem Guts- oder Herrenhaus lebten die Eigentümer oder Pächter einer Landwirtschaft und der dazugehörigen Ländereien samt Angestellten oder Leibeigenen. Neben dem Haupthaus standen um einem Hof die Wirtschaftsgebäude und die Stallungen. Manchmal kamen noch sogenannte Kavaliershäuser dazu. Die Bezeichnung Schloss wird nur für die Residenzen der Landesherren gebraucht, also die Schlösser der Großherzöge und die

Der Doppelgiebel ist das Markenzeichen vom Gutshaus Boldevitz

der Herzöge von Mecklenburg-Schwerin und Mecklenburg-Strelitz sowie der ehemaligen Pommernherzöge. Ausnahmen auf Rügen sind z. B. das zerstörte Schloss Putbus und das Jagdschloss Granitz.

Ein Gutshaus kann groß und prächtig sein wie etwa das Gutshaus Boldevitz mit seinem markanten Doppelgiebel. In der Regel waren die Gebäude aber relativ schlichte Häuser mit Mansarden- oder Walmdach. Ein klassisches Beispiel ist das Gutshaus von Krimvitz: ein langgestreckter eingeschossiger Backsteinbau mit Dachgeschoss. Eine breite Treppe führt ins Hochpaterre. Auf die Eingangsdiele folgen der Gartensaal und die Veranda. Vom Längsflur geht es nach rechts und links zu den Wohnräumen. Im Sockelgeschoss befinden sich traditionell Vorrats- und Gesinderäume sowie die Küche.

Neues Leben in alten Mauern

Von den um 1946 verzeichneten 216 Schlössern und Herrenhäusern stehen heute noch rund 150, zum Teil als Ruinen. 81 von ihnen stehen unter Denkmalschutz, bei ihnen ist die Bausubstanz zum Großteil original und oft historisch über die Jahrhunderte gewachsen. Geschützt werden Gebäude, die wichtig für die Geschichte eines Ortes oder architekturhistorisch besonders wertvoll sind. Für jedes Haus werden individuelle Renovierungskonzepte erstellt. Dabei eröffnen sich gerade auf Rügen im Inneren der Häuser verhältnismäßig große Gestaltungsspielräume, da hier aufgrund der historischen Entwicklung nur wenige originale Ausstattungsteile wie Treppen, Fußböden und Kamine erhalten geblieben sind. Fast alle Häuser, die beim Lan-

desamt für Kultur- und Denkmalpflege gelistet sind, befinden sich in Privatbesitz. Die meisten werden von den Eigentümern bewohnt, 20 werden als Hotels oder Ferienwohnungen genutzt.

Reischvitz

»Wir wollten nicht das Handtuch werfen, das war nie eine Frage!«, sagte Bogislav von Platen auf die Frage, ob ihm der ganz große Neuanfang nicht manchmal zu viel geworden ist. Als Kind war er zum letzten Mal auf Gut Reischvitz gewesen. Er sollte das Rügener Gut von seinem Onkel zum Nießbrauch erben, doch dazu kam es nicht. Wie viele andere wurden die von Platens nach dem Zweiten Weltkrieg von Grund und Boden vertrieben, der sich schon seit Jahrhunderten in Familienbesitz befand.

Als die Mauer fiel, arbeitete er bei einer Bank in Frankfurt am Main. Eine Rückkehr nach Rügen war nicht das Erste, woran Bogislav von Platen und seine Ehefrau Margarethe dachten. Doch sie wollten das alte Gutshaus wieder auf Vordermann bringen, die Mietwohnungen her- und Ferienappartements einrichten. Dafür siedelten sie 1992 vom Taunus nach Rügen über und Bogislav ließ sich in die neuen Bundesländer versetzen: »Margarethe hatte die Arbeit«, sagte Bogislav von Platen über die ersten Jahre im neuen, alten Heim, als sie noch einmal ganz von vorn anfingen. Margarethe ergänzte mit einem Lächeln: »Doch, es war eine sehr schöne Zeit zu sehen, wie es jeden Tag ein Stückchen vorwärtsging. Manche Handwerker waren ganz rührend. Meine Kinder sagen, ich habe mich emanzipiert«, beschreibt die quicklebendige Frau die ersten anstrengenden Jahre (s. a. S. 138).

Krimvitz

Auch Amrei Schiemer-Krüger kennt aus ihrer Kinderzeit viele Geschichten über Rügen. Ihre Mutter arbeitete während des Zweiten Weltkriegs auf der Insel in der Kinderlandverschickung, und sie erzählte ihrer Tochter gern und oft von der wunderschönen Landschaft, von den Kliffs und den Wäldern. In ihrer Erinnerung wurde Rügen zu einem Garten Eden, einer fernen Schönen, die man jedoch nicht besuchen konnte. Erst als Erwachsene kam die Hamburgerin mit ihrem Ehemann auf die Insel. Sie entdeckten durch Bekannte, die auf dem Gelände vom Gut Krimvitz einen Garten hatten, das komplett von Sträuchern zugewucherte Haus ohne Strom, Wasser und Eingangstür. Doch all das konnte die umtriebige Familie nicht abhalten, hier ihren Traum vom Leben auf dem Land zu verwirklichen: Heute wohnen sie in einem Seitengebäude und vermieten die großzügigen und hellen Gutshauszimmer an Gäste, die die Ruhe und entspannte Atmosphäre des kleinen Anwesens schätzen (s. S. 115).

Ketelshagen

Die, die es ernst meinen, wagen irgendwann den endgültigen Schritt und lassen viel dafür zurück – wie Ruth Meyer und Dr. Johanna Knecht. Beide verkauften ihre Häuser, um auf Gut Ketelshagen unabhängig zu leben. Aus der anfänglichen Idee, in dem abgelegenen Gutshaus bei Putbus eine Klinik für Suchtgefährdete zu gründen, entwickelte sich im Ringen um die Finanzierung im Laufe von vier langen Jahren der Plan, ein Seminarhaus aufzumachen. Von 1999 bis 2002 wurde das alte leer stehende Haus aus dem 19. Jh. aufwendig renoviert. Heute genießen die beiden Damen mit ihren Gästen ihr neues Heim und bieten unter ihrem Dach Raum für Seminare und Vorträge (www.ruegen-gutshaus.de, s. S. 115).

Klein Kubbelkow

Damit sich alles gut fügt, braucht es schon ein Quäntchen Glück. Aber auf jeden Fall »viel Herz, und man muss auch ein bisschen verrückt sein ...«, beschreibt Axel Diembeck die Leidenschaft, mit der er aus einem alten Gutshaus eine kleine und sehr feine Wohlfühloase gemacht hat. Dabei ist die Erfolgsgeschichte der Familie Diembeck so spannend wie ein Krimi: Auf der Suche nach einem geeigneten Objekt stieß der gelernte Tischler, Fleischer und Koch auf das Gutshaus in Klein Kubbelkow. Er bewarb sich mit einem Konzept für ein Hotel-Restaurant und wurde auch zum Besichtigungstermin eingeladen. Doch machten ihm die Autos seiner Mitbewerber – S-Klasse aus München und Porsche aus Hamburg – beim ersten Besuch keine großen Hoffnungen.

Am Ende überzeugte aber sein Konzept. Da aber das Haus nicht am Wasser lag, gab es bis eine Woche vor Notartermin keinen Geldgeber, der den Kauf finanzieren wollte. Hilfe kam in letzter Sekunde von Dieter Eder. Mit der Unterstützung des Beraters für Existenzgründer gewann Diembeck schließlich die Banken doch für sich. Freunde und besonders die Familie packten kräftig mit an. Aus dem alten Gemäuer wurde wieder ein stolzes Herrenhaus, und die schönste Suite bekam zum Dank den Namen Eder-Suite. Für Axel Diembeck, einem passionierten Antiquitätensammler, wurde ein Traum Wirklichkeit, als im Herbst 2003 das Restaurant seine Türen öffnete (s. S. 131).

Die Malweiber von Hiddensee

Fast vergessen sind sie, die 15 Frauen vom Hiddenseer Künstlerinnenbund, den Henni Lehmann und Clara Arnheim im Jahr 1922 in Vitte gründeten. Die ›Malweiber‹ malten in der freien Natur und porträtierten zahlreiche Bewohner des ›söten Lännekens‹.

Mit einem Rucksack voller Farben und einer Staffelei gingen sie in die Natur. Ein Plätzchen mit einem schönen Blick wurde ausgespäht, ein kleiner Hocker unter einem Sonnenschirm positioniert und Pinsel oder Kohlestift ge-

zückt – dann wurde gemalt und gezeichnet, was vor die Staffelei kam. Motive gab es viele, die weite Küstenlandschaft, das Meer, die Dünen oder die kleinen Fischerkaten. Damals saßen Clara Arnheim, Elisabeth Büchsel, Henni Lehmann und Julie Wolfthorn im luftigen Outfit in der Natur. Das Mieder hatten sie zu Hause gelassen, war es doch viel zu eng und zu warm für das Malen im Freien. Elisabeth Büchsel ging sogar in Hosen in die Natur – damals ein aufsehenerregender Affront. Die Insulaner trauten ihren Augen nicht. Die Kunstwelt kannte

Für die Rüganer ein gewöhnungsbedürftiger Anblick: die Malweiber auf dem Weg zur Malstunde im Freien

zwar solche Malszenen im Freien, etwa von den Impressionisten und Postimpressionisten Paul Gauguin oder Vincent van Gogh aus dem fernen Frankreich. Doch die Hiddenseer hatten es hier nicht nur mit eigenwilligen Künstlern zu tun, sondern dazu auch noch mit Frauen, die, anstatt sich um Haus und Familie zu kümmern, am Strand zu malen anfingen. Für die Künstlerinnen musste die Ostseeinsel Anfang des 20. Jh. dabei so etwas gewesen sein wie die Südsee für Gauguin.

Achtung, die Malweiber kommen!

Das ›söten Lännekens‹ war ein genauso begehrtes Ziel wie Ahrenshoop oder Worpswede. Landschaftsmalerei in der Natur, das »plein air«, war en vogue. Der schnelle Wechsel des Wetters, der Zug der Wolken und der Wandel von Licht und Schatten faszinierten die Künstler. Auch die Inselbewohner eigneten sich bestens für Porträts und Charakterstudien. Noch heute hängen bei manchem Insulaner die Bilder an der Wand, die die Großmutter als kleines Mädchen zeigen – gemalt von einer der Künstlerinnen, die auf Hiddensee unterwegs waren.

Die ›Malweiber‹, wie sie die Männer der Kunstkritik gern spöttisch bezeichneten, gaben sich trotz alledem äußerst selbstbewusst. Sie versuchten bereits um 1900 ihre künstlerische Weiterentwicklung voranzutreiben. Auch wenn das mitunter nicht so leicht war und oft vom jeweiligem Vermögen der Familie abhing. Eine akademische Ausbildung war Frauen bis 1919 zudem verwehrt. Wer Malerin werden wollte, besuchte deshalb eine private Zeichen- und Kunstschule, die meist von einem Künstler geführt wurde.

Die 15 Frauen des Hiddenseer Künstlerinnenbundes
Elisabeth Andrae (1876–1945)
Clara Arnheim (1865–1942)
Katharina Bamberg (1873-1966)
Elisabeth Büchsel (1867–1957)
Elisabeth Büttner (1853–1934)
Bertha Dörflein-Kahlke (1875–1964)
Gertrud Körner (1866–1931)
Henni Lehmann (1863–1937)
Käthe Löwenthal (1878–1942)
Helene Lottberg (1901–1986)
Marta Mischel (Lebensdaten unbekannt)
Martel Schwichtenberg (1896–1945)
Dorothea Stroschein (1883–1967)
Julie Wolfthorn (1864–1944)
Augusta von Zitzewitz (1880–1960)

Hiddenseer Künstlerinnenbund

Frauen, die finanziell nicht abgesichert waren, kam das Leben und Arbeiten in einer ländlichen Künstlerkolonie entgegen, da der Lebensunterhalt hier billiger war als im großstädtischen Umfeld. Außerdem konnten Studien direkt in der Natur betrieben werden. Die alleinstehende Malerin Clara Arnheim aus Berlin verbrachte viele Sommer auf Hiddensee. Sie wohnte bei Mühlen- und Bäckermeister Schwartz in Vitte. Gegenüber logierte zur gleichen Zeit die Malerin Henni Lehmann, die aus einer wohlhabenden Berliner Familie stammte. Beide gründeten 1922 den Hiddenseer Künstlerinnenbund und unternahmen damit einen bewussten Schritt in die Öffentlichkeit. Und drei-

zehn weitere Künstlerinnen schlossen sich ihnen an, die seit Anfang des 20. Jh. schon regelmäßig zum Malen auf die Insel kamen. Mit dabei waren unter anderem auch die Stralsunderin Elisabeth Büchsel und die in Thorn geborene Julie Wolf, die den Künstlernamen Wolffhorn annahm. Alle Frauen, die diesem Künstlerinnenbund angehörten, sind in der heutigen Kunstgeschichtsschreibung so gut wie gar nicht vertreten. Viele ihrer Werke sind verschollen, zerstört oder befinden sich der Öffentlichkeit entzogen in Privatbesitz.

Kunst gegen Naturalien

Doch ein Haus erinnert heute noch an die Malweiber und seine erste Besitzerin und ist ab und an geöffnet: die **Blaue Scheune** (s. S. 276). Sie diente Henni Lehmann als Atelier und wurde regelmäßig als Ausstellungsraum von allen Malweibern genutzt. Und damit auch keiner das Haus übersah, entschied sich die vielseitige Künstlerin dazu, der Kate einen leuchtend blauen Anstrich zu geben, der bis heute immer wieder erneuert wird.

Wer eine Spurensuche nach den Malweibern auf eigene Faust unternehmen will, findet nicht viel auf der Insel. Im Heimatmuseum in Kloster erinnern ein paar Biografien und Abbildungen an die Hiddenseer Künstlerinnen. So etwa an die kecke Elisabeth Büchsel, die von 1907 bis 1952 regelmäßig im Sommer auf die Insel kam und sich gegen eine eigene Familiengründung entschied, um ihren Weg als Künstlerin gehen zu können. Sie wohnte hier mit den Fischerfamilien zusammen und tauschte gerne Naturalien wie Kuchen, Eingemachtes oder Kohlen gegen Kunst. Sie nannte diese Werke ihre »Brotbilder«.

Buchtipp
Marion Magas: Wie sich die Malweiber die Ostseeküste eroberten, 2008. Infos unter www.hiddensee-kultur.de. Aufschlussreiches Porträt über die ›Malweiber‹ und ein wichtiger Beitrag zur Frauen-Kunstgeschichtsschreibung.

Führung
Auf den Wegen der Malweiber: 17. April–25. Sept., Di 15.30–17.30 Uhr, 6,50 €, Treffpunkt: vor dem Heimatmuseum in Kloster. www.hiddensee-kultur.de. Mit Marion Magas erwandern Sie die nördliche Insellandschaft und verweilen an Malplätzen der Künstlerinnen. Neben dieser Tour bietet die Inselführerin noch vier andere Themenwanderungen an, darunter auch eine durch die Orte Vitte und Kloster mit Geschichten aus der DDR-Zeit.

Als Elisabeth Büchsel ihr Erbe ausbezahlt bekam, gewährte sie einer Familie in Vitte ein Darlehen für den Ausbau ihres Hauses. Als Gegenleistung bekam sie ein mietfreies Zimmer auf Lebenszeit. Auch die schon immer sozial engagierte Gründerin des Künstlerinnenbundes, Henni Lehmann, gab bereits 1913 den Insulanern ein Darlehen für den Bau eines Arzthauses.

Die Malweiber hielten Hiddensee demnach nicht nur im Bilde fest oder porträtierten den Alltag, sie wurden im Laufe der Jahre auch ein wichtiger sozialer Bestandteil der Inselgemeinschaft. Mit Machtübernahme der Nationalsozialisten wurde dem avantgardistischen Treiben der Malweiber ein Ende gesetzt und der Hiddenseer Künstlerinnenbund 1933 aufgelöst.

Kleines Theater ganz groß:
die Seebühne Hiddensee

Die Seebühne Hiddensee ist ein Muss, denn das Kammertheater bietet ein Puppenspiel der Extraklasse. Deutschlands charmantestes Theater ist in einem alten Bootsschuppen in Vitte zuhause und begeistert Kinder und Erwachsene gleichermaßen.

Das maritime Kammertheater sieht mit seinen Lampions und dem hohen Masten auf dem Dach fast aus wie ein gestrandetes Schiff und ist schon von Weitem für jedermann gut zu erkennen. Über dem Eingang hängt eine kleine Galionsfigur mit üppigen Rundungen und auf einem Schild prangen die großen roten Lettern »Seebühne«. Vor der Vorstellung drängeln sich hier die Gäste. Der große Zettel, auf den tagsüber die Besucher ihre Reservierungswünsche mit Filzstift eintragen können, ist voll. Die, die hofften, spontan noch einen Platz zu bekommen, sind viel zu spät: Die Vorstellung ist ausverkauft, selbst für die kommenden Tage gibt es kaum mehr Karten.

Puppenspieler Karl Huck und Direktorin Wiebke Volksdorf haben alle Hände voll zu tun, um für jeden der 50 Besucher auch einen Platz zu finden. Volksdorf verteilt die liebevoll gestalteten Eintrittskarten und Karl Huck schenkt vor seinem Auftritt noch Wein an die durstigen Urlauber aus. Dann wird die Schiffsglocke geschlagen und die Eingangstür geschlossen. Alle sitzen dicht gedrängt auf den einfachen Klappstühlen. »Die Schatzinsel« nach dem Roman von Robert Louis Stevenson steht an diesem Abend wieder einmal auf dem Programm: erfolgreich und ausverkauft! – und das bei einem Stück, das schon im Jahre 1996 Premiere feierte.

Kontrabass oder Schiff?

Wiebke Volksdorf, die schon seit 2000 die technische Leitung innehat, ist seit 2004 Direktorin und zieht nun höchstpersönlich an der dünnen Schnur, die den roten Vorhang öffnet. Die Zuschauer sind so gespannt und ruhig, dass sogar das surrende Geräusch der sich bewegenden Vorhangröllchen zu hören ist. Von ihrem kleinen Tisch rechts neben der Bühne regelt die 33-Jährige anschließend auch Licht und Ton. Alle, die befürchtet hatten, in einem einfachen Kasperle-Theater zu landen, sind schon beim Anblick des Bühnenbildes mehr als angenehm überrascht: Ein umgebauter Kontrabass dient dem Stück als Bar, Schiff und einsame Insel. An seinen Enden mit einem Seil aufgehängt, schaukelt der Instrumentenkörper träge hin und her oder hängt je nach Bedarf auch einfach senkrecht von der Decke. Eine kleine Klappe hier und ein verwandelbares Detail dort, und im Nu wird aus dem alten Kontrabass die gewünschte und passende Szenerie. Karl Huck freut sich an derlei Verwandlungen und Entfremdungen: »Oft bekomme ich Dinge geschenkt, wie einst diesen alten, schönen, orientalischen Schuhputzkasten. Zunächst habe ich dafür keine Verwendung und weiß nicht so recht, was ich damit machen soll, aber irgendwann habe ich es dann, und so spielt der Kasten nun in »Sindbad, der Seefahrer« eine ganz wichtige Rolle.«

Einfache Mittel, große Wirkung

Die Abenteuergeschichte beginnt mit »Fünfzehn Mann auf des toten Mannes Kiste, und 'ne Buddel voll Rum«. Puppenspieler Huck spielt und spricht alle Figuren allein. Er verstellt seine Stimme schnell und gekonnt, passend zu den jeweiligen Charakteren. Die sieben Figuren der Abenteuergeschichte gelingen Karl Huck perfekt, ganz egal ob feurige Deern oder betrunkener Arzt. Figuren und Darsteller sind gleichberechtigt, deshalb steht Huck auch hinter, zwischen oder neben den Figuren auf der Bühne – und hält dabei noch gekonnt die Fäden in der Hand. Er führt, lenkt, bewegt und spielt sie so gut, dass der Zuschauer völlig vergisst, dass es kleine, kunstvolle Holzfiguren sind, die da auf der Bühne sprechen. Der betrunkene Doktor schüttet den Rum nur so in sich hinein. Huck trinkt, lallt und knallt das leer getrunkene Glas auf die Bar. Auch wenn in Sachen Technik mit den einfachsten Mitteln gearbeitet wird, beeindruckt das mehr als jede High-Tech-Show. Wenn Huck »Pyrotechnik!« ruft, entzündet sich ein Minifeuerwerk. »Gewitter!« heißt es kurz, und dann haut Huck so beherzt auf eine große Blechplatte, dass sich die Herrschaften in der letzten Reihe noch ducken. Das Spiel hält sich dabei an die Romanvorlage – und doch auch wieder nicht. Die Stücke der Seebühne besitzen alle ihre ganz eigene Handschrift. Ruft eine Marionette frech ins Publikum: »Komm, wir spielen etwas anderes!« – »Nein, das geht nicht, jeder hat seine Rolle!«, antwortet Huck und erntet dazu fragende Gesichter. Das sind die Brechtschen Momente, die Huck besonders liebt und die eigentlich in keinem seiner Stücke fehlen dürfen.

Maritime Geschichten

Dieses besondere Spiel aus Figuren und Schauspiel ist sowohl für Kinder als auch für Erwachsene geeignet –

und dabei alles andere als Kleinkunst. Den Urlauber erwartet ein ganz besonderes Theater mit viel Witz und Phantasie. Das Repertoire umfasst Geschichten, die, passend zur Insel, meist rund um und über das Meer handeln: »S.O.S. Titanic«, »Moby Dick«, »Robinson Crusoe« oder »King Kong« stehen auf dem Spielplan. Darüber hinaus gibt es aber auch speziell für Kinder Stücke wie »Rotkäppchen« oder »Die Grille«. 2010 wurde zudem auch Goethes »Faust« mit ins Programm genommen. Schon über 25 Jahren träumt Huck davon, diesen Klassiker auf seine Bühne zu bringen. Die dramaturgische und szenische Umsetzung der Stücke wird von einem festen Team aus Autoren, Dramaturgen, Bühnenbildnern, Musikern und Puppenausstattern erarbeitet, die je nach Bedarf herangezogen werden, um neue Stücke zu inszenieren. Gastspiele von anderen Theatern gibt es auf Hiddensee nicht, dafür tourt aber die Seebühne selbst regelmäßig im In- und Ausland: In Chile, Bolivien, Großbritannien, Indien, in den USA und Italien hat das maritime Kammertheater schon gespielt und auch hier seine Zuschauer begeistert.

Seebühnen-Spielplan
Während der Nebensaison ist das maritime Kammertheater auf Gastspielreisen, zur Hauptsaison und zu Weihnachten ist die Seebühne aber immer vor Ort. Es wird empfohlen, Karten vorzubestellen. Mitglieder im Förderverein sind jederzeit willkommen, denn das Theater bekommt keine Subventionen.
Seebühne Hiddensee: Wallweg 2, Vitte, Tel. 038300 605 93, www.hiddenseebuehne.de.

Ein Schatz für die Insel

Wer die Vorstellungen der Seebühne besucht, kann sich immer auf mancherlei Überraschungen und in jedem Fall auf eine äußerst kreative Umsetzung der Stoffe und Stücke gefasst machen. In Vitte werden selbst uralte Märchen gerne weitab von der herkömmlichen Erzählweise gespielt. »Hänsel und Gretel« etwa wird hier in die Gegenwart versetzt, und der brutale Akt der Hexenverbrennung rückt in den Mittelpunkt, inklusive einer Travestie-Hexe und einem Hänsel, der von Star Wars träumt.

Puppenspieler Karl Huck, der an der Ernst-Busch-Schauspielschule in Berlin studiert hat, machte im Jahre 2000 auf Hiddensee fest. Zuvor schon hatte er Gastspiele auf der Insel gegeben, damals war er noch mit seinem »Homunkulus-Figurentheater« in Berlin zuhause. Und obwohl die Insulaner von seiner Idee anfänglich nicht besonders begeistert waren – »Theater? Watt soll dün datt?« –, zeigt ihm sein heute meist ausverkauftes Haus, dass er schon richtig lag mit seiner Entscheidung. Manche Gäste planen gar ihren Urlaub nach dem Spielplan der Seebühne. Hiddensee braucht das Theater, schließlich ist es das Einzige auf der Insel und dazu noch so überaus charmant.

Und wenn sein Namensvetter Pirat Huck in dem Abenteuerstück aus einem großen alten Koffer den Playboy hervorkramt und ein kleiner Junge dann in der ersten Reihe aufgeregt vom Stuhl hochspringt und ausruft: »Da ist sie, da ist die Schatzkarte!«, dann ist das ein Lacher, der selbst den Profischauspieler losprusten lässt und der hängenbleibt, auch noch ganz lange nach dem Sommerurlaub auf Hiddensee.

Ein-Mann-Unternehmen mit Zukunft

Segelmacher Hagen Sell betreibt in Sassnitz direkt am Hafen seine kleine Firma Jasema. Der 32-Jährige ist ein leidenschaftlicher Windsurfer und ein junger Mann, der in Zeiten von Massenfertigungen mit deutschem Handwerk überzeugt.

Ein riesengroßer Arbeitstisch und eine Nähmaschine, das ist das, was Hagen Sell vor allem in seiner Werkstatt braucht. Im zweiten Stock des großen Hafengebäudes von Sassnitz repariert und fertigt er Segel und Bootsüberdachungen. Im April 2005 gründete Sell seine Firma Jasema, die Jasmunder Segelmacherei, dank eines zinslosen Darlehens über 5000 €, das ihm das Existenzgründerprogramm »Enterprise M-V« ermöglichte. Dieses Programm hilft in Mecklenburg-Vorpommern und auch in anderen ostdeutschen Bundesländern jungen Leuten zwischen 18 und 27 Jahren bei dem Schritt in die Selbstständigkeit. Seit der Gründung im Jahre 2001 hat »Enterprise M-V« nun schon über 330 Jungunternehmer in Mecklenburg-Vorpommern gefördert, von denen 75 % auch nachhaltig erfolgreich sind. Die Banken geben diesen jungen Leuten, die das nötige Eigenkapital nicht mitbringen, in der Regel keine Kredite; so scheitern viele schon an der ersten Hürde, obwohl ihre Ideen oft sehr innovativ sind.

Segelmacher Hagen Sell in seiner Werkstatt in Sassnitz

Gute Geschäftsidee

Ausschlaggebend für eine Förderung ist aber nicht nur, dass die Idee stimmt, sondern auch, dass die Einschätzung der Marktsituation realistisch ist. Auf Rügen liegen da Ideen aus den Bereichen Tourismus, Fährverkehr und Wassersport deutlich hoch im Kurs. Zwei Eiswagenbesitzer, ein Handwerkersofortdienst und der Segelmacher Hagen Sell wurden auf Rügen schon durch »Enterprise M-V« gefördert. Wobei Sell der Erste auf Rügen war und schon vor fünf Jahren eine gute Spürnase bewies. Die insgesamt sieben Stunden Autofahrt zum ersten Beratungstermin in Waren an der Müritz konnten Hagen Sell damals genauso wenig abschrecken wie die Überzeugungsarbeit, die er bei der Kundschaft leisten musste. Sell verteilte seine Handzettel in allen größeren Häfen auf der Insel. Die allermeisten guckten damals nur fragend, erinnert er sich. Sätze wie: »Ich kauf' meine Segel lieber neu in Dänemark, das ist viel billiger, als sie reparieren zu lassen«, machten seinen Start nicht gerade einfach. Dennoch bereut Sell seine Entscheidung bis heute nicht, denn er konnte sich seinen Traumberuf erfüllen.

Vom Koch zum Segelmacher

Auch wenn er die Segelmacherei erst über Umwege erlernte, denn ursprünglich hatte Sell eine Ausbildung zum Koch an der Nordseeküste absolviert. Er schwitzte in der Küche hinterm Herd, während unweit die Surfer durchs kühle Wasser glitten. »Da wurde mir klar, dass der Grundgedanke bei meiner Berufswahl nicht stimmte.« Zu allem Überfluss bekam Sell auch noch eine Lebensmittelallergie. Eine Alternative musste her.

Hagen Sell entschied sich für etwas, was ihm am Herzen lag, schließlich verbrachte der Wassersportler liebend gern jede freie Minute auf seinem eigenen Board. Bei einem großen Segelmacherbetrieb in Flensburg in Schleswig-Holstein absolvierte er erfolgreich seine Lehre. Danach fand er aber keine feste Anstellung. Selbst in Dänemark bewarb er sich – doch seine Suche blieb vergebens.

Während eines Besuchs auf seiner Heimatinsel kam ihm dann zum ersten Mal der Gedanke, sich auf Rügen selbstständig zu machen. Nicht zuletzt deshalb, weil sich der Naturfreund mit seiner Heimat schon immer überaus sehr verbunden fühlt. Und Deutschlands größte Insel ist natürlich auch ein geradezu ideales Revier für Segler und Surfer – darin sah Hagen Sell seine große Chance und nutzte sie.

Kein Segelmacher weit und breit

Außerdem wollte der pfiffige junge Mann natürlich auch auf gar keinen Fall ein Teil der deprimierenden Arbeitslosenstatistik des Landes Meck-

lenburg-Vorpommern werden. Im September des Jahres 2010 brachte es Rügen mit 7,6 % immerhin auf die niedrigste Quote in Mecklenburg-Vorpommern seit der Wiedervereinigung. Als Sell damals anfing, lagen die Zahlen wesentlich höher. Das Land vermeldete im Jahr 2004, kurz bevor Sell sich selbstständig machte, eine mittlere Arbeitslosenquote von 20,5 %. Doch trotz der vielen wirtschaftlichen Probleme, die Mecklenburg-Vorpommern seit Jahren hat, sind die Zahlen auf Rügen dank des Tourismus und den damit verbundenen Dienstleistungen besser als in anderen Regionen des Bundeslandes. Hagen Sell hat aber noch einen großen Vorteil: Es gibt so gut wie keine Segelmacher auf der Insel. Der junge Mann ging zu »Enterprise M-V«, ließ sich beraten und überzeugte mit seinem durchdachten Konzept. Finanziert wird dieses Projekt noch bis ins Jahr 2013 aus dem Europäischen Sozialfond (ESF). Was danach mit dem Programm passiert, ist noch ungewiss.

Die Idee für dieses Existenzgründerprogramm stammt ursprünglich aus Großbritannien, dort heißt es Prince's Youth Business Trust. Schon seit Mitte der 1980er-Jahre werden in Großbritannien benachteiligte junge Erwachsene bei der Gründung von Kleinstunternehmen gefördert.

Sell bekam durch den Fond aber nicht nur die nötige Finanzspritze, sondern erhielt zudem eine betriebswirtschaftliche Rundumberatung, die ihn auch noch nach der ersten Gründungsphase begleitete. Vom Businessplan bis zur Buchführung und zur Jahresabrechnung wurde er professionell unterstützt. Diesen Service lobt Hagen Sell noch immer: »Gerade am Anfang war ich dankbar, dass ich jemanden an der Seite hatte, den ich wirklich alles fragen konnte.«

Für den Fall der Fälle
Wenn bei Sturm ein Segel reißt oder andere kleinere Reparaturen anstehen: Segelmacher Hagen Sell in Sassnitz hilft stets kompetent und schnell.
Jasmunder Segelmacher:
Inh. Hagen Sell, Stadthafen 12 f, Sassnitz, Eingang 2. Stock, Tel. 038392 676 84 oder 0171 714 39 14, www.jasema.de.

Vorbild: Hagen Sell

Heute braucht Hagen Sell diese individuelle Bertreuung der Fachleute längst nicht mehr. Auch die anfänglich mageren Zeiten während der Wintersaison, die er zu Beginn seines Unternehmens noch mit einer eigenen Taschenkreation aus Segelmaterial überbrückte, sind Vergangenheit.

Heute kommen nicht nur Segler und Surfer, sondern auch Motorbootbesitzer, die sich ihre Bootsabdeckung ausbessern oder ihre Persenning abnähen lassen, zu ihm. In Zeiten von Wirtschaftskrisen sind allem voran Reparaturen gefragt. Anstatt gleich etwas Neues zu kaufen, wird eher mal wieder etwas repariert, das kommt wiederum Hagen Sell zugute. Mittlerweile besteht deshalb ein Großteil seiner Arbeit aus kleineren Reparaturen. Jollensegel stellt er dagegen nur zwei bis drei im Jahr her, begehrt sind auch seine Sonnensegel für Terrassen.

Hagen Sell hat gut zu tun und sein Auftragsbuch ist voll. Und wenn der Wind mal wieder kräftig weht, kann er – immer seltener zwar – einfach kurz zwischendurch aufs Board springen und selbst das Meer, die Wellen und den Wind genießen.

Das »weiße Gold der Insel«: Rügener Heilkreide

Fühlt sich gut an, ist schneeweiß und macht auch noch schön! Das Naturheilmittel Heilkreide verfiel im 19. Jh. in einen Dornröschenschlaf. Doch seit 1995 feiert das vielseitige Naturprodukt sein längst überfälliges Revival.

Sie ist weiß, matschig – und sie heilt. Die Rügener Heilkreide ist ein Heilmittel der Extraklasse. Vermischt mit Wasser wird die feinkörnige Kreide zu einer geschmeidigen Masse verrührt und anschließend auf die Haut aufgetragen. Sanft umhüllt die geruchlose Maske den Körper. Wobei die schlammige Masse nicht an die Luft kommen darf, da sie sonst austrocknen würde. Der Patient wird mit Tüchern und Decken umhüllt, wohlig warm wird es in diesem Kreide-Kokon. Die Durchblutung wird gefördert und der Stoffwechsel angeregt.

Bei regelmäßiger Anwendung hilft die Heilkreide gegen Gelenkerkrankungen, Verspannungen, Rheuma, Ischias und Arthrosen. Für eine umfassende Ganzkörperanwendung eignet sich auch ein Kreidebad. Beauty-Experten schwören auf ihre Wirkung als Hautpflegemittel, mit Stutenmilch, Honig oder ätherischen Ölen angereichert wird sie zu einer wohltuenden Gesichtsmaske. Zudem lindert sie auch Hautprobleme wie Neurodermitis.

Allerdings darf nach einer Kreideanwendung der Körper nicht sogleich eingecremt werden. Es kommt nach dem Auftragen und Abwaschen auch nicht zu einer Austrocknung, auch wenn es sich zunächst vielleicht so anfühlen mag. Vielmehr wird die Haut durch die Behandlung dazu angeregt, vermehrt Feuchtigkeit zu produzieren. Und auch die körpereigene und natür-

liche Hautfettung wird nachhaltig in Gang gebracht.

Woraus besteht dieses Bioprodukt von höchster Qualität, das auch noch ganz ohne Zusätze auskommt? Die Rügener Heilkreide enthält etwa 98 % reines Calciumcarbonat und geringe Teile an Silicium-, Eisen-, Jod-, Magnesium-, Aluminium- und Phosphorverbindungen. Zudem ist die 70 Mio. Jahre alte Rügener Heilkreide von den Krankenkassen als Heilmittel anerkannt und kann so auch über die Krankenkassen abgerechnet werden. Der Patient zahlt nur noch den üblichen Selbstkostenanteil. In allen Ostseebädern und Ferienorten auf Rügen gibt es eine Vielzahl von Anwendungen mit Rügener Heilkreide. Von der einfachen Teilkörperpackung bis zum Verwöhnprogramm reichen die Angebote.

Doch die Wirkung der Heilkreide ist nicht erst seit der Wende wieder in aller Munde. Schon im Jahre 1910 haben die Gäste in Sassnitz Kreidebäder genossen, um Leiden unterschiedlicher Art zu kurieren. Ab den 1960er-Jahren geriet die Kreide jedoch immer mehr in Vergessenheit. In dieser Zeit setzte die Medizin auf sogenannte moderne Behandlungsmethoden. Naturprodukte waren (noch) nicht gefragt, obwohl bereits die Römer die wohltuende Wirkung von Heilschlamm kannten.

Aber seit 1995 bekommt die Kreide neuen Aufschwung und es wird im Tagebau bei Klementelvitz nahe Sassnitz das »weiße Gold« wieder verstärkt als Heilkreide verpackt. Das Werk ist das deutschlandweit einzige Kreidewerk und produziert ebenso Kreide, die als Rohstoff für die Industrie und als Rauchgasentschwefelung in Kraftwerken, als Düngekalk für die Landwirtschaft wie als Füllstoff für die Industrie genutzt wird. Kreide ist eben ein sehr vielfältiges Naturprodukt.

Wellnesskur für Zuhause

Wenn die Sehnsucht zu groß und der Resturlaub schon aufgebraucht ist, kann man sich ein ›Kaiserinnenbad‹ samt der ganzheitlich wohltuenden Wirkung der Rügener Heilkreide in die heimische Badwanne holen. Dazu bedarf es etwa 1 kg Rügener Heilkreide, 10 EL Olivenöl und 1/4 l Milch (oder Sahne), das mit 1 l Wasser angerührt in das 36–38 °C warme Badewasser (ca. 100 l) gegeben wird. Nach der Badezeit von ca. 30 Min. sollte man unbedingt eine Ruhezeit von mindestens 20–30 Min. einplanen.

Onlineversand

Neben der klassischen Rügener Heilkreide (500 g) für etwa 5,50 € exkl. Versandkosten bietet der Online-shop www.heilkreide-shop.de auch Cremes, Zahnpasta, Massageöle und Badezusätze auf Heilkreidebasis an.

Wellness-Hotels mit Heilkreide-Anwendungen

artepuri Hotel meerSinn, Binz: www.meersinn.de (s. S. 176).
Grand Hotel Binz: www.grand hotelbinz.de.
Hotel Rugard, Binz: www.rugard-strandhotel.de.
Seehotel Binz-Therme Rügen: www.binz-therme.de.
Cliff Hotel Sellin: www.cliff-hotel.de (s. S. 188).
Bernstein Hotel, Sellin: www.hotel-bernstein.de (s. S. 188).
Hotel Hanseatic Rügen, Göhren: www.ruegen-wellness.de (s. S. 151).

Unterwegs auf Rügen und Hiddensee

Kilometerlang führen die Lindenalleen über die Insel

Hansestadt Stralsund

Highlight!

Stralsund: Die Altstadt Stralsunds mit ihren Museen, Kirchen und altehrwürdigen Gebäuden lohnt sich für einen Tagesausflug. Doch möchte man gern auch länger durch die Gassen der alten Hansestadt streifen, die 2002 zusammen mit Wismar in die Liste der UNESCO-Welterbestätten aufgenommen wurde. S. 92

Auf Entdeckungstour

Stralsunds Giebelhäuser – 800 Jahre alte Wohngeschichte: Beim Spaziergang durch Stralsund fällt die Vielzahl wirklich alter Backsteingebäude ins Auge, Zeugnisse aus der großen Zeit der Hanse. Hinweise auf die Geschichte lassen sich in der Stadt an vielen Stellen finden, denn die Straßenzüge und die Führung der Wege sind seit dem Mittelalter unverändert. S. 96

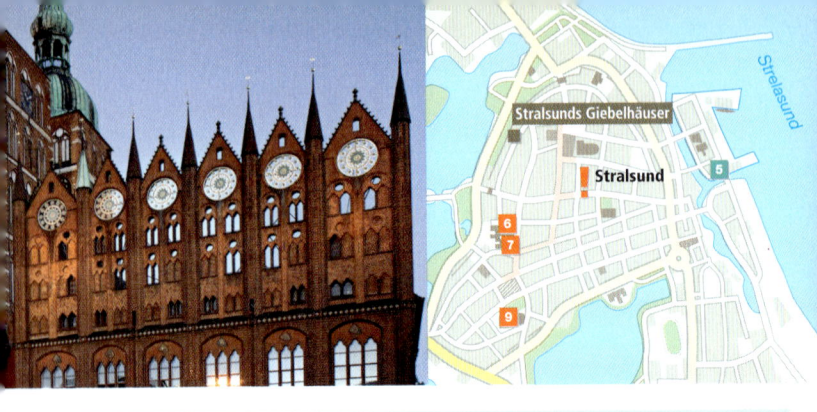

Kultur & Sehenswertes

Meeresmuseum 6: Hinter den Mauern des Katharinenklosters verbirgt sich das Stralsunder Meeresmuseum. Beeindruckend ist hier das Finnwal-Skelett. S. 94

Kulturhistorisches Museum 7: Highlight des Hauses ist der Schatz von Hiddensee: Goldschmuck aus der Wikingerzeit. Ebenfalls beeindruckend ist eine Sammlung historischer Wohnzimmer, darunter eine Einrichtung aus der DDR von 1970. S. 94

Aktiv & Kreativ

Marienkirchturm 9: Wer hoch hinaus will, sollte an einem schönen Tag nicht zögern und die 366 Stufen zur Aussichtsplattform auf dem Turm der Marienkirche in 90 m Höhe hinaufsteigen. Einen schöneren Ausblick auf die Stadt, die Insel und den Strelasund gibt es in ganz Stralsund nicht. S. 99

Genießen & Atmosphäre

Frischer Fisch: Direkt vom Kutter werden im Hafen leckere Fischbrötchen verkauft. S. 107

Abends & Nachts

Bar Brazil 5: Immer gut für einen gemütlichen Abend ist die kleine Kaffee-Bar Brazil mit ihren heißen Kaffeespezialitäten und coolen Cocktails. S. 109

Alte Stadt mit vielen Ufern – Stralsund!

Eine Stadt zum Leben, eine Stadt zum Wohlfühlen – mit viel Geschichte und trotzdem kein Museum, sondern eine durchaus urbane, ehemals mächtige Hansestadt. Auf der Hafenseite von der Ostsee, auf der Landseite von Teichen umgeben, ist die Altstadt letztlich nur über drei Dämme und zwei schmale Landzungen zu erreichen:

Frankendamm, Tribseer Damm und der Knieper Damm verbinden die Altstadt mit dem eigentlichen Festland.

Was im Mittelalter Schutz vor unerwünschten Eindringlingen bot, ist heute ein von Wasser und Grün gesäumter Gürtel. Ein Grund mehr, die malerische Stadt mit ihren spannenden Museen sowie den historisch bedeutsamen Zeugnissen der Backsteingotik zu besuchen.

Im Jahr 2002 wurde Stralsunds Altstadt zusammen mit Wismar in die Liste der UNESCO-Welterbestätten aufgenommen. Geprägt wurde die Stadt nicht nur von der Hanse, sondern auch von der Zeit der Schwedenherrschaft. Denn von Mitte des 17. Jh. bis 1814/15 war sie ein Teil des schwedischen Reiches. Davon zeugt noch heute beispielsweise das Commandantenhus, in dem einst die schwedische Stadtkommandantur ihren Sitz hatte.

Umgeben wird der historische Kern von insgesamt drei Vorstädten: Knieper im Norden, Tribseer im Westen und die Frankenvorstadt im Süden. Sie waren ursprünglich vor der Stadtmauer gelegene Ackerbürgersiedlungen. Größter Industriebetrieb der Stadt mit ihren zurzeit fast 60 000 Einwohnern war und ist bis heute die Volkswerft, die mit 7000 Beschäftigten zu DDR-Zeiten hochseetüchtige Fischfangschiffe für die Sowjetunion baute. Wegen der sinkenden Nachfrage nach Containerschiffen hat sich die Werft 2009 in Richtung Spezialschiffbau orientiert. Im Juni 2010 fusionierte die Stralsunder Volkswerft mit der Wolgaster Peenewerft zur P+S Werften GmbH mit insgesamt über 1900 Mitarbeitern.

Altstadt

Kütertor **1** und Kniepertor **2** mit Torschließerhaus

Vom Bahnhof ist es über den Tribseer Damm nicht weit in die von Wasser umschlossene Altstadt. Stralsund war eine wehrhafte Stadt: Wer im Mittelalter ins Zentrum von Stralsund wollte, musste eines der Tore in der imposanten Stadtmauer passieren, die abends verschlossen wurden. Am Knieperwall stehen noch Reste der Stadtmauer und zwei der ursprünglich zehn Stadttore. Das **Kütertor** ist ein quadratischer Backsteinbau aus dem 15. Jh., der sich über die Küterstraße spannt, dazu gehört das Torschließerhaus. In der historischen Wachstube befindet sich inzwischen das gleichnamige gemütliche Restaurant mit deftiger Küche und einem schönen Biergarten im Hinterhof.

Von hier ist es außen an der Stadtmauer entlang nicht weit bis zum zweiten Tor, dem **Kniepertor** ebenfalls aus dem 15. Jh. Die Knieperstraße führt von dort nach rechts direkt zum politischen Zentrum der Stadt, dem Alten Markt, mit seinem beeindruckenden Rathaus.

Rathausplatz und Alter Markt **3**

Einen Stadtrundgang am Rathausplatz zu beginnen, ist eigentlich nie verkehrt und lohnt sich besonders in Stralsund: Das Rathaus ist berühmt für seine gotische Schaufassade, direkt gegenüber steht das Wulflamhaus, eines der schönsten erhaltenen Bürgerhäusern. Bertram Wulflam, reicher und mächtiger Bürgermeister, ließ das Backsteingebäude vor 1358 errichten. Daneben, in der Mühlenstr. 1, findet sich das Giebelhaus, das Ende des 13. Jh. erbaut wurde und zu den ältesten Zeugnissen der Backsteingotik in der Altstadt gehört. Schön anzusehen ist auch das **Commandantenhus**, ein Barockbau aus schwedischer Zeit. Die **Touristeninformation** befindet sich an dem zentralen Platz.

Nikolaikirche **4**

Alter Markt, Tel. 03831 29 22 86, www.nikolai-stralsund.de, April, Mai, Sept., Okt. Mo–Sa 9–18, So, Fei 13–17, Juni–Aug. Mo–Sa 9–19, So, Fei 13–17, Nov. Mo–Sa 10–17, So, Fei 13–17, Dez.–März Mo–Sa 10–16, So, Fei 13–16 Uhr; Gottesdienst So 10.30 Uhr, Erhaltungsbeitrag für Besucher/innen über 18 Jahre 2 €

Überragt wird der Alte Markt vom Doppelturm der Nikolaikirche: Sie ist die älteste Kirche Stralsunds und gehört zu den bedeutendsten Bauwerken der Backsteingotik. Viele ihrer Säulen sind mit Fresken geschmückt und streben schwindelerregend Richtung Kirchendach in 29 m Höhe. Der Sakralbau beherbergt einige mittelalterliche Kunstschätze, die einen Eindruck vom Reichtum der alten Handelsstadt geben: den gotischen Hochaltar und dahinter die astronomische Uhr von 1349, das barocke Taufgehäuse und die über 2 m hohe Stuckplastik »Anna Selbdritt« – die Heilige gilt u. a. als Schutzpatronin der Kleidermacher, Krämer und Schiffer. Einen Einblick in die Reisen der hansischen Kaufleute geben die vier aus Eichenholz geschnitzten Relieftafeln vom Gestühl der Nowgorodfahrer. Wenn man aus der Kirche heraus wieder auf den Marktplatz tritt und dann nach rechts um die Kirche herumgeht, entdeckt man das im Nikolaikirchhof stehende Küsterhaus. Das schmale zweigeschossige Backsteingebäude war Teil der Kirchhofsbegrenzung und lange Zeit Lateinschule. Hinter dem Küsterhaus führt die Jacobiturmstraße direkt zur Jacobikirche.

Jacobikirche 5

Jacobiturmstr. 28 a, Tel. 03831 30 96 96, www.kulturkirche.kdw-hst.de, Veranstaltungskasse: Mo–So 10–18 Uhr, Tel. 03831 67 32 18

Sie ist die kleinste im Bunde der drei gotischen Pfarrkirchen Stralsunds. Ihr 68 m hoher Turm gilt als der schönste der drei Backsteinkirchen. Allerdings wurde die Jacobikirche 1944 bei einem Bombenangriff schwer beschädigt und wird heute vorwiegend als kultureller Veranstaltungsort genutzt: für Konzerte, Theateraufführungen, Theaterproben, Ausstellungen, Märkte und Messen. Eine dauernde Ausstellung zeigt grafische Werke Friedensreich Hundertwassers. Von der Jacobikirche ist es über die Böttcherstraße nur ein Katzensprung in die Mönchstraße zu zwei den wichtigsten Museen Stralsunds hinter den Mauern des ehemaligen Katharinenklosters.

Meeresmuseum 6

Katharinenberg 14–20, Tel. 03831 265 02 10, www.meeresmuseum.de, Nov.– April 10–17, Mai–Okt. 10–18 Uhr, 24. Dez. geschl., 31. Dez. und 1. Jan. 10–15 Uhr, 7,50 €

Direkt neben dem Kulturhistorischen Museum hat auch das Meeresmuseum sein Stammhaus in Gebäuden des ehemaligen Katharinenklosters: Eine beeindruckende Stahlkonstruktion macht über drei Ebenen die ehemalige Klosterkirche als Ausstellungsraum nutzbar. Gezeigt werden Vitrinen und Exponate zur Geschichte der Fischerei, darunter ein komplettes Walskelett. Darüber hinaus zeigt das Museum in dem Aquarium im Keller in 36 Schaubecken die Farbenpracht der tropischen Meere. Eine besondere Attraktion sind die vier Meeresschildkröten hinter ihrem 24 m^2 Schaufenster; die Tiere lassen sich bei ihren gemächlichen Schwimmübungen sowohl von

Unterwasser als auch im Museumsbistro von oben beobachten (s. S. 109). Vom Museum führt die Mönchstraße direkt auf den Neuen Markt, der von der Marienkirche dominiert wird.

Kulturhistorisches Museum 7

Kulturhistorisches Museum im Katharinenkloster, Mönchstr. 25–27, Tel. 03831 287 90, Fax 03831 28 00 60, kulturhistorisches-museum@stralsund.de, Mo–So 10–17 Uhr, Nov.–Jan. Mo sowie 24. und 31. Dez. geschl., Führungen nach Voranmeldung, 4 €, Verbundkarte mit Katharinenkloster,

Stralsunds Marina und die Nikolaikirche sind Grund genug für einen Besuch der Altstadt

Museumsspeicher, Museumshaus, Marinemuseum 15 €, ohne Marinemuseum 10 €. Marinemuseum auf dem Dänholm Mai–Okt., Mo–So 10–17 Uhr

Das kulturhistorische Museum von 1859 ist das älteste Museum in Mecklenburg-Vorpommern und ist seit 1924 im Kloster untergebracht. Von der Frühgeschichte bis in die Moderne vermitteln die Ausstellungen die Kulturgeschichte Vorpommerns und besonders Stralsunds: Ein besonderes Highlight ist der Schatz von Hiddensee aus dem 10. Jh. – die sechzehn goldenen Schmuckstücke sind die bedeutendsten Funde aus der Wikingerzeit in Deutschland. Der Schmuck wurde möglicherweise für den ersten getauften König der Wikinger, Harald Blauzahn, hergestellt und vereint christliche und heidnische Symbole. Zu sehen ist allerdings nur eine Kopie. Das Original wird im Safe verwahrt.

Gezeigt werden auch wertvolle gotische Altäre und ein Murano-Glasbecher aus derselben Epoche sowie Gemälde von Caspar David Friedrich und Philipp Otto Runge. Interessante Exponate aus der jüngeren ▷ S. 99

95

Auf Entdeckungstour

Stralsunds Giebelhäuser – 800 Jahre alte Wohngeschichte

Sie sind steinerne Zeugnisse aus der großen Zeit der Hanse: Stralsunds Giebelhäuser geben einen Einblick in das Leben der Kaufleute vor Hunderten von Jahren.

Dauer: ca. 1 Std.

Planung: individuell ab Rathausplatz mit Besuch des **Museumshauses** 8, Mönchstr. 38, Öffnungszeiten: Di–So 10–17 Uhr, Eintritt 5 €, oder in einer von der Touristeninformation angebotenen Führung mit dem Titel »Roter Backstein, blaues Meer«, Mai–Okt. tgl. 11 Uhr, Treffpunkt: vor der Touristeninformation, Alter Markt 9, 5 €.

Fisch als Fastenspeise war im Mittelalter ein begehrtes Gut, der schwunghafte Handel mit den Meerestieren ließ den kleinen Ort am Strelasund schnell wachsen. Mit seinem Aufstieg in die Reihe der großen Ostseestädte stand Stralsund bald in Konkurrenz zu Lübeck, das die dynamische Entwicklung des kleinen Handelsplatzes misstrauisch beäugte und zuweilen auch ganz handfest bekämpfte: z. B. 1249 durch einen Überfall, der die aufstrebende Stadt in Schutt und Asche legte. Doch ihre Bürger ließen sich davon nicht einschüchtern – ganz im Gegenteil: Die heutige Altstadt entstand vom Ende des 13. bis zum Ende des 14. Jh. In dieser Zeit begann der Bau von vielen der heute denkmalgeschützten Profan- und Sakralbauten: das Rathaus, die drei großen Kirchen der Stadt sowie die Giebelhäuser, in denen die Kaufleute lebten und arbeiteten. Sie sind Zeugen dieser Epoche und gehören zu den wichtigsten Zeugnissen der norddeutschen Backsteingotik. Das 15. Jh. gilt als die große Blütezeit der Stadt: Um 1450 zählte sie 350 Fernhandelskaufleute.

Ausdruck der Macht

Ein einflussreicher Mann mit diplomatischem Geschick hatte an dem wirtschaftlichen Aufschwung Stralsunds maßgeblichen Anteil: Bürgermeister Bertram Wulflam gestaltete ab 1361 drei Jahrzehnte lang die Ratspolitik der Stadt und erbaute sein prächtiges Giebelhaus direkt gegenüber dem Rathaus. Am Alten Markt 5 steht sein mit Schmuckpfeilern, mit lasierten und unlasierten Ziegeln prächtig verziertes Haus: eine Anlehnung an die Gestaltung der Schmuckfassade des Ratsgebäudes gegenüber ist nicht zu übersehen. Es beherbergt über der Diele eines der seltenen Saalgeschosse, kaum

einer konnte sich in der eng bebauten Stadt den Luxus leisten, so einen Repräsentationssaal zu unterhalten. In dem ehemaligen Wohn- und Kontorhaus ist heute ein Restaurant untergebracht, die Diele des Hauses ist öffentlich zugänglich – und bietet einen ersten Einblick in mittelalterliche Wohn- und Arbeitswelten. Tatsächlich haben noch einige Giebelhäuser aus der Zeit des Baubooms im 14. Jh. in der Altstadt bis heute überdauert, einige in direkter Nachbarschaft: Neben dem Wulflamhaus steht in der Mühlenstr. 1 eines der ältesten Giebelhäuser. Es entstand Ende des 13. Jh. und wurde 1320 bis 1340 umgebaut. Der Kemladen, ein beheizter Wohnraum, wird heute als gemütliches Café genutzt (**Quaakinis Kaffekopp** **5**). Zwei Häuser weiter in der Mühlenstraße 3 steht das Dielenhaus, ein Giebelhaus, das in den 1970er-Jahren nach historischem Vorbild restauriert wurde.

Museumswelten

Geht man von der Mühlenstraße aus an der ersten Kreuzung nach links, gelangt man in die Mönchstraße. In Haus Nr. 38 befindet sich das **Museumshaus** **8**: Das Giebelhaus von 1320 ist eine Außenstelle und zugleich größtes Exponat des **Kulturhistorischen Museums** **7** und unbedingt sehenswert. Es ist vom Keller bis zum Dach begehbar. Ein Streifzug vom Keller bis auf den höchsten Dachboden gibt einen Eindruck vom Leben der Kaufleute in der Hansezeit: In der großen Diele im Eingangsbereich haben die Fernhändler die ankommenden Waren begutachtet und sortiert. Weil sie dafür viel Licht brauchten, gab es große Fenster zur Hofseite, die Luchten, die die Helligkeit hineinließen.

Da es in der Diele oft zugig war, gab es im Erdgeschoss eine beheizbare

Kammer, die Schreibstube; sie war durch Fachwerkwände von der Diele abgetrennt. Den Transport der Güter innerhalb des Hauses erleichterte ein Windenrad im obersten Dachboden. Es beförderte selbst schwerste Waren leicht vom Keller bis hinauf in die Lagerböden, manchmal vier Stockwerke in die Höhe und mit zwei Kellern tief. Nur die Fernhändler durften auf den schmalen Grundstücken ihre oft reich mit Backsteinpfeilern verzierten Häuser mit den Giebeln zur Straße ausrichten. Sie nutzten jeden Zentimeter Stauraum und wohnten häufig gar nicht in den repräsentativen Bauten an der Straße, sondern in schmalen Hinterhäusern auf den kleinen Höfen der lang gestreckten Grundstücke. Doch auch wenn die Erbauer der Häuser schon Hunderte von Jahren verstorben waren, so ging das Leben in ihren Häusern weiter: Davon zeugen die vielen Farbschichten an den Wänden, die Gebrauchsspuren und die unzähligen Tapetenlagen.

Im Museumshaus kann man selbst auf dem Dachboden stöbern

Stralsunder Geschichte sind die Fayencen der Stralsunder Fayencenfabrique aus dem 18. Jh. und einige komplett eingerichtete historische Räume, darunter ein Biedermeierzimmer und ein DDR-Wohnzimmer von 1970.

Weitere Außenstellen gehören noch zum Museum, so etwa das **Museumshaus** 8 in der Mönchstr. 38, das 700 Jahre Wohngeschichte präsentiert: Gebaut 1320 gehört es zu den ältesten Häusern der Stadt und war noch bis 1979 bewohnt. Eine Erbengemeinschaft übernahm das Haus in den 1990er-Jahren mit dem Ziel, die jahrhundertealten Spuren der verschiedenen Hausbesitzer und Bewohner sichtbar zu machen. Das Ergebnis ist durchaus sehenswert: Das Haus ist heute vollständig begehbar und zeigt nicht nur Zimmereinrichtungen aus verschiedenen Epochen, sondern auch jahrhundertealte Gebrauchsspuren, z. B. die aufgefächerten Lagen unzähliger Tapetenschichten, anschauliche Zeugnisse aus rund 700 Jahren Wohngeschichte (s. S. 96).

In der Böttcherstr. 23 nahe der Jacobikirche steht der **Museumsspeicher** mit volkskundlichen Exponaten wie Trachten und Webstühle.

Marienkirche 9

Marienstr., Tel. 03 831 29 89 65, www.st-mariengemeinde-stralsund. de, Mai, Juni, Okt. Mo–Sa 10–17, Juli– Sept. Mo–Fr 9–18 sowie So und Fei immer nach den Gottesdiensten ca. 11–17 Uhr Uhr, Eintritt frei, Turmbesteigung 4 €

Die Backsteinbasilika gehört zu den bedeutendsten Bauten der Spätgotik und strebt noch deutlicher als ihre Vorgängerin am Alten Markt gen Himmel: Im Mittelschiff 32,9 m hoch und im Ganzen 100 m lang vermittelt der weiß gestrichene und weitgehend schmucklose Raum einen Eindruck von Weite.

Lohnend ist auch der Aufstieg über 366 Stufen zur Kirchturmspitze: Eine Aussichtsplattform in 90 m Höhe bietet einen herrlichen Blick auf die Stadt, den Strelasund und Rügen. Vom Neuen Markt zum Hafen führt die Frankenstraße. Hier hat die Schiffercompagnie ihren Sitz.

Schiffercompagnie 10

Frankenstr. 9, Mo–Fr 10–17 Uhr

Eine bunte Sammlung von Schiffsmodellen, nautischen Gerätschaften und allerlei Seemanns-Andenken beherbergt die Schiffercompagnie, die im Jahre 1488 von Stralsunder Kaufleuten gegründet wurde. Die Vereinigung zählt zu den ältesten Deutschlands und hat heute 50 Mitglieder. Seit 1635 hat sie hier ihren Sitz.

Heilgeistkloster 11

Am anderen Ende der Frankenstraße befindet sich das Heilgeisthospital zu Stralsund, heute häufig auch Heilgeistkloster oder Kloster zum Heiligen Geist genannt. Es ist ein kleiner architektonischer Schatz und inzwischen begehrtes Wohngebiet: Unter Denkmalschutz stehende Fachwerkhäuser drängen sich an die mit Efeu umrankte Heilgeistkirche. Das Spitalgebäude mit Galerie und Wohnräumen sowie die Kirche sind liebevoll restauriert. Das Ensemble war nie ein Kloster und ist ein gut erhaltenes Beispiel historischer Hospitalkomplexe. Das Hospital nahm Kranke und Hilfsbedürftige auf und gewährte ihnen Pflege und Unterkunft. Es befindet sich nahe Wasser- und Klosterstraße in unmittelbarer Nähe zum Hafen.

Ozeaneum 12

Hafeninsel Stralsund, Tel. 03831 265 06 10, www.ozeaneum.de, Juni–Sept. 9.30–21, Okt.–Mai 9.30–19 Uhr, Erw. 14 €, ermäßigt 8 €, Familienkarte für 2 Erw. und 2 Kinder 34 €

Stralsund

Größte Attraktion von Stralsund ist seit Juli 2008 das direkt am Hafen gelegene Ozeaneum. Es gehört zum Meeresmuseum und widmet sich der Unterwasserwelt der nördlichen Meere. Das Naturkundemuseum ist in einem spektakulären Neubau untergebracht. Spannend sind die verschiedenen Aquarien in den Gebäuden 2 und 3, darunter ein Brandungsbecken und das große Schwarmfischaquarium mit seiner gewölbten Scheibe. Gebäude 1 beherbergt ein Restaurant sowie Ausstellungen zu den Themen: Weltmeere, Ostsee und Erforschung des Meeres. Ganz anschaulich werden hier naturkundliche Zusammenhänge erklärt. Interessant: Stark vergrößerte Modelle zeigen die faszinierende Welt des Planktons. Beeindruckend ist die Ausstellung »1:1 – Riesen der Meere«: In einer riesigen Halle schweben Walmodelle in Originalgröße unter der Decke und geben so einen Eindruck von der tatsächlichen Gestalt der größten Lebewesen auf unserem Planeten. Absolute Publikumslieblinge sind seit Juli 2010 die neun Humboldt-Pinguine in ihrem Gehege auf der Dachterrasse. Durch Panoramascheiben oder von einem Podest aus können die gefiederten Schwimmer beim

Watscheln, Fressen oder Tauchen be-
obachtet werden.

Gorch Fock 13

*An der Fährbrücke, Tel. 03831 66 65
20, www.gorchfock1.de, April–Okt.
10–18, Nov.–März 11–16 Uhr, 4 €, Führungen nach Voranmeldung*
Ebenfalls am Hafen in Sichtweite zum
Ozeaneum liegt die Gorch Fock 1, ein
Schwesternschiff der bekannten Gorch
Fock. Das Museumsschiff ist auf allen
Decks zu besichtigen: Der Rundgang
führt auf die Brücke, in den Funkraum,
in den Salon und in die Krankensta-
tion. Leichtmatrosen und solche, die es

werden wollen, können sich nach Voranmeldung von April–Sept. im Segel-
setzen üben (15 €). Von der Gorch Fock
An der Fährbrücke ist es über die Fähr-
straße und nach rechts in die Schill-
straße nicht mehr weit zum Johannis-
kloster.

Johanniskloster 14

*Schillstr. 27/28, Tel. 03831 29 42 65.
Stadtarchiv: Am Johanniskloster 35,
Tel. 03831 66 64 66, Führungen nach
Vereinbarung, Tel. 03831 66 64 88*
Das ehemalige Kloster St. Johannis
wurde im Jahr 1254 von Franziskaner-
mönchen gegründet. Es gehört zu den

Lieblingsort

Ein Platz der Ruhe

Caspar David Friedrich, der große deutsche Maler der Romantik, hätte wirklich seine Freude an der Ruine der Kirche auf dem Gelände des ehemaligen **Franziskanerklosters St. Johannis** 14: Die hohen Backsteinmauern umschließen eine weite Rasenfläche, in der Mitte steht die Pietà nach einem Modell von Ernst Barlach. Die ehemalige Klosterkirche ist ein besonderer Platz der Ruhe im Gewimmel der Altstadtgassen. Zugänglich ist der Kirchenraum von Mai bis Oktober, Mi–So 10–17 Uhr. Besichtigt werden können ebenfalls Kreuzgang, Räucherboden, Barockbibliothek und Kapitelsaal (s. a. S. 101).

ältesten Bauwerken der Stadt und war bis zur Reformation zugleich eines der wichtigsten Klöster im norddeutschen Raum. Später dienten seine Gebäude als Armenhäuser und Altendomizile sowie zeitweise auch als Waisenhaus, Lazarett und Gefängnis. Im Jahr 1944 wurde die Klosterkirche durch Bomben zerstört, stehen blieben bis heute nur noch die Außenmauern.

Die Anlage wurde von 1963 bis 1986 restauriert und beherbergt das umfangreiche Stadtarchiv Stralsunds, eine Konzertbühne sowie einige Ausstellungsräume.

Zu besichtigen sind heute von Mai bis Oktober der Kreuzgang, der Kapitelsaal mit seinem Kreuzgewölbe und seinen gotischen Wandmalereien, der Räucherboden – mit seinen winzigen Wohnparzellen, deren Küchenherde ihren Rauch ins Dachgebälk entließen – und die Barockbibliothek mit rund 2500 Büchern. Das Gelände mit seinen Fachwerkhäusern, dem Rosengarten und der imposanten Kirchenruine ist ein beliebtes Ausflugsziel von Einheimischen und Touristen gleichermaßen.

Damit ist der Rundgang durch die Stadt eigentlich vorbei, doch Stralsund hat noch mehr Museen: Auf dem Dänholm, die kleine Insel ist quasi der Brückenkopf nach Rügen, gibt es noch zwei weitere Museen.

Auf dem Dänholm

Nautineum 15

Kleiner Dänholm, Tel. 03831 28 80 10, Juni–Sept. 10–18, Mai, Okt. 10–17 Uhr, Nov.–Apr. geschl., 3 €

In dieser Außenstelle des Meeresmuseums auf dem Dänholm, die kleine In-

Im Meeresmuseum hängt das Skelett eines Finnwals, der 1825 an Rügens Küste strandete

sel, die quasi der Brückenkopf nach Rügen ist, sind Exponate aus den Bereichen Fischerei, Meeresforschung und Gewässerkunde zu sehen, darunter das begehbare Unterwasserlabor Helgoland und ein historisches Zeesboot.

Marinemuseum 16

Zur Sternschanze 7, Tel. 03831 29 73 27, Mai–Okt., Mo–So 10–17 Uhr

Die Außenstelle des Kulturhistorischen Museums stellt anschaulich die Geschichte Stralsunds als der ›Wiege der preußischen Marine‹ aus marinetechnischer Sicht dar.

Das Gelände um das Museum herum prägen Schanzanlagen aus der Zeit der Festungs- und Garnisonsstadt. Auf dem Gelände des Museums werden ein Marinehubschrauber vom Typ Mil Mi-8T, ein Torpedoschnellboot Projekt 131 und eine Barkasse gezeigt.

Übernachten

Schick mit Hafenblick – **Kontorhaus 1**: Am Querkanal 1, Tel. 03831 28 98 00, www.kontorhaus-stralsund.de, 18 Zimmer, DZ mit Frühstück 95–118 €. Hotel am Hafen mit Blick auf Segler und Motorschiffe, gediegen ausgestattet von Reiner Gehr, Ausstatter für Kreuzfahrtschiffe, nahe dem Ozeaneum.
Maritim – **Hotel Hiddenseer 2**: Hafenstr. 12, Tel. 03831 28 92 390, www. hotel-hiddenseer.de, DZ mit Bad 80–140 €. 2006 eröffnetes Hotel-Restaurant in zwei denkmalgeschützten Gebäuden auf der Hafeninsel. Direkt am Ozeaneum gelegen geht der Blick aus den 19 maritim eingerichteten Zimmern aufs Wasser über den Sund oder zur historischen Altstadt.
Hanseatisch – **Scheelehof 3**: Fährstr. 23–25, Tel. 03831 28 3300, www.scheelehof.de, DZ 99–139 €. Die denkmalgeschützten mittelalterlichen Giebelhäu-

ser beherbergen ein Vier-Sterne-Hotel mit Sauna, zwei Restaurants, einer Kneipe und einem Café. Hier wurde 1742 der Apotheker und Chemiker Carl Wilhelm Scheele geboren, der 1771 den Sauerstoff entdeckte.

Traditionsherberge – **Norddeutscher Hof 4**: Neuer Markt 22, Tel. 03831 29 31 61, www.norddeutscher-hof.de, 13 DZ mit Bad 79–95 €, denkmalgeschütztes Haus, seit dem 18. Jh. als Gästeunterkunft genutzt, 1990 aufwendig saniert. Das Restaurant mit Holzvertäfelung und Kachelofen hat einen rustikalen Charme, im Sommer einen kleinen Biergarten und es bietet eine gute regionale Küche, Gerichte 6–12 €.

Ruhig und gemütlich – **Pension Cobi 5**: Jacobiturmstr. 15, Tel. 03831 27 82 88 und 0178 312 21 49, www.pension-cobi.de, DZ inkl. Frühstück 59–79 €, Neubau in der Altstadt an der Jacobikirche, helle Zimmer mit Kiefernmöbeln freundlich eingerichtet, mit TV.

Günstig – **Hostel Stralsund 6**: Reiferbahn 11, Tel. 03831 28 47 40, www.hostel-stralsund.com, DZ 46 €, Frühstück 5 €, Bettwäsche 3 €, Rezeption 8–12, 16–22 Uhr. Hier kann man fußläufig zur Altstadt günstig übernachten.

Essen & Trinken

Exklusiv – **Tafelfreuden 1**: Jungfernstieg 5a, Tel. 03831 29 92 60, www.tafelfreuden-stralsund.de, Di–So 18–24 Uhr, Hauptgericht 20 €, Vorspeise 9–12 €. Im schwedischen Sommerhaus vor den Toren der Altstadt lässt es sich wunderbar speisen: getrüffelte Blumenkohlsuppe mit geräucherter Entenbrust oder gefülltes Dorschfilet auf Safran-Kartoffelschaum. Nach dem Essen kann man sich auch in den drei gemütlichen Gästezimmern einmieten.

Offene Küche im Gewölbekeller – **Hansekeller 2**: im Haus des Handwerks, Mönchstr. 48, Tel. 03831 70 38 40, www.hansekeller-stralsund.de, tgl. 11–24 Uhr, Hauptgerichte 9,90–13,90 €. In dem Backsteingewölbe aus dem 16. Jh. kann man den Köchen beim Zubereiten der gutbürgerlichen Gerichte zuschauen. Inhaber Lars Strahl bietet nur zwei Häuser weiter im **Kaffeehaus Strahl 3** Kuchen- und Kaffeespezialitäten im klassischen Ambiente.

Schmausen wie die Altvorderen – **Wallensteinkeller 4**: Mühlenstr. 22, Eingang über den Knieperwall, Tel. 03831 66 79 22, www.wallensteinkeller.de, Mo–Sa ab 17 Uhr, urige Erlebnisgastronomie: In dem Wirtshaus im Kellerge-

Das Stralsunder Rathaus mit seiner prachtvollen gotischen Schaufassade

wölbe der Stadtmauer darf mit den Fingern gegessen werden und die Bedienung serviert nicht nur deftige Suppen und Fleischgerichte 3,50–13 € in rustikalem Tongeschirr, sondern bringt nach einem Gelage auch einen Zuber mit Wasser zum Händewaschen.

Alles Schwedenquark – **Quaakinis Kaffekopp** 5: Mühlenstr. 1, Tel. 03831 28 59 01, www.kaffekopp.de, Mo–Sa 10–18 Uhr. Das Giebelhaus zählt zu den ältesten der Stadt. In behutsam restaurierten Räumen lockt das Café mit schwedischen Spezialitäten: Quarkleckereien, Waffeln oder die berühmten Köttbullar. Wer länger bleiben möch-

te, kann auf dem breiten Sofa an der Feuerstelle in den Secondhandbüchern schmökern oder bei Gelegenheit an den Tischen im Hinterhof ein Sonnenbad nehmen.

Bierseelig – **Brauhaus zum Alten Fritz** 6: Greifswalder Chaussee 84/85, 2 km

Räucherfisch direkt vom Kutter

Wen nach einem Stadtrungang oder nach einem Besuch im Ozeaneum der kleine Hunger packt, der findet im Hafen direkt am Ozeaneum Fischkutter, die leckere Fischbrötchen verkaufen.

Unser Tipp

Der einzig wahre Bismarckhering

Aus Stralsund kommt der originale Bis-
marckhering: Johann Wiechmann
schickte 1871 ein Fässchen mit den
sauer eingelegten Heringen an den
Reichskanzler Otto von Bismarck, mit
der Bitte, den Fisch nach ihm benen-
nen zu dürfen. Seine Bitte wurde gewährt. Nach dem Originalrezept von
1871 bereitet Henry Rasmus den Fisch
noch heute zu. Henry Rasmus Fischhandel und Räucherei, Heilgeiststr. 10,
Tel. 038 31 28 15 38, www.bismarckhe
ring.com.

südlich vom Zentrum, Tel. 03831 25 55
00, www.alter-fritz.de. Im historischen
Gebäude der ehemaligen Stralsunder
Vereinsbrauerei glänzen immer noch
die kupfernen Braukessel; Fisch und
Deftiges wird mit Bier verfeinert: Bier-
fleisch 9,80 €, Biersuppe 4,30 €, dazu
Stralsunder Pils, Störtebeker Schwarzbier oder Zwickel naturtrüb.
Lecker Fisch – **Fischermanns Restaurant 7**: Speicher V, an der Fährbrücke
3, Tel. 03831 29 23 22, www.speicher
restaurant.de, tgl. ab 10, im Nov./Dez.
Di–So 11–22 Uhr. Das Fischrestaurant
mit Wintergarten und Terrasse bietet
einen schönen Blick auf Segelschiffe,
Sportboote und den Strelasund. Ange-
laal gebraten 16,80 €, Baby-Steinbutt
an Rotweinbuttersauce 21,50 €.

Einkaufen

Zwischen Altem und Neuem Markt
bummeln die Stralsunder auf dem
Boulevard in der Fußgängerzone.

Gute Tropfen – **Weinladen Kindler 1**:
Heilgeiststr. 91, Tel. 03831 70 34 40,
Mo–Fr 10–18, Sa 10–13 Uhr.
Schönes und Praktisches – **Galerie Jan-
tar 2**: Katharinenberg 13 a, Tel. 03831
27 82 60, Mo–Fr 11–17, Sa 11–14 Uhr.
Regionale Kunst und Kunsthandwerk,
Postkarten, Keramik, Filz, Glas etc.
Hochprozentiges – **House of Whisky
3**: Wasserstr. 25, Tel. 03831 28 92 80,
www.stralsunderwhiskyhaus.de, Mo–
Fr 10–18, Sa 10–16 Uhr, von Mai–Okt.
zusätzlich So 13.30–16 Uhr. Über 500
Single Malts aus der ganzen Welt, Ver-
kostungen.

Aktiv & Kreativ

Sport- und Freizeitpark – **Hansedom
1**: Grünhufer Bogen 18–20, Tel. 03831
373 30, www.hansedom.de. Im Strela-
park gibt es auf 20000 m² eine große
Auswahl an Sport- und Freizeitmög-
lichkeiten: Wellenbad, Sauna und
Therme mit Massage- und Beautyanwendungen, Sportzentrum mit Tennis,
Squash, Bowling und Kletterwand.
Freibad – **Seebadeanstalt am Strelasund 2**: Sundpromenade 5, Tel. 03831
39 32 95.
Bootsverleih – **Bootsklause 3**: Knie-
perdamm 80 a, Tel. 03831 39 28 62. Ru-
der- und Tretboote.
Fahrradverleih – **LeihBike Jana Ewert
4**: Zur Schwedenschanze 15, Tel.
03831 45 66 29 oder 0162 581 06 90,
www.leihbike.de, info@leihbike.de,
mit Liefer- und Abholservice.
Kartbahn – **Hallenkartbahn Stralsund
5**: Am Feldrain 3/Langendorfer Berg,
Tel. 03831 49 43 29.
Zoo – **Tierpark Stralsund 6**: Grünhufer Bogen/Barther Str., Tel. 03831 29
30 33, Erw. 5 €, Kinder 3–16 Jahren 3 €,
im Winter günstiger, tgl. 9–18.30 Uhr,
im Winter bis 16 Uhr. Der Tierpark
Stralsund widmet sich auf einer Fläche

von insgesamt 16 ha besonders dem Erhalt bedrohter Haustierrassen, neben Exoten wie Schimpansen und Löwen haben deshalb hier vor allem auch Pommersche Landschafe und Wollschweine ihr Zuhause.

Abends & Nachts

Beliebt – **Bar Hemingway** : Tribseer Str. 22 (am Neuen Markt, unter dem Hotel Zur Post), Tel. 03831 20 05 00, www.hotel-zur-post-stralsund.de, Mo–Sa ab 21 Uhr. Hier gibt es nicht nur 160 Cocktails im Angebot, sondern auch 130 Whiskys und Whiskeys, da lässt es sich aushalten.

Kino – **Filmpalast Cine-Star** : Frankenstr. 7, Tel. 03831 28 85 58, www.cinestar.de, Di ist Kinotag: Eintritt 4,50 €.

Studentenkneipe – **8Vorne** : Im Keller unter der Bärenapotheke in der Badenstr. 45, So–Do 20–1, Fr, Sa 20–2 Uhr, Tel. 03831 28 18 88, www.8chtvorne.de.

Bar – **T1** : Heilgeiststr. 64, Tel. 03831 282 81 11, www.t1-stralsund.de, tgl. ab 20 Uhr, Do Happy Hour 18–20 Uhr.

Cocktail und Kaffeebar – **Brazil** : Am Querkanal 4, Tel. 03831 29 84 80. Hier lässt man gern bei heißen Kaffeespezialitäten oder coolen Cocktails den Abend ausklingen und genießt drinnen oder auf der Terrasse den Blick auf den Hafen, den Querkanal und Stralsund.

Inszeniert – **Theater Vorpommern** : Olof-Palme-Platz 4, Tel. 03831 264 66, www.theater-vorpommern.de. Abwechslungsreiches Programm von Peer Gynt bis Caveman.

Infos & Termine

Sundische Tage: Jeweils am 2. Wochenende im Juni steigt das Hafenfest mit Segelregatta im Strelasund und um

Unser Tipp

Schildkrötenfütterung im Meeresmuseum

Für Schildkrötenfreunde ein Muss ist die Fütterung der vier Schildkrötendamen im **Meeresmuseum** : Vier Tierpfleger gleichzeitig sind damit beschäftigt, dass alle Beckenbewohner den ihnen zugedachten Anteil bekommen – auch die Haie, die mit den Schildkröten das 350 000 l Wasser fassende Bassin teilen. Fütterungszeiten: Mo, Mi und Fr 13.15 Uhr (s. S. 94).

Rügen herum; www.stralsunder-segelwoche.de.

Stalsunder Sundschwimmen: 1. Sa im Juli, www.sundschwimmen.de, Wettschwimmen von Altefähr über knapp 2,5 km durch den Strelasund zur Seebadeanstalt.

Wallensteintage: Um den 24. Juli herum, www.wallensteintage.de, feiert die Stadt mit einem dreitägigen Historienspektakel, Umzügen und Markt den erfolgreichen Widerstand gegen die Belagerung der kaiserlichen Truppen unter der Führung Wallensteins im Jahre 1628.

Orgelkonzerte: In den Kirchen St. Marien und St. Nikolai finden in der Saison mittwochs wöchentlich im Wechsel Orgelkonzerte statt sowie sonntägliche Sonderkonzerte. Prospekte gibt es in der Tourismuszentrale Stralsund und in den Kirchen.

Stadtführungen: Öffentliche Stadtführungen werden von Mai bis Oktober tgl. um 11 und 14 Uhr angeboten sowie auf Anmeldung. Informationen und Buchung bei der Tourismuszentrale Stralsund unter Tel. 03831 24 69 70.

Der Süden und das Zentrum Rügens

Highlight!

Putbus – Rügens weiße Stadt: Herrschaftliche Gebäude mit Rosenstöcken geschmückt, weite Plätze und ein Park im englischen Stil. Ein wenig verlassen wirkt die von Fürst Wilhelm Malte zu Putbus großzügig geplante Residenzstadt, die abseits vom Touristenstrom liegt. Vielleicht gerade darum ist das klassizistische Ensemble in Weiß unbedingt eine Reise wert. S. 116

Auf Entdeckungstour

Romanische Fresken: Farbrausch in der Bergener St. Marienkirche: Die romanischen Fresken und die künstlerische Freiheit eines Restaurators, der um 1900 die Kirchenmalereien im alten Stil wieder herstellen wollte, machen den Besuch der Kirche zu einem Erlebnis. S. 132

Auf Robbenexpedition im Greifswalder Bodden: Mit Biologen dem größten deutschen Raubtier auf der Spur. Urlauber unterstützen bei der wöchentlichen Zählung der Kegelrobben die wissenschaftliche Erforschung der bedrohten Tierart. S. 140

Kultur & Sehenswertes

Uhren- und Musikgerätemuseum in Putbus: Zahlreiche historische Zeitmessgeräte und die Sammlung mechanischer Musikgeräte vermitteln einen Eindruck von längst vergangener Handwerkskunst. S. 117

Puppenmuseum in Putbus: Nichts für kleine Kinder ist das Puppenmuseum mit seinen Kuriositäten, die einen spannenden Einblick in die Kulturgeschichte der vergangenen 200 Jahre geben. S. 119

Aktiv & Kreativ

Waldwanderung in Lauterbach: Mit einer liebevoll gestalteten Broschüre auf den Spuren einer umweltgerechten Waldnutzung. Auf dem ›Pfad der Muße und Erkenntnis‹ durch die Goor steht besinnliches Landschaftserleben im Mittelpunkt. S. 124

Genießen & Atmosphäre

Rügener Inselfrische – die Wellnessmolkerei in Poseritz: Ein freundliches Café mit Direktverkauf von Joghurt, Frischkäse, Sanddorngelee und Holunderprodukten. S. 113

Schwimmende Ferienhäuser im Hafen von Lauterbach: Dichter am Wasser kann man nicht wohnen. S. 124

Gutshaus Kubbelkow: Herrschaftlich tafeln in einem kleinen, aber sehr feinen Hotel. S. 131

Abends & Nachts

Theater Putbus: Mit Konzerten, Operetten und Schauspiel bietet das Haus ein abwechslungsreiches Gastspiel-Programm. S. 117

Wapatiki – von Cocktail-Bingo bis After-Work-Club: Sympathische Lounge-Bar in Bergen mit wechselndem Programm. S. 139

Im Herzen der Insel

Wenn Stralsund das Tor zu Rügen ist, so ist Südrügen die Eingangshalle, die zum Sichumschauen verführt: Sanft gewellte Landschaft, Wiesen, Felder, einsame Gutshäuser und schläfrige kleine Dörfer laden zu dem einen oder anderen Abstecher am Rand der beiden Hauptverkehrsadern ein, die zu den Ferienorten am Ostseestrand und ins Inselinnere führen.

Infobox

Internet
Amt für das Biosphärenreservat Südost-Rügen: www.biosphaerenreservat-suedostruegen.de. ›Wanderung in die Umgebung von Putbus‹, ›Zu Fuß in die Zicker Berge‹, ›Granitzwanderung‹, Tel. 038303 88 50 oder 038303 885 11
Naturbund Zudar e.V.: www.naturbund-zudar-ruegen.de. Geführte Wanderungen und Radwanderungen zur Ur- und Frühgeschichte, Tel. 038304 556
Südrügen-Infos
www.ruegen-mv.de/ruegen_erleben/ruegen_regionen/suedruegen_und_zentralruegen
www.stadt-bergen-auf-ruegen.de
www.putbus.de

Anreise
Eine meist staufreie Alternative zur Anreise über Rügenbrücke und Rügendamm bietet die Autofähre zwischen Stahlbrode und Glewitz auf der Rügener Halbinsel Zudar. Von Ende April bis Anfang Sept. fährt sie tgl. von 6–21.40, bis Ende Okt. bis 20.10 Uhr im 20- bis 30-minütigen Pendelverkehr (Tel. 03828 805 13).

In der Mitte von Rügen liegt Bergen, das Einkaufs- und Verwaltungszentrum der Insel. Die beschauliche Kleinstadt liegt 90 m hoch am Rugard, Rügens sogenanntes Zentralmassiv. Steile Straßen und Gässchen führen hinauf zum von etlichen Cafés gesäumten Marktplatz, der für die kleine Stadt viel zu groß erscheint. Unbedingt sehenswert sind die Wandmalereien in der Marienkirche, Rügens ältestem Gotteshaus mit dem benachbarten Klostergelände.

Von Bergen ist es über die Landstraße oder mit dem Nahverkehrszug nicht weit bis Putbus. Keinesfalls versäumen sollte man einen Besuch in der weißen Stadt, ein Ensemble, das von Fürst Wilhelm Malte I. als eine der letzten klassizistischen Residenzstädte in Europa auf dem Reißbrett geplant wurde und inzwischen wieder in alter Pracht erstrahlt.

Entlang der Deutschen Alleenstraße

Eine beschauliche Alternative zur viel befahrenen B 96 nach Bergen ist Rügens alte Bäderstraße. Sie führt gleich nach der Rügenbrücke rechts ab, dem nördlichen Teil der Deutschen Alleenstraße, die Richtung Binz und in die östlichen Badeorte Richtung Putbus, Sellin und Göhren leitet. Ganz gemächlich auf romantischen Alleen geht es durch die Dörfer Gustow, Poseritz und Garz bis zur fürstlichen Residenzstadt Putbus. Alte Backsteinkirchen auf pittoresk baumbestandenen Hügeln mit sanft gewellten Wiesen und Feldern geben den Weilern ihr typisches Gesicht.

Gustow ▶ C 9

Die erste Siedlung am Weg ist das kleine Dorf Gustow mit seiner schlichten gotischen Backsteinkirche aus dem 13. Jh. Interessant sind die Fresken aus der Zeit um 1420, die 1935 bei Renovierungen entdeckt wurden, und die Schnitzgruppe »Anna Selbdritt« aus dem 15. Jh. Kontakt und Schlüssel erhält man über die Kirche in Poseritz. Nicht weit von Gustow liegt in einer abgelegenen Gegend die Prosnitzer Schanze aus der Schwedenzeit zur Überwachung des Strelasunds; auf dem Weg dahin liegt in Prosnitz der Gutshof Kajahn mit gemütlicher Kaffeeterrasse.

Übernachten

Familienurlaub – **Gutshof Kajahn:** Prosnitz Haus 1, Tel. 038307 401 50/60, www.gutshaus-kajahn.de, DZ mit Dusche/WC 66–90 €. Idyllisch gelegenes Gutshaus, familiär geführt. Zum Hotelbetrieb gehören 23 Gästezimmer, eine FeWo im Obergeschoss sowie ein Blockhaus.

Poseritz ▶ C 9

Marienkirche
Lindenstr. 1, Schlüssel 10–16 Uhr bei Familie Prophet im Nebenhaus in der Lindenstr. 19, Führungen über das Pfarramt Poseritz, Tel. 038307 201
Die Poseritzer Kirche wirkt groß für den kleinen Ort. Ursprünglich dreischiffig geplant, wurde sie von 1302–25 nur einschiffig gebaut. Turm und Chor kamen erst im 15. Jh. dazu. Zur Ausstattung gehören eine Rokoko-Kanzel von 1755 aus Stralsund, eine neugotische Orgel von 1850 und ein Triumphkreuz aus der Zeit um 1450.

Übernachten

Urlaub mit dem eigenen Pferd – **Gutshaus Luppath:** Luppath 2, Poseritz. Das Gutshaus bietet 2 FeWo,1 Haus sowie Gastboxen für Urlauber mit eigenem Pferd, Tel. 038307 417 21 oder 0171 320 21 33, www.gutshaus-luppath.de, FeWo für 2 Pers. 44–54 €/Tag, FeWo für 4 Pers. 64–74 €/Tag, Haus für 4 Pers. 79–94 €/Tag, Gastbox 9 €/Tag.

Essen & Trinken

Gemütlich und lecker – **Molkerei Naturprodukt GmbH:** Poseritz Hof 15, Tel. 038307 404 29, www.ruegener-inselfrische.de, Mo–Sa 10–18 Uhr. Milchladen mit Sanddorn- und Holunderprodukten. Sehr freundlich eingerichtetes Restaurant/Café (s. S. 30).

Aktiv & Kreativ

Reiterferien – **Reiterhof Groß Stubben:** Fam. Krimmling, Tel. 038307 262, www.reiterurlaub-auf-ruegen.de, Geländeritt für 45 Min.13,50 €.

Garz ▶ D 8

Die älteste Stadt Rügens ist ein Dorf geblieben – als erste Siedlung der Insel erhielt Garz 1319 das Stadtrecht. Zu dieser Zeit konnte der Ort schon auf eine jahrhundertealte Tradition zurückblicken: Vom 10.–12. Jh. war die slawische Burg Charenza, die auf einem eiszeitlichen Sandkegel errichtet wurde, ein regionales Zentrum. Später lief Bergen dem Ort den Rang ab, und Garz fiel in einen Dornröschenschlaf.

Die Stadt liegt an der Kreuzung zweier alter Verkehrswege: Ecke Lange Str./Lindenstr. Der eine, von der Glewit-

zer Fähre kommend, verbindet Garz mit Arkona über Bergen und Trent. Der zweite beginnt in Altefähr und führt über Garz und Putbus ins Mönchgut.

Der heutige Bestand an Garzer Stadthäusern stammt fast ausschließlich aus der Zeit nach dem großen Brand von 1765. In der Lindenstraße finden sich auch einige klassizistische Fassaden – wahrscheinlich durch Putbus inspiriert.

St. Petri Kirche

Kontakt Pastor Bernhard Giesecke, Tel. 038304 257, bis ca. 12 Uhr ist die Kirche geöffnet, Kirchenschlüssel im Pfarrhaus, Wendorfer Str. 17

Zur Kirche geht es bergan auf einer kleinen Allee mit prächtigen Linden. Begonnen wurde der Bau im 14. Jh., jedoch erst im 16. Jh. fertiggestellt. Ältestes Ausstattungsstück ist ein Taufstein aus dem 13. Jh., schön anzuschauen ist im Altarraum der große schwebende Taufengel aus dem 18. Jh.

Burgwall

Ein steiler Weg führt von dem kleinen Stadtpark auf den baumbestandenen Wall, der früher die Slawenburg umgab. Von der Burg und dem Ranen-Tempel ist nichts mehr zu sehen, doch der beeindruckende Wall hat jahrhundertelang die Fantasie der Rüganer beflügelt. Um den Ort ranken sich viele Sagen, in denen Zwerge eine wichtige Rolle spielen. Bewohnt wird der Wall den Geschichten nach unterirdisch von schwarzen Zwergen, die zwar viele Schätze horten, jedoch den Menschen nicht wohlgesonnen sind. Beschrieben werden sie als kleine, ungestalte Kerle mit einem übermäßig großen Kopf.

Gehuldigt haben die Ranen vor der Christianisierung in der Burg Charenza dem siebenköpfigen Kriegsgott Rugiavit, dem Wettergott Porevit und Porenut, dem Donnergott. Doch war die

Burg nicht nur Tempel, sondern auch Marktplatz und Versammlungsstätte. Die Befestigungen errichteten die Bewohner Rügens ab dem 8. Jh., damit sie sich in Kriegszeiten dorthin flüchten konnten. Weitere Siedlungszentren der Slawen waren die Burgen auf dem Rugard und am Kap Arkona. Hier befand sich das Haupttheiligtum: ein monumentales vierköpfiges Standbild von Svantevit, dem Gott des Friedens, der Fruchtbarkeit und des Überflusses.

Ernst-Moritz-Arndt-Museum

An den Anlagen 1, Tel. 038304 122 12, Mai–Okt. Di–Sa 10–16, Nov.–April 11–15 Uhr, Eintritt: 1,50 €

In Sichtweite zum Burgwall befindet sich das älteste Museum der Insel. Zu Ehren des berühmten Rüganers Ernst Moritz Arndt (s. a. S. 66) wurde es 1937 eingeweiht. Neben Exponaten zu Leben und Werk von Arndt sind einige archäologische Fundstücke zu sehen. Ausgestellt werden u. a. Erstausgaben seiner Werke und sein Universitätstalar. Auch über die Geschichte des Burgwalls ist hier einiges zu erfahren. Interessant ist die These, dass Garz ursprünglich am Wasser lag – am Ufer einer heute verlandeten Bucht, die weit ins Land hineinschnitt .

Geburtshaus Ernst Moritz Arndt

Dorfstr. 22, Groß Schoritz, Tel. 038304 126 66/515, www.ernst-moritz-arndt-gesellschaft.de, Mo–Fr 10–16 Uhr

Rügens berühmter und umstrittener Sohn wurde südlich von Garz geboren: in dem Gutshaus in Groß Schoritz, das sein Vater für den Fürsten zu Putbus bewirtschaftete. In dem herrschaftlichen Haus mit dem schönen Blick auf die Schoritzer Wiek und die Halbinsel Zudar hat die Ernst-Moritz-Arndt-Gesellschaft ihren Sitz. Sie gibt Publikationen zu Leben und Werk des streitbaren Historikers und politischen Pu-

blizisten heraus und verwaltet das Arndt-Archiv. Es gibt eine kleine Ausstellung und Bücher zum Thema.

Übernachten

Mit Genuss und Stil – **Gutshaus Krimvitz:** Dorfstr. 4, Krimvitz, Tel. 038301 64 12 64, www.krimvitz.de, DZ mit Frühstück 89–99 €. Kurz hinter Garz auf der Alleenstraße nach rechts auf dem holperigen Feldweg dem Schild nach Krimvitz folgen. Geschmackvoll eingerichtete Zimmer, einladendes Frühstücksbuffet mit leckerem selbstgemachten Müsli.

Tagungs- und Seminarhaus – **Gutshaus Ketelshagen**: Dorfstr. 4, Ketelshagen bei Putbus, Tel. 03830188300, www.ruegen-gutshaus.de, 11 FeWo für 1-6 Pers., 30–110 €, davon 7 im Gutshaus, die übrigen im komplett sanierten reetgedeckten Nebenhaus, Frühstück 9 €, in einem gemütlichen Raum mit Kachelofen. Über das Seminarangebot informiert die Homepage.

Essen & Trinken

Blick auf die Puddeminer Wiek – **Restaurant Luv:** im Hafen Puddemin, Tel. 038307 41 98 78, www.luv.port-puddemin.de, April–Okt. Di 11–22, Nov.–März Do–So 12–22 Uhr. Ganz in der Nähe des Ernst-Moritz-Arndt-Geburtshauses lädt die Restaurantterrasse mit Blick auf die Boddenlandschaft zum Rasten ein.

Aktiv & Kreativ

Am Ball – **Golfclub Rügen e. V.:** Dorfstr. 11 a, Karnitz, Tel. 038304 824 70, www. golfclub-ruegen.de, www.golfschuleruegen.de, www.golfzentrum-ruegen.

de, www.inselgolf-ruegen.de. Die Golfanlage am Schloss Karnitz, ca. 4 km nördlich von Garz, mit einem 18-Loch-Challenge-Course und einem 9-Loch-Public-Course ist ruhig gelegen. Es gibt Kurse in der angeschlossenen Golfschule, und wer sich schon immer mal auf dem Green ausprobieren wollte, bekommt hier bei einem 90-minütigen Schnupperkurs für 25 € die Gelegenheit dazu. Termine nach Anmeldung. Für Golfbegeisterte gibt es im Clubhaus 8 Ferienwohnungen.

Zu Pferde – **Reitanlage Tegelhof:** Sven C. Arlt, Sehlen, Tel. 03838 20 93 07, www.tegelhof-ruegen.de, ca. 8 km nördl. von Garz. Auf dem gepflegten Gelände gibt es neben Reitunterricht (20 €/45 Min.) auch FeWo zu mieten – und natürlich werden Ausritte und Kutschfahrten in die schöne Umgebung angeboten.

Abstecher zur Halbinsel Zudar ▶ D/E 9/10

Ruhe und Abgeschiedenheit gibt es reichlich auf Zudar, obwohl hier mit der Glewitzer Fähre neben der Rügenbrücke die einzige Verbindung von Rügen zum Festland existiert. Zudar ist im wahrsten Sinne des Wortes der südlichste Zipfel der Insel: Vom Geburtshaus Ernst Moritz Arndts in Groß Schoritz geht der Blick weit über die Felder tief zur Schoritzer Wiek und nach Zudar, nur ein schmaler Landstreifen verbindet die Halbinsel mit Rügen. Die Idylle zieht nicht nur Erholungssuchende an, sondern auch seltene Vogelarten, darunter Kormorane, die in dem geschützten Gebiet brüten.

In der Nähe zum Wasser steht im **Dorf Zudar** eine schöne alte **Backsteinkirche** aus dem 13./14. Jh. Aufgrund ihres wundertätigen Marienbildes war sie einst eine Wallfahrtskirche. Als je-

doch ein Schiff voller Wallfahrer während der Überfahrt im Strelasund sank, blieben auch die Pilger aus.

Losentitz

Von Zudar aus führt eine schöne Lindenallee Richtung Südwesten nach Losentitz. Das Örtchen in der Nähe der Glewitzer Fähre wurde im Jahre 1318 als Losentitze zum ersten Mal erwähnt.

Um 1800 ließ Moritz von Dyke auf seinem Anwesen einen 6 ha großen Landschaftspark anlegen: Der schwedische Generalmajor hatte auf seinen weiten Reisen über 100 zum Teil exotische Bäume und Sträucher gesammelt und eingeschifft. Bekannt war Moritz von Dyke seinerzeit nicht nur als Botaniker, sondern auch als ein Freund Ernst Moritz Arndts. Von Dyke schaffte als erster Großgrundbesitzer Rügens die Leibeigenschaft ab. Sein verwilderter **Park** ist heute wieder zugänglich. Von außen zu besichtigen ist das imposante Gutshaus der Familie von Dyke von 1892. Als Ferienunterkunft bzw. gewerblich genutzt sind die **Gutshäuser von Poppelvitz und Maltzien**.

Im Osten der Insel laden einige abgelegene Naturstrände zum Baden ein: Besonders schön ist der Strand von Zicker und der Strand am Gelben Ufer. Auch um den Palmer Ort gibt es eine kleine Badegelegenheit.

Übernachten

Am Gutspark – **Altes Gutshaus Losentitz:** Dorfstr. 11 a–f, Zudar, 6 FeWo, 3–5 Pers. 60–95 €, Vermittlung über Ilona Lindner, Tel. 030 30 34 34 38, www.rügenresidenz.de. Direkt am historischen Landschaftspark von Moritz von Dyke liegt das 1997 komplett renovierte Gutshaus aus dem 17. Jh. Die FeWo gehen jeweils über zwei Etagen und haben Terrasse und Zugang zum Garten.

Neues im Alten – **Herrenhaus Poppelvitz:** Poppelvitz 8, Zudar OT Poppelvitz, Petra Marbach-Oehme, Tel. 0383 04 62 98 06, www.natururlaub-ruegen. de. Die FeWo befinden sich in dem 2007 nach Originalvorlagen sanierten Herrenhaus von 1895 an der Schoritzer Wiek, 4 FeWo/2–4 Pers. 40–80 €. Den villenartigen Bau umgibt ein großes Grundstück mit Liegewiese, Grillplatz und Spielmöglichkeiten für Kinder.

Putbus! ▶ E 8

Auf der Deutschen Alleenstraße geht es weiter zur Residenzstadt Putbus. Wo eben noch Wiesen und Felder an die Straße heranreichten, erscheinen unvermittelt zur Linken frisch gestrichene Stadthäuser und zur Rechten ein Wildgehege mit weißen und getupften Damhirschen.

Die »weiße Stadt« ist eine Reise wert: Kleine, persönlich geführte Museen und ein entzückendes Theater machen Putbus zu Rügens Kulturstadt. Weitläufige Plätze, renovierte Palais und der wunderschöne Schlosspark im englischen Stil geben einen Eindruck vom Gestaltungswillen Wilhelm Maltes I., Fürst zu Putbus, der Anfang des 19. Jh. das klassizistische Ensemble anlegen ließ.

Den Barockgarten verwandelte er ab 1804 nach und nach in einen Landschaftspark im englischen Stil. Dazu kamen verschiedene Gebäude. Der Park reicht bis an die aus Garz kommende Alleestraße heran, dahinter entstand die Bürgerstadt, in der Fürst Malte Handwerker und Arbeitskräfte für seine neue Stadt ansiedeln wollte. Großzügig angelegt wirken Straßen und Plätze selbst zur Hochsaison seltsam leer. Denn Putbus hat sich nie zu einem pulsierenden Zentrum entwickelt, es gibt keine belebten Gässchen

Erst flanieren, dann applaudieren: vom Schlosspark zum eleganten Theater in Putbus

und nur wenige Geschäfte und Cafés. Dafür erwartet die Besucher jede Menge Platz, sorgsam geplante Sichtachsen und die Gewissheit, die steingewordene Vision des engagierten Fürsten unverfälscht zu erleben. Das strahlende Weiß der klassizistischen Fassaden brachte Putbus den Namen Weiße Stadt ein, ebenso gilt sie als Rügens Rosenstadt: Vor den eleganten Stadthäusern blühen seit einiger Zeit wieder wie einst die Rosenstöcke. Dominiert wird das Städtchen von zwei großzügig angelegten Plätzen, rechteckig der eine und rund der andere – beide fast zu groß im Vergleich zu den locker angeordneten Stadthäusern.

Uhren- und Musikgerätemuseum 1

Alleestr. 13, Tel. 038301 609 88, www.uhrenmuseum-putbus.de, Mai–Okt. 10–18 , sonst 11–16 Uhr, Erw. 4 €, Kinder 2 €

Alte Uhren und seltsam anmutende mechanische Musikgeräte sind die Lei-

denschaft: der Familie Sklorz. Insgesamt beherbergt das Museum rund 1000 verschiedene Zeitmessgeräte von der Gotik bis in die 1960er-Jahre.

In dem klassizistischen Gebäude eröffnete 1816 das erste Seewasser-Warmbad, mit dem in Putbus nach Heiligendamm auf dem Festland das erste Seebad auf Rügen eröffnet wurde.

Marktplatz 2

Ebenfalls direkt an der Alleestraße liegt der weitläufige rechteckige Marktplatz, der auf der anderen Seite vom Rathaus begrenzt wird. 1823 erhielt der Ort das Stadtrecht für Handel und Gewerbe, schon zwei Jahre später entstand der Marktplatz in seiner heutigen Gestalt.

Theater 3

Markt 13, Tel. 038301 80 80, www.theater-putbus.de, Mitte Jan. bis Mitte Feb. geschlossen, kostenlose Führungen (ca. 45 Min.) des Fördervereins mehrmals in der Woche,

Putbus

Sehenswert
1 Uhren- und Musikgerätemuseum
2 Marktplatz
3 Theater
4 Orangerie
5 Schlosspark mit Schlosskirche
6 Marstall
7 Puppenmuseum
8 Circus

Übernachten
1 Hotel Koos
2 De witten Hüs

Essen & Trinken
1 Rosenhof zu Putbus
2 Museumscafé am Schwanensee
3 Jägerhütte
4 Park Café

Einkaufen
1 Anders Keramik
2 Das Wort Antiquariat

Aktiv & Kreativ
1 Galerie des Landkreises Rügen
2 Die Pirateninsel

Abends & Nachts
1 Café Central

aktuelle Termine auf der Homepage des Theaters

Direkt am Markt, mit der prächtigen Fassade zur Alleestraße hin, liegt seit 1819 das schöne Theater von Putbus. Die vier mächtigen Säulen vor dem Eingang zur Straße tragen einen Portikus, unter dem ein Fries Apoll mit seinen Musen zeigt. Tatkräftig unterstützt vom Förderverein Theater Putbus e. V. wurde das Theater 1992–98 prächtig renoviert und präsentiert sich wieder in hellen sommerlichen Farben wie zu Fürst Maltes Zeiten.

Orangerie 4

In der Orangerie befinden sich die Touristeninformation, Ausstellungsräume, ein Café und Kunsthandwerksexponate. Sie ist eines der erhaltenen, zum Schloss gehörenden Gebäude, wie die Schlosskirche und der Marstall mit alter Schmiede. Das Schloss befand sich nicht weit entfernt von der Orangerie am schmalen Ende des Schwanenteichs. Heute noch zu sehen sind die Terrassenanlagen der fürstlichen Residenz, die, ursprünglich barock, um 1830 klassizistisch umgestaltet wurde.

Schlosspark mit Schlosskirche 5 und Marstall 6

Kein Besuch in Putbus ohne einen Spaziergang durch den 75 ha großen Schlosspark. Von 1804 bis 1830 wurde der ursprüngliche Barockgarten in einen englischen Landschaftspark mit einem See und weiten Rasenflächen umgewandelt. Viele seltene Bäume sind hier zu finden, die zum Teil 40 Jahre lang in der Orangerie gehegt wurden, bis sie sich an die hiesigen Klimaverhältnisse gewöhnt hatten. So gibt es Exoten wie den Mammut- und den Ginkgobaum zu bewundern. Neben den botanischen Besonderheiten stehen hier auch noch einige Gebäude aus fürstlichen Zeiten, darunter die

Kirche, die ursprünglich als Kursaal errichtet und in dieser Funktion von 1846 bis 1891 als Tanz-, Speise- und Spielsalon genutzt wurde. Der Marstall wird heute gelegentlich für Konzerte und Veranstaltungen genutzt, und in der alten Schmiede daneben informiert eine Ausstellung von Mai bis Oktober tgl. 11–17 Uhr über den Abriss des Schlosses im Jahr 1962.

Puppenmuseum 7

Kastanienallee, im ehemaligen Affenhaus, Tel. 038301 609 59, Juni–Aug. 10–20, sonst 10–16 Uhr, Erw. 3,50 €, Gruppenführung nach Anmeldung, Führung empfehlenswert

Ebenfalls im Schlosspark befindet sich im ehemaligen Affenhaus das Rügener Puppen- und Spielzeugmuseum. Karin Ernst zeigt seit 1994 über 400 Puppen, 35 Puppenstuben, Teddys, Spielzeug und kulturhistorische Kuriositäten aus zwei Jahrhunderten. Eine Attraktion sind die historischen Puppen-Riesenräder mit Musik, die sich in Bewegung setzen, sobald sie mit den passenden Geldstücken gestartet werden. Nicht unbedingt für kleine Kinder geeignet, aber umso mehr für Kinder ab 10 Jahren und Erwachsene. So waren Puppen bis ca. um 1900 gar nicht unbedingt als Kinderspielzeug gedacht, sondern als Modepüppchen, die in den Dessous-Koffern der Pariser Modehäuser auf Reisen gingen, um den Damen der Gesellschaft die neuesten Stoffe und Schnitte vorzuführen. Zu sehen sind auch viele Kuriositäten, u. a. eine Puppenguillotine von 1790 und als frühviktorianisches Genrestück das Sterbezimmer eines Geistlichen.

Circus 8

Der eindrucksvollste Platz in Putbus ist der Circus. Kreisrund angelegt mit 16 klassizistischen Gebäuden manifestiert sich hier Fürst Maltes Vorstellung einer

Die eleganten Stadthäuser am Circus von Putbus sind schon von Weitem zu sehen

eleganten und großzügig angelegten Residenz, mit dem Ergebnis, dass der Ort trotz Besuchern immer etwas einsam und verloren wirkt. Der Obelisk in der Mitte des Platzes erinnert an die Gründung von Putbus. Das größte Gebäude des Ensembles an der Ecke zur Alleestraße ist das frühere Pädagogium, das erste Gymnasium der Insel, heute ein IT College zu Studien- und Bildungszwecken.

Übernachten

Zentral – **Hotel Koos 1**: Bahnhofstr. 9, Tel. 038301 278, www.hotel-auf-ruegen.de, DZ 50–75 €, 28 Zimmer mit Dusche/WC. Zum weißen Hotel im Bäder-

stil gehört das Restaurant Pommernstübchen mit Kegelbahn.

Entspannt im Grünen – **De witten Hüs 2**: Barbara Lüth, Berger Str. 3 a, Tel. 038301 81 50, www.dewittenhues.de, 1-Zi-App./2 Pers. 35–63 €, 2-Zi-App./2 Pers. 40–83 €, 3-Zi-App./4 Pers. 55–105 €, jeweils zzgl. Endreinigungspauschale von 30–40 €, Frühstück 9,50 €/Pers. Die familiär geführte kleine Appartement-Anlage lässt keine Wünsche offen. Die großzügig geschnittenen Räume liegen ruhig, sind komplett ausgestattet mit Küchenzeile, Fernseher etc. Für einen Urlaub mit Kindern können auch Hochstühle bereitgestellt werden. Extraservice wie Brötchen und Zeitung an die Tür werden gern erfüllt. Außerdem gibt es im Haupthaus einen

Im Schlosspark – **Museumscafé am Schwanensee** **2**: Kastanienallee, Tel. 038301 609 59, Juni–Aug. 10–20 je nach Betrieb, sonst 10–16 Uhr. Dem Puppenmuseum angeschlossen ist ein entzückendes kleines Bistro mit einer originalen Musikbox Rock-Ola von 1958. Neben Kaffee und selbstgebackenem Kuchen gibt es auch kleine Gerichte wie Pfefferhering oder Häckerle, ein schlesisches Gericht mit gehacktem Matjes, Zwiebeln und Äpfeln: 5,90 €. Von der Terrasse am See aus hat man einen schönen Blick auf den Schlosspark.

Rustikal – **Jägerhütte** **3**: Alleestr. 33, Tel. 038301 510, www.jaegerhuette. de, im Sommer Mo–So 11–22 Uhr, im Winterhalbjahr verkürzte Öffnungszeiten. Das Restaurant mit Sommergarten liegt versteckt im hinteren Teil des Schlossparks hinter dem Wildgehege. Das ausgewiesene Wildlokal serviert Gerichte von Wildschwein, Reh und Hirsch für 12–15,50 €. Auch Fisch und Schwein finden ihren Weg auf den Teller. Für Kinder gibt es einen kleinen Spielplatz unter Bäumen und eine Voliere.

Für den kleinen Hunger – **Park Café** **4**: Alleestr. 8, Mo–Sa 6.30–18, So 6.30–10.30 und 13.30–18, an Theatertagen bis 19.30 Uhr.

Frühstücksraum mit Buffet, eine Sauna und einen Fitnessraum.

Essen & Trinken

Pizza am Zug – **Rosenhof zu Putbus** **1**: Bahnhofstr. 13, Tel. 038301 67 94 28, www.rosenhof-ruegen.de, Mitte Mai–Okt. Mo–So 11–20 Uhr oder länger, von Okt. bis Ostern geschlossen. Das liebevoll eingerichtete Restaurant und Café serviert eine hervorragende Pizza (5,30–8,50 €) sowie Kuchen und Kaffeespezialitäten. Etwas versteckt ganz hinten am Bahnhof gelegen, kann man bei schönem Wetter von den Tischen im Hof direkt auf den vorbeifahrenden Rasenden Roland schauen.

Einkaufen

Porzellan mediterran – **Anders Keramik** **1**: Alleestr. 35, Tel. 038307 402 38, Di–Sa 11–17, im Sommer bis 18 Uhr. Im rechten Torhaus vor der Orangerie entstehen Krüge, Tassen und Teller mit mediterranen Zitronen- und Orangenmotiven, es gibt auch Filzarbeiten und andere Kleinigkeiten zu kaufen.

Alte Schmöker – **Das Wort Antiquariat** **2**: Alleestr. 9, Tel 038301 89 83 23, Di–Sa 11–17 Uhr, Bücher und mehr.

Aktiv & Kreativ

Führungen – **Putbus und Park**: April–
Okt., Di, Mi und Do, Treffpunkt 11 Uhr
auf dem Vorplatz der Orangerie, 6 €,
Kinder bis 14 Jahre frei. Karten und Information in der Putbus-Information.
Boule – **Orangerie-Platz** **4**: Ausleihe
von Kugeln gegen Pfand über die Putbus-Information.
Kunst – **Galerie des Landkreises Rügen**
1: Orangerie, Alleestr. 35, Tel. 038301
431, www.kunstorte-mv.de oder www.
kunstvereinruegen.de, Mai–Sept. Di–
So 11–18, Okt.–April Di–So 11–17 Uhr.
Zum Toben – **Die Pirateninsel** **2**: Hallenspielplatz Putbus, Lauterbacher Str.
10, Tel. 038301 89 83 66, www.piraten
insel-ruegen.de, Mo–Fr 13–19, Sa, So
10–19, Feier- und Ferientag (in MV) 10–
19 Uhr, Erw. 3,50, Kinder 6,10 €. Rügens größter Hallenspielplatz für Kinder zum Toben, Klettern und Hüpfen
mit einem Wabbelberg, Elektrokarts
und Trampolinspringen. Im Haus-Kopf-
Über ist ein Haus auf den Kopf gestellt.
Ebenfalls interessant: Gleich nebenan,
im Museum Putbus, werden physikali-
sche Phänomene verständlich und in-
teraktiv erklärt.

Abends & Nachts

Sehenswert – **Theater Putbus** **3**: Markt
13, Theaterkasse Di–Fr 10–13, 16–18
Uhr, Tel. 038301 80 83 30, Kartenvorverkauf: Tel. 03831 264 66, www.thea
ter-putbus.de, 8–35 €. Das Theater ist
ein Gastspieltheater und gehört mit
Greifswald und Stralsund zur Theater
Vorpommern GmbH. Das Programm
bietet Schauspiel, Kabarett, Musik und
Opernveranstaltungen. Mit der Thea-
terkarte können Besucher am jeweiligen Veranstaltungstag alle fahrplan-
mäßigen Busse des RPNV ab 14 Uhr
kostenlos nutzen.

Nachtcafé – **Café Central** **1**: Alleestr.
9, Tel. 038301 881 22, www.cafe-cen
tral-putbus.de, April–Okt. Di–Sa 9–23,
So 9–18, Okt.–März 11.30–15, 18–21
Uhr. Hier gibt es Bier vom Fass, Cocktails und kleine Gerichte wie Scampi
und Salate.

Infos & Termine

Putbus-Information: Orangerie, Alleestr. 35, Tel. 038301 431, www.putbus.
de, Mai–Okt. tgl. 10–17, Nov.–April Di–
Sa 10–17 Uhr. Uhr. Kartenvorverkauf,
RPNV-Info.
Rügen-Besucher-Service: Alleestr. 7,
Tel. 038301 605 13, www.ruegen-besu
cher-service.de, Mo–Fr 9–18, Sa 10–14
Uhr, Zimmervermittlung, Reisebeglei-
tung und Programmgestaltung.
Putbus Festspiele: veranstaltet vom
Förderverein Theater Putbus finden
die Festspiele jährlich zwischen Himmelfahrt und Pfingsten statt. Program-
minfos und Tickets: www.putbus-fest
spiele.de.

Um Putbus herum

Nicht nur Putbus selbst als architektur-
geschichtliches Kleinod, auch um Putbus herum gibt es viel Schönes zu entdecken: intakte Natur, Boddenlandschaft und beschauliche Dörfer, in
denen die Uhren langsamer gehen.

Besonders Lauterbach ist mit seinem
kleinen Hafen einen Ausflug wert und
das Badehaus Goor mit seiner imposanten Säulenfassade. Das Luxushotel
liegt direkt an der Goor, einem ausgedehnten Waldstück mit Uferweg, großen Eichen, Mooren und Hügelgräbern. Abgelegene Naturstrände und
schwimmende Feriendomizile auf dem
Wasser machen hier Lust auf einen entspannten Badeurlaub.

Die schwimmenden Ferienhäuser in der Marina von Lauterbach:
ohne Umwege vom Bett ins kühle Nass

Lauterbach ►F 8

Seinen ersten großen Aufschwung erlebte der kleine Hafenort im Jahr 1818 mit der Eröffnung des Friedrich-Wilhelm-Bades. Fürst Wilhelm Malte ließ das Badehaus Goor am Greifswalder Bodden für adelige Badebegeisterte errichten, die hier nach einem damals neuen Trend ihre Sommerfrische am Wasser verbrachten. Doch die sogenannte gute Gesellschaft zog es bald vom ruhigen Boddenufer an die offene See nach Binz.

Wilhelm Maltes Plan für Putbus ging nicht auf: Eine schnurgerade Lindenallee verband die fürstliche Residenz mit dem ehemaligen Fischerörtchen am 3 km entfernten Bodden. Ein besonderes Erlebnis ist die Anreise nach Lauterbach mit der Dampflok: Der Rasende Roland fährt über die Hafenmole direkt bis ans Wasser. Von hier ist es nicht weit zu den Terrassen der Restaurants mit malerischem Blick auf das Hafenbecken mit Kuttern und Fährschiffen. Auf der anderen Seite der Mole etwas versteckt hinter den Bahngleisen liegt die großzügige Marina und Ferienhausanlage im-jaich mit ihren Yachten und schwimmenden Häusern. Von hier ist es ein Katzensprung zur Goor, dem Wäldchen, das dem Badehaus in der Goor für die adeligen Gäste des Fürsten zu Putbus seinen Namen gab. Heute beleben mehrere Hotels, zwei Segelschulen und eine Handvoll Restaurants im Sommer den etwas verschlafenen Hafen Lauterbachs, der immerhin Rügens erste Adresse für Wassersportfreunde ist und mit etwa 200 Liegeplätzen von Fischern, Freizeitseglern und Kreuzfahrtschiffen genutzt wird.

Von Lauterbach Richtung Neuendorf führt eine idyllische Uferstraße, an der Dorfstraße gibt es eine ganze Reihe von Ferienhäusern und Ferienwohnungen nahe am Wasser mit einem exzellenten Blick auf die Insel Vilm und den Rügischen Bodden.

Unser Tipp

Pfad der Muße und Erkenntnis

Auf 19 Stationen vorbei an imposanten Bäumen, Mooren und Hügelgräbern führt der Pfad der Muße und Erkenntnis anhand einer Begleitbroschüre durch den Wald. Die Goor, ein Waldgebiet im Biosphärenreservat Südost-Rügen, steht seit 1990 unter Naturschutz und wird von der Michael Succow-Stiftung seit 2003 langsam in einen naturbelassenen Zustand zurückgeführt. Unter dem Motto Erhalten und Haushalten steht auf dem insgesamt 4,2 km langen Weg durch das Gebiet besinnliches Naturerleben im Mittelpunkt. Die Broschüre vermittelt auf leicht verständliche, anschauliche Weise Informationen über das Ökosystem Wald. Bilder, Zitate und Gedichte regen zu einer vielseitigen Beschäftigung mit dem Thema Wald an.

Es gibt keine Informationstafeln auf dem Weg, nur Findlinge mit Nummern, die auf die Stationen in der Begleitbroschüre verweisen. Sie kostet 5 € und ist u. a. erhältlich im Badehaus Goor, wo der Pfad beginnt, sowie bei der Reederei Lenz im Hafen von Lauterbach und in Putbus bei der Putbus-Information. Darüber hinaus bietet Steffi Deickert, Landschaftsökologin und Initiatorin des Pfades, nach Anmeldung eine geführte Wanderung von 3 Std. an. Ab 5 Personen, pro Person 15 €, Tel. 0162 107 53 74 oder www.natur-beruehrt.de.

Eine kostenlose Alternative offeriert das Amt für das Biosphärenreservat Südost-Rügen von Mai–Okt. an jedem Do um 10.15 Uhr mit einer geführten Wanderung durch die Goor. Dauer: 3,5 Std., Treffpunkt Fischladen am Parkplatz Hafen Lauterbach, Tel. 038303 88 50.

Ein schöner Abschluss ist eine Kaffeepause entweder im Badehaus Goor oder im Restaurant Kormoran am Yachthafen.

Übernachten

Klassizismus und Moderne – **Hotel Badehaus Goor**: Fürst-Malte-Allee 1, Tel. 038301 882 60, www.hotel-badehaus-goor.de, DZ Classic 90–138 €, DZ mit Seeblick und Juniorsuiten 114–162 €. Nach Jahren des Verfalls wurde das Traditionshaus im Jahr 2007 als Teil der Raulff-Hotel-Gruppe neu eröffnet. Neben dem historischen Gebäude gibt es zwei moderne Anbauten, die sich zum Bodden hin öffnen. Alt und Neu verbindet sich auch im großen in Rosa und Hellblau gehaltenen Speisesaal zu einem Mix aus traditionellen und zeit-genössischen Elementen. Ein Wellnessbereich mit Schwimmbad lädt auf 600 m^2 zum Erholen ein. Es gibt verschiedenste Anwendungen, Entspannungsbäder in Kupferwannen sowie Gesichtsbehandlungen und Massagen.

Mehr Wasser geht nicht – **Wasserferienwelt im-jaich**: Am Yachthafen 1, Tel. 038301 80 90, www.im-jaich.de. Als besonderes Highlight hat die Anlage mit 20 Appartements am Boddenufer direkt mit Blick auf die Marina noch zusätzlich 12 schwimmende Ferienhäuser, das kleine schwimmende Haus für 2–4 Pers. kostet 69–135 €, das große schwimmende Haus für 6 Pers. 85–

159 €. Appartements an Land gibt es von 1–3 Zimmern für bis zu 6 Personen von 35–129 €. Eine Sauna, Wellnessanwendungen, Kinderbetreuung, Yachtencharter und eine Segelschule runden das Programm ab.

Gut essen und schlafen – **Hotel Lauterbach am See:** Dorfstr. 14, Tel. 038301 88 99 70, www.hotel-lauterbach.com, DZ 60–83 €, etwas außerhalb an der Straße nach Neuendorf gelegen. Das kleine Hotel mit 17 Zimmern und seiner engagierten Küchencrew im Restaurant The Four Seasons hält zum Verwöhnen seiner Gäste Senseo-Kaffeemaschinen in den Zimmern bereit. 3-Gänge-Überraschungsmenü 25 €.

Essen & Trinken

Für Fischfreunde – **Restaurant und Hotel am Bodden:** Chausseestr. 10, Tel. 038301 80 00, www.hotel-am-bodden.de, DZ 56–72 €, Mo–So ab 11 Uhr. Das Hotel mit 36 Zimmern wird seit 2007 von der Familie Küster geführt und ist unter Einheimischen besonders wegen seiner Fischgerichte beliebt; Spezialitäten: Boddenpfanne und Fischsuppe.

Mit Hafenblick – **Pantry:** Chausseestr. 7 c, Tel. 038301 88 27 89, www.goor.de. Auf der Terrasse des modern und ansprechend eingerichteten Restaurants der Goor GmbH kann man mit Blick auf den Hafen den Abend ausklingen lassen, es gibt bodenständige Gerichte wie Bauernfrühstück (6,90 €) und Eisbeinsülze (8,50 €). Zum Restaurant gehört das Hotel Goor, mit Sauna im Haus, DZ 76–100 €, 17 der 20 Zimmer haben Seeblick.

Am Yachthafen – **Restauration Kormoran:** Am Yachthafen 1, Tel. 038301 809 20, in der Saison tgl. ab 12 Uhr, das Café und Restaurant gehört zur Wasserferienwelt im jaich, bietet saison-

orientierte Küche und leckere Kuchen sowie einen schönen Blick aufs Wasser.

Lecker Fischimbiss – **Räucherschiff Berta:** Hafen von Lauterbach, 038301 621 14, Ostern bis Oktober ab 11 Uhr, Fischbrötchen, Marinaden, Räucherfisch.

Einkaufen

Frischfisch – Fischereigenossenschaft Insel: direkt am Hafen, Mo–Fr 8–18, Sa 8–12 Uhr. Fangfrischer Fisch, Marinaden, Räucherfisch, Konserven, Fischimbiss.

Aktiv & Kreativ

Exkursion – **Insel Vilm:** Die Barkasse Julchen startet im Hafen von Lauterbach, nur nach Voranmeldung, Tel. 038301 618 96, www.vilmexkursion.de, Erw. 16 €, Kinder (4–12 J.) 9 €. Dauer: 2,5–3 Std. Einziger Anbieter von Vilm-Exkursionen, deswegen gerade im Sommer rechtzeitig reservieren, vielleicht schon von zu Hause aus.

Segelschule und Motorbootverleih – **Segelschule Rügen im jaich:** Am Yachthafen 1, Tel. 038301 80 90, www.im-jaich.de. Kindersegelkurs, Segelgrundkurs, aber auch amtliche Sportbootführerscheine, Segelbootcharter und Motor- und Angelbootverleih bietet die Segelschule. Außerdem Motorbootverleih führerscheinfrei, 5 PS für max. 4 Pers. pro Boot, 65 €/Tag, 39 €/halber Tag.

Segelschule – **Goor GmbH:** Chausseestr. 7 c, Tel. 038301 88 27 80, www.goor.de, die Segelschule Goor hat ebenfalls ein breit gefächertes Angebot, vom Segelgrundkurs, Jollen- und Kindersegeln über Funkkurse zu Ausbildungs- und Urlaubstörns sowie Skippertraining.

Boddenkreuzfahrt – **MS Sundevit:** ab Lauterbach, www.ms-sundevit.de. Das

Lieblingsort

Naturstrand pur ▶ E 8
Große Steine schauen aus dem fla-
chen Wasser heraus, Schwäne und
Enten schwimmen an ihnen vor-
bei, und über dem schmalen
Strand breiten Bäume ihre Zweige
aus. An dem etwas abseits gelege-
nen **Naturstrand Wreechen** am
Rügischen Bodden gibt es keine
Strandbars, aber auch keine Hek-
tik: eine ruhige und entspannte
Alternative zum Seebadtrubel in
Binz und Sellin.

große Schiff kann bis zu 200 Personen sowie bis zu 80 Fahrräder befördern und fährt ab/bis Lauterbach und Vilm, Erw. 14 €, Kinder 8 €. Mit dem Kombiticket ›Wasser und Dampf‹ geht es per Schiff nach Baabe und mit dem Rasenden Roland wieder zurück, Erw. 16 €.

Wreechen, Neukamp, Altkamp ▶ E 8

Von Putbus aus führt eine Straße ins idyllische Dorf **Wreechen**. Reetgedeckte Häuser, ein wunderschöner Naturstrand (s. S. 126) und der schilfumstandene Wreechensee machen den Ort zu einem schönen Plätzchen. Die schmale Brücke zwischen See und Bodden verbindet Wreechen mit dem benachbarten **Neukamp**. Kleine Natur- und Pferdefreunde finden etwas abseits der Deutschen Alleenstraße von Garz aus kurz vor Kasnevitz rechts ab Richtung Bodden in **Altkamp** genau das Richtige.

Kunstort Alte Wassermühle

Kastanienallee 2, Wreechen, Tel. 038301 61516, www.kunstort.net, Mi–So 10–17 Uhr
Ein kleiner Skulpturenpark, die Werkstatt und die Galerie von Metallkünstler Bernard Misgajski, der hier seine und die Werke befreundeter Kollegen ausstellt, machen die Wreecher Mühle zum beliebten Ausflugsziel für Kunstliebhaber.

Übernachten, Essen

Luxus unter Reet – **Wreecher Hof:** Kastanienallee 1, Wreechen, Tel. 038301 850, www.wreecher-hof.de, Standard-DZ 79–119 €, Landhaus-Zimmer mit Terrasse 129–209 €, FeWo für 2 Pers. 83–124 €, FeWo für 5 Pers. 110–225 €.

Zur exklusiven Anlage in wunderschöner Landschaft mit sieben reetgedeckten Häusern, Wellnessbereich und Pool gehört das Restaurant Koxorange, ab 18 Uhr wird dort z. B. Krabbenmousse mit Spargel oder Ruppiner Weidelamm mit Waldpilzen serviert, Markt-Menü des Tages ca. 28 €. Für eine kleine Stippvisite bietet sich der Nachmittag an, dann gibt es im Wintergarten und auf der Terrasse Kaffee und Kuchen.

Auf Tauchstation mit Jules Verne – **Nautilus Hotel und Erlebnisrestaurant:** Dorfstr. 17, Neukamp, Tel. 038301 830, www.ruegen-nautilus.de, 12 DZ, 6 EZ, DZ 79–97 €, bei Buchung von mehreren Übernachtungen billiger. Restaurant tgl. ab 11.30 Uhr. Mit viel Liebe zum Detail wurde das Restaurant dem Unterseeboot von Kapitän Nemo aus Jules Vernes Klassiker »20 000 Meilen unter dem Meer« nachempfunden. Es gibt Salate, Eisbein, Nackensteak, Pfeffermatjes, Zanderfilet und vieles mehr.
Schlafen im Heu – **Heu-Ferienhof Altkamp:** Dorfstr. 1, Altkamp, Tel. 038301 88 99 12, www.heuferienhof-ruegen. de. 30 Heuschlafplätze, Erw. 13,80 €, Kinder bis 12 Jahre 10,20 € (mit eigenem Schlafsack oder Schlafsackausleihe 2,50 €) und 7 FeWo für Familien, Jugendgruppen etc., Frühstück Erw. 8 €, Kinder bis 12 Jahre 5,50 €.

Aktiv & Kreativ

Kinderreitferien – **Pferdehof Altkamp:** Altkamp, Tel. 038301 61730, www. pferdehof-altkamp.de, Reitunterricht (50 Min.) 18 €, für Kinder: Tagesbetreuung Reiten (inkl. Mittagessen) 30 €. Der Hof ist ein landwirtschaftlicher Familienbetrieb mit einer Pferdezucht des Mecklenburger Warm- und Kaltbluts und vielen anderen Tieren. Außerdem gibt es 4 FeWo, für 2–4 Pers. 50–70 € pro Tag.

Vilmnitz ▶F 8

Ganz in der Nähe von Putbus, im nur 2 km entfernten Dörfchen Vilmnitz, fand der umtriebige Fürst Wilhelm Malte seine letzte Ruhe. Unter dem Chorraum der um die Mitte des 13. Jh. erbauten **Pfarrkirche Maria Magdalena** befindet sich die Gruft der Familie zu Putbus, die allerdings nicht öffentlich zugänglich ist. Noch heute stehen hier 27 zum Teil reich verzierte Särge aus den Jahren 1637 bis 1856. Seit 1351 gilt die Kirche als Begräbnisstätte der Familie.

Bekannt ist, dass im Jahr 1253 Stoislaw von Vilmnitz eine Tochter von Nikolaus zu Putbus heiratete. Wahrscheinlich hatte der kleine Ort damals eine weit größere Bedeutung. So ließ etwa Fürst Jaromar II. 1260 hier Urkunden ausfertigen.

Übernachten, Essen

Vilmnitzs erste Adresse – **Landhotel Ulmenhof:** Chausseestr. 5, Vilmnitz, Tel. 038301 882 80, www.landhotel-ulmenhof.de, DZ 65–130 €, mit Frühstücksbuffet. Modernes Hotel mit großzügig geschnittenen Zimmern. Zum Hotel gehört das Restaurant Vilmnitzer Stuben mit regionaler Küche, tgl. 12–14.30 und 18–22 Uhr.

Auf der B 96 nach Bergen

Die schnellste Strecke von Stralsund zu den Kaiserbädern führt über die B 96 nach Bergen. Doch wer sich hier beeilt und nur das Ziel vor Augen hat, verpasst die eine oder andere Entdeckung am Wegesrand. Den schönsten Blick auf Stralsund hat man direkt hinter der Rügenbrücke von Altefähr aus, bei Rambin lohnt sich ein Abstecher zum Hotel und Restaurant Die Insel auf Rügen sowie zur Töpferei von Peter Dolacinski in Götemitz. Auch das Gutshaus Klein Kubbelkow liegt auf der Strecke: Kurz vor der Inselhauptstadt Bergen hat hier die Familie Diembeck mit ihrem Hotel und Restaurant eine wunderschöne Oase der Ruhe und des guten Geschmacks geschaffen – und das gleich in mehrfacher Hinsicht, denn der Chef kocht hier selbst.

Altefähr ▶B 8

Wie der Name schon sagt, bis zum Bau des Rügendamms 1936 war Altefähr seit Jahrhunderten der Fährhafen für die Verbindung von Stralsund nach Rügen. Auch ohne seine ursprüngliche Funktion geht es im Hafen von Altefähr lebendig und betriebsam zu, die Cafés und Buden am Wasser sind bei Sommerwetter gut besucht, nicht zuletzt durch die Stralsunder, die bei schönem Wetter für einen kleinen Ausflug mit der Personenfähre übersetzen. Weiße Gründerzeitvillen und die ehrwürdige Backsteinkirche erinnern an alte Zeiten, aber dominiert wird der Ort von den Jugendlichen, die am Hafen die vielfältigen Angebote des Wassersportzentrums nutzen.

Sehenswert ist Altefährs Backsteinkirche **St. Nikolai** aus dem 15. Jh. mit ihrer rot leuchtenden Kirchturmspitze, die schon vom Rügendamm aus zu sehen ist. Ganz ungewöhnlich zeigt sich die Kirchturmuhr: nicht wie gewöhnlich in der Mitte der jeweiligen Turmseiten, sondern übereck berühren sich die Zifferblätter der Uhren. Der Barockaltar wurde 1746 in Stralsund gefertigt. Darüber hinaus gibt es hier vier Schiffsmodelle zu sehen, darunter den Raddampfer Altefähr I.

Übernachten

Stralsund im Blick – **Hotel Sundblick:**
Am Fährberg 8 b, Tel. 038306 71 30,
www.hotel-sundblick.de, DZ 65–85 €,
mit Frühstück, Dusche/WC, Minibar, TV.
Kleine Sauna. Blick nach Stralsund und
den Strelasund von der Dachterrasse.

Jugendgästehaus – **Haus am Sund:** Tel.
038306 232 53, www.haus-am-sund.de,
bei freien Kapazitäten bietet das Was-
sersportzentrum auch Einzelgästen Lo-
gis. 2-, 4- und 6-Bettzimmer 21 € pro
Pers. Für Selbstversorger steht eine Küche mit Geschirr, Herd, Mikrowelle,
Kühlschränken und Kaffeemaschine
zur Verfügung; Waschmaschine und
Trockner gegen Gebühr.

Essen & Trinken

Super Sundblick – **Café Inselbar:** Fähranleger, Tel. 038306 232 53, Mai–Sept.
ab 10 Uhr bis Sonnenuntergang, direkt
auf dem Anleger platziert, serviert das
kleine Café auf seiner Terrasse Kuchen,
Eis, kleine Gerichte und Cocktails. Nettes Ambiente.

Panorama – **Gasthof Grahler Fähre:**
Grahlerfähre 1, Tel. 038306 750 13, Di–
So 12–18 Uhr, im Sommer länger. Im
Winter in der Woche am besten vorher
anrufen. Einfacher Gasthof in Alleinlage mit Blick über den Sund auf die
Rügenbrücken, Stralsund und Drigge,
Rügens Halbinsel im Strelasund. Direkt
nach der alten Rügenbrücke rechts.
Nach Grahlhof den Weg rechts Richtung Grahler Fähre einschlagen. Es
gibt Fisch und Fleischgerichte: Zander
mit Bratkartoffeln 11,50 €, Aal 14,50 €.

Aktiv & Kreativ

Segeln – **Sail and Surf Rügen:** Fähranleger, Tel. 038306 23253, www.sail-

surf-ruegen.de, Katamaran-, Jollense-
geln, Yachtausbildung. Vermietung:
Katamaran 25 € pro Std., 2er-Seekajak
35 € pro Tag, Kat-Grundkurs: 3 Tage, 12
Std., 240 €.

Hangeln und Klettern – **Waldseilpark:**
Klingenberg 25, Tel. 038306 23 97 58,
0172 940 08 64, www.waldseilpark-
ruegen.de, Erw. 2 Std. 16 €, Kinder unter 15 Jahren 2 Std. 12 €.

Rambin ▶ C 8

Das alte Dorf Rambin werden die meisten Rügen-Urlauber nur von der
Durchgangsstraße B 96 im Vorbeifahren betrachten. Dabei gibt es auch hier
eine sehenswerte Backsteinkirche aus
dem Mittelalter. Die **St. Johannes-
Kirche** wurde um 1300 zum ersten Mal
erwähnt und gehört damit zu den ältesten Kirchen Rügens. Sie wurde aber
in der Barockzeit grundlegend umgestaltet. Sehenswert ist in jedem Fall die
Priesterpforte und das Taufbecken aus
Kalkstein aus dem 14. Jh.

Am Ortsausgang Richtung Bergen
trifft man auf das Gelände des ehemaligen Lepra-Hospitals **St. Jürgen**. Im
ehemaligen Klostergarten stehen einige Skulpturen, und der Rügener
Kunstverein nutzt die mittelalterliche
Kapelle für Ausstellungen.

Übernachten, Essen

Lohnender Abstecher – **Die Insel auf
Rügen:** Götemitz 27, 4 km südöstl. von
Rambin, Tel. 038306 61 10, www.die-
insel-auf-ruegen.de, DZ mit Frühstück
30–75 €. Ein Abstecher in Rügens
kleinstes Hotel mit 7 Zimmern in einer
malerischen Reetdachkate lohnt sich.
Abgelegen in wunderschöner Umgebung hat der Berliner Architekt Yade-
gar Asisi das Hotel mit viel Holz im nor-

dischen Stil und mit orientalischen Elementen geschmackvoll eingerichtet. Zum Hotel gehört auch ein Restaurant.

Einkaufen

Blau-weiß klassisch – **Rügener Fayencen:** Götemitz, 4 km südöstl. von Rambin, Tel. 038306 13 61, www.dolacinski.de, in seiner Töpferei direkt neben Die Insel auf Rügen verkauft Peter Dolacinski alles in Blau-Weiß, von Schalen über Teekannen, Krügen bis hin zu Eierbechern, Tellern, Vasen und Windlichtern. Alle Keramiken sind mit einer weißen deckenden Zinnglasur überzogen, die mit Motiven in blauem Kobaltoxyd verziert sind. Das Atelier ist in der Regel offen von 10–18 Uhr. In dem gemütlichen Reetdachhaus gibt es auch 4 FeWo für max. 4–5 Pers.

Andenken und regionale Spezialitäten – **Rügener Bauernmarkt und Café Alte Pommernkate:** Hauptstr. 2 a, Tel. 0383 06 626 30, www.altepommernkate.de, tgl. 8–19 Uhr. Kurz vor dem Rügendamm haben Urlauber hier die letzte Gelegenheit, Mitbringsel und Souvenirs einzukaufen: Wurst, Sanddornprodukte, Tee, aber auch Kunsthandwerk und Silberschmuck.

Aktiv & Kreativ

Ponys und mehr – **Rainbow Jumpers:** Abenteuer- und Kinderferiencamp, Familie ter Smitten, Kasselvitz Ausbau 16, Tel. 03831 29 71 95, www.reiten-ruegen.de, Reitstunde (60 Min.) 20 €. Für kleine Pferdefreunde gibt es auch eine Tages- oder Wochenbetreuung. Wer schon immer mal wie Pippi Langstrumpf ein Pferd anmalen wollte, bekommt hier die Gelegenheit: Horsepainting heißt das und ist von Mai–Okt. zu buchen, der Spaß dauert von

13–17 Uhr, Fingerfarbe, Reitkappe und kindgerechte Verpflegung inkl., Preis auf Anfrage.

Samtens ▶ D 7/8

Einer der wichtigsten Verkehrsknoten auf Rügen liegt in Samtens, hier geht es nach Westen über Dreschvitz, auf der B 96 nach Norden und Osten über Bergen und nach Süden Richtung Garz zur Glewitzer Fähre. Staus sind im Sommer keine Seltenheit. Samtens gilt als agrarisches Zentrum Südwest-Rügens.

Vor der Ortseinfahrt liegen südlich der B 96 die **Neun Berge**, neun große Hügelgräber aus der Bronzezeit. In der Backsteinkirche **St. Petri** aus dem 15. Jh. sind Reste spätgotischer Wandmalerei erhalten geblieben.

Übernachten

Einfach gut(sherrlich) übernachten – **Gutshaus Kubbelkow**: Im Dorfe 8, Klein Kubbelkow (4 km westl. von Bergen), Tel. 03838 822 77 77, www.kubbelkow.de, 6 großzügige DZ/Suiten 120–190 € mit Frühstück. Einfühlsam restauriert und elegant mit Antiquitäten eingerichtet bietet das 4-Sterne-Haus samt Park mit Barfußpfad im Kräutergarten Erholung für höchste Ansprüche. Das Restaurant ist tgl. außer Di offen für Gäste, 3-Gang-Menü 39 €, wechselnde Monatskarte, z. B. Ummanzer Hecht mit wilden Kräutern überkrustet auf geschmortem Pac Choi und Tomaten-Couscous, 22 €, Kotelette vom Iberischen Eichelschwein mit grünen Serviettenknödeln und Ratatouille, 22 €.

Urlaub auf dem Bauernhof – **Ökohof Thom**: Haus Nr. 12, Stönkvitz, Tel. 038306 200 43, www.oekohof-thom.de, 4 FeWo für je 4 Pers. ▷ S. 134

Auf Entdeckungstour

Romanische Fresken – Farbrausch in der Bergener St. Marienkirche

Die Marienkirche in Bergen, mit deren Bau um 1180 begonnen wurde, ist Rügens älteste Kirche. Sie birgt wertvolle Wandmalereien aus der Erbauungszeit, die zu den ältesten in ganz Norddeutschland zählen. Ungewöhnlich gut erhalten sind im Altarraum die romanischen Darstellungen des Paradieses und der Hölle. Eine Tour auf den Spuren von Original und Rekonstruktion.

Adresse und Öffnungszeiten: Billrothstr. 1, Bergen, Tel. Kirchenbüro Tel. 03838 25 35 24, www.kirche-bergen.de, Mai–Okt. Mo–Sa 10–16 Uhr, Führungen nach Anfrage im Kirchenbüro.

Der Hamburger Historienmaler Saffer traute seinen Augen nicht. Unter der weißen Kalkschicht der Kirchenwand in St. Marien zu Bergen entdeckte er 1896 farbenprächtige Reste einer uralten Bemalung. Eigentlich sollte er lediglich den Putz erneuern, doch Saffer fand stattdessen die romanischen Wandbilder aus der Entstehungszeit des Gotteshauses um 1200. Über Jahrhunderte hatten sie im Chor und im Querschiff unter schützenden Kalkschichten überlebt. Im Chorraum, links vom Altar, ist das Paradies mit einem blühenden Garten gut zu erkennen. Vier Männer als Personifikationen der Paradiesflüsse halten Krüge in den Händen, aus denen wellenförmig Wasser fließt. Rechts vom Altar ist an der Südwand des Chores eine Darstellung der Hölle zu sehen. Auch König und Bischof finden sich dort. Menschen, die sich Lastern und Begierden wie Spielsucht und Völlerei hingeben, werden ebenfalls dargestellt.

Original oder nachgemalt?

Nach der Entdeckung der Schätze wurde der Historienmaler und Mosaikkünstler August Oetken (1868–1951) beauftragt, die wertvollen Malereien zu restaurieren. Von 600 Quadratmetern Wand in Vierung, Querhaus und Chorquadrat sind ca. 40 Prozent des Originalputzes aus dem Mittelalter erhalten geblieben – den Rest malte Oetken nach alten Vorlagen dazu. Überall da, wo der Putz uneben und rau ist, sprechen die originalen Bilder aus dem Mittelalter zu uns, während glatter Putz auf Malereien aus dem späten 19. Jh. hindeutet. Doch das feuchte Ostseeklima und Klimaschwankungen innerhalb der Kirche setzen den Wandbildern zu – sowohl den romanischen als auch den Malereien aus dem späten 19. Jh. Ein erster Schritt zum Schutz des

Wandschmucks sind die beiden automatisch schließenden Türen aus Glas, die den Wind abhalten.

Neue Wertschätzung

Die Malerwerkstatt Oetkens ergänzte unvollständige Motive vorsichtig, wie bei dem mittelalterlichen Teufelchen, am südlichen Chorfenster in der Höllendarstellung: Das rechte Bein des Teufels – also das linke für den Betrachter – stammt aus dem Mittelalter, sein anderes Bein wurde dagegen im späten 19. Jh. erneuert. Ein Hinweis ist die schwungvolle Linienführung, die eher an den Jugendstil erinnert. Doch Oetken griff auch da beherzt zum Pinsel, wo die Vorlagen gar nicht mehr zu erkennen waren. Dabei unterlief ihm das eine oder andere Malheur. Er benutzte Bildmotive, die zu Lebzeiten des Kirchengründers Fürst Jaromar in der Form gar nicht üblich waren. So sind in der Höllendarstellung fünf Frauen mit Ölkrügen zu sehen: Es sind die „Törichten" aus dem Gleichnis von den klugen und törichten Jungfrauen aus Matthäus 25. Ihnen fehlen jedoch die „Klugen" als notwendiges Pendant. Auch die Schutzmantelmadonna auf der Ostwand im südlichen Querhaus (links vom Arkadenbogen) ist ein späteres Motiv, angelehnt an Darstellungen aus dem 15. Jh.

Als Oetken im Jahr 1902 nach zwei Jahren Restaurierungszeit den Rüganern ihre Kirche wieder präsentierte, staunten sie nicht schlecht, denn die weiß gekalkten Wände waren nun überall mit farbigen Mustern und figürlichen Darstellungen bedeckt. Die Reaktionen auf sein Werk: Viel zu katholisch, viel zu mittelalterlich und viel zu bunt. Heute aber wird auch Oetkens Beitrag zur Ausmalung der Kirche durchaus geschätzt und für erhaltenswert befunden.

55–95 € pro Tag. An der B 96 Richtung Bergen gelegen, es gibt Gänse, Hühner, Schweine, Ponys, Hasen, Hunde und Katzen. Kinder können gern mithelfen. Angeschlossen ist ein Bioladen.

Essen & Trinken

Gut und günstig – **Restaurant und Eiscafé Grützmanns:** Gingster Str. 1, Samtens, Tel. 038306 14 87, Di–So 11–21 Uhr. Schnitzel mit Blumenkohl und Kartoffeln für 5 €, Wildspezialitäten wie Medaillons vom Hirschsteak 13,90 €, aber auch Aal und Zander.

Aktiv & Kreativ

Inselrundflüge – **Flugplatz Güttin:** Güttin, Tel. 038306 12 89, www.flugplatzruegen.de, Rundflüge von 20 Min., z. B. von Güttin nach Binz und zurück 39,50 €, bis 90 Min. von Rügen nach Zingst und Usedom für 166 €.

Von ganz klein bis groß – **Technik-Modell-Museum:** Muhlitzer Str. 3, Samtens, Tel. 0172 383 89 86, www.technik-modell-museum.de, April–Nov. tgl. 14–17 Uhr, sonst nach Voranmeldung. Hier gibt es Modellautos und -eisenbahnen sowie Flugzeuge und Oldtimer zu bestaunen.

Bergen ▶ E 6/7

Eine verträumte Kleinstadt mit steilen Straßen und einem viel zu großen abschüssigen Marktplatz – das Verwaltungszentrum der Insel hat einen stillen Charme, der sich erst auf den zweiten Blick erschließt.

Unbedingt sehenswert ist nahe dem Markt die Marienkirche, das älteste Gotteshaus auf Rügen, mit ihrer farbenfrohen Innenausmalung (s. S. 132).

Angegliedert war das Nonnenkloster, das im 12. Jh. von dem ersten christlichen Inselherrscher Fürst Jaromar gegründet wurde. Aus den vergangenen Jahrhunderten haben sich im Stadtbild nur wenige Bauten erhalten – mehrere Feuersbrünste haben sich im Mittelalter und danach verheerend ausgewirkt, da wegen der Hanglage die Stadt lange über keinen ausreichenden Zugang zu Löschwasser verfügte.

Das Gewerbegebiet und einige große Supermärkte zeigen, dass hier auch das ökonomische Herz der Insel schlägt, wenn die Rüganer groß einkaufen wollen, fahren sie nach Bergen.

Marienkirche 1

Billrothstr. 1, Kirchenbüro Tel. 03838 25 35 24, www.kirche-bergen.de, Mai–Okt. 10–16 Uhr, Führungen nach Anfrage

Die Marienkirche ist das älteste Gebäude auf Rügen. Baubeginn war um 1180 auf Geheiß des ersten christlichen Slawenfürsten Jaromar I., der nach seiner Niederlage im Kampf gegen die christlichen Dänen den christlichen Glauben angenommen hatte. Nach seiner Bekehrung setzte er mit der großen Basilika dem neuen christlichen Glauben ein mächtiges Zeichen. Der romanische Ursprungsbau entstand 1170–80 und wurde bereits 1193 urkundlich erwähnt. Zunächst war die Marienkirche als Palastkapelle für Jaromar I. vorgesehen, doch Bischof Absalon aus dem dänischen Roskilde wies sie wenig später dem neu gegründeten Kloster von Bergen zu. Rügen gehörte zum Bistum Roskilde und von dort kamen 1198 die ersten Benediktinernonnen, die auf der Insel das Christentum verbreiteten.

Die als romanische Basilika begonnene Kirche wurde im 15. Jh. im gotischen Stil vollendet. Sie ist ein besonderes Beispiel der frühen norddeut-

Bergen

Sehenswert
1 Marienkirche
2 Stadtmuseum im Klosterhof
3 Ernst-Moritz-Arndt-Turm

Übernachten
1 Romantikhotel Kaufmannshof
2 Hotel Sonnenhaken
3 Ratskeller
4 Am Rugard
5 Gut Reischvitz

Essen & Trinken
1 Eispalast
2 Meyers Caféhaus und Tüffelhus

Einkaufen
1 Esskultur Rügen
2 Klostergenuss, Keramik-Schauwerkstatt, Rügener Kunsthandwerk

Aktiv & Kreativ
1 Inselrodelbahn Bergen
2 Kletterwald Rügen

Abends & Nachts
1 Bibo ergo sum
2 Wapatiki Lounge
3 UC You See Kino
4 Mah k'Ina

3 Rügen Go-Kart und Buggybahn Bergen
4 Fahrradvermietung Bruchalla
5 Nonnensee

schen Backsteinarchitektur, so lassen sich noch Einflüsse aus Niedersachsen und Dänemark erkennen. Eindrucksvoll sind die romanischen Fresken (s. S. 132) und die reich verzierte Rokoko-Kanzel von 1775. Das wahrscheinlich älteste Relikt ist noch älter als die Kirche selber: In die Fassade beim westlichen Eingang eingelassen ist ein Granitstein, auf dem das Relief eines Mannes zu sehen ist. Nach neueren Forschungen handelt es sich wahrscheinlich nicht um ein Abbild Jaromars, sondern um eine slawische Grabwange. Mit ein bisschen Fantasie lassen sich vielleicht noch vorchristliche Symbole wie Schwert und Trinkhorn in den Händen der Gestalt erahnen, die heute nicht mehr zu sehen sind.

Stadtmuseum im Klosterhof 2

Billrothstr. 20 a, Mai–Okt. Di–Sa 10–16.30, Nov.–April Di–Fr 11–15, Sa 10–13 Uhr, an Feiertagen geschl., Erw. 2 €

Vom Ernst-Moritz-Arndt-Turm auf dem Rugard bietet sich ein schöner Blick auf Rügen

Auf dem Platz neben der Kirche lässt sich die Anlage des ehemaligen Klosters noch nachvollziehen – kleine metallene Vierecke auf dem Gelände zeigen, wo sich der Kreuzgang des Klosters befand. 1541 wurde das Kloster in ein Fräuleinstift umgewandelt. In einem der Gebäude um den Klosterhof hat das Städtische Museum Bergen seinen Sitz. Zu sehen sind Ausstellungsstücke aus der Bronzezeit sowie Exponate aus der Schwedenzeit; außerdem wird die Götterwelt der Slawen erläutert und die Geschichte des Klosters veranschaulicht.

Ernst-Moritz-Arndt-Turm **3**

Auf dem Rugard, Tel. 03838 25 41 67, Ostern–Okt. tgl. 10–18, Nov.–Ostern auf Anfrage unter Tel. 03838 201 90, 1,50 €

Der Turm wurde zu Ehren von Ernst Moritz Arndt (s. S. 66) errichtet. 1877 wurde das Denkmal fertiggestellt, nachdem sich ein Bürgerkomitee seit 1869 anlässlich seines 100. Geburtstages für eine Ehrung Arndts auf seiner Heimatinsel eingesetzt hatte. Der Fürst zu Putbus stellte dem Komitee unter Leitung des damaligen Landrates von Platen und des damaligen Bürgermeisters Dr. Richter das Grundstück auf dem Rugard zur Verfügung, doch wiederkehrende Geldsorgen der Vereinigung verhinderten eine schnelle Umsetzung.

Übernachten

Nostalgisch – **Romantikhotel Kaufmannshof 1**: Bahnhofstr. 6–8, Tel. 038 38 80 45 50, www.Kaufmannshof.de, DZ mit Frühstück 90–140 €. Zu dem Hotel mit 18 Zimmern gehört das nostalgisch eingerichtete Restaurant Kontor. Die regionale Küche ist gutbürgerlich verfeinert, Rügener Fischtopf 4,80 €,

Rügen individuell

Einen besonderen Service bietet das Parkhotel Rügen in Bergen exklusiv für seine Gäste: Zusammen mit dem Seniorenbeirat der Insel Rügen vermittelt das Hotel interessierten Urlaubern ein Treffen mit ehrenamtlich engagierten Rüganern, die den Touristen ihre Insel ganz individuell und persönlich vorstellen. Der Fokus liegt dabei auf Orten, die nicht jeder kennt – interessante Geschichten inklusive. Bei einem Treffen im Hotel werden die Interessen und die Route besprochen und geplant, am nächsten Tag kann es gleich losgehen. Der Ausflug ist unentgeltlich und gedacht als Vergnügen für beide Seiten. Kontakt über Frau Gehm, **Parkhotel Rügen:** Stralsunder Chausee 1, Tel. 03838 81 55 06, www.parkhotel-ruegen.de.

Matjestatar auf Kartoffelrösti mit Honig-Senf-Sauce 6,85 €, warmer Räucherfischteller mit Preiselbeermeerrettich 9,50 €.

Mit Boddenblick – **Hotel Sonnenhaken 2**: Grüner Weg 9, Buschvitz, Tel. 03838 82 10, www.sonnenhaken.de, DZ mit Frühstücksbuffet 50–130 €, Halbpension mit 3-Gang-Auswahlmenü 25 €. Das im Dörfchen Buschvitz hoch am Hang gelegene Hotel beeindruckt mit seinem Blick auf den Kleinen Jasmunder Bodden und seiner guten regionalen Küche. Eingerichtet im modernen Design bietet es seinen Gästen einen Garten mit Sonnenterrasse, Wintergarten und Kaminbar.

Zentral am Markt – **Ratskeller 3**: Hotel und Restaurant, Markt 27, Tel.

03838 81 70, www.hotel-ratskeller-rue gen.de, DZ mit Frühstück 70–90 €. Das Haus mit 57 Zimmern ist barrierefrei, mit Fahrstuhl sowie Raucher- und Nichtraucherzimmern. In der verglasten Loggia des Hotels befindet sich das helle Restaurant mit Mittagstisch. Die Karte bietet Klassiker der Deutschen Küche wie Schnitzel und Nackenrückensteak, Fischgerichte und 24 Weiß- und Rotweine. Internetzugang 5 €/ Tag, Tiefgarage 5 €/Tag.

Am Turm im Grünen – **Am Rugard** 4 : Hotel und Restaurant, Rugardweg 10, 18 DZ, 4 Appartements, Sauna, Strandkörbe am Binzer Strand, ruhige Lage direkt am Burgwall mit Blick auf den Ernst-Moritz-Arndt-Turm, DZ mit Frühstück 69–103 €, kleine Haustiere auf Anfrage. In der Gaststube mit Sonnenterrasse wird pommersche Küche und natürlich Ostseefisch serviert.

Gutshausidyll – **Gut Reischvitz** 5 : Reischvitz, bei Bergen, Tel. 03838 25 16 18, drei großzügige, renovierte FeWo für 2–5 Pers. ab 50 € pro Tag im historischen Gutshaus. Erholung pur garantiert die ruhige Lage mit Blick in den Park oder über die Felder. Individuell eingerichtete Wohnungen mit Wohn-, Schlaf- und Essraum.

Essen & Trinken

Kalter Genuss – **Eispalast** 1 : Marktstr. 6, Tel. 03838 235 35, Juli–Aug. Mo–Fr 10–20, sonst 11–18, So ab 14 Uhr. Spezialität ist das Sanddorneis.

Von süß bis herzhaft – **Meyers Caféhaus und Tüffelhus** 2 : Dammstr. 1, Tel. 03838 223 32, www.meyers-kaf feehaus.de, www.tueffelhus.de, tgl. 12–22 Uhr, im Winter Di–So geöffnet. Nach dem Stadtrundgang hat man hier die Qual der Wahl: ob Kuchen, Torten oder Pralinen – oder doch lieber etwas Herzhaftes? Gleich nebenan werden

zahlreiche Kartoffelspezialitäten geboten.

Einkaufen

Alles Öko – **Esskultur Rügen** 1 : Bahnhofstr. 56, Tel. 03838 315 87 82, www. esskultur-ruegen.de, Mo, Mi, Fr 10–18, Di, Do 10–19, Sa 10–13 Uhr, auf 180 m^2 gibt es hier Naturkost, Naturwaren und regionale Produkte.

Kunsthandwerk & Rügen-Produkte – **Laden Klostergenuss, Keramik-Schauwerkstatt, Laden mit Rügener Kunsthandwerk-Produkten** 2 : Im Klosterhof, Apr.–Okt. Mo–Fr 10–18, Sa 10–16, Nov.–März Mo–Fr 10–16 Uhr. Die Läden und Werkstätten laden zum Stöbern ein: Hüte, Kerzen, Kleider, Schmuck und vieles mehr.

Aktiv & Kreativ

Sommer- und Winterrodeln – **Inselrodelbahn Bergen** 1 : Rugardweg 7, Tel. 03838 82 82 82, www.inselrodelbahn-bergen.de, April, Mai, Juni, Sept. und Okt. 10–18, Juli–Aug. 10–19 Uhr, Nov.–März von 13 Uhr bis Eintritt der Dunkelheit, Erw. Fahrt 2 €, Kinder bis 14 Jahre Fahrt 1,50 €.

Hochseilgarten – **Kletterwald Rügen** 2 : Rugardweg 9, Tel. 0176 62 21 21 70, www.kletterwald-ruegen.com, April–Okt. 10–18 Uhr, Erw. 19 €, Kinder bis 12 Jahre 13 €, für 2 Std. reine Kletterzeit.

Kartbahn – **Rügen Go-Kart und Buggybahn Bergen** 3 : zwischen Zittvitz und Buschvitz, Tel. 03838 20 94 85, Tel. 0171 850 36 39, www.ruegen-gokartund buggybahn.de, ab 10 Uhr, 10 Min. Go-Kart-Fahren: 8 €, 10 Min. Quad-Fahren: 8 €, Buggy-Verleih (an Führerscheininhaber): 30 Min. für 30 €.

Zweiräder – **Fahrradvermietung Bruchalla** 4 : Dorfstr. 32 a, Gademow, Tel.

03838 203 09 55, www.Fahrradverleih-ruegen.de, Motorroller 39 €/Tag, Mindestmiete für 2 Tage, City-Rad, 3-Gänge, 5,50 €/Tag, auch Trekking- oder Tandemfahrräder im Angebot, mit Bring- und Abholdienst.

Naherholungsgebiet – **Nonnensee 5**: Der See entstand vor einigen Jahren in einer feuchten Senke bei Bergen und ist heute ein Paradies für Jogger wie Vogelbeobachter. Ein Parkplatz und ein Spazierpfad von ca. 5 km Länge erschließen das Gebiet. Kormorane in Schwärmen rasten auf den gefluteten Baumskeletten, gelegentlich kommt auch der Fischadler vorbei. Von März–Dez. führt jeden 1. So im Monat der NABU Kreisverband Rügen Vogelfreunde kostenfrei um den See, Tel. 03838 2097 10, www.nabu-ruegen.de, nabu.ruegen@t-online.de, Treffpunkt: Famila-Parkplatz Bergen, März 10, April 9, Mai 8, Juni 7, Juli–Okt. 9, Nov. (Dez. wenn eisfrei) 10 Uhr.

Abends & Nachts

Szenetreff – **Bibo ergo sum 1**: Am Markt 14, Tel. 03838 25 22 59, www.bi boergosum.de, Juni–Sept. Mo–Fr ab 9, Sa, So ab 11 Uhr., Sept.–Mai Mo–Fr ab 11, Sa, So ab 18 Uhr. Hier gibt es eine Internetstation und günstige Tagesgerichte 4,20–4,90 €, Küche bis 22 Uhr, Juli–Aug. bis 23 Uhr.

Hip – **Wapatiki Lounge 2**: Bahnhofstr. 11 a, Tel. 03838 82 88 88, www.wapa tiki.de, tgl. ab 18 Uhr, Bergens heißer Tipp: eine wirklich coole Bar mit freundlicher Bedienung. Damit auch gar keine Langeweile aufkommt, gibt es Motto-Tage im Winter, z. B. Di ab 19 Uhr After-Work-Party, Do Table-Quiz sowie Kicker und Dart.

Kino – **UC You See Kino 3**: Ringstr. 140, Bergen, Kartenreservierungen Tel. 03838 20 21 22, www.kino-bergen-

ruegen.de, Di ist Kinotag: 4,50 €. Das gängige Kinoprogramm in sechs Sälen.

Club-Disco – **Mah k'Ina 4**: Industriestr. 5, Bergen, www.mahkina.de, Fr, Sa ab 22, Sa Happy Hour 22–23 Uhr, Eintritt 2 € bis 0 Uhr, danach 4 €, alternative Club-Disco mit Indie, Ska, Charts und Elektromusik.

Infos

Touristeninformation: Markt 23, Tel. 03838 811 276/206, www.stadt-ber gen-auf-ruegen.de, Mo–Fr 10–18, Juli–Aug. auch Sa 10–13 Uhr.

Unser Tipp

Zeit für Kunst – ein Galeriebesuch
Ihre kleine, feine Kunstgalerie kann kein Tourist verfehlen, der vom Marktplatz gesehen auf der linken Straßenseite die Bahnhofstraße hangabwärts geht. Susanne Burmester zeigt hier zeitgenössische Kunst. Mit ihrer Galerie möchte die Vorsitzende und Kuratorin des Kunstvereins Rügen innovative Kunst auch abseits der kulturellen Zentren fördern. Seit 2006 präsentiert sie nun schon erfolgreich in wechselnden Ausstellungen mit einem gut ausgewählten Repertoire. Schwerpunkte sind Objekte, Installationen, Videos. Wer innovative zeitgenössische Kunst sucht, wird bei Susanne Burmester wahre Schätze entdecken.
Susanne Burmester Galerie: Bahnhofstr. 51, 18528 Bergen auf Rügen, Mi–Sa 12–17 Uhr und nach Vereinbarung, Tel. 0151 42 44 66 38, www.su sanneburmester.de

Auf Entdeckungstour

Auf Robbenexpedition im Greifswalder Bodden

Bei einer Bootstour zu den Sandbän-
ken vor Rügen lernen Urlauber
Deutschlands größtes Raubtier kennen – und unterstützen die Ranger
bei der wissenschaftlichen Erfassung
der Kegelrobben-Bestände im Greifswalder Bodden. Eine Tour, die auch
bei schlechtem Wetter Spaß macht.

Reisekarte: ▶ E–G 8/9

Dauer: 2,5 Std.

Anfahrt: auf der B 196 bis Lauterbach

Planung: Start ab Lauterbach-Hafen
Mai–Okt. Mo 9.30, von Ende Juni–
Anf. Sept. auch Do 9.30 Uhr, Platzre-
servierung über Weisse Flotte, Tel.
03831 268 10, www.weisse-flotte.de,
Erw. 19,90 €, Kinder bis 14 J. 12 €

Das Ausflugsschiff MS Sundevit verlässt mit gemächlichem Tempo den Hafen von Lauterbach, während die Biologin Dr. Silke Steiner mithilfe einer Video-animation über Deutschlands größtes Raubtier, seine Gewohnheiten, seinen Lebensraum und seine Rückkehr in die Gewässer um Rügen informiert. Plötzlich reißt ein mächtiger Kegelrobbenbulle drohend sein Maul auf – doch zum Glück sieht man als Bootsgast die kräftigen Zähne des imposanten Tieres nur auf dem Bildschirm.

Rettung der Ostsee-Kegelrobbe

Ursprünglich waren die Kegelrobben an der gesamten deutschen Ostsee-küste heimisch. Doch die bis zu 300 kg schweren Tiere waren den Küstenfischern ein Dorn im Auge, jahrhundertelang galten sie als Konkurrenten um die Fischbestände. Es gab sogar eine offizielle Abschussprämie. 1920 wurde vor der deutschen Küste das letzte Tier erlegt. Doch auch im gesamten Ostseeraum schrumpften die Bestände im Laufe des 20. Jh. dramatisch: Schuld war die zunehmende Umweltverschmutzung. So gab es 1980 in der Ostsee nur noch 2500 Exemplare der großen Meeresraubtiere. Pflanzenschutzgifte wie DDT, die über die Flüsse ins Meer gelangten, machten die Robben unfruchtbar. Umwelt- und Tierschutzbemühungen ist es zu verdanken, dass es heute in der Ostsee wieder 22 000 Kegelrobben gibt.

Urlauber werden zu Forschern

Steilküsten, bewaldete Ufer und kleine Dörfer ziehen an dem Ausflugsboot vorbei. Dr. Silke Steiner teilt Ausfüllbögen aus. Sie erklärt, was die Teilnehmer eintragen sollen: Monitoring nennt sich das systematische Erfassen nach wissenschaftlichen Kriterien. Beim Zählen helfen Ferngläser, sie können gegen Pfand ausgeliehen werden. Dann geht es an Deck. Die Küste hat sich entfernt, Wellen und Weite umgeben das Schiff. In der Ferne ragen die vier Schornsteine vom AKW Lubmin in den Himmel. Ausgerüstet mit dem Monitoring-Zettel auf einem Klemm-Block starren die frisch gebackenen Aushilfsranger erwartungsvoll auf die Wellen. Die Biologin gibt Orientierungshilfen bei der Suche nach den Tieren. Trotz Fernglas ist in dem unruhigen Wasser nichts zu erkennen. Doch dann: Ein dunkler kegelförmig zulaufender Kopf schiebt sich aus dem Wasser und schaut zum Boot herüber. Begeistert zücken kleine und große Forscher ihre Stifte, um die Sichtung wissenschaftlich korrekt mit Uhrzeit und Position zu vermerken. An sieben Punkten werden die Robben gezählt, während die MS Sundevit die flache Stelle im Bodden umrundet, wo sich die Robben am liebsten aufhalten. Gern ruhen sie auf den Steinen, die hier aus dem Wasser schauen.

Ferien im Dienst der Tiere

Seit 2006 werden die Kegelrobben im Greifswalder Bodden systematisch gezählt, seit 2009 unterstützen Touristen die Beobachtung. Ohne die Urlauber wäre eine solche Langzeitbeobachtung auch aus Kostengründen kaum möglich. Hier helfen Touristen der Forschung. Die Zahlen gehen an das Landesamt für Umwelt, Naturschutz und Geologie Mecklenburg-Vorpommern und an das Amt für das Biosphärenreservat Südost-Rügen. Sie werden mit Daten aus wissenschaftlichen Beobachtungen in Schweden zusammengeführt. Durchgeführt werden die Touren von Discover Rügen, einer Agentur, die naturpädagogische Angebote für Urlauber anbietet, in Kooperation mit der Weissen Flotte.

Mönchgut und Insel Vilm

Highlight!

Insel Vilm: Schon die Maler der Romantik besuchten die Insel ihrer uralten Bäume wegen. Bizarr verkrümmt, dem Verfall preisgegeben, stehen oder liegen hier inzwischen die bis zu 700 Jahre alten Baumriesen. Jahrzehntelang durften nur wenige Menschen die Insel betreten: Sie war zu DDR-Zeiten ein Ferienort exklusiv für SED-Funktionäre. S. 144

Auf Entdeckungstour

Für eine Handvoll Kräuter: Rügens Starkoch Peter Knobloch hat Blumen zum Essen gern. Beim Kochkurs in Göhren zeigt er, wie kreativ und lecker man mit Kräutern, aber auch mit Gänseblümchen und Stiefmütterchen aus dem eigenen Garten kochen kann. S. 156

Für eine Handvoll Kräuter

Göhren

Middelhagen

Insel Vilm

Reddevitzer Höft

Gager

Groß Zicker

Mönchgut

Kultur & Sehenswertes

Schulstunde zum Mitmachen: In Middelhagen kann man im Museum die Schulbank drücken und erhält dabei einen augenzwinkernden Einblick in die Rohrstock-Pädagogik, wie sie noch Oma und Opa erlebten. S. 164

Aktiv & Kreativ

Sommerprogramm: Die Kurverwaltung Göhren bietet Yoga-Stunden am Strand, Naturschutz-Führungen oder Bogenschießen-Kurse an. S. 154

Zicker Bergwelt: Sie lockt zu einer idyllischen Wanderung von Gager nach Groß Zicker. S. 160

Reddevitzer Höft: Ein Spaziergang auf der hohen schmalen Landzunge über dem Wasser bietet einen fantastischen Blick. S. 164

Genießen & Atmosphäre

Turm-Café: Im Hotel Hanseatic in Göhren gibt es zur Kaffeestunde Pralinen mit Aussicht – zu jeder Jahreszeit ein besonderer Leckerbissen. S. 151

Alte Bootswerft: Ganz besonders gut schmeckt der Fisch auf der Terrasse des Restaurants am Hafen von Gager, wo auch die Rügener Lachs-Manufaktur ihren Sitz hat. S. 163

Abends & Nachts

Bar Globetrotter: Das Ambiente der Göhrener Cocktailbar und die große Auswahl an exotischen Drinks sorgen für Südsee-Stimmung. S. 154

Übersee: Laue Sommernächte kann man am Strand von Göhren am besten auf der Terrasse des Café-Bar-Restaurants Übersee verbringen. S. 153

Zwischen Wasser und Land

Ganz abwechslungsreich präsentiert sich Rügens östlichste Halbinsel, das Mönchgut: Hier gibt es auf engstem Raum Wälder, Berge, enge Buchten, Steilufer, feinsandige breite Strände, quirlige Badeorte und einsame Dörfer. Nicht umsonst heißt die Gegend auch Rügens Schatzkästchen.

Ebenso wie die Insel Vilm gehört auch das Mönchgut zum Biosphärenreservat Südost-Rügen. Während der Zugang zum Vilm mit seinen malerischen uralten Bäumen streng reglementiert ist, herrscht auf der Halbinsel Mönchgut ein seltsam schwebendes Gleichgewicht zwischen Wasser und Land, Badespaß am Strand und ruhigen Dörfern im Hinterland, Fremdenverkehr und Natur.

Geschichte

Als vor 100 Jahren mit dem **Rasenden Roland** der Tourismus auch in diese abgelegene Region Rügens kam, lebten die Menschen hier seit Jahrhunderten hauptsächlich als einfache Bauern und Fischer. Zeugnisse aus dieser Zeit finden sich in den zahlreichen Mönchguter Museen: Historische Trachten, Fischer- und Bauernkaten, Boote und so-

gar ein Schulmuseum gibt es zu entdecken. Maßgeblichen Anteil an der Bewahrung hatte die Kapitänstochter und Lehrerin Ruth Bahls, die sich ihr Leben lang für den Erhalt alter Kulturrelikte einsetzte (s. S. 152).

Doch die Geschichte des Landstrichs begann viel früher: als der Slawenfürst Jaromar II. den Mönchen von Eldena 1252 die Halbinsel Reddevitz schenkte. Das Zisterzienserkloster bei Greifswald verwaltete und nutzte später die gesamte Halbinsel, der Name Mönchgut kommt aus dieser Zeit. Ein Wallgraben, der Mönchgraben bei Baabe, trennte wahrscheinlich schon in slawischer Zeit Granitz und Mönchgut. Bis ins 17. Jh. lebten Mönche und Bauern nach den Regeln des Ordens weitgehend isoliert – auch später galten die Poken, wie die Leute von Mönchgut von den anderen Rüganern genannt wurden, als schweigsam und wenig kontaktfreudig.

Insel Vilm! ▶ F 8

Rügen, Deutschlands größte Insel, hat zwei kleine Schwestern: im Westen Hiddensee, wo keine Autos fahren dürfen, und im Südosten die nur 100 ha große und 2,7 km lange Insel Vilm. Nur 30 Menschen täglich dürfen die Insel von der Größe Helgolands betreten, um das empfindliche Gleichgewicht der Natur auf dem engen Raum nicht zu stören. Unbedingt besuchen sollte man das Eiland seiner Bäume wegen, die bis zu 700 Jahre alt sind! Seit 1527 ist hier kein Holz mehr geschlagen worden. Damals hatte die ›Edle Frau Agatha‹, Gräfin zu Putbus, das letzte Mal das Recht zum Abholzen verkauft. Sie knüpfte daran jedoch die

Bedingung, dass 60 Hegebäume stehen bleiben sollen, die zum großen Teil heute noch da sind. Sie machen den Flecken zu einem Märchenwald mit einer magischen Atmosphäre: Ganz urtümlich sind die knorrigen Gewächse Sinnbild für Alter, Lebenskraft und Vergänglichkeit, die schon die Maler der Romantik vor 200 Jahren zu zahlreichen Bildern inspirierten. Nach der Eröffnung des Badehauses Goor im Jahre 1818 kamen viele der Kurgäste auch auf den Vilm. Und insbesondere Künstler hat die Insel in den folgenden Jahren angezogen. Caspar David Friedrich widmete der Rügenschen Küstenlandschaft das um 1810 entstandene Gemälde »Landschaft mit Regenbogen«. Er umspannt den Rügischen Bodden und die Insel Vilm, verbindet Menschen, Tiere, Land, Meer und Himmel zu einem harmonischen Ganzen.

Carl Gustav Carus bereiste auf Friedrichs Anregung hin 1819 ebenfalls die Insel, 1835 entsteht aus seinen Erinnerungen an die Naturschönheiten dieser Reise das Gemälde »Eichen am Meer«.

Doch die Masse der begeisterten Besucher bedrohte schließlich das Stückchen Paradies, sodass der Vilm bereits 1936 unter Naturschutz gestellt wurde. Touristen ganz anderer Art bevölkerten die Insel nach dem Zweiten Weltkrieg: Der Ministerrat der DDR baute hier ein kleines Reetdachdorf zum äußerst exklusiven Ferienörtchen aus: Kein anderer durfte die Insel betreten. Heute ist sie wieder zu besichtigen, aber nur mit Voranmeldung im Rahmen einer Führung.

Seit 1990 unterhält die Internationale Naturschutzakademie (INA) in den Häusern eine Forschungs- und Begegnungsstätte für Umweltinitiativen. Die INA ist eine Außenstelle des Bundesamtes für Naturschutz in Bonn. Sie ist der einzige Nutzer der Gebäude. Für die Akademie arbeiten rund 40 Wissenschaftlerinnen und Wissenschaftler. Regelmäßig finden hier auch Ausstellungen und Konzerte statt (INA, Putbus, Tel. 038301 860, ina.vilm@bfn-vilm.de, Tagungskalender Insel Vilm: www.bfn.de/0603_kalender.html).

Natur pur: Nur 30 Besucher pro Tag dürfen die Insel Vilm betreten

Baabe ▶ H 7

Autofahrer bemerken es zuerst: Ein großer Bogen aus Holz überspannt die B 196 auf dem Weg von Sellin zum Eingang von Baabe. Er symbolisiert die Lage des Ortes als Tor ins Mönchgut. Der Bogen ist links und rechts flankiert von zwei Holzfiguren: ein Mann und eine Frau in regionaler Tracht. Wenn man ganz genau hinschaut, sieht man von hier aus Richtung Selliner See den Mönchgraben, der das Mönchgut von der Granitz trennt.

Baabe ist ein klassischer Badeort: Eine Flanierstraße mit baumbestandenem Mittelstreifen ist gesäumt von kleinen Häusern und Hotels. Sie führt von der Haltestelle des Rasenden Rolands zum weißen langen Strand. An den Dünen gibt es einen mit hohen Bäumen bestandenen Kurpark mit Bühne sowie ein modernes Haus des Gastes. Direkt an der Bahnlinie verläuft auch die Durchgangsstraße, die Baabe fast schmerzhaft teilt: Auf der anderen Seite zum Selliner See hin liegt der ruhigere Teil des Ortes, »Zu vermieten« oder »FeWo« sind häufige Aushängeschilder an den Häusern.

Hier ist auch das **Küstenfischermuseum** und das Baaber **Bollwerk**, wo der Fährmann noch selbst rudert. Er befördert mit Muskelkraft Fußgänger und Radfahrer ans jenseitige Ufer der Baaber Bek, der Verbindung von Having und Selliner See. Ein beliebtes Ausflugslokal mit Aussicht ist am anderen Ufer die Moritzburg. Den alten Ortsteil von Baabe verbindet die Ortsbahn von Baabe Uns lütt Bahn von Ostern bis Oktober mit dem Strand. Der zählt zu den schönsten von Rügen. Wer früh genug auf den Beinen ist, kann hier morgens den Fischern bei der Arbeit zuschauen und den einen oder anderen fangfrischen Fisch gleich nach Hause tragen.

Übernachten

Am Wasser – **Strandhotel:** Fam. Schlüter, Strandstr. 24–28, Tel. 0383 03 150, www.strandhotel-baabe.de, DZ inkl. Frühstücksbuffet 65–130 €, 1–3-Raum-App.; 2-Raum-App. 70–130 €. 4 Häuser mit Hotelzimmern und App. liegen an Baabes Flaniermeile, zum Hotel gehört ein Wellnessbereich mit Sauna und Whirlpool sowie Massagen und Schönheitsbehandlungen, Cocktailbar.

Geheimtipp – **Hotel Lindequist:** Von-Lindequist-Weg 1, Sellin/Baabe, Tel. 03 8303 95 00, www.hotel-lindequist.de, DZ ab 74 €. Alleinlage im Hochuferwald mit eigenem Strand, Kaminzimmer und Terrasse mit Meerblick, italienisches Restaurant im Haus.

Spanisch inspiriert – **Hotel Casa Atlantis**: Strandstr. 5, Tel. 038303 955 65, www.casa-atlantis.de, DZ 50–79 €, WLAN inkl. Außerdem Ferienwohnungen im Finca-Stil mit Blick auf den Selliner See. Katja und Alexander Reichhardt bringen seit 2004 mit ihrem Tapas-, Steak- und Fischrestaurant spanisches Lebensgefühl nach Baabe.

Schöne Lage – **Hotel Moritzdorf:** Moritzdorf 15, Tel. 038303 186, www.hotel-moritzdorf.de, DZ 60–134 €. Das familiäre Hotel mit 20 Zimmern liegt malerisch an der Baaber Bek, wo der Fährmann Fußgänger und Radfahrer von Baabe nach Moritzdorf übersetzt. Das Restaurant mit Aussicht überzeugt mit abwechslungsreicher regionaler Küche. Das Frühstücksbuffet mit selbstgemachter Marmelade und der kleine Sauna-Bereich machen einen Besuch zu jeder Jahreszeit zum Genuss.

Essen & Trinken

Exklusiv – **Solthus am See:** Bollwerkstr. 1, Tel. 038303 871 60, www.solthus.de, die gehobene internationale Küche bietet etwa lauwarme Terrine von Lachs und Kabeljau 10,50 € oder Perlhuhnbrust im Baumkuchenmantel mit Linsensalat 17,50 €. Das extravagant gestaltete Hotel an Baabes Boddenseite mit Blick auf die Having und den Selliner See hat 39 Zimmer und Suiten (DZ 106–176 €), eine Bibliothek mit Kamin und einen Wellnessbereich.

**Wo der Fährmann selber rudert:
Von Baabe nach Moritzdorf mit Rügens kleinstem Fährbetrieb**

Schwedisch-klassisch – **Teestube Baabe:** Strandstr. 30, Tel. 038303 121 71, www. teestube-baabe.de, Di–So, im Aug. tgl. 12–21, außerhalb der Saison bis 17 Uhr. Über 40 Teesorten, die Waffeln und eine im eleganten schwedischen Stil gehaltene Einrichtung begeistern nicht nur ausgewiesene Teefreunde.

Abends & Nachts

Heiter bis wolkig – **Kabarett-Theater** Lachmöwe: Strandstr. 28, Tel. 038303 990 75 oder 0176 64 20 44 66, www. kabarett-theater-lachmoewe.de, Mitte Juni–Mitte Sept. tgl. 20.30 Uhr, Erw. 14 €, Schüler/Studenten/Arbeitslose 8 €, Abendkasse ab 19 Uhr.

Aktiv & Kreativ

Ausflug mit Aussicht – **Wanderung zum Restaurant Moritzburg:** Moritzdorf 16, Tel. 038303 958 84, www.moritzburg-ruegen.de, Mai–Okt., warme Küche bis 20 Uhr und ab Juni auch länger, je nach Gästeaufkommen. Mit der Baaber Bäderbahn von der Haltestelle Mutter-Kind-Klinik neben dem Strandhotel durch den Ort bis zum Baaber Bollwerk. Am Bollwerk setzt ein Fährmann mit einem Ruderboot Fußgänger über nach Moritzdorf. Auf dem Hügel nahebei bietet das Ausflugslokal Moritzburg einen grandiosen Ausblick über die Landschaft. Von Moritzdorf führt ein Wanderweg über die Hügel der Halbinsel nach Seedorf mit seinem idyllischen Seglerhafen.

Nostalgische Kreuzfahrt – **Tour mit dem nostalgischen Ausflugsschiff MS Lamara:** ab Bollwerk Baabe rund um die Insel Vilm, Tel. 038303 90 99 51 oder 0160 96 67 78 99, www.ms-lamara.de, Karfreitag–Sept. tgl. 11, Mai–Okt. tgl. 14, Juli und Aug. Di, Do

18 Uhr, Dauer ca. 2 Std., Erw. 12 €, Kinder (4–14 Jahre) 7 €.

Auf dem Bodden unter Segel – Zeesbootfahrt mit Schwart Johann: ab Bollwerk Baabe, Reservierung über Surf und Sail Baabe, Tel. 0172 325 77 62, und Kapitän Otto, Tel. 0175 891 11 87, Mai–Ende Sept. tgl. ab 10 Uhr nach Absprache; Anmeldung nötig. Der Segeltörn unter dunkelroten Segeln auf der Having und in Richtung Insel Vilm dauert ca. 2 Std., pro Std. 10 € pro Pers., ab 4 Pers., max. 10 Gäste.

Surfunterricht – **Surf und Sail Baabe:** am Strand von Baabe, Kontakt über Rügener Segel- und Surfschulen, Lindenallee 6, Sassnitz, Tel. 0172 325 77 62 bei Philipp, 0160 94 83 00 38 bei Falk, 0172 480 50 18 bei Robert, www.windrider.de. Segel-, Surf- und Katamarankurse, Kinder-, Grund- und Aufbaukurse. Schnupperstunde Segeln und Surfen 20 €, Katamaran 25 €.

Fahrradverleih – **Casa Atlantis:** Strandstr. 5, Tel. 0151 18 42 70 10, www. fahrradverleih-baabe.de, z. B. 3-Gang-Damenrad 5 €/Tag.

Kitesurfen – **Casa Atlantis:** Strandstr. 5, Baabe, Tel. 038303 955 65, www.kitesurfen-ruegen.de, z. B. Tageskurs 4 Std. 99 €, Anfängerkurs 3 Tage 269 €.

Fischfang historisch – **Mönchguter Küstenfischermuseum:** Bollwerkstr./Ecke Dorfstr., Tel. 038303 14 20, www.moenchguter-museen-ruegen.de, ganzjährig tgl. 9–20 Uhr. Das Museum zeigt die Produktionsmittel der Fischer auf Mönchgut, dazu gehören die Gerätschaften der kleinen Fischerei auf den Boddengewässern. Tafeln beschreiben Fischfang und Bootsbau.

Infos

Kurverwaltung Ostseebad Baabe: Am Kurpark 9, Baabe, Tel. 038303 14 20, www.baabe.de.

Göhren ▶ H 8

Nicht nur einen, gleich zwei Strände hat das kleine Seebad Göhren: den langen Nordstrand mit Seebrücke, Promenade, Kurpark und der restaurierten Konzertmuschel aus den 1920er-Jahren – und auf der anderen Seite des Ortes der Südstrand, ein Naturstrand mit flachen Steinen im Wasser, wo auch im Hochsommer beschauliche Ruhe herrscht. Dazwischen ragt mit seiner Fels- und Klippennase das baumbestandene Nordperd weit in die Ostsee hinein und ermöglicht so an seinen beiden Stränden ganz unterschiedliche Badeurlaubsfreuden. Von Baabe aus kommend durch den Wald steigt die Gegend ganz langsam an bis zum geschützten Hochuferwald auf dem Nordperd, mit seinem grandiosen Blick auf den Nordstrand und die Ostsee.

Mit Anschluss an die Rügensche Kleinbahn 1899 wurde aus dem kleinen Fischer- und Lotsendorf ein beliebter Badeort. Weiße Bädervillen ziehen sich an der Post-, der Strand- und der Thiessower Straße den Hügel hinauf. Obwohl im Winter etwas einsam ist das Dorf im Sommer ein quirliger Urlaubsort mit Bars, Restaurants und Livemusik. Kleine Geschäfte bieten Nützliches und weniger Nötiges für einen erholsamen Strandtag an. Einen Einblick in die gar nicht immer so gute alte Zeit geben die vier Göhrener Museen: Alte Bauernhäuser und ein Museumsschiff erzählen von dem entbehrungsreichen Leben der Fischer und Kleinbauern.

Heimatmuseum

Strandstr. 1, Tel. 038308 21 75, www.moenchguter-museen-ruegen. de, Apr.–Juni und Sept.–Okt. 10–17, Juli, Aug. bis 18, Nov.–April bis 16 Uhr. Erw. 3 €, ermäßigt 2,50 €, Führung Di 14 Uhr

Reetgedeckt ist auch das alte Bauernhaus, in dem das Heimatmuseum Göhrens untergebracht ist. Neben Funden zur Vor- und Frühgeschichte, darunter Gerätschaften, Waffen und Rohlinge aus Feuerstein, Schiffsmodellen und Seemannsmitbringseln ist das Museum besonders bekannt für die guterhaltenen Mönchguter Trachten, die zeigen, was die Fischer und Bauersleute damals trugen: die Frauen schwere gestreifte Leinenröcke und die Männer bei der Arbeit weite Hosen.

Man erfährt außerdem etwas über die Geologie der Halbinsel Mönchgut und bekommt die Entwicklung Göhrens zum Ostseebad informativ vermittelt: Bäderarchitektur und Fremdenverkehr seit dem 19. Jh. werden anhand von Fotodokumenten anschaulich.

Museumshof

Strandstr. 4, Tel. 038308 21 75, www.moenchguter-museen-ruegen.de, Apr.–Juni und Sept.–Okt. 10–17, Juli, Aug. bis 18, Nov.–April Mo–Fr bis 16 Uhr. Erw. 3 €, ermäßigt 2,50 €, Führung Do 14 Uhr
Der Mönchguter Museumshof ist das älteste und größte Freilichtmuseum auf Rügen. Er zeigt einen kompletten Bauernhof mit Wohnhaus, Scheune, Wagenschuppen und Schweinestall. Die ältesten Bauten stammen aus der Zeit um 1680. Zu sehen sind historische

Geschichte erleben

Gleich zwei Bonuskarten sind mehr als ein gutes Argument im Sommerurlaub auch einen Museumsbesuch einzuplanen: Mit der Sammelkarte für 8 €, ermäßigt 6 €, zahlt man nur einmal Eintritt für alle vier Göhrener Museen. Die Familienkarte (2 Erw., 2 Kinder) kostet 15 €, inkl. Museumsquiz.

Der Museumshof ist eines von vier sehenswerten Museen in Göhren

Acker- und Handwerksgeräte, alte Maschinen und Kutschen; besonders eindrucksvoll ist der Kräuter- und Blumengarten mit Infotafeln zu Nutzen und Anwendung der einzelnen Pflanzen.

Rookhus

Thiessower Str. 7, Tel. 038308 21 75, www.moenchguter-museen-ruegen.de, Apr.–Okt. 14–17 Uhr, Nov.–Mitte April Winterpause. Erw. 3 €, ermäßigt 2,50 €

Ganz anschaulich zeigt das kleine Museum das harte Leben der Kleinbauern und Fischer, die einst in diesem Haus mit den Tieren samt allem Arbeitsgerät auf engstem Raum lebten. Das Rookhus (Rauchhaus) wurde um 1720 erbaut und hat vor dem Haus einen kleinen Barockgarten. Es ist eines der ältesten Wohnhäuser auf Rügen. Es besitzt keinen Schornstein, denn der Rauch zog von der offenen Herdstelle durch das Dielentor und durch die Öffnungen im Dachfirst nach draußen.

Museumsschiff Luise
Am Südstrand 1a, Tel. 038308 21 75,
www.moenchguter-museen-ruegen.
de, Apr.–Okt. 10–13, im Juli, Aug. bis
17 Uhr, Nov.–Mitte April Winter-
pause. Erw. 3 €, ermäßigt 2,50 €
Der voll begehbare Küstenfrachter begeistert besonders Technikfreunde
und allen voran Kinder. Der Motorseg-
ler Baujahr 1906 war bis in die 1960er-
Jahre auf Rügens Gewässern im Einsatz
und liegt jetzt aufgebockt am Südstrand auf dem Trocknen. Eine Aus-

stellung im Schiffsbauch mit Seekarten, Werkzeugen und Sextanten gibt
einen Einblick in die Arbeit an Bord.

Kirchhügel mit Aussicht
Neue Kirchstr.
Von dem Kirchhügel hat man einen
schönen Blick über die weite Boddenlandschaft, nahebei liegt das Hügelgrab Speckbusch aus der Bronzezeit.
Die Kirche wurde 1930 eingeweiht und
gehört mit dem Gotteshaus in Baabe
zu den jüngsten Kirchen der Insel. Zu
sehen sind im Inneren ein Votivschiff
und Figuren von Maria und Johannes
in Mönchguter Fischertracht.

Übernachten

Exklusiv – **Travel Charme:** Nordperdstr.
11, Tel. 038308 70, www.travelcharme.
com, DZ inkl. Frühstücksbüfett 112–
296 €, mit Panoramapool und Sauna-
landschaft.
Super Seeblick – **Hotel Hanseatic:**
Nordperdstr. 2, Tel. 038308 515, www.
hotel-hanseatic.de, DZ inkl. Frühstücksbuffet 74–188 €. Göhrens Hotel
für Genießer mit hohen Ansprüchen:
Wellness auf über 1000 m^2 inkl. chlor-
freiem Schwimmbad und Sauna mit
Seeblick, umfangreiche Gesundheits-
anwendungen. Verschiedene gastro-
nomische Angebote, z. B. der Berliner
Salon, das Gourmet-Restaurant von
Chefkoch Benedikt Faust, der seit 2011
den kulinarischen Kurs des Hauses bestimmt. Optik-Haptik-Geschmack sind
die Schwerpunkte seiner Avantgarde-
Kochkunst, Do–Sa 18–21 Uhr, sowie das
Friedrichs mit regionaler Küche, tgl.
18–21 Uhr. Nachmittags von 13–17.30
Uhr öffnet das Turmcafé in der vierten
Etage mit einem traumhaften Blick
über die Insel und auf die Ostsee; hier
gibt es Torten und Pralinen aus der
hauseigenen Konditorei. Abends sam-

Unser Tipp

Museumswelt Mönchgut

Fachwerkhäuschen und Lotsenturm, Bauerngärten und Fischerboote: Acht heimatkundliche Museen geben einen umfassenden Einblick in die Welt längst vergangener Tage. Ungewöhnlich viele Zeugnisse aus dem harten Leben der Bauern und Fischer finden sich im Mönchgut. Wie lebten die einfachen Leute in dieser abgelegenen Region, bevor die Touristen den östlichsten Zipfel Rügens für sich entdeckten? Haushalts- und Ackergerät, Fischreusen und farbenfrohe reich verzierte Trachten, Schulbücher und Reiseandenken der Seeleute zeigen ein facettenreiches Bild einer vergangenen Epoche.

Die Fülle der bewahrten Überlieferung ist maßgeblich einer Person zu verdanken: Viele Leute im Mönchgut erzählen noch Geschichten von Ruth Bahls, Lehrerin und Kapitänstochter, die sich unerschrocken und gelegentlich dickköpfig fast ein ganzes Jahrhundert lang für den Erhalt und die museale Aufarbeitung Mönchguter Geschichte einsetzte. 1909 geboren, gründete sie bis zu ihrem Tod 1994 zahlreiche Museen im Mönchgut, denen sie fast 30 Jahren lang ihre Energie und Kraft widmete. Es begann 1963 mit dem Heimatmuseum in Göhren, dazu kamen dort auch das Rookhus, der Museumshof und das Museumsschiff Luise am Südstrand sowie in Middelhagen das Schulmuseum.

Ruth Bahls Interesse an Heimatgeschichte erwachte schon im Kindesalter. Das Mädchen vertraute ihren Freundinnen an, dass sie mal ein Buch mit dem Titel »Gühren in ollen Tieden« schreiben wolle. Tatsächlich fand sich später in ihrem Nachlass ein selbstgemachtes Heftchen mit eben diesem Titel und einer angefangenen Geschichte.

Die Museen (www.moenchguter-museen-ruegen.de)

Baabe
Mönchguter Küstenfischermuseum mit Booten, Reusen und Netzen, S. 148.
Middelhagen
Schulmuseum mit seiner historischen Schulstunde, S. 164.
Göhren
Mönchguter Heimatmuseum mit den traditionellen Trachten, S. 149.
Mönchguter Museumshof mit Kräutergarten und Ackergeräten, S. 149.
Rookhus (Rauchhaus) mit dem historischen Gärtchen, S. 150.
Museumsschiff Luise am Südstrand von Göhren, S. 151.
Pfarrwitwenhaus in Groß Zicker, S. 161.
Thiessow
Lotsenturm und die Lotsenwache. S. 159.

Literatur: Gabriela Risch, »Ruth Bahls. Versuch einer Annäherung«. Erhältlich in den Kurverwaltungen von Göhren und Middelhagen sowie in Göhren im Heimatmuseum und in der Buchhandlung.

meln sich in der bis 2 Uhr geöffneten Hotelbar Maritim die Nachtschwärmer.

Direkt am Kliff – **Inselhotel Rügen:** Wilhelmstr. 6, Tel. 038308 55 50, www.inselhotel-ruegen.de, DZ inkl. Frühstücksbüfett 70–114 €. Ruhig in einer Sackgasse direkt am Naturschutzgebiet Nordperd gelegen, strandnah.

Sympathisch – **Hotel Stranddistel:** Katharinenstr. 9, Tel. 038308 54 50, www.ruegen-hotel-stranddistel.de, DZ inkl. Frühstücksbuffet 66–140 €, mit Sauna- und Fitnessgerätenutzung.

Nostalgisch – **Rheinschlößchen:** Katharinenstr. 5, Tel. 038308 254 14, www.extraklasse-ruegen.de, App. für 2 Pers. inkl. Wäsche und Endreinigung 40–105 €. Appartements in einer denkmalgeschützten Villa mit Sauna und Bar Globetrotter.

Am Strand – **Strandhaus1:** Nordstrand 1, Tel. 038308 250 97, www.strandhaus1.de, 13 Zimmer in freundlicher kleiner Pension mit Frühstücksbuffet, auch 3-4-Bettzimmer, DZ 55–90 €, wunderschöne Terrasse direkt am Strand, Kneipe/Restaurant mit gelegentlicher Livemusik, Service Juli, Aug. tgl. 13–16.30 und 17.30–23 Uhr, Mai, Juni, Sept., Okt. tgl. ab 17 Uhr.

Individuell – **Villa Erika:** Waldstr. 8, Tel. 038308 22 01, www.villa-erika-goehren.de. Kleines denkmalgeschütztes Wolgast-Haus mit 7 Zimmern, Gemeinschaftsküche, Aufenthaltsraum und einem wunderschönen Garten am Hochufer, DZ mit Waschbecken oder Dusche/WC auf dem Zimmer 40–75 €, Ende Mai–Sept.

Essen & Trinken

Gut und günstig – **Kaisers Hofkneipe und Restaurant:** Waldstr. 11, Tel. 038308 21 56, Mai–Okt. tgl. 11.30–14 und ab 17 Uhr. Regionale, skandinavische und gutbürgerliche Küche.

Geheimtipp – **Fischklause:** Strandstr. 14, Tel. 038308 256 21, www.hauskarlsruhe.de, Ostern–Okt. Di–So 17–22 Uhr, unbedingt reservieren. Hier werden leckere Fischgerichte serviert, z. B. Zanderfilet mit Kartoffeln und Blumenkohl 13,90 €.

Göhrens Klassiker – **Zur Muschelbar:** Am Nordstrand 1, Tel. 038308 254 42, Mai–Okt. tgl. sowie Weihnachtsfeiertage ab 9 Uhr, www.muschelbar.de. Ausgezeichnete Fischsuppe, Mecklenburger Spezialitäten und spanische Küche, gemütliche Seemanns-Bar direkt am Weg zum Strand, von der Terrasse Blick aufs Meer.

Beste Strandbar – **Übersee:** Strandpromenade, Tel. 038308 669 99, Mai–Okt. 11–18, Juni–Aug. bei gutem Wetter bis 23 Uhr. Das Café/Restaurant bietet Weine, Cocktails, leckere Gerichte und gute Musik auf der großen Terrasse direkt am Strand.

Kino – **im Regenbogencamp:** am Kleinbahnhof in Göhren, Tel. 038308 840 22, nur im Sommer, Vorstellungen um 15, 17, 19 und 21, Sa, So zusätzlich um 10.30 Uhr.

Einkaufen

Kräuter-Manufaktur – **Sonnenladen in der Villa mit Sonnenhof:** Friedrichstr. 8, Tel. 038308 340 94, www.villa-mit-sonnenhof.de, Mo–Sa 10–18 Uhr. Hier verkauft Göhrens Starkoch Peter Knobloch seine beliebten Kräutersalze und leckeren Marmeladen. Wer sofort Appetit hat, für den steht ab 15 Uhr selbstgemachter Kuchen bereit.

Bio-Hofladen – **Ökohof Ranch am Torfmoor:** Wasserwerk-Försterei 14, Tel. 038308 66 68 88, www.ruegener-insellamm-rudenlamm.de, Mai–Okt. tgl. 11–18, im Winter Fr 11–20 Uhr. Verkauf von selbstgemachten Lammfleisch-Produkten und anderen Bio-Lebens-

mitteln, Rohwolle und Pullis, dazu Ausschank und kleine Gerichte für Wanderer und Radler, z. B. Kesselgulasch vom Lamm 4,90 €. Nils-Torsten Volk züchtet seit 1981 das Rauhwollige Pommersche Landschaf.

Aktiv & Kreativ

Ferienprogramm – **Sommerprogramm der Kurverwaltung Göhren:** In Kooperation mit dem Erlebnisanbieter Discover Rügen, www.discover-ruegen.org, werden z. B. Yoga am Strand, Bogenschießen, Schnupper-Kiten, eine Kajak-Tagestour ab Gager oder Exkursionen als Urlaubsranger mit Biologen auf Naturschutz-Patrouille für den NABU Naturschutzbund Deutschland angeboten. Das umfangreiche und mit Kurkarte vielfach kostenlose Programm ist im »Aktiv Planer« aufgeführt, die Broschüre gibt es in der Kurverwaltung; dort kann man sich auch für die Kurse anmelden (Kontakt Kurverwaltung Ostseebad Göhren, s. S. 155).

Kochen und gucken – **Kräutermenü:** Do, Fr und Sa ab 19 Uhr kann man Rügens Kräuterkoch Peter Knobloch in seiner Küche beim Kochen hautnah erleben. 90 € pro Person. Nur nach Voranmeldung. Wer da auf den Geschmack kommt, kann auch an 1- oder 2-tägigen Kochschulen teilnehmen, 150 und 250 € (s. S. 156).

Wanderung ums Nordperd – **Fantastische Aussicht:** auf die Ostsee bietet der Hochuferweg zur Nordperdspitze, ab Wilhelmstr. beim Inselhotel Rügen (s. S. 153). Beim Aussichtspunkt am Nordperd gibt es die Möglichkeit zum Abstieg und zurück geht es über den Nordstrand, oder alternativ als Rundweg Richtung Südstrand.

Strandwanderung – **Nach Baabe:** Von Göhren kann man am Nordstrand bis nach Baabe spazieren und zurück mit der dampfenden Kleinbahn Rasender Roland fahren.

Radeln – **Fahrradverleih:** Kastanienallee 9, Tel. 038308 23 38, in der Saison tgl. 9–12 und 17–18 Uhr, ab 6,50 €.

Bowling – **Pommernstübchen:** Strandstr. 1, Tel. 038308 910 86, tgl. ab 15 Uhr, 10 € pro Bahn je Std., Schuhe 1 €.

Abends & Nachts

Disco – **Zum Lotsen:** Strandstr. 12, ab 22 Uhr, ab 22.30 Uhr 3 € Eintritt. Ostsee-Szene-Club mit guter Musikanlage, kleiner Tanzfläche und gemütlichen Sitzecken.

Cocktailbar – **Globetrotter:** Katharinenstr. 5, Tel. 038308 254 14, www.globetrotterbar.de, Di–So 19–1 Uhr, Win-

teröffnungszeiten über die Homepage. Exotische Drinks und freundlicher Service helfen hier gut gegen das Fernweh.

Hotelbar – **Maritim Bar:** Hotel Hanseatic, Nordperdstr. 2, Tel. 038308 515, www.hotel-hanseatic.de, Mai–Okt. tgl. ab 17, Nov.–April tgl. ab 20–1 Uhr. Ins Auge fällt der Bartresen in Form eines Schiffsrumpfes und lecker sind die Cocktails; es gibt auch alkoholfreie sowie ein umfangreiches Sortiment an Weinen, Sekt, Bier und Whiskey.

Zum Schmunzeln – **Komödie Rügen:** Waldstr. 4, Tel. 038308 662 22, www.komoedie-ruegen.de, www.die-eintrittskarte.de, Mo–Fr 20 Uhr Komödie/Theater, Mi Naturfilmtag am Nachmittag, Sa, So Theaterworkshop nach Anmeldung.

Infos & Termine

Kurverwaltung Ostseebad Göhren: Poststr. 9, Tel. 038308 667 90, www.goehren-ruegen.de, Mai–Sept. Mo–Fr 9–18, Sa 9–12, Okt.–Apr. Mo, Mi, Do 9–12 und 13–16.30, Di bis 18 und Fr 9–15 Uhr. Internet in der Kurbibliothek.

Familientag in Göhrens Museen: Juni–Sept. jeden 1. Mo im Monat 11–14 Uhr. Museenerkundung mit Stift und Fragezettel, Start auf dem Museumshof.

Lobbe ► H 8

Quasi ein Vorort von Göhren ist Lobbe, hier gibt es Strand pur: Dünen, Strandhafer und einige einfache Hotels und Pensionen ganz nah am ▷ S. 158

Die Attraktion für Groß und Klein auf Rügen: der Rasende Roland

Auf Entdeckungstour

Für eine Handvoll Kräuter – Kochkurs im Garten

Der gute, alte Küchengarten kommt bei den Kochkursen von Rügens Starkoch Peter Knobloch endlich wieder zu neuen Ehren. Kräuter werden angefasst, beschnuppert und probiert, die schönsten Blumen entpuppen sich im Selbstversuch als leckere Appetithappen – bei diesem Kurs wird so mancher Gourmet zum Gartenfreund.

Reisekarte: ▶ H 8

Planung: Kochschule mit Peter Knobloch in der Villa mit Sonnenhof, Friedrichstr. 8, Göhren, Tel. 038308 340 94, www.villa-mit-sonnenhof.de. Den Kurs gibt es 1-tägig, für 150 € p. P. (2-tägig für 250 €), mit Begrüßungssekt, Kochschule und anschließender Verkostung des vorbereiteten Menüs, exklusive Getränke.

Dauer: 1 Tag, Beginn ca. 11 Uhr, Dinner ab ca. 18 oder 19 Uhr

Mit Kräutern kochen – wer bei dem Gedanken nur an Petersilie und Schnittlauch denkt, hat bestimmt noch nie von Peter Knobloch gehört. Seit 1989 lebt der gebürtige Chemnitzer auf Rügen. Ein Kochtag beginnt aber nicht in seiner Küche, sondern im Garten der »Villa mit Sonnenhof«. Auf 1000 m² schmiegen sich Kräuter in Töpfen, Blumen- und Kräuterrabatten aneinander. Über die Jahre schuf das Paar aus den Kräutern der Umgebung und Sämlingen von Liebhabern und Fachhändlern ein üppiges Paradies.

Stockrose mit Biss

Auch Ehefrau Christina begleitet den Kurs. Sie pflückt gezielt aus den vielen Gewächsen ein dillartiges Kraut: »Bronzefenchel« heißt es, und überraschenderweise schmecken die zarten Triebe eher nach Anis. Auch unscheinbare Pflanzen stecken voller Überraschungen. Schwieriger ist es da schon, in eine Malvenblüte zu beißen, oder ein kleines Stiefmütterchen zu vernaschen. Alles mundet und schmeckt ganz unterschiedlich von ganz mild bis erfrischend säuerlich. Dazu gibt Peter Knobloch schon die ersten Zubereitungs-Tipps: Stockrosen sind mit Quark gefüllt ein hübscher Leckerbissen, und Gänseblümchen machen sich nicht nur optisch gut im Salat.

Nach der kleinen Kräuterkunde geht es zur Menübesprechung von draußen in die Schulküche im großzügigen Wintergarten: Heute gibt es als Vorspeise einen Salat mit Sanddorn-Wildthymian-Dressing, als Hauptgang Semmelknödel an Kräuterlachs und als Dessert Mousse au chocolat mit frischer roter Chilischote. Alle Teilnehmer bekommen verschiedene Aufgaben. Der Profi zeigt zwar die ersten Handgriffe, doch danach muss jeder selbst ran an den Herd – es wird geputzt, ge-schnippelt und gerührt. Jeder Teilnehmer ist für einen Gang zuständig. Während Knobloch meiner Kochkollegin die Zutaten der Nachspeise erklärt, gibt es auch noch jede Menge kleiner Tipps für Zuhause: Gebrauchte Vanilleschoten mit Zucker in ein Weckglas geben und fertig ist der echte Vanillezucker. Knobloch schmeckt noch kurz das Dressing ab. Das Formen der Semmelknödel ist mitunter nicht so einfach, doch der Profi zeigt gern, wie es geht.

Profitipps und Selbstversuche

Einen Klecks Knödelmasse auf ein Stück Frischhaltefolie geben und einrollen, anschließend von beiden Enden die Masse vorsichtig zusammendrücken und die Zipfel an beiden Seiten nach oben biegen. Danach diese Rolle noch mal in Alufolie wickeln und im Wasserbad garen. Anschließend auseinanderwickeln und die Masse in gleichgroße Scheiben schneiden und zusammen mit dem marinierten Lachs auf einem Teller anrichten. Nebenbei verrät der Profi, was er aus seiner jährlichen Bärlauchernte im Putbuser Schlosspark so alles zaubert. Zum Experten wurde Knobloch übrigens auch durch Selbstversuche. Ein Biss auf junge Eisenhut-Blätter lähmte stundenlang seinen Mund - ein ernstzunehmender Hinweis, dass nicht jedes Gewächs unbedingt auch zum Kochen geeignet ist. Nach einem langen Tag in der Küche muss das Dinner nur noch optisch abgestimmt werden. Christina Knobloch zeigt, wie ein farbenprächtiges eßbares Blumen-Bouquet unserem Menü den letzten Schliff gibt. Fast zu schade, um es nun anschließend in der geselligen Runde zu verspeisen. Doch Achtung, dieser Kochkurs ist nachhaltig: Knobloch-Schüler betrachten Blumenbeete und Blütenwiesen mit ganz neuen, viel hungrigeren Augen.

Wasser, dazu noch ein paar Restaurants für die hungrigen Badegäste – mehr braucht man nicht für einen entspannten Tag am Strand. Auf der einen Seite schwappt sanft die Ostsee an den Strand, auf der anderen Seite geht der Blick weit über Wiesen und Weiden. Auch viele Radler machen hier Station und stärken sich in den verschiedenen Gaststätten für die Weiterfahrt.

Übernachten

Strandnah im Kiefernwald – **Hotel Eldena:** Göhrener Weg 40, Tel. 038308 500, www.hotel-eldena.de, DZ inkl. Frühstück 64–98 €, 29 Zimmer und 17 FeWo. Das Hotel mit Wellnessbereich liegt in einem Kiefernwäldchen ganz nah am Ostseestrand. Zum Hotel gehören Ferienwohnungen. Das Steak-Restaurant El Asador ist tgl. ab 14 Uhr geöffnet; hier gibt es auch Rindfleisch vom Bio-Hofgut Bisdamitz (s. S. 237).

Meerblick-Terrasse – **Hotel Zum Lobb'ster:** Dorfstr. 23 c, Tel. 038308 66 70 oder 0173 163 58 88, www.lobbster.de, www.pension-ostseestrand.de, DZ 55–75 €. Hotel ganzjährig geöffnet, Restaurant und Strandimbiss April–Okt. tgl. 10–21 Uhr, im Sommer auch länger.

Dicht am Strand – **Strandhotel Lobbe:** Dorfstr. 22, Tel. 038308 840 07, www.strandhotelruegen.de, DZ 45–79 €. 1-, 2-, 3- und 4-Bett-Zimmer, u. a. Themenzimmer, z. B. Romantik oder Fernost. Zum Hotel gehört ein Restaurant.

Essen & Trinken

Traditionsgasthof – **Zum Walfisch:** Lobbe 32, Tel. 038308 56 67, www.walfisch-ruegen.de, tgl. ab 11.30 Uhr. Hier gibt es Rügener Fischspezialitäten. Das Haus mit Sommerterrasse wurde 1888 erbaut und befindet sich

seitdem in Familienbesitz. Die Familie Kliesow vermietet auch Ferienzimmer im Gasthof, die Wiese hinterm Haus mit Gartenteich lädt zum Entspannen ein. Von dort geht der Blick über die Wiesen zur Hagensche Wiek und den Zicker Bergen. Es gibt 21 Zimmer, darunter 3 App. und 5 Zimmer mit Terrasse. DZ mit Frühstücksbuffet 44–84 €.

Thiessow ▶ H 9

Rügens südöstlichster Zipfel ist der Surfer Hotspot zwischen Ostsee und Greifswalder Bodden. Von drei Seiten vom Meer umgeben geht es in dem kleinen Urlaubsort trotzdem beschaulich zu. Hier gibt es keine elegante Bäder-Architektur, aber jede Menge frische Luft. Einen guten Überblick bekommt man bei einem Spaziergang über den 36 m hohen Lotsenberg. Hier wurde der 1909 erbaute, 11 m hohe **Lotsenturm** nach historischem Vorbild wieder aufgebaut. Neben dem seemännischen Lotsendienst gehörten der Rettungsdienst und die Unterstützung des Zolldienstes zu den Aufgaben der Fischer. Sie fuhren als Lotsen von Thiessow mit den Schiffen nach Stralsund und mussten von dort zu Fuß wieder den Rückweg antreten, der gut zwei Tage dauerte. Ein schöner Aussichtspunkt auf dem Berg ist auch der Kleine Königsstuhl, von hier aus hat man einen guten Blick auf die Brandung und die Wellenreiter. Von Thiessow ist es nicht weit nach **Klein Zicker**, hier ist die Straße wirklich zu Ende und es geht nur noch zu Fuß weiter. Ein Spaziergang auf den kleinen Hügel zeigt die Schönheit der Boddenlandschaft: Greifswalder Bodden, Zicker See mit dem kleinen Hafen von Thiessow und übers Wasser hinüber zu den Zickerschen Bergen und dem Schwestern-Ort Groß Zicker.

Übernachten

Familiär – **Hotel Godewind:** De niege Wech 7, Tel. 038308 34 20, www.gode wind-thiessow.de, DZ mit Frühstück 70–95 €. Gemütliches kleines Haus mit Sauna und Fitnessraum, sympathisch im Landhausstil eingerichtet. Das Restaurant Lotsenstube mit Wintergarten bietet einen schönen Bodden-Blick.

Haus Hoffnung und Ferien unter Linden – **Ferienwohnungen Eva Maria Philipp:** Hauptstr. 33a, Tel. 038308 303 37, www.hoffnung-thiessow.de, www. ferienunterlinden.de, Mai–Okt. App. 45–105 €/Tag. Freundlich eingerichtete, strandnahe FeWo.

Günstig – **Haus Ostsee:** Familienferienwerk des Landeskirchlichen Gemeinschaftsverbands Vorpommern e. V., Strandstr. 17. Für Familien mit geringem Einkommen. Kontakt über Haus Seeadler in Sellin, Tel. 038303 180, www.haus-seeadler-ruegen.de, einfache DZ mit Etagen-WC und Duschen im EG 16 € pro Pers., Kinder (6–16 J.) 4 €.

Strandnah – **Camping Oase Thiessow:** Hauptstr. 4, Tel. 038308 82 26, www. windsurfen-ruegen.de, Caravan/Pkw 12–18,50 €, großes Zelt und Pkw 11–17,50 €, Zelt 6–8 €, Erw. 4–5,50 €, Kinder (6–17 J.) 1,50–4,50 €, April–Okt., 320 Stellplätze. Gut ausgestatteter Platz zwischen Ostsee und Greifswalder Bodden am Kiefernwald gelegen.

Essen & Trinken

Ostseeblick – **Strandcafé:** Strandstr., Thiessow, Tel. 038308 83 45, in der Saison tgl. ab 11.30 Uhr. Gutbürgerliche Küche, Strandcafé mit Meerblick.

Räucherfrisch – **Imbiß am Bodden:** Dörpstrat 5, Klein Zicker, Tel. 038308 83 51, Mai–Okt. tgl. frischer Räucherfisch. Geräuchert wird am Trafohäuschen, 50 Plätze im Freien direkt am Wasser.

Panoramablick – **Zollhaus:** Dörpstrat. 9, Klein Zicker, Tel. 038308 83 12, www.zollhaus-ruegen.de, tgl. 11–21, im Winter 12–18 Uhr. Leicht erhöht liegt das Restaurant an der 5 m hohen Steilküste, bei guter Sicht reicht der Blick von der Terrasse bis Usedom und Greifswald.

Aktiv & Kreativ

Kiten lernen – **Proboarding:** Dörpstrat 35, Klein Zicker, www.proboarding.de, Tel. 038308 859 16 (Shop) oder 0174 911 19 22, Tageskurs 4 Std. 100 €.

Kiten und Surfen – **Kite- und Surfschule Thiessow:** Dörpstrat 2, Klein Zicker. Die Außenstelle der Segelschule Altefähr bietet auf den Thiessower Campingplätzen verschiedene Kurse an, Tel. 038308 303 60, in der Nebensaison Tel. 038306 232 53, www.sailsurf-ruegen.de, Mai–Mitte Sept., Ausleihe Brett 11 €/Std., Segel 8 €/Std., Ausleihe Kite 16 €/Std., ebenfalls Verleih von Seekajaks und Angelbooten.

Zweirad und Minigolf – **möwe07:** Strandstr. 1, Thiessow, Tel. 038308 343 84, www.moewe07.de., Ostern–Okt. tgl. 9–19 Uhr. Verleih von Fahrrädern und Fahrrad-Spaßmobilen, Minigolf.

Skaten – **Skate-Board:** Anlage an der Strandstraße, Thiessow.

Schöne Aussicht – **Lotsenturm:** Lotsenberg 1, Thiessow, Tel. 038308 82 80, www.moenchguter-museenruegen.de. Der Lotsenturm ist jederzeit zugänglich, die historische Lotsenwache ist von April–Okt. 9–18 Uhr geöffnet.

Infos & Termine

Kurverwaltung Thiessow: Hauptstr. 36, Thiessow, Tel. 038308 82 80, www. ostseebad-thiessow.de, Mo, Mi, Do 8–16, Di, Fr 8–14, Sa 10–12 Uhr.

Rügenmarkt: Di 10–17 Uhr auf dem Hafengelände von Thiessow, Parken 1 €. Auf dem Markt präsentieren sich Kunsthandwerker und Bauern der Region mit ihren Produkten. Es gibt einiges zu gucken, bestimmt ist auch das eine oder andere Mitbringsel dabei. Schön ist der Ausblick vom Hafen übers Wasser auf die Zicker Berge.

Zicker Berge ► H 8/9

Landschaftlich besonders schön und ein lohnendes Ausflugsziel sind die Zicker Berge; von den nur wenig bewaldeten Höhen hat man einen fantastischen Blick auf die Mönchguter Boddenlandschaft: über die Kaming nach Klein Zicker auf der einen Seite und über die Hagensche Wiek zum Reddevitzer Höft auf der anderen Seite. Statt Bäumen bestimmen hier Gräser, Sträucher und Blumen die Landschaft – Trockenrasen heißt die Vegetationsform und steht besonders unter Schutz. Hitze und Wassermangel ertragende Pflanzen haben sich hier zu Dauerlebensgemeinschaften zusammengefunden. Besonders im Frühjahr und Frühsommer zeigt sich die Farbenpracht der Blütenpflanzen, die nur wenig später im Hochsommer verdorren. Dann ist der Trockenrasen an seiner typischen bräunlichen Färbung zu erkennen und hebt sich deutlich vom Grün der Wiesen ab.

Gute Ausgangspunkte für Wanderungen über die Zickerschen Alpen, wie sie auch manchmal heißen, sind die idyllischen Orte Gager und Groß Zicker am Fuß der Zicker Berge.

Groß Zicker ► H 8/9

Groß Zicker gilt gemeinhin als schönstes Dorf im Mönchgut, wenn nicht gar auf ganz Rügen. Am Ortseingang steht zwischen großen Bäumen die alte Dorfkirche, von dem kleinen Friedhof kann man direkt auf den Bodden schauen. Alte Scheunen sind liebevoll instand gehalten. Die Attraktion des Ortes ist das Pfarrwitwenhaus, ein reetgedecktes Hallenhaus mit dem im Sommer verschwenderisch blühenden Bauerngarten.

Die Hallenhäuser boten mit ihrem quadratischen Grundriss genug Platz für die Stallungen, die Stuben, den Heuboden und die große Diele, in der gern auch gefeiert und zum Tanz aufgespielt wurde. Typisch für die Gegend sind auch die Dreiseitengehöfte: Ein quergestelltes Wohnhaus verbindet

Im Pfarrwitwenhaus lebten Menschen und Tiere unter einem Dach

Stallungen und Scheune, die beide mit dem Giebel zur Straße stehen. Die Höfe in der Mitte ziert, wie es scheint, jahrhundertealtes Kopfsteinpflaster. Das gilt auch für die Straße, die sich durch das denkmalgeschützte Dorf vorbei an backsteinroten und weiß gekalkten hübschen Häusern windet. Langgezogen liegt es auf einem schmalen Streifen nah am Wasser dicht an die Zicker Berge gekuschelt. Kleine Fischimbisse und gemütliche Restaurants mit Boddenblick bieten Gelegenheit zur Rast nach einer Wanderung über die gleich hinter den Häusern ansteigenden Zicker Berge, die mit 69 m maximaler Höhe bestenfalls Hügel sind.

Pfarrwitwenhaus
Boddenstr. 35, Tel. 038308 8248 (Pfarramt), www.kirche-auf-moench gut.de, Ostern–Mai und Sept. Mo–Sa 10–17, So 13–17, Juni–Aug. Mo–Sa 10–18, So 13–18 Uhr, Nov.–Ostern geschlossen, Erw. 2 €
Das um 1720 erbaute niederdeutsche Hallenhaus gehört zu den ältesten Häusern auf Rügen. Charakteristisch ist das reetgedeckte Spitzdach, der sogenannte Zuckerhut, getragen von einem Innengerüst aus zwei Ständerreihen, und die Verwendung von Holz und Lehm.

Das Pfarrwitwenhaus war eine soziale Einrichtung. Die nach dem Tod des Pfarrers mittellose Witwe erhielt

hier Unterkunft und alles zum Leben Notwendige. Pfarrwitwen bewohnten das Haus bis 1810; bis 1984 wohnten hier bis in die vierte Generation Angehörige der Familie Radvan zur Miete. Heute wird das Museum auch als Galerie genutzt.

Übernachten, Essen

Traumhafte Lage – **Taun Höft Appartements und Restaurant:** Boddenstr. 61, Tel. 03 83 08 54 20 oder 0170 544 15 86, www.taun-hoevt.de, 9 schöne App. 80–110 €/Tag. Am Fuß der Zicker Berge gelegen, mit Boddenblick. Zum Haus gehört das Restaurant Taun Höft, April–Okt. tgl. ab 11 Uhr, Küchenschluss 21.30 Uhr, Betriebsferien 15. Nov.–16. Dez.; 25. Dez.–3. Jan. 10–22, Feb.–März 11–16 Uhr.

Kräuterwanderung mit René Geyer

Seltene Pflanzen und Großmutters Rezepte, tolle Ausblicke auf Bodden und Küste, Großsteingräber sowie Wissenswertes über Land und Leute: Die Kräuterwanderungen mit René Geyer sind anschaulich und kurzweilig, für Kinder genauso interessant wie für Erwachsene. Treffpunkt ist am Ende der Boddenstraße in Groß Zicker am Schlagbaum hinter dem Hotel und Restaurant Taun Höft (Tel. 0173 989 80 31, www.naturgeyer.de, April–Sept. Mo, Do, Fr, 10 Uhr, Sa 13 Uhr, Dauer ca. 3 Std., Erw. 9 €, Kinder 6–14 Jahre 3 €, Familien 18 €).

Zu Fuß von Groß Zicker nach Gager

Hinter der Gaststätte Taun Hövt am äußersten Rand von Groß Zicker führt hinter dem Schlagbaum ein Pfad in die Zicker Berge. Über blühende Wiesen steigt der Weg immer weiter Richtung Westen sanft an. An einer Wegkreuzung zweigt ein beschilderter Pfad ab zum Nonnenloch, hinunter zu einem schönen schmalen Sand- und Kiesstrand. Zurück zur Kreuzung beschreibt der Weg bald eine Kurve und läuft dann auf einen **Aussichtspunkt** an der Spitze des Zickerschen Höfts zu.

Ab hier verläuft der Pfad am Ufer auf Gager zu, immer wieder geht es durch kleine Wäldchen. Wenn man den Parkplatz am Eingang des Naturschutzgebietes erreicht hat, tauchen auch bald die ersten Häuser von Gager auf. Dann ist es mehr weit bis zum Hafen. Von hier auf die Hügel zu führt ein Pfad hinauf zum **Bakenberg** (69 m). Oben bietet sich ein beeindruckendes Panorama: gen Süden nach Klein Zicker, im Nordwesten ragt das **Reddevitzer Höft** lang in den Rügischen Bodden hinein. Dahinter sieht man die Wälder der Granitz, bei gutem Wetter reicht der Blick auch bis zu den Kirchtürmen von Greifswald. Von hier ist es nicht mehr weit nach Groß Zicker: Einfach die Flanke des Berges auf der anderen Seite wieder hinabsteigen (insgesamt 8 km).

Aktiv & Kreativ

Über die Berge – **Amt für das Biosphärenreservat Südost-Rügen:** Tel. 038303 88 50. Wer die Zicker Berge lieber in einer geführten Wanderung erkunden will, für den bietet das Amt für das Biosphärenreservat Südost-Rügen eine

kostenlose Alternative: Von Mai–Okt. an jedem Mi um 10.15 Uhr beginnt die Tour über die Zicker Berge bis zum Nonnenloch und zurück. Die Wanderung dauert ca. 3,5 Std., Treffpunkt: Parkplatz an der Kirche Groß Zicker.

Gager ▶ G/H 8

Auf der anderen Seite der Zicker Berge liegt der **Hafen** von Gager. Von hier aus hat man einen schönen Blick über das Wasser, die Hagensche Wiek, bis hinüber zum Reddevitzer Höft, eine schmale Landzunge, die lang und dünn weit in den Rügischen Bodden hineinragt.

Der neu entstandene Segler- und Sportboothafen hat Flair und bietet Platz für insgesamt 80 Schiffe. Hier gibt es mit der Alten Bootswerft auch ein vorzügliches Restaurant mit Hafenblick.

Übernachten

Urlaub im Kojenhus – **Port Gager:** Am Hafen, Tel. 038308 664 70, www.port gager.de. Schlafen wie auf einem alten Segelschoner kann man in den hübsch maritim eingerichteten FeWo. Je nach Ausstattung gibt es die Kapitänskajüte 35–100 €, die Offizierskajüte 35–60 € oder die Mannschaftskajüten, die je nach Kojenbelegung 10–15 € pro Person kosten.

Klein und fein – **Pension am Hafen:** Jochen Türke, Zum Hövt 29, Gager, Tel. 038308 301 60, Pension_Am_Hafen@t-online.de, www.ruegenseite.de/Pension_Gager_1013.html. Die Pension gibt es seit 1996 und bietet 9 Zimmer: DZ mit Bad, TV, Frühstück 52–78 €. Schönes Reetdachhaus mit hübschen Garten, Liegewiese, Aufenthaltsraum und kleiner Bar.

Essen & Trinken

Lecker und tolle Aussicht – **Alte Bootswerft:** Restaurant der Lachs-Manufaktur, Am Hafen, Tel. 038308 66 47 21, www.portgager.de, Mai–Okt. tgl. ab 11 Uhr, Nov.–April geschlossen. Das Restaurant bietet von der Terrasse einen umwerfenden Blick über den Hafen. Spezialität ist natürlich Lachs, aber auch die anderen Gerichte der gehobenen Küche sind zu empfehlen. Gerichte 9,50–19,80 €, Menü 27–75 €.

Aktiv & Kreativ

Angelbootverleih – **Port Gager:** Am Hafen, Tel. 038308 664 70, www.port gager.de, Angelbootverleih, führerscheinfreies Boot 60 €/Tag.

Finnische Sauna am Bodden – **Anmeldung über Port Gager:** Am Hafen, Tel. 038308 664 70, www.portgager.de, 25 € Grundgebühr für 2 Std. (plus 5 €/Person). Finnische Sauna, die exklusiv genutzt werden kann.

Middelhagen ▶ H 8

Der einzige Ort ohne direkten Zugang zum Wasser im Mönchgut heißt Middelhagen. Vielleicht gerade deshalb hat das 700 Jahre alte Dorf seinen ursprünglichen Charakter bewahrt: In Sichtweite zur Pfarrkirche aus dem 15. Jh. steht das fast ebenso alte Gasthaus zur Linde, in dem schon seit 500 Jahren Einheimische und Reisende einkehren. Nebenan steht ein niederdeutsches Hallenhaus, das besichtigt werden kann, und das historische **Schulhaus**. Bis 1962 wurden hier die vier Grundschulklassen in einem Raum gemeinsam unterrichtet.

Die **Katharinenkirche** nebenan wurde um 1430 errichtet, der Chorraum

war jedoch vorher eine eigenständige Kapelle und ist wesentlich älter. Der Treppen- und der hölzerne Kirchturm wurden im 17. Jh. angefügt. Schön ist der geschnitzte Flügelaltar mit der hl. Katharina von 1480, vermutlich kam er jedoch erst nach dem Dreißigjährigen Krieg von Stralsund nach Middelhagen. In dem **Hallenhaus** aus dem 17. Jh. befindet sich eine Sammlung historischer Gerätschaften aus der Landwirtschaft (Juni–Aug. tgl. 10–17, Mai–Sept. tgl. bis 16, Feb.-April, Okt. Di–So 10–15 Uhr). Um den kleinen Dorfkern gruppieren sich entlang der verzweigten Dorfstraße die Häuser des Orts. Rundherum erstrecken sich weite Wiesen, Felder und Weiden.

Schulmuseum

Dorfstr., Tel. 038308 21 53 und 24 78, www.moenchguter-museen-ruegen. de, Erw. 3 €, Kinder 2 €, April, Okt. Di–So 11–15, Mai, Sept. tgl. 10–16, Juni–Aug. tgl. 10–17 Uhr
Das alte Schulhaus von 1825 ist heute ein Museum. Zu sehen sind das Klassenzimmer und die Lehrerwohnung. Besonders interessant sind die historischen Schulstunden. Sie laden jeden Mittwoch um 10 Uhr (Juli, Aug. auch Di, mit Voranmeldung) zu einer aktiven Begegnung mit der Pädagogik von damals ein. Dabei kommen auch Griffel und Schiefertafel zum Einsatz.

Übernachten

Wohnen unter Reet – **Familie Behling:** Dorfstr. 7, Tel. 038308 54 80, www.rue gen-rohrhus.de, DZ mit Frühstück 59–79 €. In 5 Reethäusern vermietet Fam. Behling 18 FeWo sowie Zimmer in der Pension Up'n Hoff, wo sich auch das Restaurant Storchennest befindet.
Gemütlich hinter Hecken – **Landhaus Mönchgut:** Fam. Strehlow, Dorfstr. 21,

Tel. 038308 668 76, www.landhaus-moenchgut.de. 6 FeWo für 2–4 Pers. 39–98 €/Tag.

Essen & Trinken

Hauseigene Brauerei – **Hotel und Gasthof Zur Linde:** Dorfstr. 20, Tel. 038308 55 40, www.zur-linde-ruegen.de. Älteste Gastwirtschaft auf Rügen, Spezialitäten, z. B. Zander in Sauerkrautkruste 13,50 € und Scholle auf heißen Stachelbeeren 12,50 €.

Aktiv & Kreativ

Malkurse – **Galerie Breedehus:** Dorfstr. 4, Tel. 0162 84752 43, www.galerie-breedehus.de, Mai–Nov. Mo–Fr 11–16 Uhr. Neben dem 3-Tages-Kurs für Anfänger und Fortgeschrittene (Mo–Mi 11–13 Uhr nach Anmeldung für 55 €) können auch Schnupperkurse gebucht werden.

Reddevitzer Höft und Alt Reddevitz

Keinesfalls versäumen sollte man einen Ausflug aufs **Reddevitzer Höft** (▶ G 8). Die schmale Landzunge ragt hoch und weit zwischen Having und Hagensche Wiek in den Bodden hinein. Auf dem »langen Wech« über das Höft geht der Spaziergang vorbei an niedrigen Küstenwäldern, wilden Rosen und Ginster, und immer wieder bieten sich beeindruckende Ausblicke zu allen Seiten. Idyllischer Ausgangspunkt für die Wanderung und selbst eine Reise wert ist **Alt Reddevitz** (▶ G 8): einige Häuser und Ausflugslokale am Wasser, die wie in die Bucht gekuschelt gemütlich dastehen und auf Gäste warten.

Übernachten

Sehr idyllisch – **Hof Eschenschlag:** Alt-Reddevitz 41, Cornelia und Carsten Klahr, Tel. 038308 662 40, www.hof-eschenschlag.de, 20 Betten in 4 gemütlichen FeWo im Landhausstil für 4–6 Pers., 78–120 €/Tag. Von drei Seiten von Fachwerkhäusern umgeben öffnet sich der mit Steinen gepflasterte Hof zum reetbestandenen Boddenufer hin; außerdem Bauerngarten, Kinderspielplatz, Esel samt fantastischer Aussicht. Der traditionelle Dreiseitenhof eignet sich auch für Gruppen, ein Wintergarten kann für Kurse gemietet werden. Spaziergänger bekommen im Sommer in der Boddenrast nachmittags auch Kaffee und Kuchen.

Am Bodden – **Ferienwohnungen Lindenhof:** Christian Pisch, Alt Reddevitz 19 a, Tel. 038308 66 80, www.ruegen-typisch.de, FeWo für 2–6 Pers., 40–105 €/Übernachtung. Auf dem Lindenhof wurde 1999 die einstige Scheune zum Ferienhaus mit 13 Wohnungen umgebaut, von denen einige eine Terrasse und Blick auf den Bodden haben.

Essen & Trinken

Kaffee mit Meerblick – **Moccavino:** Alt Reddevitz Nr. 18 a, Tel. 038308 663 36, www.moccavino.de, Do–Di 11 Uhr–Sonnenuntergang. Torten, Kaffee, Weine und leckere Kleinigkeiten wie Putbusser Fischsuppe und Flammkuchen. Ein unvergleichlicher Blick von der Terrasse aufs Wasser, auf die Zickerschen Berge und zum Reddevitzer Höft.

Terrasse am Bodden – **Restaurant Seeblick:** Dorfstr. 25, Tel. 038308 259 72, www.moenchgut.de, Ostern–Okt. tgl. 11.30–22 Uhr. Warme Küche durchgehend 12–21.30 Uhr, z. B. Seelachs in Köstritzer Schwarzbierteig gebacken mit hausgemachter Remouladensauce und Bratkartoffeln 10,90 €. 8 App. bis 4 Pers. 40–100 €.

Urige Dinner-Scheune – **Kliesows Reuse:** Dorfstr. 23 a, Tel. 038308 21 71, www.kliesows-reuse.de, März–Okt. Mi–Mo 11.30–21.30, über die Weihnachtsfeiertage tgl. 11.30–20 Uhr. Traditionelle Fisch- und Fleischgerichte werden in der historischen Scheune serviert. Außerdem Vermietung von Appartements auf dem Dreiseitenhof.

Einkaufen

Hochprozentige Mitbringsel – **Zur Strandburg:** Mönchguter Hofbrennerei, Hövt 36, Tel. 038308 341 05, www.hofbrennerei-strandburg.de, April–Okt. tgl. 10–18, Nov.–März tgl. 11–16 Uhr. Führung und Verkostung in der Brennerei Mai–Okt. Mi, Fr 16, Nov.–März Mi, Fr 15 Uhr. Neben leckerem Kaffee und Kuchen und fantastischer Aussicht auf der Terrasse über das Höft gibt es im Hofladen eine große Auswahl an Bränden, Likören, Whisky, Fruchtaufstrichen und Obstsäften.

Apfel-Paradies – **Naturparadies Teutenberg:** Tel. 038308 24 19, Hofladen meist vormittags besetzt, im Juli, Aug. durchgehend bis ca. 20 Uhr. Bio-Apfelsaft und Bio-Apfelweinbrand. Auch Ferienzimmer mit Aussicht in herrlicher Natur, einfacher Standart mit Gemeinschaftsküche, in der Saison DZ ca. 60 €, 25 € Endreinigung (s. S. 166).

Alles aus Rügen – **Pokenstuv:** Alt Reddevitz 19 a, Tel. 038308 66 80, www.ruegentypisch.de, Ostern–Okt. Mo–Fr 7.30–17, Sa 7.30–11, So 8–17 Uhr. Im sympathischen Laden-Café mit einer Teestube im Obergeschoss gibt es rügentypische Produkte wie allerlei Sanddornerzeugnisse, Käse und Wurst von der Insel, Obstbrände und Keramik zu kaufen.

Lieblingsort

Verwunschener Garten ▶ G 8
Ein Geheimtipp für Naturfreunde
und Individualisten ist der 100-
jährige **Apfelgarten** von Doris
Teutenberg in Alt Reddevitz. In
ihrem Hofladen bekommt gibt es
Bio-Apfelsaft, und von der wild
umwachsenen Terrasse reicht der
Blick über die Having in die Ferne
bis zum Granitzer Schloss. Durch
den Apfelgarten führt ein Pfad
den Hang hinunter bis zu einem
kleinen Naturstrand am Bodden –
vielleicht ein Stück Garten Eden (s.
S. 165).

Die Bäder und Granitz

Highlights!

Binz – Das Kaiserbad: Der breite weiße Strand, die endlose Promenade und die fein herausgeputzten Bädervillen sind schon jeweils ein Highlight für sich. Alles zusammen macht Rügens schönstes Seebad zum Gesamtkunstwerk. S. 170

Seebrücke Sellin: In alter Pracht steht die nach historischem Vorbild wieder aufgebaute Seebrücke am Fuß des Selliner Hochufers, mit Café und Restaurant über den Ostseewellen. S. 188

Auf Entdeckungstour

Urtümlich und geheimnisvoll: Steingräber in Lancken-Granitz: Der Hauch von Jahrtausenden umweht die sieben Kultstätten. Von der Stein- bis in die Bronzezeit erfolgten hier Bestattungen. Die Steingräber sind die größte zumindest teilweise erhaltene Anlage dieser Art auf Rügen. S. 190

Kultur & Sehenswertes

Ulrich Müthers Rettungsturm: Kein in Binz gestrandetes Miniraumschiff, sondern die einstige Station der Rettungsschwimmer; heute finden Trauungen hier statt. S. 174

Dokumentationszentrum Prora: Informative Ausstellung zur Geschichte des gigantomanischen Bauvorhabens der Nationalsozialisten. S. 181

Jagdschloss Granitz: Die umwerfende Aussicht vom Schlossturm auf die Granitz und das Mönchgut allein lohnt bereits den Besuch in dem meistbesuchten Schloss von Mecklenburg-Vorpommern. S. 184

Aktiv & Kreativ

Wanderung von Sellin nach Binz: Am Steilufer entlang hoch über der Ostsee führt der schöne Weg von Sellin nach Binz durch die Buchenwälder der Granitz – besonders im Herbst ein Erlebnis. S. 189

Genießen & Atmosphäre

niXe: Im angesagten Binzer Restaurant des Sternekochs Ralf Haug wird man mit deutscher Gourmetküche verwöhnt und von essbaren Kunstwerken überrascht. S. 176

Strandhalle: Exzellentes Essen erwartet die Besucher der mit Antiquitäten und Nippes eingerichteten urigen Strandhalle. Hier überwinterten früher die Binzer Strandkörbe. S. 177

Pension Tatjana: Von Künstlern gestaltete Gästezimmer und die leckeren Speisen in der russischen Teestube Tschai Kowski machen die Pension in Sellin so beliebt. S. 188

Abends & Nachts

Bar Villa Salve: Der richtige Abschluss für einen erholsamen Urlaubstag in Binz ist ein Cocktail in der Bar des Hotels Villa Salve – oder auf der Terrasse mit Seeblick. S. 177

Bäderpracht und Waldesruh

Binz und Sellin, das verspricht Strandurlaub, mondäne Bädervillen und entspanntes Wohlleben. Die Kaiserbäder sind das Aushängeschild von Rügen, die Perlen der Insel. Im alten Charme frisch herausgeputzt, erwarten sie immer pünktlich zum Saisonbeginn ganze Scharen von Feriengästen. Binz ist dabei die schönere und größere der beiden Schwestern: die elegante Promenade, der sehr breite und weiße lange Strand sind legendär. Selbst die Hotels sind hier vielleicht noch etwas schicker und strahlender als im ebenfalls sehr feinen Sellin mit der Wilhelmstraße, die gesäumt von weißen Bädervillen auf die Seebrücke zuläuft. Ein hässlicher Riesenklotz ist dagegen Rügens größte Dauerbaustelle nördlich von Binz: Prora, ein gigantomanischer, von den Nationalsozialisten nie ganz fertig gestellter Baukomplex an einem der schönsten Strände der Insel an der Schmalen Heide (s. S. 69).

Zwischen Binz und Sellin liegt die Granitz mit Rügens größtem zusammenhängenden Waldgebiet. Hier war früher des Fürsten Jagdrevier. Besonders sehenswert mit einem tollen Ausblick ist das auf einem bewaldeten Hügel stehende Jagdschloss Granitz. Im Osten der Insel gelegen, wird die Region zwischen der Stresower Bucht, dem Kleinen Jasmunder Bodden, dem Prorer Wiek von der Halbinsel Mönchgut durch einen schmalen verschilften Graben zwischen Sellin und Baabe begrenzt. Eine abwechslungsreiche und vielseitige Gegend mit Urlaubstrubel, Waldesstille, verschlafenen Dörfern und gleich einem Dutzend Hünengräbern bei Lancken-Granitz.

Infobox

Internet
Kurverwaltung Ostseebad Binz:
www.ostseebad-binz.de, Tel. 038393 14 81 48
Tourismusgesellschaft Binz:
www.binz.de, Tel. 038393 504 87
Kurverwaltung Ostseebad Sellin:
www.sellin.de, Tel. 038303 160
Granitzhaus:
www.biosphaerenreservat-suedostruegen.de, Tel. 038303 88 50.

Verkehr
Der Reiseverkehr der Urlauber und die Rüganer selbst, die ihre Wochenendeinkäufe in Bergen erledigen, bringen auf der B 196 zwischen Bergen, Binz und Sellin an Samstagen häufig den Verkehr zum Stillstand.

Binz! ▶ G 7

Im Sommer 2009 feierte das Seebad sein 125-jähriges Jubiläum. Und bereits 1318 wurde das Fischerdorf Byntze erstmals urkundlich erwähnt. Kein anderer als Fürst Malte zu Putbus ließ 1830 am Strand die ersten Badekarren für die adeligen Ausflügler aufstellen und gab damit den Startschuss zum Badevergnügen und zum Ausbau eines Seebades. 1876 folgte das erste Hotel im Dorf und auch die erste Verbindung zwischen Dorf und Strand, die heutige Putbuser Straße. Der Rasende Roland, die Schmalspurbahn, die viele Gäste für ihre Anreise nutzen, wurde 1895 in Betrieb genommen. Heute verbindet sie immer noch die Bäder miteinander und gehört für große wie kleine Gäste zum Urlaubs-Highlight.

Binz ist mittlerweile aber nicht nur der größte Urlaubsort der Insel, sondern auch einer der beliebtesten. Die ›Königin der Seebäder Rügens‹ besticht durch ihren schönen Strand, ihre Bäderarchitektur und das mondäne Flair – gerne wird sie auch das ›Nizza des Nordens‹ genannt.

Flankiert wird Binz von den weitläufigen Waldgebieten der Schmalen Heide und der Granitz und schmiegt sich im Westen an das schilfumsäumte Ufer des Schmachter Sees an, während es im Osten der Ostsee zugewandt ist. Das milde Reizklima und die geschützte Lage mit dem breiten, feinsandigen 5,5 km langen Strand, dem steinfreien Meeresgrund und der schwachen Brandung sind ideal für einen Badeurlaub. Zudem scheinen die weißen Villen hier mit ihren verspielten Ornamenten, Rosetten, Türmchen und Erkern um die Wette zu strahlen. Die prachtvollen Häuser sind auch entlang der 3,2 km langen Strandpromenade wie Perlen auf der Schnur aneinandergereiht. Im Mittelpunkt der Flaniermeile befindet sich das Kurhaus – eines der ersten Hotels am Platze. Der Konzertplatz mit dem Pavillon, den Pergolen und Wandelhallen sowie die 1994 wieder errichtete, 370 m lange Seebrücke laden zum Flanieren ein. Neben der guten Seeluft kann sich auch das hervorragende Angebot an Wellness- und Beautyanwendungen sehen lassen, insbesondere eine Anwendung mit der Rügener Heilkreide ist für Erholungssuchende zu empfehlen. Neben dem reinen Strandvergnügen bietet die Region aber auch viele Ausflugsmöglichkeiten und Sehenswürdigkeiten, wie das Biosphärenreservat Südost-Rügen, die Rügensche Bäderbahn Rasender Roland, das Jagdschloss Granitz, der Park der Sinne am Schmachter See und der »Koloss von Rügen« in Prora.

Alles in Weiß: Die verspielte Bäderarchitektur versüßt den Stadtbummel in Binz

Binz

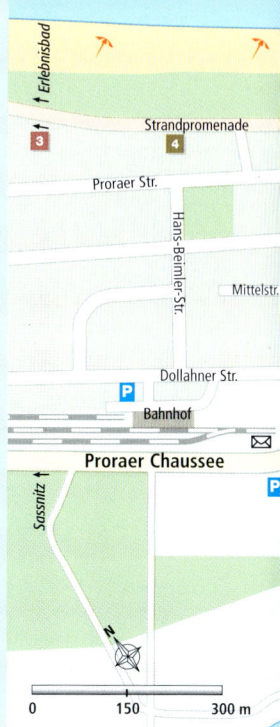

Seebrücke 1

Die Seebrücke ist die Verlängerung der Hauptstraße und reicht heute 370 m weit in die Ostsee (s. a. S.178). Die erste Brücke wurde im Jahr 1902 gebaut, nachdem einige Menschen beim Übersetzen in Sellin ums Leben kamen. Zuvor wurden die Urlaubsgäste noch mit kleinen Booten von den großen Dampfern abgeholt; mit den Seebrücken sollten dagegen die Reisenden sicher an Land gehen.

Doch am 28. Juli 1912 rammte ein Schiff die Binzer Seebrücke. Die Balken brachen und zahlreiche Urlauber fielen ins Wasser, über ein Dutzend Menschen ertranken. Dieses Unglück gab ein Jahr später den Anstoß zur Gründung der Deutschen-Lebens-Rettungs-Gesellschaft (DLRG) in Leipzig. 1942 wurde die Brücke in Binz dann völlig zerstört und erst 1994 wieder errichtet. Heute dient sie wieder als Anlegestelle für Ausflugsschiffe – und die ehrenamtlichen Retter der DLRG sind am Ostseestrand stets zur Stelle.

Kurhaus 2

Strandpromenade 27, www.travel charme.com

Das Kurhaus ist der Blickfang im Zentrum der Promenade und ein Haus mit bewegter Geschichte. 1890 wurde das heutige 5-Sterne-Hotel zunächst als

Fachwerkhaus errichtet, brannte aber 1906 bis auf die Grundmauern nieder. Zwei Jahre später folgte die Einweihung eines Jugendstilgebäudes mit einem großen Festsaal. 1923 verkaufte die verschuldete Gemeinde das Kurhaus für 165 Mio. Reichsmark an eine Investorengruppe. Der aus Ungarn stammende Berliner Hotelier Adalbert Bela Kaba-Klein übernahm fortan die Geschicke des Hauses und holte die bessere Gesellschaft nach Binz. Industrielle, Ärzte, Juristen, Beamte und Künstler strömten ins Seebad und trafen sich bei rauschenden Ballnächten im Saal des Kurhauses oder auf der Terrasse, dem ›Balkon von Binz‹ – das

Motto hieß Sehen und Gesehenwerden. Bereits damals verfügte das Haus über eine eigene Stromversorgung und servierte man den Gästen eisgekühlte Getränke. Im Zuge der Arisierung durch die Nationalsozialisten wurde der Jude Kaba-Klein 1938 enteignet. Nach Kriegsende erhielt Bela Kaba-Klein, der das KZ überlebte, das Kurhaus per Gerichtsurteil zurück. Er schloss einen Vertrag mit der SDAG Wismut, die das Kurhaus als Erholungsheim für Bergbauarbeiter nutzte. Wegen angeblicher Wirtschaftsverbrechen wurde Kaba-Klein im Rahmen der »Aktion Rose« 1953 abermals verhaftet und erneut enteignet.

Ferienparadies: Sommer, Sonne, Strand und jede Menge Meer

Nach der Wismut nutzten FDJ, die NVA und ab 1961 das Reisebüro der DDR das Kurhaus. Auch in der DDR war es eine der ersten Adressen, die weiterhin auch internationale Touristen anlockte. Mit der Wende übernahm 1993 die Travel Charme GmbH das Haus und sanierte es für 30 Mio. €. Heute erstrahlt es wieder im alten Glanz und ganz im Sinne der Goldenen Zwanziger, inklusive schönem Kurhaussaal.

Villa Undine 3
Strandpromenade 30, nicht öffentlich zugänglich, www.villa-undine-binz.de
Die Werft in Wolgast gab diesem hölzernen Fertighaustyp seinen Namen. Es gibt nur noch drei dieser denkmal-

geschützten Wolgasthäuser auf Rügen, ein weiteres steht ebenfalls in Binz und eines in Göhren. Die Villa Undine von 1885 direkt an der Strandpromenade wurde von Schiffbaumeister Heinrich Kraeft Ende des 19. Jh. entworfen. Seine Idee war, Fertigteilhäuser zu bauen, die per Katalog bestellbar waren und aus hochwertigen Hölzern aus Übersee angefertigt wurden. Als Vorbilder dienten ihm vermutlich die norwegischen Drachenhäuser sowie Überlieferungen aus der nordisch-wikingischen Schiffbau- und Stabkirchentradition. Heute befinden sich Appartements in der schönen Villa.

Ulrich Müthers Rettungsturm 4
Östliche Strandpromenade, Strandaufgang 6

Ulrich Müthers Buswartehalle 5
Proraer Chaussee/Dollahner Str.
Ein weiteres Objekt des Schalenbaumeisters Müther steht heute etwas verloren auf dem Platz inmitten des Kreisverkehrs an der Proraer Chaussee. Dort erfüllt es nun auch keinerlei Funktion mehr. Ursprünglich als Versuchsschale für die Mehrzweckhalle in Rostock hergestellt, diente sie vier Jahre lang als Buswartehalle. Imposant ist das quadratische Betonsegel mit seinen zwei heruntergebogenen Ecken – leider wurde unter Müthers kühner Konstruktion nun eine öffentliche Toilette aufgestellt (s. S. 71).

Villa Agnes 6
Strandpromenade 3
Die Villa ist eines der ältesten und schönsten Beispiele der Bäderarchitektur; sie wurde um 1890 am Fischerstrand gebaut. Bäckermeister August Brehme aus Thüringen schenkte das Sommerhaus einst seiner Ehefrau. Die schönen »Zuckerrosetten« an der Fassade hat Brehme selbst entworfen.

Heute dient die ehemalige Badeaufsicht am Strand als Hochzeitszimmer und Ausstellungsraum. Der Binzer Architekt Ulrich Müther (1934–2007) begann bereits im Jahr 1979 mit der Planung dieses Rettungsturms. Es ist die zweite Station, die erste wurde 1975 direkt an der Stelle der heutigen Seebrücke errichtet, jedoch 1993 im Zuge des Neuaufbaus der Seebrücke leider abgerissen.

Die 1981 fertiggestellte rundliche Betonkapsel besteht aus zwei dünnen Halbschalen mit großen Kulleraugen und einer freistehenden Stahltreppe – ein Magnet nicht nur für Architekturfans. Müther selbst rettete sie noch vor dem Verfall, denn schon seit 2003 wird sie nicht mehr als Strandaufsicht genutzt (S. 71).

Übernachten

Binz konzentriert die nobelsten Unterkünfte auf der Insel. Es ist für jeden Geschmack das Passende zu haben. Ein umfangreiches Gastgeberverzeichnis ist bei der Kurverwaltung erhältlich und reicht von der 5-Sterne-Herberge bis zur Privatvermietung.
Elegant – **Cerês** 1: Strandpromenade 24, Tel. 038393 666 70, www.ceres-ho tel.de, DZ ab 158 €. Minimalistisch eingerichteter Newcomer, der komplett in Schwarz und Weiß gestaltet ist. Das schönste Gästezimmer des 5-Sterne-Design-Hotels ist die Kuppelsuite mit Blick in den Sternenhimmel. Außergewöhnlich schön und bereits mehrfach ausgezeichnet ist auch das Senso Spa.

Gediegen – **Villa Salve** **2**: Strandpromenade 41, Tel. 038393 22 23, www. ruegen-schewe.de, DZ ab 70 €. Noble VIP-Herberge, die durch ihre stilvollen und großzügigen Zimmer mit Blick aufs Meer überzeugt. Der flotte und sehr nette Service sowie das Frühstücksbüffet der Extraklasse mit hausgemachter Marmelade und allen erdenklichen Leckereien eignen sich bestens für verwöhnte Zeitgenossen. Auch Bundeskanzlerin Angela Merkel war hier schon zu Gast.

Modern – **Strandhotel** **3**: Strandpromenade 33, Tel. 038393 38 10, www. strandhotelbinz.de, DZ ab 99 €. Hotel mit Zwiebelturm und 54 stilvoll eingerichteten Zimmern mit allem Komfort. Die komfortablen Promenadenzimmer bieten direkten Blick auf die Ostsee. Im Dachgeschoss sorgt der Saunabereich für entspannte Stunden.

Lifestylehotel – **Nymphe** **4**: Strandpromenade 48, Tel. 038393 122 00 00, www.hotel-nymphe.de, DZ ab 100 €, App. ab 180 €. Mit Apple-Macintosh-Rechnern und I-Phone-Stationen wirbt das Haus um seine Gäste. Hitverdächtig sind die modernen, großzügigen Zimmer sowie die direkte Strandlage.

Holzhaus – **Villa Undine** **3**: Strandpromenade 30, Tel. 038393 325 33, www. villa-undine-binz.de, App. ab 65 €. Das denkmalgeschützte Wolgasthaus bietet Ferienapp. für 2–3 Pers. und ein Single-App. unter dem Dach. Eines der schönsten Häuser in Binz.

Günstig – **JH Binz** **5**: Strandpromenade 35, Tel. 038393 325 97, http:// binz.jugendherbergen-mv.de, DZ ab 33 €, ganzjährig geöffnet, mit saisonalen Einschränkungen. Top-Jugendherberge in allerbester Lage, nettes Personal, WLAN am Empfang und den Strand fast direkt vor der Tür. Im Hochsommer meist ausgebucht, daher empfiehlt sich für Familien und Einzelgäste eine frühzeitige Reservierung.

Unser Tipp

Für alle Sinne

Es ist das erste und bisher einzige biozertifizierte Hotel auf Rügen. Das sehr elegante und stilvolle 4-Sterne-Superior-Designhotel besitzt ein eigenes Gesundheitszentrum mit medizinischer Versorgung. Die Angebote an Gesundheits- und Wellness-Anwendungen sind so vielfältig wie seine Gäste und werden nach individuellen Bedürfnissen zusammengestellt. Vom ersten Check-up über das individuell geeignete Fitnesstraining bis hin zu fernöstlichen Naturheilverfahren und zu Rügener Heilkreide-Packungen oder einer Ernährungsberatung reicht das Repertoire. Das Restaurant bietet passende leichte, biologische Küche und individuell abgestimmte Menüs. **artepuri Hotel meerSinn** **6**: Schillerstr. 8, Tel. 038393 66 30, www.meersinn. de, Juniorsuiten ab 160 € pro Pers., Hauptgerichte ab 10,50 €.

Essen & Trinken

Die Strandpromenade bietet die größte Dichte und Auswahl an Lokalen in Binz. Von internationalen Spezialitäten bis hin zu Cafés oder Strandbistros, von außergewöhnlich über gut bürgerlich bis mediterran, vom leichten Imbiss bis zum Gourmetmenü reicht die Mischung.

Gourmet – **niXe** **1**: Strandpromenade 10, Tel. 038393 149 00, www.nixe.de, Küche in der Saison tgl. 12–14, 18–24 Uhr, 3-Gänge-Menüs ab ab 46 €, nachmittags Kaffee und Kuchen. Das Team von Küchenchef Ralf Haug serviert täglich zwei verschiedene 6–7-Gänge-

Menüs zum Niederknien. Der Clou des Hauses ist neben dem schicken modernen Ambiente und originellen Lichtkonzept das Showfenster zur Küche. Auch die pfiffigen Namen der Gerichte wie »rehvolte« für das Reh mit Malznudeln und Pflaume sorgen für lachende Gesichter. Das war im November 2009 dem Gourmetführer Michelin dann auch einen Stern wert.

Kreative Frische – **Orangerie und Fischmarkt** 2 : im Hotel Vier Jahreszeiten Binz, Zeppelinstr. 8, Tel. 038393 504 44, www.vier-jahreszeiten.eu, tgl. 18–22 Uhr, Hauptgerichte ab 13,50 €. Das gebratene Rinderfilet an Süßkartoffeln ist nur eine der Spezialitäten des Hauses. Im Restaurant Orangerie gehört auch der üppige und leckere toskanische Vorspeisenteller dazu. Das Restaurant Fischmarkt bietet, wie der Name schon vermuten lässt, hervorragende fangfrische Spezialitäten aus dem Meer.

Fernblick – **Rugard** 3 : Strandpromenade 62, Tel. 038393 560, www.rugard-strandhotel.de, tgl. ab 12 Uhr, Hauptgerichte ab 12 €. Mit dem gläsernen Fahrstuhl geht es in die obere Etage des Hauses. Oben angekommen bietet das Panoramarestaurant einen einmaligen Blick auf die Ostsee. Neben den typischen Fischgerichten empfiehlt sich am Nachmittag auch immer ein Blick in die Torten- und Kuchenvitrine. Diese wird jeden Tag mit den süßesten Versuchungen aus der hauseigenen Konditorei bestückt.

Institution – **Strandhalle Binz** 4 : Strandpromenade 5, Tel. 038393 315 64, www.strandhalle-binz.de, Sommer tgl. 12–23 Uhr, Hauptgerichte ab 12 €. In dem über hundertjährigen Haus wird Gastlichkeit groß geschrieben. Ausgezeichnete Küche, die der Küchenchef Toni Münsterteicher selbst als »feinbürgerliche Küche, mit großbürgerlichen Portionen zu kleinbürgerlichen Preisen« beschreibt.

Ausgezeichnet – **Brasserie in der Villa Salve** 2 : Strandpromenade 41, Tel. 038393 22 23, www.ruegen-schewe.de, Küche tgl. 12–22 Uhr, Hauptgerichte ab 12 €. Das Küchenteam von Harald Schewe serviert Frisches von der Insel, gepaart mit einer guten Portion französischer Kochkunst: Gebratenes Zanderfilet an Fenchel mit Orangen, Cherrytomaten und Mandelbällchen ist nur eine der Köstlichkeiten des Hauses. Auch das **Fischrestaurant Poseidon** in der Lottumstr. 1 gehört zum Team von Herrn Schewe und wurde bereits mit dem Gütesiegel »regionale Esskultur« ausgezeichnet.

Inlokal – **Gosch** 5 : Hauptstraße 25, Tel. 038393 13 15 63, tgl. ab 11 Uhr, Fish & Chips 4,50 €, www.gosch.de. Vom Fischbrötchen, über Hummer bis zum Binzer Fischeintopf reicht das reichhaltige Programm der Sylter Edelimbisskette. Die bekannte Sylter Marke steht für maritimes Flair, einen flotten Service und eine frische und solide Küche. Die Binzer Terrasse mit ihren 120 Plätzen ist daher immer gut gefüllt und den Blick auf die Seebrücke und die Ostsee gibt es hier inklusive – besser geht's nicht.

Dolce Vita – **Eiscafé Rialto** 6 : Hauptstr. 21, Tel. 038393 338 97, in der Saison tgl. ab 10 Uhr, Pizza ab 7 €, Kugel Eis 1 €. Über 40 hausgemachte Eissorten werden nach bester italienischer Art zubereitet, auch das »Sanddorn«-Eis ist sehr beliebt. Ein Angebot an kleinen Gerichten wie Pasta und Pizza runden das Angebot ab.

Einkaufen

Porzellankunst – **Narrenkeramik** 1 : Margarethenstr. 22, Tel. 038393 337 24, www.narrenkeramik.de, Juni–Sept. Mo–Fr 14.30–18, Sa 11–13, 14–17 Uhr. Inhaberin Katrin Grünke hat am Bau-

Lieblingsort

Flanieren zwischen Himmel und Meer ▶ G 7

Nach einem heißen Sommertag am Strand ist das ein wahrer Genuss: ein ausgeruhter Bummel am frühen Abend begleitet von einer kühlen Brise und dem leichten Geruch von Meer auf der Binzer Seebrücke. Kurz vor der Dunkelheit verschwimmen Himmel und Meer am Horizont zu einem geheimnisvollen Blau. Neben diesem traumhaften Blick in die Weite hält die 370 m lange Brücke für Flaneure auch eine fantastische Aussicht auf die zahllosen Lichter an Rügens längster Promenade bereit. Auf über 3 km haben die Hotels und Restaurants in den schicken Bädervillen ihre Fenster und Terrassen erleuchtet dem Wasser zugewandt.

haus in Weimar und an der Hochschule für Grafik und Buchkunst Leipzig studiert. Ihre schönen und außergewöhnlichen Keramik- und Porzellanarbeiten sind viel mehr als nur Gebrauchsgegenstände.

Edle Tropfen – **Monte Vino** 2 : Paulstr. 1/Ecke Zeppelinstr., Tel. 038393 136 71, www.monte-vino-ruegen.de, in der Saison Mo–Sa 11–22 und So 14–22 Uhr, Käseteller ab 8 €. Auf jeden Fall die beste Weinhandlung in Binz. Wer zum Einkaufen kommt, kann auch Platz nehmen und die Antipasti und die gute Käseauswahl des Bio-Hofgutes Bisdamitz genießen – immer eine Stippvisite wert.

Teeparadies – **Kolonial-Stübchen** 3 : Zepplinstr. 7, Tel. 038393 14 70 74, www.kolonialstuebchen.de, in der Saison tgl. 10–18 Uhr, Teepott ab 3,90 €, Frühstück ab 9,50 €. Kerstin und Lutz Sievers führen diesen Mix aus Teestube und Geschäft mit über 250 Sorten exquisiten Tees. Hier kann der Teeliebhaber erst probieren und dann für den Einkauf wählen. Schöne Einrichtung, kleine Terrasse sowie eine sehr nette Bedienung. Kaffee, Whiskey, Schokoladen und Kuchen gehören ebenfalls zum Sortiment. Ein Extratipp ist auch das gute, internationale Frühstück.

Aktiv & Kreativ

Bootspartie – **Schiffsausflüge** 1 : Tour zum Kap Arkona mit MS Cap Arkona, ab Seebrücke Binz, Tel. 038392 31 50, www.reederei-ostseetour.de, Di–Do 13.15 Uhr, Fahrt 22 €. Das Schiff durchquert die Bucht Prorer Wiek und fährt entlang der Kreideküste bis zum Nordkap von Deutschland. Je nach Jahreszeit variieren die Abfahrtszeiten und die Häufigkeit der Schiffsfahrten. Für aktuelle Informationen den Aushang an der Seebrücke beachten.

Wellnessoase – **Hotel am Meer & Spa** 1 : Strandpromenade 34, Tel. 038393 440, www.hotel-am-meer.de, Behandlungen 9–20, Pool & Fitness 7–22 Uhr, Pool, Rügener-Heilkreide-Packung 45 € nach Voranmeldung. Auch Gästen, die nicht in dem strandnahen Hotel wohnen, steht der einladende, asiatisch inspirierte Wellness & Spa-Bereich offen. Ob Polarnebel, Hamam, Thermalpool, Sanddornpackung oder Rügener Heilkreide – in Sachen Entspannung und Wohlfühlen eine sehr gute Adresse.

Gartenfreuden – **Park der Sinne** 2 : Schmachter See, jederzeit zugänglich. Der Binnensee im Westen von Binz ist an die 135 ha groß. Ein ausgeschilderter Wanderweg führt um den See herum. Der Themengarten wurde 2003 als Außenstandort der IGA Rostock eröffnet und bietet neben Rosen und einem Duftgarten auch schöne Brunnen und Wasserläufe.

Abends & Nachts

Cocktailfreuden – **Villa Salve** 2 : Strandpromenade 41, Tel. 038393 22 23, www.ruegen-schewe.de, tgl. ab 19 Uhr, Cocktails ab 6 €. Im Sommer genießt der Gast die internationalen und souverän gemixten Cocktailspezialitäten auf der schönen Terrasse mit Ostseeblick. In der schmucken Bar wird ab und zu auch Livemusik geboten.

Lounge – **Byntze 1318** 1 : Bar des Hotels Vier Jahreszeiten Binz, Zepplinstr. 8, Tel. 038393 500, www.byntze.de, tgl. ab 16 Uhr, Weinprobe inkl. Baguette, Schinken und Käse ab 24,90 € pro Pers. Exklusive Weine, regionale und mediterrane Speisen, Wein- oder Champagnerverkostungen plus Jazz – und Bluesmusik gehören zu dieser schicken Lounge. Hier sitzt der Gast am Abend in schönen Sesseln und lässt es sich einfach gut gehen. Wer lieber

Cocktails mag, wird in der Bar gleich nebenan glücklich. Für einen gediegenen Abend genau das Richtige.

Infos & Termine

Kurverwaltung Ostseebad Binz: Haus des Gastes in der Touristinformation, Heinrich-Heine-Str. 7, Info-Hotline Tel. 038393 14 81 48, www.ostseebad-binz.de , April–Okt. Mo–Fr 9–18, Sa, So 10–18 Uhr.
Zimmervermittlung: Fremdenverkehrsverein Binz, Wylichstr. 13, Tel. 038393 66 57 40, www.ostseebad-binz.de.
Anbaden der Binzer Hoteliers am 1. Mai: Nicht immer sind die Binzer Hoteliers um diese Tradition zu beneiden. Oft müssen sie bei noch ziemlich kühlen Temperaturen direkt an der Seebrücke in die Ostsee springen. Die offizielle Eröffnung der Badesaison lockt jedes Jahr Hunderte von Schaulustigen an, www.ostseebad-binz.de.
Blue-Wave-Blues-Festival im Juni: Drei Tage lang wird Blues geboten und zwar nicht nur auf dem Kurplatz, sondern auch in ausgewählten Hotels und Bars des Seebades. Partytime bis in die frühen Morgenstunden, www.bluewave.de.
Monat der Bäderarchitektur im September: Die weißen Villen mit ihren schönen, hölzernen Fassaden und ihren großzügigen Veranden und Loggien werden einmal im Jahr mit Führungen und Vorträgen geehrt, www.ostseebad-binz.de.
Binzer Herbstfest im Oktober: Mit dem Pferderennen am Strand wird jedes Jahr der Herbst willkommen geheißen. An den Start gehen sowohl Ponys, Vollblüter und Traber sowie Kaltblüter, Friesen und Haflinger. Für Kulinarisches und musikalische Umrahmung wird ebenfalls gesorgt, www.ostseebad-binz.de.

Prora ▶ F 6

Von dem schönen Strand ist der Koloss von Prora nicht zu sehen, denn ein Kiefernwald auf der Schmalen Heide verdeckt ihn. Die meisten Bauwerke der insgesamt 4,5 km langen NS-Ferienimmobilie stehen heute leer. Zu DDR-Zeiten wurde das Gelände von der Nationalen Volksarmee (NVA) genutzt und zum militärischen Sperrgebiet erklärt. Die Bundeswehr übernahm nach der Wende den Standort, löste ihn aber 1992 auf. Heute befinden sich hier das Dokumentationszentrum Prora, die KulturKunststatt Prora und das Prora-Zentrum. Auch ein paar Künstler haben sich auf dem Gelände angesiedelt, ebenso finden sich hier eine Disco, ein Seilgarten, ein Zeltplatz und ein paar Verkaufsstände. Seit langem gibt es heiße Diskussionen und Streitigkeiten über die Nutzung des Geländes. Im Sommer 2009 kam der erste Durchbruch mit dem Bau der 16,3 Mio. Euro teuren Jugendherberge, die im Sommer 2011 eröffnet wurde und nun 400 Betten in 96 Zimmern bietet.

Dokumentationszentrum Prora

www.dokumentationszentrum-prora.de, März–Mai, Sept.–Okt. tgl. 10–18, Juni–Aug. tgl. 9.30–19, Nov.–Feb. tgl. 11–16 Uhr, öffentliche Führungen (ca. 60 Min.) tgl. 11.45 und 14.30 Uhr, 5 €, Familienkarte 12 €, Kinder unter 13 Jahren freier Eintritt
Diese ambitionierte Ausstellung sollte unbedingt zuerst besichtigt werden, denn hier wird die Geschichte des »Kraft durch Freude Bades« (KdF) sehr gut dokumentiert. Die erste Sektion informiert über die Vorgeschichte, die Planung, die Baugeschichte und die Nutzung des KdF-Bades. Die Besucher können dazu auch an Videostationen historische Filme sehen, Interviews mit Zeitzeugen und andere Tondoku-

Unser Tipp

Badespaß in Prora

Der etwas rauere Naturstrand ist eine gute Alternative zu dem im Hochsommer recht überfüllten Strand in Binz. Abschreckend wirkt zwar zunächst der hässliche Betonkoloss der Nationalsozialisten, doch der verschwindet vom Strand aus gesehen hinter einem lang gezogenen Kiefernwald.

mente an Audiostationen anhören. Sie erfahren auch etwas über die Situation Rügens in der NS-Zeit. Die zweite Sektion konzentriert sich eher auf die sozialpolitischen Hintergründe des Nationalsozialismus.

KulturKunststatt Prora

Objektstr. 3, TH2, Tel. 038393 326 96, www.kulturkunststatt.de/nva.html, 6,50 €, Kinder ab 3,50 €
Nach eigener Darstellung ist das Privatmuseum: »einmalig, original, neutral, informativ, historisch und nicht glorifizierend, nicht negativ«. Das KdF-Museum, das NVA-Museum, das Rügen-Museum und die DDR-Motorradwelt erstrecken sich über fünf Stockwerke, wobei der größte Teil der Ausstellung der NVA gewidmet ist. Wer hier eine kritische Auseinandersetzung sucht, wird jedoch enttäuscht (s. a. S. 69, 248).

Prora-Zentrum

Mukraner Str.12, Block 5, neben der Jugendherberge Prora, Tel. 0162 735 03 07, www.prora-zentrum.de, April tgl. 10–17, Mai–Sept. tgl. 10–18, Okt. tgl. 10–17 Uhr, Nov.–März nach Vereinbarung, freier Eintritt, Mai–Sept. Führungen Di, Do 10 Uhr, 5 €.

Im Block 5 gleich neben der Jugendherberge liegt dieses Zentrum, das sich vor allem zur Aufgabe gemacht hat, die NS- und DDR-Geschichte von Prora an Jugendliche und Erwachsene zu vermitteln. Hier wird historisch-politische Bildungsarbeit geleistet, das heißt konkret: Hier können Rundgänge, Seminare und Workshops gebucht werden. Die Ausstellung »Prora – mehr als nur ein schöner Strand« ist ständig zu sehen, genau wie die Geschichte der Bausoldaten. In den 1980er-Jahren waren mehrere tausend Bausoldaten, die Kriegsdienstverweigerer der DDR, im Block 5 stationiert. Sie wurden beim Bau des Eisenbahnfährhafens in Mukran eingesetzt. Ein wichtiger Beitrag zur Aufarbeitung der Prora-Geschichte.

Übernachten

Günstig – **Jugendherberge Prora:** Mukraner Straße, Gebäude 15, Tel. 038393 668 80, www.prorajugendherberge. de, Übernachtung mit Frühstück ab 23,50 €, ganzjährig geöffnet, geschl. 24.–26. Dez., Voraussetzung ist die Mitgliedschaft im deutschen oder internationalen Jugendherbergswerk. Hell und modern, 2011 eröffnet, gleich in der ersten Reihe am schönen Naturstrand von Prora. 400 Betten auf vier Etagen stehen zur Verfügung. Je nach Wunsch gibt es teilweise behindertengerechte Doppelzimmer mit Dusche und WC, Vier- und Sechs-Bettzimmer oder einen Zeltplatz vor der Tür. Ein nettes Bistro mit Blick zum Strandweg ist ab mittags geöffnet.

Aktiv & Kreativ

Klettermaxe – **Seilgarten:** Objektstr. TH52 Block 3, 18609 Ostseebad Binz OT

Prora, Tel. 03831 356 94 73, www. seilgarten-prora.de, 2 Std. Erw. 19 €, Kinder 8–15 J. 13 €, Familien ab 25 €, Juni tgl. 10–18, Juli–Aug. tgl. 10–20 Uhr. Die 13 Parcours und 17 rasanten Seilbahnen bieten Dschungelfieber. In dem 4 ha großen Kletterwald kann jeder in neue Höhen vordringen und neue Mutproben bestehen.

Familienspaß – **Eisenbahn & Technik Museum Rügen:** Am Bahnhof 3, 18609 Binz OT Prora, www.etm-ruegen.de, April–Okt. 10–17 Uhr, 6 €, Kinder 3 €, Tel. 038393 23 66. Die 10 000 m^2 große überdachte Ausstellungsfläche bietet einen Querschnitt durch die Eisenbahngeschichte. Attraktionen sind unter anderem eine Dampfschneeschleuder, die ehemaligen Werkloks der Rügener Heilkreide und der 250 t schwere russische Schnellzug P36-0123, die größte Dampflok Europas. Daneben gibt es auch noch Nutzfahrzeuge und eine Oldtimer Ausstellung.

Die Granitz ▶ G 7

Stille Waldwege, Hochufer mit Seeblick und einsame Moore: Keine Straßen führen durch Rügens größten zusammenhängenden Wald, dafür durchzieht ein gut ausgebautes Wegenetz die hügelige Landschaft. Einzige Verkehrsmittel sind in dem Naturschutzgebiet der Rasende Roland und die Binzer Bäderbahn. Auf dem ca. 1000 ha großen Höhenrücken, der seit 1991 zum Biosphärenreservat Südost-Rügen gehört, spenden Buchen und Eichen den Wanderern im Sommer kühlen Schatten. Im Norden und Osten fällt die Küste steil zur Ostsee hin ab. Ein schöner Wanderweg führt von Binz nach Sellin, manchmal hoch über dem wildromantischen Steinstrand, vorbei an der Teufelsschlucht und verschiedenen Aussichtspunkten: Vom Landvorsprung Granitzer Ort kann man bis nach Sassnitz und auf die Kreidefelsen schauen, vom **Falkenberg** aus hat man einen guten Blick auf die Selliner Seebrücke. Mitten im Wald gibt es den verwunschenen Schwarzen See. Auf den höchsten Berg in der Granitz, dem 107 m hohen **Tempelberg**, steht das Jagdschloss von Fürst Wilhelm Malte I. (s. S. 64). Im 18. Jh. stand hier ein kleines sechseckiges Belvedere, das dem Hügel seinen Namen gab.

Die steilen mit Buchen bewachsenen Hänge der Granitz gehören zu den artenreichsten im norddeutschen Tiefland. Neben schützenswerten Vögeln und Reptilien wie dem Neuntöter oder der Blindschleiche leben in der Granitz 35 Schneckenarten. Die einst ausgedehnten Buchenwälder Europas sind mittlerweile zu mehr oder weniger großen Inseln geschrumpft. Alte naturnahe Buchenwälder sind heute selten und meist nur an schlecht zu bewirtschaftenden Standorten zu finden. Dass das Gebiet schon seit Jahrtausenden von Menschen bewohnt ist, zeigen die zahlreichen prähistorischen Grabstätten – ob die Hügelgräber im Wald nahe der Kleinbahnhaltestelle Garftitz oder die Hünengräber auf offenem Feld bei **Lancken-Granitz** (s. S. 190). So gehört zur Granitz nicht nur der ausgedehnte Wald zwischen Binz und Sellin, sondern auch die sanft gewellte Wiesen-, Felder- und Seenlandschaft: Wanderern und Radfahrern öffnen sich immer wieder malerische Sichtachsen z. B. um den **Selliner,** den **Neuensiener** und den **Schmachter See**. Ruhe und Erholung vom Badetrubel versprechen beschauliche kleine Dörfer wie Lancken-Granitz, Altensien, Seedorf und Zirkow, die selbst auch die eine oder andere Entdeckung für ihre Besucher bereithalten: steinzeitliche Gräber, alte Bauernhäuser, romantische Backsteinkirchen, Mühlen.

Nur für Schwindelfreie: der Aufstieg im Granitzer Schlossturm lohnt sich

Jagdschloss Granitz

Auf dem Tempelberg, Tel. 038393 22 63, www.jagdschloss-granitz.de, Mai–Sept. tgl. 9–18, Okt.–April Di–So 10–16 Uhr, 3 €, ermäßigt (Schüler, Studenten, Auszubildende) 2,50 €, Kinder (6–14 Jahre) 1,50 €

Das Jagdschloss Granitz steht inmitten des Granitzwaldes auf dem **Tempelberg** und ist mit dem Pkw nicht direkt zu erreichen. An der Straße, die am Fuß des Berges vorbeiführt, sind Parkplätze ausgeschildert. Von dort führt ein Pfad durch den Wald zum Schloss. Romantisch ist auf jeden Fall auch die Anreise mit dem **Rasenden Roland** – bis zu den Haltestellen Jagdschloss oder Garftitz. Man kann aber auch direkt von Binz mit der kleinen Bäderbahn zum Schloss fahren.

Buchstäblicher Höhepunkt eines Besuchs ist der **Turmaufstieg** über eine filigrane Eisentreppe, die nichts für Menschen mit Höhenangst ist. Die freitragende Treppe schraubt sich über 154 Stufen den 38 m hohen Turm zur **Aussichtsplattform** empor, der weite Blick über Wasser, Wiesen, Wälder und Buchten entschädigt für die Mühe. Darüber hinaus gibt es in den Räumen des Schlosses wechselnde **Ausstellungen**, mit historischen Möbeln ausgestattete Salons, eine Jagdtrophäensammlung und hin und wieder **Konzerte im Marmorsaal**. Mit über 250 000 Gästen pro Jahr ist es das meistbesuchte Schloss in Mecklenburg-Vorpommern. Es wurde von 1838 bis 1846 im Auftrag von Wilhelm Malte I., Fürst zu Putbus, nach Plänen des Berliner Architekten Johann Gottfried Steinmeyer gebaut.

Doch nachdem die Arbeiten zum Bau des Schlosses bereits ein Jahr im Gange waren, veränderte der vom Fürsten zu Rate gezogene Karl Friedrich Schinkel die Pläne maßgeblich: Der Professor für Baukunst und Oberlandesbaudirektor schlug vor, statt des geplanten Lichthofes einen 38 m hohen

Aussichtsturm in der Mitte des Schlosses zu errichten. Das Schloss ist zwei Stockwerke hoch und mit einem Flachdach bedeckt. Der quadratische Bau hat an jeder Ecke einen runden Turm, einen halbrunden Erker an der Südwand und den massigen Mittelturm.

In der über zwei Stockwerke hohen Eingangshalle führt eine breite kreuzförmige Mitteltreppe ins Obergeschoss, das einzig Repräsentationszwecken diente, während das Erdgeschoss der Fürstenfamilie vorbehalten war, die hier von 1865 bis 1872 wohnte. Von den Einrichtungsgegenständen aus dieser Zeit ist fast nichts erhalten. Noch 1944 war das Jagdschloss im Besitz der Familie zu Putbus, bis die Nationalsozialisten Malte von Putbus inhaftierten und das Schloss unter ihre Verwaltung stellten.

In der Nachkriegszeit verschwanden Gemälde, Skulpturen, Möbel, Waffen und historische Relikte. Trotzdem sind auch gerade die Innenräume sehr sehenswert wie die mit Jagdtrophäen reich bestückte Eingangshalle und der Rittersaal mit dem Fußboden aus Carrara-Marmor. Der elegante Speisesaal mit dem Parkett im Schachbrettmuster und den handbemalten Kacheln ist bis auf die Möbel im Originalzustand. In allen Räumen, ob Damensalon oder Billardzimmer, sind die edlen Marmor- und Parkettböden, die reich mit Stuck verzierten Decken und aufwendige Wandvertäfelungen erhalten geblieben. Mit der Bodenreform wurde das Schloss durch die DDR-Administration enteignet und befindet sich nun seit der Wiedervereinigung in staatlicher Hand. Ein Enkel von Malte von Putbus, Franz von Putbus, scheiterte in den Neunziger Jahren vor Gericht bei dem Versuch, den einstigen Familienbesitz zurückzuerhalten. Seit 2003 betreut die Verwaltung der Staatlichen Schlösser und Gärten das Jagdschloss.

Granitzhaus

Auf dem Tempelberg (neben dem Jagdschloss), Tel. 038303 88 50, www.biosphaerenreservat-sued ostruegen.de, Mai–Sept. tgl. 10–18, Okt. tgl. 10–16 Uhr, Eintritt frei
Im ehemaligen Forst- und Gasthaus der Fürsten zu Putbus befindet sich eine Ausstellung zum UNESCO-Biosphärenreservat Südost-Rügen. Sie vermittelt Wissenswertes über das Schutzgebiet und über die Geschichte des Hauses selbst.

Essen & Trinken

Rustikales Ambiente – **Alte Brennerei:** Im Keller des Jagdschlosses, Tel. 038393 328 72, www.alte-brennerei.com, Ostern–Okt. tgl. 10–17, ab Juni bis 19 Uhr, Okt.–Ostern Di–So 11–17 Uhr. In dem mittelalterlich eingerichteten Gewöl-

Unser Tipp

Altertum fürs Ohr: MP3 goes Hünengrab
Zwanzig Studierende der Ernst-Moritz-Arndt-Universität Greifswald haben einen Audioguide zu Rügens schönsten Kulturdenkmälern der Vorzeit entwickelt. Die Hörtexte können kostenlos aus dem Internet heruntergeladen werden **www.rügenhören. de**). Dazu gibt es Literaturhinweise und eine interaktive Karte. Zu hören sind Texte zu den Hünengräbern, zu Opfersteinen und den prähistorischen Burgwällen der Insel. Wer einen MP3-Player hat, kann sich so seinen eigenen akustischen Reiseführer zusammenstellen.

Die Bäder und Granitz

bekeller gibt es deftige Speisen wie Granitzer Wildbraten 13,50 € oder zum Mitnehmen als hausgemachtes Souvenir den Schmalztopf, 5,90 €. Außerdem bietet die hauseigene Konditorei Spezialitäten auf der Sonnenterrasse.

Lancken-Granitz ▶ G 7

Direkt an der Durchgangsstraße nach Sellin am Rand des Granitzwaldes liegt das beschauliche 300-Seelen-Dorf. Sehr malerisch ist der kleine Ortskern um die alte Backsteinkirche: Die romantisch von Bäumen umwachsene Kirche **St. Andreas** steht hoch auf einem Hügelchen und wurde im 15. Jh. auf einem Sockel aus Findlingen errichtet. Das Langhaus, Chorgestühl und die Wandmalereien stammen wie das Kruzifix aus dem 16. Jh.

Von hier ist es über sanft gewellte Felder nicht weit bis zum **Neuensiener See**. Etwas außerhalb der Siedlung liegt die eigentliche Attraktion des Ortes: Sieben **Hünengräber** liegen hier am Rand eines Wiese aufgereiht. Sie gehören zu den rund 50 Hünengräbern, die auf Rügen erhalten geblieben sind. Vor mehr als 5000 Jahren entstanden, zählen die imposanten Zeugnisse aus der Steinzeit zu den ältesten noch existierenden Grabanlagen Mitteleuropas (s. S. 190).

Richtung **Groß Stresow** befinden sich weitere interessante Steinzeit-Relikte, die Ziegensteine oder Siegessteine, sie sind die Überbleibsel einer Gruppe von vier Megalithgräbern am Küstenweg von Lancken-Granitz nach Groß Stresow.

Übernachten

Kinderfreundlich und ruhig – **Pension Alte Mühle:** Fam. Pellegrin, Dorfstr. 15,

Lancken-Granitz, Tel. 038303 86 828, www.alte-muehle-ruegen.de, DZ mit Frühstück 50–75 €. Seit 1972 hat sich die alte Motormühle von 1920 Schritt für Schritt in eine ländliche Pension verwandelt, mit Terrassen und Liegewiese; alle Zimmer mit Dusche/Bad, TV. Neben den 13 Zimmern gibt es noch acht Ferienwohnungen.

Sellin ▶ H 7

Zu den schönsten Seebädern Rügens gehört das nach Binz zweitgrößte Seebad Sellin. Malerisch umgeben im Westen und Osten von den ausgedehnten Buchenwäldern der Granitz, öffnet sich der Ort im Süden zum Selliner See hin. Hauptattraktion ist der schneeweiße feinsandige **Nordstrand** mit seiner **Seebrücke**. Wie von einem natürlichen Balkon fällt das Hochufer hier steil zum Strand hin ab und bietet einen wunderbaren Panoramablick auf das Meer, den weißen Strand und die im alten Stil wieder neu entstandene Seebrücke, die als Einzige auf Rügen bebaut ist. Direkt auf die Seebrücke zu läuft Sellins Prachtstraße, die **Wilhelmstraße**: Eine weiße Villa reiht sich hier an die nächste, zahlreiche Restaurant-Terrassen und prächtig verzierte Balkone sind der Straße zugewandt. Sie ermöglichen es ihren Bewohnern auf Zeit, einen Blick auf das emsige Treiben und das ferne Blau zu genießen.

Deutlich ruhiger geht es Richtung Selliner See zu, hier hält der Rasende Roland und hier verläuft auch die B 196 Richtung Baabe. Auch Tankstellen und Supermärkte sind hier zu finden. Über dem See zeigt sich abends die Sonne am längsten, das wissen auch die Gäste der großen Appartementanlage am **Seepark**, die umgeben ist von ausgedehnten Rasenflächen. Im Park befindet sich auch das Freizeitbad und im

Winter gibt es sogar eine Schlittschuhbahn.

Geschichte

Noch 1806 lebten in dem winzigen Fischerdorf Sellin kaum mehr als 100
Menschen. Das änderte sich rasant, als
der Ort wie Binz und Göhren 1895 mit
dem Bau der Schmalspurbahn ans Ver-
kehrsnetz angeschlossen wurde. Innerhalb nur weniger Jahre entstand hier
ein Urlaubsziel für die gerade unter
wohlhabenden Städtern immer belieb-
tere Sommerfrische. Fürst Wilhelm I. zu
Putbus regte den Bau einer breiten
Prachtstraße mit einer Allee und Pro-
menierwegen zum Flanieren an, ohne
die kein Urlaubsort auskam: die heutige Wilhelmstraße. Ebenfalls nach
dem Fürsten benannt wurde das erste
repräsentative Urlaubsdomizil: Hotel
Fürst Wilhelm. Erbaut wurde es von
dem ehemaligen Postagenten und
Gutspächter Russow. Heute steht an
derselben Stelle das Kurhaus Sellin.

Im Jahre 1899 beschloss der Ge-
meinderat einen ersten Bebauungs-
plan, in dem der Ausbau zum Seebad
festgelegt wurde. Sellin sollte sich in
Richtung Fischerstrand – der heutige
Südstrand – ausdehnen. Erreichbar
über die Ostbahnstraße und Weißer
Steg ist er heute besonders bei Kindern
wegen der 127 m langen Wasserrutsche beliebt.

Ein besonderes Highlight war 1906
der Bau der Seebrücke als Landungsbrücke für den Ausflugsverkehr zwischen den Ostseebädern. Der Ort entwickelte sich rasch, und schon 1912
war die Wilhelmstraße bereits die Flanierstraße mit den elegant-verspielten
weißen Villen, wie wir sie heute kennen. Berühmte Gäste wie August
Strindberg und Albert Einstein logier-
ten in Sellin – letzterer 1915 in der Villa
Johanneshorst mit seiner Cousine und
deren Töchtern.

In der Zeit nach dem Zweiten Weltkrieg wurden Urlaubsvillen wie die
Villa Odin zur Heimat für Flüchtlinge.
Die Wohnungsnot war so groß, dass
oft auf den Holzveranden gekocht
werden musste. Zu DDR-Zeiten zogen
Mieter in das elegante Haus mit seinem Eckturm und den säulengestütz-
ten Veranden, auch die Villa Granitz
des Selliner Bauunternehmers Robert
Metzling war in diesen Jahren dauer-
haft bewohnt. 1953 wurden im Zuge
der ›Aktion Rose‹ die meisten Hotels
und Pensionen enteignet und dem Fe-
riendienst des Sozialistischen Einheits-
gewerkschaft übergeben. Viele Familien flohen in den Westen.

Nach 1990 beschloss die Gemeinde
die generelle Rückgabe und die Sanie-
rung der verfallenen Gebäude nach
historischem Vorbild. Und so strahlen
heute die Häuser in der Wilhelmstraße
wieder weiß und elegant wie vor 100
Jahren.

Seebrücke !

Das Wahrzeichen von Sellin wurde im
Laufe seiner über hundertjährigen Geschichte gleich mehrmals zerstört. Erbaut 1906 für den Fährverkehr auf der
Ostsee, wurde die Brücke bereits 1924
durch winterliches Packeis zerstört.
Eine neue Landungsbrücke mit Musikpavillon und einer Konditorei wurde
gebaut, doch der strenge Winter
1941/42 bedeutete für die Konstruktion erneut das Ende. Von den 1950er-
bis in die 1970er-Jahre gab es hier eine
beliebte Tanzgaststätte, die 1978 abgerissen wurde. Seit 1998 steht sie wieder: strahlend weiß und filigran wie
ihre Vorgängerin von 1927.

In dem lichtdurchfluteten Glaspavil-
lon Palmengarten werden Cocktails
und Kaffeespezialitäten serviert. Leckere Fischgerichte gibt es gleich nebenan im Kaiserpavillon, eingerichtet
im wilhelminischen Stil.

Übernachten

Alleinlage – **Cliff Hotel:** Siedlung am Wald 22 a, zwischen Sellin und Baabe, Tel. 038303 84 84, www.cliff-hotel.de, DZ mit Frühstück 130–240 € inkl. Nutzung des Schwimm- und Spa-Bereichs, Kinderanimation. Das moderne 1978 eröffnete 5-Sterne-Hotel war früher exklusiv den SED-Funktionären vorbehalten. Nach der Wende großzügig umgebaut, liegt es direkt am Hochufer im Wald und hat einen Fahrstuhl zum Strand. Der Spiegelsaal wird wieder für Filmvorführungen genutzt. Öffentliches Kino an jedem zweiten So, Programm unter: www.kino-lichtspiele-sassnitz.de/kino_cliffhotel_sellin.html

Bäder-Romantik – **Roewers Privathotel:** Wilhelmstr. 34, Tel. 038303 12 20, www.roewers.de, DZ inkl. Frühstück und Nutzung des Wellness-Bereichs 147–252 €. Der große Komplex besteht aus den schönen Bädervillen Rugia, Vineta und Sella sowie dem Blockhaus Finja. Hinter den Häusern, die durch einen Gang im Souterrain miteinander verbunden sind, liegt ein kleiner Hotelpark.

Logenplatz – **Travel Charme Kurhaus Sellin:** Wilhelmstr. 27, Tel. 038303 95-100, www.travelcharme.com, DZ inkl. Frühstück und Nutzung der Sauna-Landschaft 98–238 €. Das modern und farbenfroh eingerichtete Hotel liegt direkt an der Kliffkante mit Blick auf die Seebrücke. Die meisten Zimmer haben Balkon oder Terrasse. Zum Haus gehört das Atrium-Restaurant Allegro mit seiner hohen Decke und die Bar Finale mit Pianomusik und Ostseeblick.

In bester Lage – **Villa Fernsicht:** Wilhelmstr. 41, Tel. 038303 121-0, www. ruegen-villa-fernsicht.de, FeWo für 2–4 Pers. mit Frühstück 65–115 €, alle mit Veranda oder Balkon sowie Wohn- und Schlafzimmer, Küche. Zum Haus gehört ein Bistro mit Terrasse.

Wellness mit Meerblick – **Bernstein Hotel:** Hochuferpromenade 8, Tel. 038303 17 17, www.hotel-bernstein.de, DZ mit Frühstück 65–104 € inkl. Nutzung der 750 m^2 großen Sauna- und Wellness-Landschaft mit Meerblickpool direkt am Hochufer. Dazu gehören ein Restaurant mit Sonnenterrasse sowie die Bar Bernstein-Lounge.

Familienfreundliches Idyll – **Haus Sonnenwinkel:** Familie Scheibe, Altensien 7 b, Tel. 038303 866 50, www.ruegen-sonnenwinkel.de, App. für 2 Pers. 53–108 €, 3. und 4. Gast je 10 €. In Altensien nahe der historischen Bockwindmühle liegen die Appartements und das Ferienhaus unter Reet. Zum Haus gehören ebenfalls Katzen, Kaninchen und Hühner.

Mit Loggia – **Villa Odin:** Wilhelmstr. 17, Tel. 038303 90 70, www.sellin-villa-odin.de, FeWo für 2 Pers. 47–117 €, Endreinigung 30 €, im Sommer Mindestbuchung 7 Nächte. Villa mit offenen oder verglasten Loggien und Veranden in jeder Wohnung, z. T. mit Sitzecke im Turmerker.

Mit Garten – **Villa Edelweiß:** Granitzer Str. 51, Tel. 038303 872 72, www.sellin-edelweiss.de, 5 App. für 2–4 Pers. 50–100 €. Ruhige Lage.

Mit Flair – **Pension Ingeborg:** Wilhelmstr. 18, Tel. 038303 872 91, www. pensioningeborg.de, DZ mit Frühstück, App. für 2 Pers., 51–90 €, original erhaltene Bädervilla mit offenen Balkonen und Wintergärten, Sauna sowie Sonnenterrasse.

Individuell und beliebt – **Pension Tatjana:** Wilhelmstr. 28, Tel. 038303 14 50, www.pension-tatjana.de, DZ mit Frühstück 64–82 €. Von Künstlern individuell gestaltete Zimmer; zur Pension gehören ein Garten mit Liegewiese und die russische Teestube.

Am Wald – **Haus Lausitz:** Am Sportplatz 13, Tel. 038303 955 57, www. haus-lausitz.de, FeWo für 2–4 Pers., 45–

98 €. In warmen Farben eingerichtete, sonnige Wohnungen, mit Terrasse oder Balkon. Am Haus gibt es einen Kinderspielplatz und eine Grillstelle.
Cool für Kids – **Jugendherberge Sellin:** Kiefernweg 4, Tel. 038303 950 99, www.ostsee-jugendherbergen.de/jugendherberge-sellin/, Übernachtung im DZ mit Frühstück 27, 50–36 €. Mehrbettzimmer 23,50–31 €. Das Haus mit 156 Betten liegt am Wald, 200 m vom Strand entfernt.

Essen & Trinken

Schönste Adresse – **Seebrücke Kaiserpavillon und Palmengarten:** Seebrücke Sellin, Wilhelmstr. 25, Tel. 038303 82 90, www.cliff-hotel.de/seebrücke, tgl. 10–22 Uhr. Gleich zwei Lokale kann man auf der Seebrücke kennen lernen und es sich im stilvollen Ambiente gut gehen lassen: Bar und Café gleichzeitig ist der Palmengarten mit Jugendstilanklängen und einem großen Aquarium mondän eingerichtet. Gut essen kann man im Kaiserpavillon, z. B. Selliner Fischsuppe (7,90 €), aber auch Pizza und Pasta sowie Fisch- und Fleischgerichte wie confierter Boddenhecht unter Petersilienkruste (19,90 €).
Unbedingt probieren – **Russische Teestube Tschai Kowski:** in der Pension Tatjana (s. o.), Wilhelmstr. 28, Tel. 038303 14 50, www.pension-tatjana.de. Große Teeauswahl, Frühstück, Mittagstisch und Abendkarte mit russischen Spezialitäten wie Borschtsch oder Wareniki (gefüllte Teigtaschen, süß oder herzhaft).
Maritim – **Zum Skipper:** Wilhelmstr. 31, Tel. 038303 907 40, tgl. 11–22 Uhr, Nov.–Feb. Abweichungen möglich. Fischrestaurant mit Schifferdeko. Hier gibt es z. B. gebratener Butterfisch mit Blattspinat und Petersilienkartoffeln (12,90 €).

Unser Tipp

Wanderung von Sellin nach Binz
Am Travel Charme Hotel oberhalb der Seebrücke, führen Stufen durch einen kleinen Kurpark zum Hochuferweg. Der mit schwarzen Wegzeichen markierte Pfad folgt zunächst dem prächtigen Buchenwald am Hochufer. Schöne Aussichtspunkte sind der Falkenberg mit 67 m Höhe und etwas weiter landeinwärts der Schwarze See. Schön ist auch der Silvitzer Ort mit Blick auf Sassnitz und die Kreideküste. Ein Schild zur Teufelsschlucht weist auf einen kleinen Abstecher hin. Weiter geht es bis zur Promenade und dann zur Seebrücke von Binz. Nach einer kleinen Stärkung steigt man für den Heimweg am Binzer Bahnhof in den Rasenden Roland, der an der Granitz entlang bis zum Kleinbahnhof Sellin-Ost fährt. Dauer: ca. 4–6 Std.

Für Gourmets – **Ambiance** (internationale Küche, tgl. ab 18 Uhr), **Clou** (regionale Gerichte verfeinert, tgl. ab 18 Uhr) und **Brasserie Caspars:** Zwei Restaurants und eine Brasserie sowie die **Bar b.ambi** laden in Roewers Privathotel in der Wilhelmstr. 34, www.roewers.de zum Schlemmen und Genießen auf hohem Niveau ein.
Schnitzel am Zug – **Selliner Kleinbahnhof:** an der B 196, Tel. 038303 879 71, in der Saison tgl. ab 11.30 Uhr. Wie ein Eisenbahnwaggon eingerichtet ist das Restaurant an den Gleisen. Die Küche ist eher gutbürgerlich, es gibt Gerichte wie Dorsch und Schnitzel. Wer ein bisschen Zeit mitbringt, sieht von der Terrasse aus direkt den Rasenden Roland gelegentlich vorbeifahren.   ▷ S. 193

Auf Entdeckungstour

Urtümlich und geheimnisvoll – Steingräber in Lancken-Granitz

Südwestlich von Lancken Granitz liegen mehrere alte Hünengräber. Ein kleiner Spaziergang führt vorbei an sieben gewaltigen Steinkonstruktionen, den stillen Zeugen der Stein- und Bronzezeit.

Reisekarte: ▶ G 7

Dauer: 0,5–1 Std.

Anfahrt: B 196 Richtung Sellin/Göhren nehmen. Kurz vor Lancken-Granitz rechts abbiegen und der Straße Bäckertrift folgen, bis man rechter-hand an eine Wiese kommt, auf der Baumgruppen und Büsche zu erkennen sind. Hier steht ein Hinweisschild, von dem aus ein etwa 500 m langer Pfad an den Grabanlagen vorbeiführt.

Planung: Geführte Wanderung mit Informationen zu Natur, Steinzeit-Relikten sowie Sagen und Mythen der Region mit René Geyer, Mi 10 und So 13 Uhr (außer im Nov.), Treffpunkt Kleinbahn-Haltestelle Garftitz, Tel. 0173 989 80 31, www.naturgeyer.de, Erw. 9 €, Familienpreis 18 €.

Gewaltige Findlinge, wie von Riesenhand gestapelt – schon allein durch ihre Größe üben Steinzeitgräber eine faszinierende Wirkung auf uns aus. Sie sind aber auch stumme Zeugen einer seit Jahrtausenden vergangenen Kultur und machen neugierig auf das Leben ihrer einstigen Erbauer. Nur wenige Kilometer von Sellin entfernt, liegt bei Lancken-Granitz (s. S. 186) eine der ältesten Grabanlagen Mitteleuropas auf einer großen Wiese, die von Baumgruppen umsäumt ist. Nichts deutet auf den ersten Blick darauf hin, dass es hier etwas Besonderes zu entdecken gibt.

Von Dolmen und Hünengräbern

Doch schon seit dem dritten Jahrtausend v. Chr. haben hier Steinzeitmenschen Ruhestätten für ihre Toten geschaffen. Die Erbauer der monumentalen Grabstätten lebten in Holzhäusern, sie betrieben Ackerbau und hielten als Haustiere Hunde, Rinder, Schweine und Schafe. Außerhalb ihrer Siedlung lagen die oberirdischen Gräber, die aus unbehauenen, großen Findlingen angelegt wurden. Die Steinzeitmenschen stellten dazu mehrere Steine in einem Rechteck auf. Als Abschluss wurde ein Deckstein aufgelegt, der die begehbare Kammer abschloss. Heute werden diese steinzeitlichen Gräber, die aus mehreren aufrecht stehenden Steinen und einem oder mehren Decksteinen bestehen, als Dolmen (bretonisch für Steintisch) bezeichnet. Meist wurden diese großen Steintische zudem in einem Erdhügel verborgen.

Rätselhafte Bauweise

Nur Riesen oder Hünen können solche mächtigen Felsformationen bewegen, dachten zumindest die Menschen im Mittelalter, und prägten so den noch heute gebräuchlichen Namen für diese Grabstätten: Hünengräber. Dass sie Relikte aus der Jungsteinzeit sind und vermutlich mehrere tausend Jahre bis in die Bronzezeit (ab ca. 1800 v. Chr.) genutzt wurden, fasziniert nicht nur Experten. Vor allem die Frage, wie die Steine transportiert und bearbeitet wurden, gibt der Wissenschaft bis heute Rätsel auf. Archäologen vermuten, dass die frühen Siedler sie von weiter entfernten Orten auf der Insel mit Booten bis an die Küste brachten. Mit Holzstämmen, die als primitive Rollen und Hebel dienten, bewegten sie dann die bis zu 50 Tonnen schweren Giganten an ihren Bestimmungsort.

Sieben Gräber – Sieben Schätze

Rund 230 Gräber hatte der Mathematiker und Forscher Friedrich von Hagenow noch in seiner 1829 erschienenen „Special-Carte der Insel Rügen" eingezeichnet. Heute sind nur noch etwas über 50 dieser Großsteingräber erhalten. Rügen ist damit aber immer noch eine der an Bodendenkmälern reichsten Gegenden in Norddeutschland. An der Wiese bei Lancken-Granitz sind sieben von einstmals 19 dort bekannten Grabstätten erhalten geblieben. Die teilweise rekonstruierten Relikte aus der Jungsteinzeit liegen dabei häufig versteckt unter Baumgruppen oder im Gebüsch. Rund 200 m von der Straße entfernt, erreicht man unter einer Gruppe von Bäumen die erste Station. Hier befinden sich drei nebeneinander liegende Hünengräber. Das erste Steingrab auf einem kleinen Hügel soll über 4500 Jahre alt sein. Es ist von kniehohen, rechteckigen Steinen umgeben, die wie eine große Bannmeile wirken. In Richtung Westen sind ganz in der Nähe weitere Gräber zu sehen: Beim zweiten Grab drückt eine junge Eiche gegen die Steine und zeigt, wie fragil

das gewaltige Steingefüge ist. Die Decksteine sind einfach nur aufgelegt und halten sich nur durch ihr eigenes Gewicht am Platz. Auf die Lage des dritten Großsteingrabs dahinter verweisen ca. 1,5 m hohe Wächtersteine. Diese markierten die Gräber als heilige Orte und signalisierten: Zutritt für Unbefugte verboten! Eine regionale Besonderheit auf Rügen ist der Großdolmen mit Windfang. So bezeichnen Experten den nach Süden ausgerichteten Kriechzugang zum Grab. Der etwa 80 cm hohe Eingang wurde aus kleineren Steinplatten errichtet. Diese Rügener Besonderheit ist bei einigen der Gräber noch gut zu erkennen.

Letzte Ruhestätte

Von der Baumgruppe folgt man dem Trampelpfad bis zu einem nahen Gebüsch, hier befindet sich etwas versteckt der vierte Dolmen. Der Deckstein ist nicht mehr intakt, so dass nicht nur der Windfang, sondern auch die innere Aufteilung der Totenstätte gut zu erkennen ist. Von innen war das Grab ursprünglich gleichmäßig mit Rotsandsteinplatten ausgekleidet. In den mit kleineren Platten abgeteilten Zellen haben Forscher einzelne Menschenknochen gefunden. Wissenschaftler vermuten, dass die Dolmen kein Ort für Erstbestattungen waren, da der Platz in den einzelnen Zellen für einen Körper viel zu klein ist. Sie gehen vielmehr davon aus, dass die Toten nach ihrer Verwesung mit einzelnen Knochen hier zur letzten Ruhe gebettet wurden. Diese kollektive Begräbnisstätte diente vermutlich gleich mehreren Generationen einer Sippe als Ruhestätte.

Pflastersteine aus der Steinzeit

Vom Gebüsch ist es nicht weit zum Birkengrab an dem alten, mit Kopfstei-

nen gepflasterten Weg, der quer über die Wiese verläuft. Wie bei so manchen pommerschen Landstraßen stammen die Steine seines Pflasters von Hünengräbern. Zwischen den Jahren 1825 und 1875 wurden viele Grabanlagen in der Region zerstört und als Steinbruch genutzt. Nicht nur als Straßenpflaster, auch für die Fundamente von Gebäuden mussten die Findlinge herhalten.

Für die Ewigkeit gebaut

Jenseits dieses Kopfsteinpflasterwegs gibt es noch zwei weitere interessante Hünenbetten. Unter einer kleinen Baumgruppe befindet sich ein Grab, das noch verschlossen ist. Hier erhebt sich nur ein kleiner Erdhügel aus dem Boden. Das siebte Grab liegt unter einer Kiefer. Es ist eine der am besten erhaltenen Anlagen auf dieser Wiese: Ein etwa kniehoher Eingang aus Steinen öffnet sich zu einer kleinen Höhle, die einem Mann genügend Platz zum Liegen bieten würde. Da es in der niedrigen Höhle dunkel ist, kann man ihre feine Innenverkleidung mit Steinplatten nur nur indirekt zu Gesicht bekommen – indem man eine Kamera mit Blitz hineinhält und eine Aufnahme macht.

Gerätschaften und Schmuck für das Leben nach dem Tod

Verborgene Schätze gibt es in den Kammern allerdings heute keine mehr zu entdecken – auch wenn Archäologen in den 1970er Jahren neben Knochen auch Schmuckstücke aus Bronze, Scherben, Waffen oder Werkzeuge wie Äxte, Pfeile und Messer fanden. Die frühen Siedler gaben ihren Verstorbenen offenkundig Gegenstände des täglichen Gebrauchs mit ins Grab: Ein Zeichen dafür, dass sie an ein Leben nach dem Tod glaubten.

Aktiv & Kreativ

Außen nass und innen trocken – **Tauchgondel:** Seebrücke Sellin, Tel. 038303 927 77, www.sellin.tauchgondel.de, Nov.–Apr. Mi–So 11–16, Mai, Sept. Okt. tgl. 10–18, Juni–Aug. 10–21 Uhr (immer nur bis zur Dämmerung), Dauer: 30–40 Min., 8 €, Kinder (bis 15 Jahre) 5 €. Einen direkten Blick auf Quallen und das grün schimmernde Ostseewasser bietet ein Besuch in der Tauchgondel. Ein 3-D-Film informiert zusätzlich über den Lebensraum Ostsee sowie Tiere und Pflanzen auf einem tropischen Korallenriff.

Schöne Steine – **Bernsteinmuseum Sellin:** Granitzer Str. 34, Tel. 038303 872 79, www.bernsteinmuseum-sellin.de, Mo–Fr 10–13 und 14–17.30, Sa 10–12 Uhr, Eintritt 1,50 €, Kinder 0,50 €. Hier gibt es Informationen über die Entstehung des fossilen Baumharzes; zu sehen ist auch der größte Bernstein Rügens.

Waldspaziergang – **Geführte Wanderung in die Granitz:** veranstaltet vom Amt für das Biosphärenreservat Südost-Rügen, Tel. 038303 88 50, www.biosphaerenreservat-suedostruegen.de, Mai–Okt. Di 10.15 Uhr, Treffpunkt: Kurverwaltung Sellin, ca. 3,5 Std. Informatives über den Lebensraum Wald und die zahlreichen Tier- und Pflanzenarten, die das Kesselmoor am Schwarzen See bevölkern.

Sellin historisch – **Spazieren oder Radeln** auf den Spuren von Fischer – Bauern – Hoteliers. Informationstafeln zur Kulturgeschichte informieren vor Gebäuden und anderen Landmarken in und um Sellin über die Entwicklung Südost-Rügens von einer ländlich geprägten zu einer touristischen Region. Das gleichnamige Faltblatt zur kulturhistorischen Entdeckungsreise gibt es in der Kurverwaltung Sellin. Auch regelmäßig als geführte Radwandertour.

Unser Tipp

Kunst aus dem Dreiländereck

Das ehemalige alte Feuerwehrhaus von Sellin dient heute als Galerie. Knut Hartwich zeigt in seinen schönen Räumen vor allem Malerei, aber auch Videos, Installationen und Skulpturen von jungen Talenten aus dem norddeutschen Raum. Wer spannende Kunst aus Dänemark, Schweden und Deutschland sehen will, geht zu Hartwich.

Galerie Hartwich: Schulstr. 5, Sellin, Tel. 0174 947 54 24, Do–Sa 15–19 Uhr u. n. V., www.galerie-hartwich.de.

Badespaß – **Inselparadies Sellin-Rügen:** Badstr. 1, Tel. 038303 12 30, www.inselparadies.de, tgl. 10–22 Uhr, Erwachsene 2 Std. (Mondscheintarif ab 19 Uhr): Bad/Sauna 8/13 €, Tageskarte 14/19 €, Kinder (3–14 Jahre) 2 Std. (Mondscheintarif ab 19 Uhr): Bad/Sauna 5/10 €, Tageskarte 8/13 €, Familienkarte (2 Erw./2 Kinder) 35 €, Saunazuschlag 5 € pro Pers. Wassergymnastik (Di ab 19.30 Uhr), 106 m Wasserrutsche, Wildwasserkanal, Wellness- und Massageangebote.

Mensch und Meer – **Museum Seefahrerhaus Sellin:** Seestr. 17b, Tel. 038303 37 11 05, im Sommer Di, Sa 12.30–17.30, Mi, Fr, So 10–17.30, Do 10–13.30 Uhr. Im neuen Anbau eines alten Fischer- und Seefahrerhauses informiert eine Ausstellung über die historische Lebenswelt der Rügener Schiffer.

Nur im Winter – **Schlittschuhbahn im Seepark:** Mönchguter Str. 4, neben dem Freizeitbad, Tel. 038303 89 70, Dez./Jan. tgl. 13–19 Uhr, 3 €, Kinder 2 €, Schlittschuhverleih 3 €.

Eingelocht – **Minigolf im Seepark:** Tel. 038303 89 70, tgl. 8–18 Uhr, Schläger und Bälle an der Seepark-Rezeption.
Fahrradverleih – **Rental Station im Seepark:** Tel. 038303 866 55, www.rental-station.de, tgl. 9–12.30 und 15–18 Uhr, z. B. 3-Gang-Tourenrad 5,50 €/Tag.
Für Skate-Fans – **Halfpipe** hinter dem Netto-Supermarkt bei der Tankstelle.

Infos & Termine

Kurverwaltung: Warmbadstr. 4, Tel. 038303 160, www.ostseebad-sellin.de, Mo–Fr 8.30–18, Sa, So 10–18 Uhr.
Bockwindmühle Altensien: Mai–Sept. ist Do ab 14 Uhr Backtag, am 1. Juni ist Mühlentag, Familientage mit Mitmach-Programm für Kinder sind der 1. Juli und der 3. Okt.
Historische Ortsführung: Di 10 Uhr ab Kurverwaltung.

Seedorf ► G 7/8

Einen Ausflug wert ist das idyllische Seedorf mit seiner kleinen **Marina** allemal. Wie gemalt ragt hinter dem Neuensiener See in der Ferne der Turm vom Jagdschloss Granitz in die Höhe. Eine kleine weiße Holzbrücke verbindet die beiden Ufer des Zuflusses, der den malerischen See mit der Having verbindet. Hier beginnt auch der Yachthafen, wo schnittige Segler neben alten Fischerbooten liegen. Kleine Gaststätten aufgereiht an der langen Dorfstraße am Wasser sorgen für das leibliche Wohl.

Übernachten

Idyllisch am See – **Ferienpension und Gaststätte Seeblick:** Neuensien Nr. 9 a, Seedorf, Tel. 038303 865 97, www.feri

enpension-seeblick.de, DZ 50–78 € inkl. Frühstück, FeWo 2 Pers. 41–75 €. Am Neuensiener See, umgeben von weiten Rasenflächen, mit umwerfenden Ausblick; warme Küche 11.30–21 Uhr .

Essen & Trinken

Wie bei Großmuttern – **Drei Linden:** Seedorf Nr. 7, Tel. 038303 872 41, www.gasthof-drei-linden.de, März–Ende Nov. 11.30–21.30 Uhr, auch über die Weihnachtstage geöffnet. Originelle Gerichte aus der regionalen Küche, wie etwa Himmel und Erde (mit Apfel, Kartoffeln und Blutwurst) für 9,80 €, aber auch Sanddornparfait oder Fliederbeersuppe und natürlich Fisch bietet das Restaurant, das dem Inneren eines Schiffes nachempfunden ist. Bei schönem Wetter lockt die Terrasse mit Blick auf den Yachthafen.
Fisch und Burger – **Restaurant Globus:** Neuensien, Tel. 038303 90 98 56, www.restaurant-globus.de, Ostern–Okt. tgl. 12.30–21, Nov.–Ostern 17.30–20 Uhr. Nettes Ambiente mit Sonnenterrasse und gelegentlicher Livemusik.

Zirkow ► F 7

Ein kleines unscheinbares Dorf auf dem Weg nach Binz ist Zirkow. Hier gibt es zwei historische Bauernhäuser und die typische alte Backsteinkirche. Ein Besuch lohnt sich wegen der charmanten Confiserie Schokolat.

Erste schriftliche Belege datieren den Ort auf das Jahr 1313, obwohl prähistorische Funde bezeugen, dass die Gegend schon in der Steinzeit besiedelt war. Die Backsteinkirche aus dem 15. Jh. wurde auf den Fundamenten eines älteren Gotteshauses errichtet. Interessant ist die spätgotische Gewölbebemalung mit Blattfriesen und gro-

tesken Masken, die 1948 freigelegt wurde. Der schwebende Taufengel, Altar und Beichtstühle stammen aus dem 18. Jh. Von dem hochgotischen Orgelprospekt sind nur noch zwei Schutzflügel erhalten, auf deren Innenseiten kniende Könige (Salomo und David?) abgebildet sind.

Museumshof

Binzer Str. 43 a, Zirkow, Tel. 038393 328 24, im Sommer auch Mo–Fr 10–16 Uhr, Erw. 2 €, Kinder 1,50 €
Ein Bauernhof aus dem Jahr 1720 wurde um 1980 als Museum eingerichtet. Das Hallenhaus war im 18./19. Jh. Wohn- und Arbeitsstätte sowie Viehstall. Zu sehen sind eine Fülle von Haushaltsgeräten wie Wäschemangel oder Fruchtpresse und darüber hinaus mehrere Informationstafeln zum bäuerlichen Alltag von anno dazumal. In den beiden Scheunen befinden sich Ausstellungsstücke zur landwirtschaftlichen Technikgeschichte wie eine Getreidemähmaschine aus den 1930er-Jahren oder eine Strohpresse.

Übernachten

Gemütlich – **Pension Alte Schule:** Putbuser Str. 15 a, Tel. 038393 324 70, www.alte-schule-zirkow.de, 30–70 €/ Tag, in der ehemaligen Dorfschule finden sich 4 FeWo für 2–5 Personen.

Aktiv & Kreativ

Fest im Sattel – **Hof Viervitz:** Viervitz 3a, **Reitschule Einhorn:** Martina Hermann, Tel. 03838 309402, www.hof-viervitz-rügen.de, Ausritte, Reitunterricht, Westernreiten, Reiterferien, Kinderangebote.
Schnell und nass – **Wassersportcentrum Zirkow:** Am Kapellenberg 1, Tel.

Unser Tipp

Malerische Marina in Seedorf
▶ G 7/8
Wer mal eine Pause vom Bädertrubel braucht, dem sei ein Besuch im idyllischen Seedorf empfohlen. Hier gibt es Gelegenheit zu entspannenden Spaziergängen in schöner Umgebung: Über die weiße Holzbrücke über die Lanckener Bek, den Zufluss zum Neuensiener See, führt ein Weg zum Naturschutzgebiet am See. Noch malerischer ist es, wenn man der Dorfstraße von Neuensien nach Seedorf folgt. Hier liegen ein paar nette Restaurants mit Blick auf die Marina. Nachdem die Straße Richtung Bodden zu Ende ist, führt ein Weg zum Greifswalder Bodden und wer Lust hat, kann weiter nach links an einem schönen Uferweg bis zur Moritzburg wandern.

038393 13 14 70, www.wasserskiruegen.de. Mit Wasserski oder Wakeboard gehts von April–Okt. rasant über den See. Schnupperticket für Anfänger inkl. Neoprenanzug 16 €.

Essen, Einkaufen

Au chocolat – **Confiserie Schokolat:** Binzer Str. 50, Tel. 038393 66 59 19, www.schokolat.de, Mi–Mo 11–17 Uhr. Leckere Trüffelpralinen mit Rum-, Kirsch-, Marzipan- oder Lakritzgeschmack. Wer möchte, kann auch ganz gemütlich Kaffee trinken und Kuchen essen. Ein besonderer Genuss ist ein Besuch in der liebevoll eingerichteten Diele, wo man aus den schön verzierten Sammeltassen trinkt.

Der Westen Rügens

Highlight!

Ummanz: Wer die Insel besucht, bekommt unwillkürlich den Eindruck, das Eiland gehört in seiner Abgeschiedenheit und Ursprünglichkeit nicht zur munteren Urlaubsinsel Rügen. S. 207

Auf Entdeckungstour

Radlerparadies Ummanz: Stille und Weite prägen diese Entdeckungstour auf zwei Rädern, bei der höchstens mal Wind und Regen für verschärfte Bedingungen sorgen. S. 212

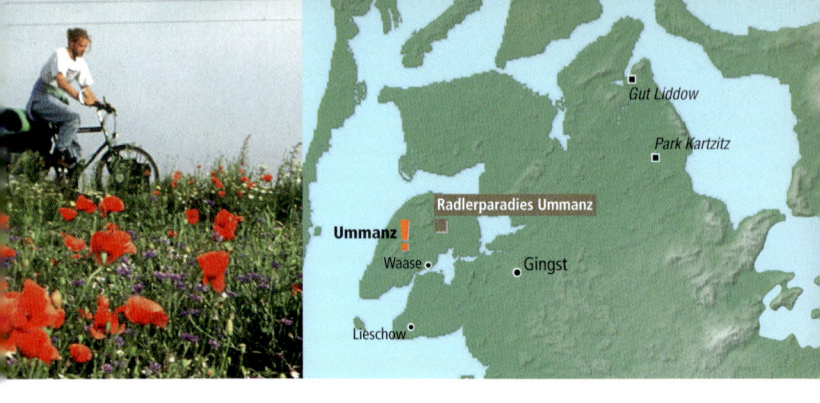

Kultur & Sehenswertes

Liddow: Bekannt ist der Ort aus der ZDF-Erfolgsserie »Hallo Robbie«. Auch wenn die Serie um den Seehund nicht mehr dort gedreht wird. S. 200

Gingst: Das ehemalige Handwerkszentrum der Insel sorgt mit Marktplatz, Backsteinkirche, bunten Geschäften und Restaurants für geradezu städtisches Flair im tiefen Westen. S. 204

St. Marienkirche: Die kleine Dorfkirche in Waase besitzt einen außergewöhnlichen gotischen Flügelaltar. S. 207

Aktiv & Kreativ

Rügen Surfhostel, Ummanz: Egal, ob nun Surfbrett, Segelschiff oder beim Kite-Surfen – schon am ersten Tag gibt es meist Erfolgserlebnisse zu berichten. S. 210

Genießen & Atmosphäre

Park Kartzitz: Für ein Picknick und einen Spaziergang bietet sich der Park hervorragend an. S. 200

Bauer Lange und Bauernhof Kliewe: Zwei Bauernhöfe in Lieschow zum Entdecken, Toben und Genießen inklusive Hofcafé und Hofladen. S. 210

Haflingergestüt Ummanz: Ein Naturprodukt der Extraklasse ist die Stutenmilch vom Ummanzer Gestüt, die auch zu Kosmetik verarbeitet wird. S. 211

Abends & Nachts

Beach Club im Rügen Surfhostel: Nach einem Tag in den Wellen kann man auf Ummanz genüsslich durch die Nacht chillen. S. 211

Stilles Hinterland

Eine Vielzahl von kleinen Dörfchen und Naturparadiesen reihen sich aneinander. – »Verschlafen« würden manche sagen, andere wiederum schätzen gerade diese außergewöhnliche Ruhe. Einen Ostseebadestrand gibt es nicht, weshalb die Region oft von Urlaubern völlig vernachlässigt wird. Andererseits ist aber genau das auch ein großer Vorteil, denn wer diese Region bereist, hat den Eindruck, das ursprüngliche Rügen gefunden zu haben.

Der Nordwesten dient im Frühjahr und Herbst Tausenden von Zugvögeln als Rastplatz. Graugänse und Kraniche fühlen sich an den seichten und geschützten Boddenküsten sicher. Bis zu 60 000 langbeinige Großvögel machen in der Udarser Wiek Halt, um neue Kraft für ihre lange Reise zu tanken.

Die Landwirtschaft prägt die Region, Landgasthäuser und Märkte gehören zu touristischen Attraktionen, die sich hier deutlich in überschaubarem Rahmen halten. Doch sind die historischen Handwerksstuben in Gingst auf jeden Fall einen Besuch wert. Und wer die flunderflache Insel Ummanz erkundet, wird ein Kleinod samt seiner liebeswürdigen Bewohner kennen lernen. Die sympathischen Erlebnisbauernhöfe von Bauer Lange und Bauer Kliewe sind dagegen auf der Insel schon bekannt und vor allem bei Kindern beliebt, genau wie der Rügen-

park in Gingst. Bekannt ist vor allem Schaprode, da von hier aus die Fähren nach Hiddensee ablegen.

Einer der einsamsten und schönsten Winkel liegt am Großen Jasmunder Bodden, der Liddower Haken, der als Drehort der ZDF-Serie »Hallo Robbie« bekannt wurde. An der ganzen Boddenküste, zwischen Ralswiek und Neuenkirchen, Schaprode und Gingst bis hin zur Insel Ummanz ist die Region tatsächlich einmalig schön.

Ralswiek ▶ F 6

Das kleine Dorf ist fest verbunden mit den bekannten Störtebeker-Festspielen und so bestimmen Buden und Restaurants das heutige Bild des Ortes am Großen Jasmunder Bodden. Bei all dem Trubel geht fast unter, dass Ralswiek als älteste Siedlung Rügens gilt und einer der größten Seehandelsplätze der slawischen Ranen war. Die umfangreichen Handelsbeziehungen, die zu anderen Städten an der Ostsee bestanden, belegen archäologische Ausgrabungen. Von Specksteinschalen aus Norwegen und Gefäßen, die in Schweden hergestellt wurden, sowie arabischen Dirhams und persischen Drachmen reichen die Funde, die hier bei den Ausgrabungen im Jahre 1967 zutage gefördert wurden. Spektakulär ist vor allem der Münzfund, der heute im Kulturhistorischen Museum in Stralsund zu bewundern ist. Für großes Aufsehen sorgten auch die 4–14 m langen und 3,40 m breiten Wikingerboote, die bei Grabungen zwischen 1967 und 1980 entdeckt wurden. Ein Nachbau solch eines Bootes ist im Museum für Unterwasserarchäologie in Sassnitz (s. S. 220) zu sehen.

Infobox

Info-Stube Gingst: Karl-Marx-Str. 19, 18569 Gingst, Tel./Fax: 038305 53 58 62, Juni–Aug. tgl. 10–17 Uhr, www.westruegen.net.

Wo sich einst die Wikinger tummelten, legen heute im kleinen **Seglerhafen** nur noch Hobbysegler an. Zudem gibt es in Ralswiek einen kleinen Anleger für einen Dampfer. Wer ein Fan der Slawen ist, sollte das aus der Zeit vom 8. bis 12. Jh. stammende Hügelgräberfeld mit etwa 400 Hügeln auf den Endmoränen nordöstlich von Ralswiek nicht verpassen.

Schloss Ralswiek

Parkstr. 35, www.schlosshotel-ralswiek.de
Das Schloss wurde im Stil der französischen Loire-Schlösser für den Grafen Douglas im Jahr 1893 erbaut. Der weitläufige Schlosspark mit seinen seltenen Bäumen ist öffentlich zugänglich, im Gegensatz zum Schloss, das nur Hotelgästen offen steht.

Das weiße Neorenaissanceschloss mit seinen Ecktürmen wurde aufwendig restauriert und firmiert heute als erstes Hotel am Platz. Teile der Inneneinrichtung wurden von dem berühmten Jugendstilarchitekten Henry van de Velde entworfen, der ein Freund des Grafen Douglas war.

Schwedenkapelle

Ortseingang Ralswiek, nur zu den Gottesdiensten und den Veranstaltungen geöffnet
Die kleine Kapelle gleich am Ortseingang von Ralswiek stammt aus dem Jahre 1907. Sie ist ganz aus Holz gefertigt und hat den typischen roten Schwedenanstrich. Graf Douglas, der auch Bauherr des Schlosses Ralswiek war, stiftete dieses Kirchlein, in dem heute gelegentlich auch Orgelkonzerte stattfinden.

Herrenhaus

Parkstr., nicht öffentlich zugänglich
Nahe am Ufer des Boddens steht das imposante Herrenhaus, dicht gedrängt zwischen Schlosshotel und Störtebeker Festspielen. Im 16. Jh. wurde das eingeschossige Gebäude zum ersten Mal umgebaut, und im 17. Jh. folgte ein Erweiterungstrakt. Das heutige Erscheinungsbild des Haupthauses geht jedoch auf den Wiederaufbau um 1900 zurück, nachdem das Haus 10 Jahre zuvor abgerissen wurde. Heute besitzt es einen schönen Renaissancegiebel.

Störtebeker Festspiele

Am Bodden 100, Ralswiek, Tel. 03838 311 00, www.stoertebeker.de, Juni–Sept. Mo–Sa 20 Uhr, Tickets Erw. ab 12 €, Kinder bis 15 Jahre ab 10 €
Schon in DDR-Zeiten wurden hier die Rügenfestspiele gezeigt und das Dorf Ralswiek von der damaligen Regierung zum »Bayreuth der Ostseeküste« erklärt. Insgesamt fünf Aufführungen gab es in den Jahren von 1959 bis 1961 und 1980 sowie 1981. Dabei wurde natürlich entsprechend dem Wunsch der Staatsfunktionäre aus dem wilden Seeräuber ein sozialistischer Volksheld gemacht.

1981 fiel die Bühne jedoch in einen Dornröschenschlaf, bis sie von Peter Hick, dem ehemaligen Intendanten der Karl-May-Festspiele in Bad Segeberg, 1993 wieder auferweckt wurde. Seitdem sind nun bei jedem Wetter auf der Freilichtbühne über 120 Personen, 4 Schiffe und 30 Pferde mit von der Partie. Mehr als 4,4 Mio. Besucher haben das Spektakel schon gesehen, damit sei Ralswiek eines der erfolgreichsten Freilufttheater Deutschlands, heißt es. Die Spezialeffekte und das Höhenfeuerwerk über dem Jasmunder Bodden zählen zu den beliebtesten Attraktionen der Zuschauer. Und jedes Jahr im Sommer werden neue Episoden aus dem Leben des Freibeuters Klaus Störtebeker vor der beeindruckenden Kulisse des Großen Jasmunder Boddens in Szene gesetzt (s. S. 37).

Ein perfekter Ort für ein Picknick
▶ D 5

Nach der Wende war der **Park** völlig verwildert, heute ist der 7 ha große Garten Teil einer der schönsten barocken Anlagen auf Rügen. Der öffentliche Park ist im Stil eines englischen Landschaftsgartens angelegt. Teiche und Gräben bilden eine Einheit mit den Rosskastanien und Eiben. Im Gutshaus stehen wunderschöne und stilvolle Ferienwohnungen für Gäste zur Verfügung. Mit einem kleinen Boot können Urlauber aus dem Gutshaus in den hinteren Teil des Parks übersetzen. **Knyphausen Gut Kartzitz:** Am Park 6, Kartzitz, Tel. 03838 31 59 30, www.gut-kartzitz.de, Blaue Wohnung ab 80 €.

Neuenkirchen und Liddow ▶ D 4

Kleine, einsam gelegene Dörfer und landwirtschaftliche Flächen prägen den Norden Zentralrügens direkt am Großen Jasmunder Bodden. Der hölzerne **Grümbke-Turm** in Neuenkirchen liegt auf der Anhöhe Hoch Hilgor. Der Aussichtsturm ragt 15,5 m hinauf und bildet so den höchsten Punkt der **Halbinsel Lebbin** – allerdings ist er mittlerweile von hohen dichten Baumkronen umgeben, sodass zumindest im Hochsommer die Sicht eingeschränkt ist. Fans der ZDF-Serie »Hallo Robbie« besuchen das rote Haus am Bodden in Lebbin, das in der Serie die Ranger-Station von Dr. Lennard war und als Möwennest in die Fernsehgeschichte ein-

ging. Das **Gutshaus Liddow**, das nur über eine lange Holzbrücke von Laase zu erreichen ist, diente als Kulisse für die Wohnung des Fernsehdoktors. Doch die Dreharbeiten sind dort längst beendet und die Ruhe wieder eingekehrt.

Übernachten

Herrschaftlich – **Gut Grubnow:** Grubnow Nr. 7, Neuenkirchen, Tel. 0172 402 02 80, www.gut-grubnow.de, ganzjährig geöffnet, Wohnung ab 60 €. Ausgezeichnetes Gutshaus, das nicht nur liebevoll und stilsicher eingerichtet ist, sondern auch mit seinem Garten und der Lage direkt am Bodden besticht. Zu den 8 FeWo und der Remise gehören Sauna, Kaminzimmer und ein eigener Bootsanleger – einfach traumhaft schön!

Essen & Trinken

Fürstlich – **Gut Tribbevitz:** Neuenkirchen, Tel. 038309 70 80, www.gut-tribbevitz.de, Restaurant in der Hauptsaison Mo–So 18–21 Uhr, Hauptgerichte um 17 €. Küchenchef Frank Burow verwöhnt nicht nur die Hotelgäste auf dem Trakehnergestüt, mittlerweile hat sich das Restaurant zum Geheimtipp gemausert. Der fangfrische Fisch kommt aus der vor der Haustür liegenden Tetzitzer See. Feine Küche im stilvollen Ambiente.

Solide – **Wirtshaus Neuenkirchen:** Dorfstr. 12, Neuenkirchen, Tel. 038309 703 60, www.wirtshausneuenkirchen.com, Mai–Okt. 12–15 und 18–21 Uhr, Hauptgerichte ab 5,90 €. Schon seit 150 Jahren gibt es dieses Wirtshaus. 2005 frisch renoviert, bietet es neben Pasta und Schnitzel auch fangfrischen Fisch wie Barsch und Flunder.

Aktiv & Kreativ

Abenteuerspiele – **Rügen Safari:** Tribbevitz 8, Neuenkirchen, Tel. 0173 610 65 14, www.ruegen-safari.de, Termine zu Kursen nach Vereinbarung, Crashkurs im Bogenschießen 35 €. Reiten, Bogenschießen oder Kanufahren – die Angebote von Ray Kupper sind nicht nur etwas für Robin-Hood-Fans.

Termine

Tag der Allee: Am 20. Okt. 2008 wurde in Deutschland erstmals bundesweit dieser Tag begangen. Ein Bündnis von Naturschützern und Tourismusorganisationen will so auf die Schönheiten und Gefährdungen der baumbestandenen Strecken aufmerksam machen. An diesem Tag finden Baumpflanzaktionen statt, um dieses Kulturerbe zu erhalten. Zur »Allee 2008« wurde die über 7 km lange Straße, die die Gemeinden **Silenz** und **Neuenkirchen** verbindet, ausgezeichnet.

Trent ► C 5

Der Ort liegt an der Abzweigung nach Schaprode und zur Wittower Fähre. Erstmals erwähnt wurde Trent 1311. In der Ortsmitte gibt es eine Backsteinkirche mit einer schönen Barockausstattung, die einen Abstecher lohnt. In der näheren Umgebung befinden sich viele alte Gutshäuser und imposante Herrenhäuser.

St. Katharinenkirche

1318 wurde die Dorfkirche zum ersten Mal urkundlich erwähnt, doch von dieser ist heute nichts mehr zu sehen. Das heutige Langhaus wurde Ende des 15. Jh. als gotische Halle erbaut. Der Granittaufstein (Anfang 14. Jh.) ist äl-

testes Ausstattungsstück der Kirche. Seine geschweifte Haube erhielt der Turm erst 1602. Aus der Werkstatt des berühmten Stralsunder Meisters Michael Müller stammt der kunstvoll geschnitzte Barockaltar von 1752 mit vielen plastischen Figuren. Auch der Beichtstuhl und der Taufständer sind barock. Grabplatten und Epitaphien verweisen auf die engen Beziehungen zur Patronatsfamilie von Platen.

Übernachten

Komforthotel – **Radisson Blu Resort:** Vaschvitz 17, Tel. 038309 220, http://hotels.radissonsas.com, DZ ab 105 €. Großzügige und skandinavisch anmutende Zimmer, die sich auf fünf Gebäude verteilen und vor allem durch ihre absolut ruhige Lage überzeugen. Besonders gut sind auch die buchbaren Extraangebote wie Wellness-Anwendungen oder Babysitter-Service.

Essen & Trinken

Eckkneipe – **Gasthof Fähreck:** Dorfstr. 25, Tel. 038309 13 51, in der Saison tgl. 11–21 Uhr, Hauptgerichte ab 6,80 €. Nicht nur das hausgemachte Eis ist ein Renner, auch die bodenständige Küche mit täglich wechselnden Gerichten überzeugt. Sehr gutes Preisleistungsverhältnis und sehr nette Bedienung.

Schloss Granskevitz

Auf halben Weg zwischen Trent und Schaprode, nicht öffentlich
Auf den Fundamenten einer Burg aus dem 15. Jh. wurde das aus dem 17. Jh. stammende Gutshaus mit seinem runden Turm errichtet. Es wird von einem Ringwall mit Außengraben umgeben, was einzigartig auf Rügen ist. Zwischen dem 18. Jh. und Anfang des

20. Jh. wurde das weiß verputzte Schloss mit zahlreichen An- und Ausbauten ausgestattet. Seit dem 12. Jh. war es Stammsitz der Familie von Platen. Durch die Heirat der Tochter Agathe mit Hans Friedrich von Schultz ging es in den Besitz der Familie von Schultz über, die es 1945 durch Enteignung verlor. Seit 1991 ist es wieder im Besitz der Familie. Für Gruselgeschichten bestens geeignet sind die Kellerräume. Einer der unterirdischen Räume wurde zugemauert und bis heute nicht wieder geöffnet, denn 1507 wurden hier Pestleichen beigesetzt.

Übernachten

Landhausferien – **Gut Granskevitz:** Tel. 038309 13 15, FeWo ab 82 € in der Hauptsaison. Residieren im alten historischen Gutshaus aus dem 17. Jh., das bedeutet auch inmitten eines Parks mit schönem, alten Baumbestand zu wohnen. Eine stilvolle und große FeWo mit separatem Eingang befindet sich im Seitenflügel des Anwesens.

Schaprode ▶ B 5

Bekannt ist Schaprode als Fährhafen auf dem Weg nach Hiddensee. Die meisten Gäste eilen daher einfach durch den kleinen Ort – ein Fehler, denn die Dorfstraße umschließt eine Reihe sehr hübscher kleiner, ziegelsteinroter Fischer- und Kapitänskaten aus dem 17. und 18. Jh. Die Kapitänshäuser sind daran zu erkennen, dass sie etwas höher liegen und eine kleine Treppe zur Tür besitzen. Die Fischerkaten haben dagegen lediglich einen ebenerdigen Eingang. Auch die drittälteste Kirche von Rügen, die St. Johanneskirche, steht mitten im Dorf und ist ein Augenmerk.

Das moderne lebendige Zentrum liegt heute unten im **Hafen,** den es schon seit dem 12. Jh. gibt. 1168 landete hier Dänenfürst Waldemar I. und Absalon von Roskilde und starteten Eroberung und Christianisierung Rügens.

Heute unternehmen von hier aus die Urlauber mit der Fähre oder mit einem der schnellen Wassertaxis ihre Erkundungen zur Insel Hiddensee. Wenn die Fähre kommt, wird es etwas hektischer, doch sobald die zahlreichen Urlauber mit der kleinen Pendelbahn zum großen Parkplatz außerhalb des Ortes abgefahren sind, stellt sich die beschauliche Ruhe wieder ein.

St. Johanneskirche
Lange Str. 19, Mai–Okt. ab 10 Uhr, über die Mittagszeit geschlossen, Fotografieren ohne Blitz und gegen eine kleine Spende möglich
Über zwei Grabplatten geht es ins Innere der Backsteinkirche, nach der Pfarrkirche Altenkirchen und der Marienkirche in Bergen die drittälteste Kirche Rügens. Der romanische Chor mit der Apsis und Teile der Ostwand des einst dreischiffigen Langhauses stammen aus dem beginnenden 13. Jh. Nach 1450 wurde das kreuzrippengewölbte Kirchenschiff errichtet. Sehenswert ist die spätgotische Triumphkreuzgruppe aus der Zeit um 1500. 1723 schuf der Bildschnitzer Hans Broder zusammen mit dem Maler Franz Rose die Kanzel und den Beichtstuhl. Der barocke dreigeschossige Altaraufsatz mit Szenen aus dem Leben Christi stammt aus dem Jahr 1730. Bemerkenswert ist die Würdigung des Reformators Johannes Bugenhagen, der neben einem Bildnis von Martin Luther an der Kanzel abgebildet ist.

Erlebnisgastronomie der besonderen Art bietet das Restaurant Alte Schule in Schaprode

Insel Öhe

Das kleine Eiland ist Schaprode vorgelagert und nur einen Steinwurf vom Hafen entfernt, aber nicht öffentlich zugänglich. Seit Jahrhunderten befindet es sich schon in Privatbesitz.

Seehof und Poggenhof

Knapp 4 km sind es von Schaprode bis zur äußersten Spitze der kleinen Halbinsel, über den kleinen Ortsteil Poggenhof geht es in das nur aus wenigen Häusern bestehende Dörfchen Seehof. Von hier hat man einen guten Blick auf die Insel Hiddensee.

Übernachten

Ferienglück – **Zur alten Schmiede:** Poggenhof 25, Tel. 038309 705 00, www.ruegen-schmiede.de, DZ pro Person ab 51,50 €. 2 km von Schaprode entfernt, bietet das 2007 renovierte Haus für seine Gäste nicht nur ein Restaurant mit Kamin, sondern auch ein römisches Dampfbad und eine finnische Sauna. Direkt am Nationalpark Vorpommersche Boddenlandschaft gelegen und mit allem nötigen Komfort eines 3-Sterne-Hauses. Schön ist auch das freistehende, reetgedeckte Ferienhaus.

Essen & Trinken

Schulspeisung – **Alte Schule:** Lange Str. 32 a, Tel. 038309 14 54, www.restaurant-zur-alte-schule.de, Saison Küche tgl. 11.30–21 Uhr, Hauptgerichte ab 8 €. Keine Angst, hier gibt es keine Stullen, sondern große Portionen und pommersche Küche. Der Gast verzehrt fangfrischen Fisch auf alten Schulbänken und zwischen großen Schiefertafeln. Der Service ist flink und nett und die Rechnung muss der Gast zum Glück auch nicht an der Tafel vorrechnen.

Gingst ▶ C 6

Etwa 12 km nordwestlich von Bergen liegt Gingst, das als Ghynxt 1232 erstmalig urkundlich erwähnt wurde. Es gehörte neben Garz und Bergen einst zu den bedeutendsten Marktzentren auf Rügen. Schon im Mittelalter waren hier um die 50 Handwerksberufe vertreten. Da das Städtchen Marktrecht besaß, konnte es den heimischen Handwerkern auch besondere Vorteile verschaffen. So wurde etwa Stralsunder Tuchhändlern verwehrt, ihre Waren im Ort zu verkaufen, wodurch das Einkommen der einheimischen Tuchhändler gesichert war. Auch bei der Abschaffung der Leibeigenschaft war Gingst schon sehr früh äußerst fortschrittlich. Auf Betreiben von Pastor Johann Gottlieb Picht wurde bereits 1774 der Willkür der Gutsherren ein Ende gesetzt und die Leibeigenschaft abgeschafft. Offiziell wurde diese auf Rügen erst 1806 von der schwedischen Krone aufgehoben.

Heute erstrahlt der liebevoll sanierte historische Ortskern in neuem Glanz. Direkt auf dem Markt findet sich eine Steinplastik zur Erinnerung an den großen Ortsbrand von 1950, bei dem ein Großteil der um den Markt stehenden Gebäude abgebrannt sind.

Pfarrkirche St. Jacobi
Am Marktplatz
Die einschiffige Kirche wurde Anfang des 14. Jh. erbaut. Besonders schön ist die barocke Ausstattung, die das Gotteshaus nach einem Brand im Jahre 1726 erhielt. Schön sind die Ausstattungsstücke wie das Taufbecken mit einem hölzernen Deckel aus dem Jahre 1736, die Kanzel von 1743, die in Stralsund gefertigt wurde, sowie der imposante Hauptaltar von 1776. Bemerkenswert ist auch die spätbarocke und älteste Orgel der Insel des Stralsunder

Baumeisters Christian Kindt aus dem Jahre 1790. Während des Spiels führt ein Engel oberhalb des Instruments eine Posaune zum Mund. In den Sommermonaten geben oft auch internationale Künstler Konzerte in der Pfarrkirche St. Jacobi.

Museum Gingst

Karl-Marx-Str. 19/20, Tel. 038305 304, www.historische-handwerkerstuben-gingst.de, Juni–Aug. tgl. 10–17, Okt. Mo–Sa 10–16, Nov.–April Mo–Fr 10–17 Uhr, Erw. 2 €

Die liebevoll eingerichteten historischen Handwerkerstuben sind in zwei Fachwerkhäusern untergebracht: in einem Rauchhaus aus dem 17. Jh. und in einem efeubewachsenen Häuschen von 1750. Die zum Teil original eingerichteten Zimmer und Werkstätten geben einen guten Eindruck vom Leben und Arbeiten der Handwerker. Im Erdgeschoss erwartet die Besucher eine Schusterwerkstatt mit angrenzendem Schlafraum und einer kleinen Küche. Weiter geht es mit dem Salon eines Barbiers und einer Schneiderwerkstatt. Die kleine Fingerhutausstellung besitzt eine Rarität aus dem 2. Jh. v. Chr., das älteste Stück dieser Sammlung stammt aus dieser Zeit und kommt aus China. Die Weberei mit Webstuhl und Spinnrädern erläutert anschaulich die lange Tradition der Damast- und Leinenweberzunft, die in Gingst Ende des 18. Jh. ihren Boom erlebte. Im Obergeschoss gibt es die Werkstatt einer Näherin von 1900 zu sehen. Nach dem Besuch kann im Hof noch die Schmiedewerkstatt besichtigt werden. Auch empfiehlt sich eine Pause im schönen Café und ein Blick in den Laden im ehemaligen Stallgebäude, wo es unter anderem Rügenpullover von Gerlinde Voltz und handgewebte Leinendecken aus der Weberei Urban in Altefähr zu kaufen gibt.

Unser Tipp

Verwunschener Park ▶ D 6

Sicherlich die sehenswerteste Parkanlage Rügens: Der 16 ha große **Schlosspark Pansevitz** ca. 4 km östlich von Gingst ist im Stil eines englischen Landschaftsgartens angelegt. Weite, hügelige Rasenflächen, verschlungene Wege, Teiche und alte Bäume prägen das weitläufige Gelände, in dem es sich wunderbar spazieren lässt. Das Renaisanceschloss ist nur noch als Ruine vorhanden. Eine neu eingerichtete Treppe in der Turmruine macht es möglich, den Park mit einem Blick von oben zu bestaunen.

Seit Juli 2006 wird der Park auch als **Friedwald** genutzt. Hier wird die Asche Verstorbener direkt an den Wurzeln eines Baumes in einer biologisch abbaubaren Urne beigesetzt. Veranstaltungen wie Konzerte, Dichterlesungen und Kunstausstellungen werden in unregelmäßigen Abständen organisiert. **Stiftung Schlosspark Pansevitz:** Am Park 6, Kartzitz, www.parkkultur-ruegen.de und www.stiftung-schlosspark-pansevitz.de.

Rügenpark Gingst

Mühlenstr. 22 b, Tel. 038305 55 055, www.ruegenpark.de, April–Juni 10–18 Di–So, Juli/Aug. tgl. 10–19, Sept./Okt. 10–17 Di–So, Erw. ab 12 Jahre 8,50 €, Kinder 1,50–6,50 €

Rügens größter und einziger Freizeitpark: Miniatur-Rügen und 80 weitere Modelle wie Deutscher Reichstag und Notre-Dame sind auf dem 40 000 m^2 großen Gelände zu bestaunen. Neben Parkeisenbahn sind Seilbahn und Superrutsche weitere Attraktionen.

Die Fischerei gehört auf Ummanz noch zum täglichen Brot

Übernachten

Katenherberge – **Boldevitzer Rügen-katen:** 7 km südöstlich von Gingst, in Parchtitz/Boldevitz, Dorfstraße 17, Tel. 03838 31 39 76, www.ruegenkaten.de, Kate ab 80 €. Stilvoller Urlaub im Gut Boldevitz, mit seinen schönen Wohnungen im Herrenhaus und in den strohgedeckten Katen. Viele der Gäste kommen auch mit eigenem Pferd oder frischen beim Reitunterricht ihr altes Hobby wieder auf.

Essen, Einkaufen

Bio – **Feinste Regionalwaren & Töpferei:** Am Markt 4, Tel. 038305 600 86, Mo 15–18, Di–Fr 10–18, Sa 10–13 Uhr, im Winter Mo geschl., www.toepferei-re gionalwaren.de, Kaffee ab 2,50 €. Hier gibt es Käse, Joghurt, Wurst, Obst, Gemüse, Honig und Sanddornprodukte. Kaffee und Kuchen bietet Lothar Seewald seinen Gästen außerdem an. Und die Keramikarbeiten von Ehefrau Roswitha sind zudem wunderschön.

Aktiv & Kreativ

Oldtimertour – **Uwe Bansemer:** Johann-Gottlieb-Picht-Str. 4 b, Tel. 0163 254 69 72, www.oldtimer-ruegen.de, Termine und Preise nach Absprache. Wie in den Goldenen Zwanzigern geht es mit dem Citroën AC zum Picknick aufs Land. Natürlich mit Chauffeur, der die schönsten Ausblicke und besten Picknickplätze kennt. Auch Hochzeitsfahrten können bei Herrn Bansemer gebucht werden.

Infos

Info-Stube Gingst, Tourismusverein West-Rügen: Karl-Marx-Str. 19, Gingst, Tel./Fax 038305 53 58 62, www.westruegen.net

Ummanz❗ ▶ B/C 5/6

Eine 250 m lange Brücke führt gleich hinter der Ortschaft Mursewiek auf die 20 km² große Insel. Ummanz ist mit seinen drei Metern über dem Meeresspiegel nicht nur platt wie eine Flunder, sondern auch ein wahres Naturparadies. An der **Udarser Wiek** im Nordosten der Insel und im Freesenort samt vorgelagerter Insel Heuwiese im Südwesten nisten an die 20 verschiedene Brutvogelarten. Das Betreten dieser Vogelschutzgebiete ist streng verboten. Dazu kommen im Frühjahr und Herbst die Kraniche und Gänse, die im Nationalpark Vorpommersche Boddenlandschaft und auf Ummanz ihre Rast- und Schlafplätze finden.

Die Insel ist ringsherum fast ununterbrochen mit Deichen geschützt und zeichnet sich landschaftlich durch Weideland und einzelne kleine Mischwälder aus. Zur Gemeinde Ummanz zählt auch die vorgelagerte Landzunge **Lieschow**. Wer weiße Sandstrände und Trubel wie im Seebad Binz sucht, wird hier nicht fündig werden. Abgeschiedenheit, Ursprünglichkeit und Natur heißen die Hauptattraktionen dieser Region.

St. Marienkirche in Waase

Keine festen Öffnungszeiten, Fotografieren nur gegen Gebühr und ohne Blitzlicht, www.eurob.org
Die kleine Backsteinkirche gleich am Ortseingang von Waase wurde im Jahre 1291 durch Zisterzienser-Mönche erbaut. Ihre heutige Gestalt geht

auf das Jahr 1440 zurück. Das Langhaus aus Fachwerk mit Backsteinfüllung entstammt dem 16. und 17.Jh. Erst im 18. Jh. entstand der Choranbau. Malereien aus der Zeit um 1470 wurden an den Wänden und am Triumphbogen freigelegt.

Älteste Ausstattungsstücke der Kirche sind das gotische Triumphkruzifix (um 1500) und der **frühgotische Schnitzaltar** – ein wahrer Schatz, denn er zählt zu den bedeutendsten sakralen Kunstwerken in Norddeutschland und wurde 1520 in Antwerpen gefertigt. Ursprünglich von Stralsunder Kaufleuten für die Nikolaikirche in Auftrag gegeben, fand der Flügelaltar zunächst keinen Anklang und wurde für wenig Geld nach Ummanz verkauft. Als die Kaufleute jedoch diesen Fehler erkannten, prozessierten sie lange um dessen Rückgabe – zum Glück für Waase ohne Erfolg. Seit 1708 ziert der kostbare Altaraufsatz mit dem reich geschnitzten Mittelteil und den sechs bemalten, aufklappbaren Flügeln die Kirche der Insel. Dargestellt sind die Passion Christi und Szenen aus dem heiligen Leben des Thomas Becket von Canterbury.

Im Mittelteil des Altars ist eine Kreuzigung mit Trauergemeinde zu sehen, im linken Teil die Kreuztragung und Beweinung Christi. Die drei unteren Gehäuse zeigen die Ermordung Beckets, der als Erzbischof von Canterbury stets die Rechte der Kirche gegenüber dem König verteidigte. Ob es sich im dritten Teil um den Schwur Heinrichs II. handelt, ist bis heute nicht eindeutig geklärt. Bewundernswert sind die teils mit Blattgold überzogenen Figuren aber allemal. Die bemalten Seitenflügel thematisieren das Abendmahl, die Auferstehung Mariä (oben links) sowie die Begegnung Christi mit zwei seiner Jünger (oben rechts).

Museum Alte Küsterei

Neue Str. 63 a, www.nationalpark-vorpommersche-boddenlandschaft.de, Waase, Mai, Sept., Okt 10–16, Juni–Aug. tgl. 10–17 Uhr, Eintritt frei
Thema der Ausstellung sind hier die Entwicklung und Entstehung sowie die Besonderheiten vom Westen Rügens und der Insel Ummanz. Ansprechende Text- und Schautafeln sowie Präparate informieren ausführlich über den Arten- und Biotopschutz und vermitteln viel Wissenswertes über einzelne Vogelarten.

Freesenort

Nur vier reetgedeckte Wohnhäuser erwarten die Besucher, die die holprige Stichstraße genommen haben. Das gesamte Dorf steht unter Denkmalschutz. Das älteste niederdeutsche Hallenhaus ist die Haasenburg, welche erstmals im Jahr 1634 urkundlich erwähnt wurde. Es liegt Richtung Hiddensee, ein wenig versteckt hinter den Bäumen und ist eines der ältesten Wohnhäuser Rügens.

Übernachten

Ruhig – **Pension Haide-Hof:** Haide 15, Haide, Tel. 038305 553 60, www.haide-hof.de, Hauptsaison DZ ab 64 €. Acht schöne Zimmer und ein Blockhaus für 4 Pers. gibt es zu mieten.
Fischerhaus – **Freesenort Thea Böde:** Freesenort, Tel. 038305 550 22, www.freesenort.de, FeWo 34 qm^2 Erdg., 37 qm^2 Giebel ab 45 €. Das 200-jährige Haus ist perfekt für Urlauber, die absolute Ruhe wünschen. Die beiden Wohnungen sind liebevoll eingerichtet und teilweise mit restaurierten Möbeln ausgestattet.
Preiswert – **Camping Suhrendorf:** Suhrendorf 4, Suhrendorf, Tel. 038305 822 34, www.ostseecamp-suhrendorf.de,

Unser Tipp

Hochprozentiges vom Feinsten

»Das Leben ist zu kurz, um schlechten Schnaps zu trinken«, lautet das Motto der Ersten Edeldestillerie auf Rügen. Biozertifzierte Obstbrände und Liköre zählen zum Repertoire des Hauses. Maren und Rainer Hessenius machen alles selbst; von der Ernte bis zum Brennen. Ein wahrer Hochgenuss!

Schon seit 1998 gibt es diese Obstbrennerei, die die erste in Mecklenburg-Vorpommern war und nur heimische Obstsorten verwendet. Mittlerweile zählen zwischen 12 und 16 Brände und sechs Liköre zum Repertoire der Destillerie, das vom Apfelbrand mit Früchten aus eigenem Anbau, über Obstbrand aus heimischen Pflaumen bis hin zum echten Rügener Sanddornlikör reicht. Im kleinen Laden, direkt neben dem Kupferbrennkessel, kann jeder probieren. Das Obst ist Bioqualität und wird von den vier Mitarbeitern selbst geerntet, sortiert und zerkleinert. Danach wird es mit Hefe versetzt und gut vier Wochen vergoren. Erst dann geht die Maische in den blitzblanken Kessel und kommt als klare Flüssigkeit wieder heraus. Der Produktionsprozess der Brennerei von Lieschow ist biozertifiziert. Aus ungefähr 10 kg Tafelobst wird eine Flasche Obstbrand. Übrigens: Getrunken wurden die Brände der Edeldestillerie schon beim G8-Gipfel im Kempinski Hotel in Heiligendamm.

Erste Edeldestillerie auf Rügen: Lieschow 17, Ummanz, Tel. 038305 553 00, www.1ste-edeldestillerie.de, Sommer Mo–Fr 10–16 Uhr, Edelobstbrand »Rügener Apfel« 0,35 l 24,20 €.

Zelt ab 5 €, Standwohnwagen ab 48,40 €. Dieser Platz liegt direkt am Bodden und bietet ein Angebot an Gastronomie, Fischräucherei, Minigolfanlage und Kinderanimation. Die Surfschule liegt direkt am Platz.

Essen & Trinken

Dorfgaststätte – **Holzerland:** Am Focker Strom 17, Waase, Tel. 038305 81 59, www.ummanz-ruegen.de, Saison tgl. ab 8 Uhr, Hauptgerichte ab 7,50 €. Zünftiges und rustikales Lokal mit Köstlichkeiten aus der hauseigenen Räucherei: das »erste Haus« auf Ummanz. Empfehlung des Küchenchefs ist der Fischspieß mit Beilage nach Wahl. Der angrenzende Bootsverleih gehört ebenfalls zur Gaststätte.

Einkaufen

Topf und Deckel – **Ummanzer Töpferei:** Neue Str. 63 b, Waase, April–Okt. Mo–Sa 9.30–18, So 11–17 Uhr, Tel. 038305 81 11, im Winter in der Werkstatt: Pappelweg 1 in Wusse. Die Töpfermeisterin Susan Schmorell stellt Gebrauchskeramik her. Manchmal kann man ihr in ihrer Werkstatt auch über die Schulter schauen. Schöne handbemalte Stücke, die sich auch bestens als Souvenir eignen.
Pferdestark – **Stutenmilch von Briesemeister:** Am Focker Strom 11, Waase, Tel. 0172 301 56 19. **Rügen Kosmetik:** Markt 26, Bergen, Tel. 03838 803 40, www.ruegenkosmetik.de, Wasch- und Duschlotion 10,95 €. Die Haflingerstuten von Norbert Briesemeister liefern das gesunde Naturprodukt. Die Kosmetik gibt es exklusiv in der Apotheke Bergen zu kaufen, die Milch gibt es auch direkt auf dem Gestüt bei Herrn Briesemeister. (s. S. 211)

Aktiv & Kreativ

Bretterspaß – **Rügen Surfhostel:** Suhrendorf 8, Tel. 038305 550 18, www.ruegen-surfhostel.de, April–Okt. 10–18 Uhr, 2 Tage Kite-Kurs ab 199 €. Was auch immer die jungen Gäste lernen wollen, ob Kite- oder Windsurfen, der flache Schaproder Bodden vor Suhrendorf ist gerade für Anfänger besonders gut geeignet. Das junge motivierte Team macht aus jedem im Handumdrehen einen Surfer. Auch Kanuverleih und Abenteuerspielplatz.
Tretesel – **Sigrid und Walter Prüßing:** Neue Str. 7, Waase, Tel. 038305 551 14. In der Saison tgl. 9–20 Uhr, Rad 6–8 €/Tag. Im Schuppen hintern Haus stehen gute Tourenräder. Einfach an der Haustür klingeln, ein Rad auswählen und los geht's (s. S. 213)!
Familienspaß – **Bauernhof Kliewe:** Mursewiek 1, Lieschow, Tel. 038305 81 30, www.bauernhof-kliewe.de, Restaurant tgl. 9–22 Uhr, Reservierung wird empfohlen, Frühstück Erw. 8,50 €, Kinder 4,50 €, Kinder 4,50 €, Ponyreiten eine Runde 1 €. Streichelzoo, Ferienwohnungen, ein großer Hofladen sowie ein Café mit selbstgemachten Kuchen gehören ebenfalls zu den Besonderheiten des Erlebnisbauernhofs. Das Restaurant bietet zudem sehr leckeren Entenbraten.
Rügenfarm – **Bauer Lange:** Hof Nr. 37, Lieschow, Tel. 038305 551 17, www.bauerlange.de, Scheune Mai–Aug. 8–22 Uhr, Küche bis 21 Uhr, Maislabyrinth Erw. 2,50 €, Kinder bis 7 Jahre 1,50 €, Familienkarte 7 €. Versteckt liegt der große Hof von Rügens berühmtesten Bauern. Neben den vielen Tieren ist vor allem auch das spätsommerliche Maislabyrinth ein alljährlicher Hit, denn hier können Gäste Rosi, die größte Sau von Rügen, suchen. Das Veranstaltungsprogramm mit Grillabenden, Kartoffelfeuern oder Dum-

perrennen ist bunt und gehört genauso dazu wie das bäuerliche Selfservice-Restaurant, die Ferienwohnungen und der Hofladen mit einschlägigen regionalen Produkten.

Reiterferien – **Haflingergestüt Ummanz:** Am Focker Strom 11, Waase, Tel. 0172 301 56 19, www.haflingerzucht-ummanz.de, Preise auf Anfrage. Neben Ausritten und Kutschfahrten in die Ummanzer Natur bietet Haflinger-Experte Norbert Briesemeister auch Reiterferien an. Äußerst romantisch: Schlittenfahrten im tiefen Schnee.

Vogelbeobachtung – **Kranichwanderung Udarser Wiek:** Im September heißt es Fernglas einpacken und auf zur Vogelbeobachtungsstation. Nicht nur für Naturfreunde ein Erlebnis der Extraklasse. Termine und Führungen unter www.westruegen.net.

Abends & Nachts

Beach Club – **Rügen Surfhostel:** Suhrendorf 8, Ummanz, Tel. 038305 550 18, www.kite-island.de, www.surfen-auf-ruegen.de, tgl. 13 Uhr, Eintritt für Veranstaltungen ab 3 €. Im Juli und August wird jeden Montag Kultkino geboten. Dazu gibt es einen Beach Club und Grillabende. Bar & Chill Lounge warten mit leckerer Steinofen-Pizza und Mixgetränken aller Art auf.

Infos & Termine

Ummanz-Information: Neue Str. 63 a, Ummanz OT Waase, Tel. 038305 534 81, unregelmäßige Öffnungszeiten.
Ummanzer Tonnenabschlagen: Seit Ende der Schwedenherrschaft 1815 gibt es dieses Reiterspiel im August, bei dem eine hölzerne Heringstonne aus dem Ritt heraus zerschlagen werden muss (www.westruegen.net).

Unser Tipp

Haflinger Stutenmilch

Norbert Briesemeister ist ausgewiesener Experte in Sachen Stutenmilch. Seit der Wende gibt es bei ihm dieses besondere Naturprodukt zu kaufen, das bei regelmäßiger Anwendung und Einnahme das Immunsystem stärkt. Schmecken tut die Stutenmilch allerdings eher wie Medizin. Sie ist auch kein bisschen fett, eher wässerig und mit einem leicht strengen Nachgeschmack. Stutenmilch gilt schon seit rund 3000 Jahren als Heilmedizin und soll die Gesundung vieler Leiden wie Leber- und Gallenerkrankungen, Neurodermitis, Schuppenflechte oder Ekzeme nachhaltig unterstützen.

Auf Ummanz sind die Haflinger von Norbert Briesemeister überall zu sehen. Wenn die Stuten ihre Fohlen haben, wird unter kontrollierten hygienischen Bedingungen gemolken. Die Milch in der Gefriertruhe von Briesemeister muss dann so lange reichen, bis im Frühjahr die nächsten Fohlen auf dem Gestüt zur Welt kommen.

Die Ummanzer Stutenmilch wird auf Rügen von der Apotheke in Bergen auch zu dermatologisch getesteter Kosmetik verarbeitet – Feuchtigkeitscremes, Körpermilch oder Duschbad. Wer sie nicht trinken oder auftragen mag, kann sie übrigens auch bei der Rugard-Apotheke als Stutenmilchkapseln bestellen.

Stutenmilch Briesemeister: Am Focker Strom 11, Waase, Tel. 0172 301 56 19, www.haflingerzucht-ummanz.de.
Rugard-Apotheke: Markt 26, Bergen, Tel. 03838 803 40, www.ruegenkosmetik.de

Auf Entdeckungstour

Radlerparadies Ummanz

Pures Urlaubsglück auf dem Drahtesel erlebt der unternehmungslustige Besucher auf der Halbinsel Ummanz. Das kleine Eiland ist erst seit 1901 durch eine Brücke mit Rügen verbunden. Stille und Weite bestimmen diese Tour, die von Waase über Freesenort zur Kranichstation an der Udarser Wiek führt.

Reisekarte: ▶ B/C 5/6

Dauer: ca. 2 Std.

Planung: individuell ab der Kirche von Waase. Picknickkorb und etwas zu trinken nicht vergessen.

Einsam und still ist es. Der Wind wiegt die Gräser am Wegesrand gleichmäßig hin und her. Natur pur, das bietet die 20 km² große Halbinsel Ummanz. Erst seit 1901 ist sie über eine 250 schmale Brücke von Rügen zu erreichen. Im äußersten Nordwesten liegt sie umschlossen durch die Boddengewässer und erhebt sich kaum mehr als 3 m über den Meeresspiegel. Manche sagen, sie sei platt wie eine Flunder. Schon auf dem Weg dorthin, scheint es, als läge der Trubel der Ostseebäder Rügens in einer ganz anderen Welt. Weiden, Wiesen und Äcker prägen die Landschaft. Fischerei und Landwirtschaft gehören auf Ummanz noch zur Haupteinnahmequelle der Bewohner. Kaum Autos, kein Lärm, keine Touristenströme. Im Frühjahr und Herbst finden sich vor allem die Naturliebhaber ein, die die Zugvögel während ihrer Station auf Ummanz beobachten.

Erkundung per Rad

Dank der fehlenden Steigungen lässt sich die Halbinsel perfekt per Rad erkunden. Als Ausgangspunkt eignet sich das erste größere Dorf Waase, gleich hinter der Brücke. Wer kein Fahrrad dabei hat, kann direkt in Waase eines mieten. Hinter dem Dorfladen ein paar Meter weiter, verleiht Familie Prüßing gute Tourenräder.

Die viertgrößte Insel von Mecklenburg-Vorpommern besitzt genau eine große Hauptattraktion. Das ist die kleine Dorfkirche **St. Marien** mit ihrem frühgotischen Schnitzaltar, der zu den bedeutendsten sakralen Kunstwerken in Norddeutschland zählt (s. S. 207).

Freesenort ist schließlich ein weiteres Highlight auf der Tour. Dafür einfach hinter der Kirche in Waase rechts einbiegen und vorbei an der Gaststätte Holzland immer der Hauptstraße folgen. Vorbei an Weizenfeldern und grünen Wiesen, wo ein paar Haflingerstuten mit ihren Fohlen weiden, immer am Paahler Haken entlang und vorbei an der Ortschaft Wusse mit ihren paar Häusern führt eine betonierte Stichstraße zu dem kleinen Dorf.

Eine Insel voller Vögel

Vier Katen auf der Wiese und eine Holzbank mit Holztisch – kaum mehr hat das unter Denkmalschutz stehende Dörfchen zu bieten. Kein Café, kein Imbiss. Ganz außen hinter den Gärten der ersten zwei Häuser verbirgt sich aber noch ein Schatz: das älteste niederdeutsche Hallenhaus, die sogenannte Haasenburg. Es stammt aus dem 17. Jh. und vereinte einst Wohnung, Stall und Scheune unter einem Dach. Ein Gerüst aus zwei Ständerreihen trägt das schilfrohrgedeckte Dach und teilt das Innere in eine breite Diele und in schmalere Räume. Im vorderen Teil befanden sich früher meist Gesinde- und Stallräume, im hinteren Teil die Wohnräume der Bauern. Siedler aus Niedersachsen brachten diese Bauweise im 12. Jh. nach Rügen.

Gegenüber der Haasenburg ist bei guter Sicht die flache **Salzgraslandinsel Heuwiese** zu sehen. Ca. 2 km südlich von Ummanz liegt die unbewohnte Naturschutzinsel, die diesen Namen aufgrund der ursprünglichen Nutzung als Futterlieferant für das Vieh bekam. Bereits seit Mitte des 19. Jh. ist sie als Seevogelkolonie bekannt und wurde schon früh als Brutstätte für Küstenvögel unter Schutz gestellt. Heute brüten rund 20 000 Vogelpaare dort. Darunter haben auch die Kormorane seit Jahren hier eine Kolonie. Eigentlich bauen sie in Mitteleuropa ihre Nester auf Bäumen, doch auf der Heuwiese haben sie sich der Insel angepasst und brüten auf dem Erdboden.

Knietiefes Wasser und Hiddensee in Sicht

Zurück geht es wieder über die Stichstraße in Richtung **Suhrendorf** und Haide. Hinter einer großen Kurve liegt unvermittelt ein großer Campingplatz: Suhrendorf ist geprägt von Wohnwagen und Zelten, die hinterm Deich zum Schaproder Bodden reichlich Platz finden. Hinter dem eingezäunten Gelände abbiegen und das Rad am besten von der Hauptstraße über den sandigen, kleinen Weg durch den Kiefernwald schieben. Ziel ist der Deich. Oft sind hier Surfschüler im Bodden zu sehen, die auf ihren Brettern die ersten Übungen machen. Das Wasser des Boddens reicht ihnen gerade bis zum Knie. Zudem gibt es hier einen größeren schilffreien Strand.

Doch weiter geht es in die andere Richtung der Insel. Das Holztor mit der Aufschrift »Hiddensee-Sicht« ist bald erreicht. Die Insel scheint hier zum Greifen nahe. Das Naturschutzgebiet Gellen sowie die kleine vorliegende unbewohnte Insel Gänsewerder sind bei guter Sicht deutlich zu sehen.

Leicht radelt es sich weiter nach Haide, die größte Steigung war bisher der Deich. In Haide führt ein Weg linkerhand durch einen kleinen Waldabschnitt in Richtung Tankow mit seiner Vogelbeobachtungsstation. Nach einer Weile ist man nur noch von Kornfeldern und Wiesen umgeben.

Die Haflingerstuten und ihre Fohlen grasen auf Ummanz. Die Milch der Stuten ist schon seit der Antike als ein natürliches Hautpflegemittel bekannt.

Der Zug der Kraniche und Graugänse

In der Sommerhitze inmitten der Weizenfelder fliegen die Schwalben tief – und immer haarscharf über dem Kopf der wenigen Besucher hinweg. Die Vogelbeobachtungsstation und ein Haus – das ist **Tankow**, und schon nach etwa 2 km über einen Feldweg erreicht. Eine hölzerne Treppe führt auf den großen Beobachtungsstandort, auf dem bis zu 20 Fernglasträger Platz finden. Im Frühjahr und Herbst haben Naturfreunde von hier die beste Sicht auf die Graugänse und Kraniche, die in den sumpfigen Wiesen der Udarser Wiek Rast machen. Die Zugvögel fühlen sich an den seichten und geschützten Bod-

denküsten sicher und machen gerne dort Halt, um neue Kraft zu tanken. Von September bis November ziehen rund 60 000 Kraniche durch die Vorpommersche Boddenlandschaft und bleiben mehrere Wochen, vorzugsweise in den Boddengewässer Ostufer Zingst und an der Westküste Rügen-Hiddensee. Die Boddengewässern der vorpommerschen Küste sind das wichtigste Überwinterungsgebiet für Wasservögel im gesamten Ostseeraum. Weshalb das Gebiet seit 1992 zum Nationalpark Vorpommersche Boddenlandschaft erklärt wurde. Neben den Kranichen, die wissenschaftlich Grus Grus heißen, nutzen bis zu 104 weitere Zugvogelarten das knietiefe Flachwasser des Boddens als Rast- und Nahrungsstation. Im Sommer fehlt von den Kranichen natürlich jede Spur.

Stutenmilch wider allerlei Gebrechen

Über einen etwas holprigen Feldweg geht es etwa 2 km wieder zurück nach **Waase**, entlang an Kornfeldern und Wiesen. Von der Hauptstraße in Waase mitten im Dorf weist ein Schild an einer großen Hofeinfahrt zur Haflingerzucht Ummanz. Ein Mann mit weißem Rauschebart und kariertem Hemd, grüner Latzhose und Mütze sitzt auf einer Bank vor einem backsteinroten Stallgebäude: Norbert Briesemeister, Experte in Sachen Haflinger und Stutenmilch. Ich frage ihn nach der Milch, die das Immunsystem stärkt und bei allerlei Gebrechen hilft (s. S. 211). Natürlich will ich auch unbedingt so eine Milch probieren. Während er kurz verschwindet, um Milch zu holen, knabbern seine zwei Ziegen an meiner Hose. Zum Abschied drückt er mir die Milchflasche in die Hand und fragt: »Und, welche Insel ist nun eine der schönsten auf der Welt?«

Jasmund und Wittow

Highlights!

Sassnitz: »Nach Rügen reisen, heißt nach Sassnitz reisen«, schrieb schon Theodor Fontane ... S. 218

Nationalpark Jasmund: In Deutschland eindrucksvollem, wenn auch kleinstem Nationalpark thront der größte Kreidefelsen, der Königsstuhl, mit imposanten 118 m Höhe, den jeder Urlauber gesehen haben muss. S. 230

Kap Arkona: Der einzige Ort an der Ostsee mit zwei Leuchttürmen, dazu mit einer unterirdischen Welt, die kaum einer kennt. S. 250

Fischerdorf Vitt: Das Bilderbuchdorf von Wittow, das nur aus einem guten Dutzend reetgedeckter Häusern und einer kleinen Kapelle besteht. S. 252

Auf Entdeckungstour

Romantische Küstenwanderung von Lohme nach Bisdamitz: Wildbäche, Rutschpartien und jede Menge Romantik – die Wanderung mit Hotelier Matthias Ogilvie führt durch den urigen Wald oberhalb der Ostsee von Lohme nach Bisdamitz. S. 238

Nostalgische Trabi-Tour: vom Kap bis nach Sellin: »Vorwärts und dabei nicht vergessen ... – Von Ferien, Fisch und FKK auf Rügen« – natürlich nur mit dem Trabant. Über 20 Jahre nach der Wende eine Spurensuche vom Kap bis nach Sellin. S. 246

Mit dem Zeesboot zwischen Rügen und Hiddensee: Pellkartoffeln, zwölf fremde Gesichter und ein Zeesboot. S. 258

Kultur & Sehenswertes

Altenkirchen: Das kleine Dorf ist das wirtschaftliche Zentrum von Wittow und besitzt eine der ältesten und schönsten Dorfkirchen der Insel – unbedingt einen Zwischenstopp auf dem Weg zum Kap wert! S. 243

Helene-Weigel-Haus: Schauspielerin Helene Weigel kaufte das Haus in Putgarten für sich und Bert Brecht im Jahre 1955. Nach dem Tod Brechts 1956 vermachte sie es den Mitgliedern des Berliner Ensembles, die das Haus bis zur Wende als Ferienunterkunft nutzten. Nun erstrahlt es wieder im neuen Glanz. S. 245

Aktiv & Kreativ

Angelwunder in Wiek: Mit den Angel-Guides Gary und Rex Schober geht es in die Boddengewässer und auf die Ostsee. Die beiden Petrijünger kennen sich bestens aus in Rügens Angelrevieren. S. 257

Genießen & Atmosphäre

Schloss Spyker: Das rostrote Schloss mit seinen vier Ecktürmen wird heute als Hotel genutzt. Traumhaft ist die versteckte Lage am Spykersee unweit des Großen Jasmunder Boddens. S. 225

Strand von Glowe: Einer der längsten und schönsten Sandstrände der Insel. Auf der Schaabe liegen die Strandabfahrten dicht gedrängt aneinander. Keine Bebauung, nur Wald, Wasser und Dünen und auch der Jasmunder Bodden ist nur einen Katzensprung entfernt. S. 237

Abends & Nachts

Ein reges Nachtleben gibt es hier nicht, aber ein **Strandspaziergang** an der Ostsee rundet den Abend dennoch perfekt ab.

Jasmund

Die Stubbenkammer mit dem Königsstuhl – das ist Rügen, das ist die Sehenswürdigkeit Nummer eins und das Touristenziel im äußersten Nordosten der Insel. Die 135 km² große Halbinsel Jasmund wuchs im Laufe der Jahrtausende durch Sandablagerungen mit der Hauptinsel und der benachbarten Halbinsel Wittow zusammen. Die schmale Verbindung bei Lietzow wurde im Jahr 1886 aufgeschüttet; sie trennt heute den Großen und Kleinen Jasmunder Bodden voneinander. Neben den berühmten Kreidefelsen prägt der Nationalpark Jasmund mit seinen Rotbuchenwäldern, den Quellen, Seen und Hochmooren die einmalig schöne Landschaft. Die Kreidefelsen wurden durch das gleichnamige Gemälde Caspar David Friedrichs aus dem Jahre 1818/19 berühmt. Zum Westen hin bestimmen seichte Hügellandschaften mit Feldern und Wiesen die Landschaft. Um ein Bild von Jasmund zu bekommen, stellt man sich am bes-

ten eine schräg liegende Kreideplatte vor, die mit Kuppen übersät ist und die hin und wieder von Kreidelöchern durchbrochen wird und an der Ostsee mit einer steilen Küste abschließt. Das »weiße Gold«, die Kreide, wird heute immer noch in Klementelvitz bei Sassnitz abgebaut. Unbedingt empfohlen sei allen Besuchern eine Wanderung von Lohme oder Sassnitz in Richtung Königsstuhl. Am Ende wird diese immer mit einem wunderschönen Blick über einen grünen Buchenwald, weißen Kreidefelsen und einer türkisblauen Ostsee belohnt.

Sassnitz! ▶ G 5

Sassnitz ist die nördlichste Stadt Mecklenburg-Vorpommerns und die zweitgrößte Stadt Rügens. Einen historischen Ortskern gibt es nicht, vielmehr zieht sich der Ort an einer schnurgeraden Hauptstraße entlang, deren Ende in Richtung Norden direkt zum Nationalpark Jasmund führt. Grund dieser lang gezogenen Anlage ist, dass Sassnitz einst aus zwei Orten zusammengewachsen ist. Im Westen, beim heutigen Fährhafen, lag das Bauerndörfchen Crampas, weiter im Osten, bei der Seebrücke, das Fischerdorf Sassnitz. Aufgrund der Hanglage konnten sich beide Orte nur an der Küstenlinie entlang ausdehnen und aufeinander zu bewegen.

Erst 1906 wurden beide Ortschaften vereint. Der Badebetrieb begann aber schon in der zweiten Hälfte des 19. Jh. Einer der berühmtesten Gäste war unter anderem der Komponist Johannes Brahms, der 1876 hier logierte. Auch Theodor Fontane bereiste Sassnitz und schrieb in seinem 1895 erschienenen

Roman »Effi Briest«: »Nach Rügen reisen heißt, nach Sassnitz reisen«.

Neben dem lebhaften Fremdenverkehr wuchs das Städtchen stetig. Mit dem Ausbau des Hafens 1889 hatte Sassnitz schnell den Ruf des wichtigsten Fischereihafens der Insel inne. 1897 folgte die Inbetriebnahme der Königslinie, die deutsch-schwedische Postdampferlinie. 1909, nach dem Bau der Bahnstrecke Stralsund-Sassnitz, folgte die Eisenbahnfähre nach Trelleborg. Doch mit dem Ausbau als Fährhafen verlor Sassnitz immer mehr Badegäste. Diese bevorzugten nun die Orte Binz, Göhren und Sellin, denn hier gab es schließlich einen schöneren Strand.

Im Zweiten Weltkrieg wurde der wirtschaftlich und militärisch wichtige Hafen der Stadt zum Verhängnis: Als einziger Ort auf Rügen wurde Sassnitz bombardiert. Bei dem Angriff starben Hunderte von Menschen und die Stadt wurde schwer zerstört. Heute prägt der Hafen immer noch das Bild des Städtchens. Seine lange Ostmole, an der viele kleine Fischerboote jeden Morgen festmachen und ihren Fang anbieten, sorgt für geschäftige Betriebsamkeit. Auch die Fährverbindungen von Sassnitz nach Skandinavien gibt es noch, allerdings seit 1998 von dem etwa 5 km entfernten modernen Fährhafen Mukran. Auch Verbindungen nach Litauen und Russland werden von hier aus regelmäßig angeboten. Ausflugsboote rund um die Kreidefelsen, nach Usedom oder zu den anderen Ostseebädern starten aber direkt von Sassnitz aus.

In der sanierten Altstadt geht es über kleine Treppen, durch enge Gassen vorbei an prächtigen Villen der Bäderarchitektur. Die etwas neumodische und leicht Schwindel erregende Fußgängerbrücke direkt am Hafen schlägt die Verbindung zum oberen, westlichen Teil der Stadt und führt direkt zur modernen Einkaufsgalerie. Von hier oben hat man eine wunderbare Aussicht auf den Hafen.

Altstadt

Die Altstadt von Sassnitz liegt unweit des Rathauses. Jahrelang wurde der alte Ortskern vernachlässigt, doch heute erstrahlen die wunderschönen Häuser der klassischen Bäderarchitektur wieder im neuen Glanz. In der Mitte des Gassengewirrs liegt zwischen kleinen Treppen der Markt. Entlang der Ringstraße reihen sich Pensionen und Villen dicht aneinander, hier sind besonders die Villa Hertha und das Haus Seerose sehenswert. Kleine Gärten, Kopfsteinpflaster und jede Menge schöne Giebel. Dem Rathaus am Hang gegenüber steht die neugotische Johanniskirche, die zwischen 1880 und 1883 erbaut wurde. Links von der Kirche führt die Stubbenkammerstraße zu den Kreidefelsen im Nationalpark Jasmund (s. S. 230).

An der Strandpromenade unten im Hafen empfiehlt sich ein Gang auf die 1993 errichtete Seebrücke. An ihrem Ende angekommen, offenbart sich ein schöner Blick auf den prachtvollen Fürstenhof und die gesamte Altstadt.

Fischerei- und Hafenmuseum [1]

Im Stadthafen, Tel. 038392 578 46, www.hafenmuseum.de, April–Okt. tgl. 10–18 Uhr, Erw. 4 €

Das Museum geht auf eine 1993 gegründete Bürgerinitiative zurück, die es sich zum Ziel gemacht hat, die Geschichte der Fischerei und des Fährschiffsverkehrs in Sassnitz festzuhalten. Ein buntes Sammelsurium an nautischen Exponaten, Handbüchern, Knotentafeln und Schiffspapieren gibt es zu sehen, auch zahlreiche Modelle und Informatives zur VEB Fischfang

Sassnitz. Das wichtigste Exponat des Museums ist aber das Museumsschiff HAVEL, das gegenüber dem Museum seinen Liegeplatz hat. Hier führen vier ehemalige Besatzungsmitglieder übers Schiff und erzählen anschaulich von dem einst harten Alltag an Bord.

H.M.S. Otus – Das U-Boot-Museum 2

Hafenstr. 12, Haus J, Tel. 038392 315 16, www.hms-otus.com, April–Okt. 10–19, Nov.–März 10–16 Uhr, Erw. 5,50 €, Kinder 3 €

Die H.M.S. Otus ist ein englisches U-Boot und vermittelt einen sehr guten Eindruck vom Leben und Arbeiten unter Wasser. Im Jahr 1963 wurde es in den Dienst der Royal Navy gestellt und war 28 Jahre mit einer 68 Mann starken Besatzung, unter anderem im Falkland Krieg und am Persischen Golf, im Einsatz. Das U-Boot ist 90 m lang, 8 m breit und besitzt einen Tiefgang von 5,5 m. Es konnte bis zu 300 m tief tauchen.

Museum für Unterwasser-archäologie 3

Alter Fährhafen, Tel. 038392 323 00, April–Okt. tgl. 10–18 Uhr, Erw. 2,50 €

Eine maritime Kulturgeschichte wird im ehemaligen Fähranleger der Königslinie zurzeit präsentiert. Das einer Fähre nachempfundene Gebäude ist denkmalgeschützt und architektonisch mehr als eigenwillig. In der großen Halle wird der Schiffbau und die Hanse thematisiert. Auch eindrucksvolle Originalfunde aus über 6000 Jahre Geschichte der Ostsee sind ausgestellt. Ein wahres Prachtstück ist das Gellenwrack aus dem Jahre 1340, das 1997 südlich von Hiddensee geborgen wurde. Ebenso zu bestaunen ist ein altslawisches Boot (um 1000), das nach Funden in Ralswiek (s. S. 198) rekonstruiert wurde.

Hafen 4

Früh morgens können Hafenbesucher den Fischern beim Ausnehmen der Fische zugucken und inspizieren, was die Männer von ihrem Fang mitgebracht haben. Der Knochenjob wird hier noch von echten Originalen betrieben. In DDR-Tagen zählte die Fischereiflotte Sassnitz zu den größten im Land. Heute werden hauptsächlich Dorsch und Flunder gefangen. In der Fischhalle kann der Fang nicht nur gekauft, sondern auch gleich verkostet werden.

Musikpavillon 5

Ein architektonisches Glanzlicht an der Sassnitzer Hafenpromenade: Die 1987 fertig gestellte so genannte Kurmuschel wurde zwar von Architekt Dietmar Kuntzsch entworfen, doch Ulrich Müther berechnete dafür die Schalenkonstruktion und führte die Bauarbeiten aus (s. S. 71). An dem Bau waren neben Betrieben aus der Region auch Studenten der Hochschulen beteiligt. Leider befindet er sich heute in einem bedauerlichen Zustand.

Übernachten

Gemütlich – **Pension zur Altstadt** 1: Bachpromenade 4, Tel.038392 234 48, www.pension-zur-altstadt.de, nette Ferienwohnungen von 37–80 m^2 ab 49 €. Die 3 FeWo bieten teilweise Ostseeblick und Platz für bis zu 4 Personen. Hell, großzügig und mitten in der schönen Altstadt gelegen.

Herrschaftlich – **Villa Seeblick & Fürstenhof** 2: Rosenstr. 11, Tel. 038392 530, www.ruegen-hotel.de, 24 App. ab 40 €, an der Strandpromenade. Prachtvolles Haus mit stilvoll eingerichteten Appartements mit Balkon und Ostseeblick. Angeschlossen ist ein Wellnessbereich mit Schwimmbad, Sauna, Physiotherapie und Kreideanwendungen.

Villa Hertha – die Altstadt von Sassnitz bietet feinste Bäderarchitektur

Stadtresidenz – **Villa am Steinbach** 3: Rosenstr. 16, Tel. 038392 500 66, www. altstadtvillen.de, FeWo ab 42 €. Die Strandpromenade liegt nur 100 m entfernt. Die 2005 neu eingerichteten Appartements sind hell, freundlich und sehr modern. Neben allem möglichen Komfort besitzen die angenehmen Zimmer eine Terrasse oder einen Balkon mit tollem Blick über die Dächer der Altstadt und bis zur Ostsee.

Essen & Trinken

Zünftig – **Gastmahl des Meeres** 1: Strandpromenade 2, Am Fischereihafen, Tel. 038392 51 70, tgl. ab 11–22

Uhr, Hauptgerichte ab 11 €. Uriges Lokal an der Strandpromenade: Hering satt mit Meerblick! Die Gaststube ist heimelig und lockt vor allem zu kühlen Stunden. Gutes Weinsortiment.

Tortenfreuden – **Café Gumpfer** **2**: Strandpromenade 13, am Fuß der Mole, Tel. 038392 64 98 88, www.gumpfer. de, tgl. ab 9 Uhr, Tortenstück ab 2,50 €. Immer eine gute Adresse, nicht nur die Außenplätze mit Blick auf die Ostsee sind toll, auch die opulente Auswahl an Kuchen und Torten, die in der hauseigenen Konditorei täglich frisch gefertigt werden. Dazu gibt es verschiedene Snacks und Kaffeespezialitäten. Schön und modern eingerichtet mit flottem Service.

Preiswert – **Knusperhütte** **3**: Bahnhofstr. 24, Tel. 038392 236 56, Di–Fr 11.30–14, Di–So 17–22 Uhr, Pizza ab 3,40 €. Zugegeben, das Lokal hat wirklich den Charme eines Bahnhofsrestaurants – doch wer einmal eine gute Steinofenpizza haben will, ist hier genau richtig. Das Personal des Restaurants und Lieferservices ist ausgesprochen schnell und sehr freundlich.

Fast Fisch – **Räucherboot Heimat** **4**: direkt an der Mole. Hier gibt es die allerbesten Fischbrötchen weit und breit (ab 2,90 €). Auf dem blauen Kutter wird zudem der frische Fisch ausgelöst, aufgespießt und gleich in den Räucherofen geschoben.

Einkaufen

Günstig – **Rügen Fisch** **1**: Straße der Jugend 10, Westhafen, Fischhandel, Tel. 038392 600, www.ruegenfisch.de, Mai–Nov. tgl. 9–18, Nov.–April Mo–Sa 10–17 Uhr. Der Fabrikverkauf ist der Renner. Lange Schlangen bilden sich vor dem Verkaufstresen im Bistro. Die Sassnitzer kaufen gleich kistenweise das Pfefferbücklingsfilet. Es gibt das komplette Konservenangebot zu äußerst günstigen Preisen. Auch die Fischbrötchen sind zu empfehlen.

Inselfrische – **Rügenmarkt** **2**: Hafenstr. 12 D, Mo–Fr 10–17, Sa 10–14 Uhr. Hier gibt es die ausgewähltesten Köstlichkeiten der Insel: Käsebällchen von der Privatmolkerei Poseritz, Rügener Heilkreide, Sanddornlikör, Marmelade und Wurstspezialitäten. Auch eine Sassnitzer Seekiste mit dem Besten aus der Hafenstadt ist zu haben.

Sassnitz

Sehenswert
1 Fischerei- und Hafenmuseum
2 H.M.S. Otus – Das U-Boot-Museum
3 Museum für Unterwasserarchäologie
4 Hafen
5 Musikpavillon

Übernachten
1 Pension zur Altstadt
2 Villa Seeblick & Fürstenhof
3 Villa am Steinbach

Essen & Trinken
1 Gastmahl des Meeres
2 Café Gumpfer
3 Knusperhütte
4 Räucherboot Heimat

Einkaufen
1 Rügen Fisch
2 Rügenmarkt

Aktiv & Kreativ
1 Schmetterlingspark

Aktiv & Kreativ

Flatterhaft – **Schmetterlingspark** 1: Straße der Jugend 6, Tel. 038392 664 42, Hauptsaison tgl. 9.30–17.30 Uhr, Erw. 6,90 €, Familienkarte 17,50 €. Hunderte von frei fliegenden, farbenprächtigen Faltern gibt es zu bestaunen. Auch der größte Schmetterling der Welt, der Atlas-Seidenspinner mit einer Flügelspanne von 30 cm, ist hier zu sehen.

Abenteuerlich – **Rügen Incentives:** Ferienheim Birkengrund 1, Tel. 038392 340 01, www.ruegen-incentives.de, Adventure-Tour 50 €. Was für große Jungs, die gerne mal ein bisschen Safariluft schnuppern wollen. Mit dem Hanomag AL 28 geht es zu Hünengräbern, Kreidebrüchen und Opfersteinen. Ein Offroad-Highlight ist das Erklimmen eines Hügels mit dem 5-Tonnen-Jeep.

Termine

Rügener Hafentage: 2. Juli-Wochenende. Buntes Volksfest mit viel Trubel, Buden, Musik und Fahrgeschäften rund um den Hafen.

Umgebung von Sassnitz

Am Nordende der **Schmalen Heide** gibt es ein rund 40 ha großes Steinmeer zu entdecken. Die Feuersteine ziehen sich über 2 km parallel zur Küste entlang und sind von Kiefernwald umrahmt. Die Entstehung der bis zu 1 m hohen Geröllmassen ist bis heute noch nicht geklärt. Wahrscheinlich entstanden sie vor etwa 4000 Jahren durch starke Sturmfluten. Damals war der Kleine Jasmunder Bodden noch eine Meeresbucht und der Wasserspiegel der Ostsee lag um einiges höher. Seit 1953 steht dieses Gebiet unter Naturschutz.

Wer mit dem Auto anreist, kann am südlichen Ortsausgang von **Neu Mukran** auf einem kostenpflichtigen Parkplatz parken und folgt dem etwa 2–3 km langen Wanderweg.

Sagard ▶ F 5

Der zweitgrößte Ort auf der Halbinsel Jasmund, unweit des Großen Jasmunder Boddens gelegen, ist am besten über die B 96 zu erreichen. Mit der Sa-

Unser Tipp

Atelierbesuch

Seit 1994 lebt und arbeitet Helmut Senf schon auf Rügen. In einem kleinen Schuppen im Garten, der als Minigalerie dient, hängen Papierarbeiten, Zeichnungen und Entwürfe für größere Plastiken des gebürtigen Thüringers. Zwischen Blumen und Büschen liegt so manches farbenfrohe, kleine plastische Modell. In Hamburg, Erfurt, Leipzig oder Saarbrücken, in Neustrelitz oder Baabe auf Rügen sind die Skulpturen des heute 76-Jährigen zu finden. Auch für die Neugestaltung des Sassnitzer Stadtplatzes hat er kürzlich einen Entwurf eingereicht. Alle Modelle leuchten dabei in seinen bevorzugten Farben: Rot, Schwarz, Blau und Gelb. Meist sind die Plastiken einfarbig, ab und an besitzen sie auch zwei oder drei Farben, aber vor allem leuchten sie so kühn, als wollten sie die strenge klare Form überbieten. Immer rational und minimalistisch fügen sie sich aus Kreisen, Linien und Winkeln zusammen. Senf ist immer noch ein umtriebiger Künstler, der bis heute die Bauhaus-Maxime, die Gleichberechtigung von Kunst und Handwerk, lebt. **Helmut Senf:** Gerhart-Hauptmann-Ring 51, Sassnitz, Tel. 038392 351 39. Atelierbesuch nur nach telefonischer Vereinbarung.

nierung des historischen Ortskerns hat sich das Erscheinungsbild Sagards in den letzten Jahren positiv verändert. Der Verkehr braust auf der viel befahrenen Umgehungsstraße vorbei, doch der noch gut erhaltene Ortskern mit dem kleinen Bach, der Bäk, und den

vielen alten Gebäuden lädt zum kleinen Bummel ein.

Bereits 1794 wurde in Sagard eine »Brunnen-, Bade- und Vergnügungsanstalt« eröffnet, dank einer schwefelhaltigen Quelle, die hier einen ersten Kurbadebetrieb ermöglichte. Pastor Heinrich Christoph von Willich (1759–1827) ließ rund um die Quelle nicht nur Plätze und Wege anlegen, sondern auch ein Badehaus einrichten, das am 4. Juli 1795 seine Pforten öffnete. Sagard war somit der erste Badeort auf Rügen. Willichs Bruder, Dr. Moritz von Willich, förderte als Landarzt von Rügen und Schwedisch-Vorpommern die Entwicklung des Badebetriebes, indem er zwei Werbeschriften für den Gesundbrunnen verfasste. Die Napoleonischen Kriege und das neu eröffnete Inselbad Putbus brachten den Kurbetrieb jedoch schon Anfang des 19. Jh. zum Erliegen.

Heute sind nur noch der Kreidebach und Reste der Brunnenaue zu sehen. An der romanischen **Dorfkirche** (Anfang 13. Jh.) ist noch die Grabplatte Pastor von Willichs zu finden. Im Inneren des Gotteshauses sind der barocke Altaraufsatz, zwei Beichtstühle und vor allem die 1796 fertig gestellte Orgel sehenswert. Sie ist die zweitälteste und größte Barockorgel auf der Insel, gefertigt von dem Stralsunder Orgelbauer Christian Kindten.

In Bobbin, nur wenige Kilometer von Sagard entfernt, befindet sich ein Parkplatz, von dem eine Treppe auf eine Aussichtsplattform führt und einen herrlichen Blick um den hügelumgrenzten Jasmunder Bodden preisgibt.

Umgebung von Sagard

Dobberworth ▶ F 5

Norddeutschlands größtes Hügelgrab südöstlich von Sagard an der B 96 ge-

legen ist nur was für Experten: lediglich eine dicht bewachsene Erhebung von 14 m und mit einem Umfang von 50 m ist auszumachen. Der Sage nach hauste hier einst eine Riesin, die sich in den Fürsten von Rügen verliebte und seine Gemahlin werden wollte. Als dieser sich ihrer Liebe verweigerte, befahl sie ihren Leuten, die Landenge zwischen dem Großen und dem Kleinen Jasmunder Bodden mit Sand und Steinen aufzufüllen, um so schnell gegen den Fürsten zu Felde ziehen zu können. Doch kaum erreichte die Riesin mit einer Schürze voller Steine Sagard, zerriss diese, alles fiel zur Erde und sie musste ihren Plan aufgeben.

Herrenhaus Neddesitz ▶ F 4

Anfang des 20. Jh. entstand das schöne Herrenhaus, das heute zur Anlage des Jasmar Resort Hotels (s. S. 226) gehört. Das Domizil ließ sich der damalige Eigentümer des nahe gelegenen Kreidebruchs errichten. Nach 1920 entstand neben der Jugendstilvilla auch ein landwirtschaftliches Gut. Heute beherbergt das liebevoll restaurierte Gutsherrenhaus neben sechs stilvollen Herrschaftssuiten auch ein Restaurant.

Bobbin ▶ F 4

Das ca. 4 km nordwestlich von Sagard gelegene hübsche Dörfchen samt der kleinen Feldsteinkirche, die noch über den Häusern thront, liegt malerisch auf einem Hügel. Der barocke Altar, gestiftet von Graf Wrangel, und der Friedhof sind durchaus sehenswert.

Schloss Spyker ▶ F 4

Das rostrote Schloss mit seinen vier Ecktürmen mutet stilistisch skandinavisch an. Kein Wunder, denn die Gestaltung wurde nach den Vorstellungen von Carl Gustav Wrangel, dem Generalgouverneur von Schwedisch-Pommern, ausgeführt. Nach dem Aus-

Unser Tipp

Idyllisches Landhotel

Ein schmaler Feldweg führt zu diesem schönen Geheimtipp bei Sagard. Im Sommer betten sich Weizenfelder gespickt mit blauen Kornblumen perfekt in die sanfte Hügellandschaft vor dem Großen Jasmunder Bodden. Hofkatze Paula umgarnt die Gäste, während Linda Neiser, die das Haus führt, schnell noch ein paar Insider-Tipps für die Radtour am Bodden verrät. Die großzügigen Appartements sind hell und im skandinavischen Stil eingerichtet. Wenn der Gast am zweiten Tag zum Frühstück erscheint, kennt die aufmerksame Bedienung bereits dessen kulinarische Vorlieben. Toll sind auch die Grillabende auf der schönen Terrasse mit Blick zum Großen Jasmunder Bodden. Ein schöner Wellnessbereich mit Sauna sorgt für Entspannung. Die sehr gute Küche und ein äußerst junges Team verleihen dem Haus das gewisse Etwas.

Hotel der Wilde Schwan: Neuhof 10, Sagard, Tel. 038302 80 30, www.hotel-der-wilde-schwan.de, DZ ab 80 €.

sterben der Familie Spyker wurde ihm das Anwesen wegen seiner Verdienste im Dreißigjährigen Krieg von Schwedens Königin Christine geschenkt. Besonders schön sind die frühbarocken Stuckdecken in der Beletage, die unter anderem die vier Jahreszeiten darstellen. Auch die vier Ecktürme und die rote Farbe gehen auf ihn zurück. Nach dem mysteriösen Tod Wrangels – es heißt, er soll enthauptet worden sein – blieb das Schloss zunächst in schwedischem Besitz. 1816 kaufte es Fürst Wil-

helm Malte von Putbus. Danach wurde es von mehreren Pächtern bewirtschaftet. In der DDR diente es 1964–68 als FDGB-Ferienheim, nach der Wende wurde es von der Treuhand an einen Rüganer vergeben. Im Juni 1992 wurde das Schloss in der exklusiven Lage an der stillen Boddenlandschaft als Hotelrestaurant eröffnet.

Gleich hinter dem Schloss geht es zwischen uralten Bäumen zum Spykersee, der über den Mittelsee mit dem Jasmunder Bodden verbunden ist. Entlang des Boddens bietet sich ein reizvoll gemütlicher Spaziergang in Richtung Polchow und Martinshafen an.

Kreidemuseum Gummanz ▸ F 4

Gummanz 3 a, Tel. 038302 562 29, tgl. 10–17 Uhr, www.kreidemuseum.de, Erw. 3 €, Familienkarte 7 €

Von Sagard den Hinweisschildern zur Jasmar-Therme folgen. Der Parkplatz des Kreidemuseums befindet sich direkt gegenüber der Therme. Das Museum kann über zwei verschiedene Fußwege erreicht werden, entweder entlang des Kreidelehrpfades oder am Jasmar Resort Rügen vorbei. Einfach der Ausschilderung ‹Kreidemuseum› folgen. Nach einem kleinen Spaziergang gelangt der Besucher zu der versteckt liegenden Werkhalle des alten Kreidewerkes Gummanz. Die restaurierte Werkhalle beherbergt ein interaktives Museum rund um das Thema Kreide. Hier kann der Besucher Knöpfe drücken, Filme starten, Schubladen mit kleinen Schätzen öffnen und draußen im ehemaligen Kreidebruch die historischen Maschinen und Geräte des Kreidebergbaus inspizieren. Anschaulich werden die geologischen und paläontologischen Besonderheiten der Kreide beschrieben und viel Wissenswertes zur über 200-jährigen Tradition des Kreideabbaus auf Rügen vermittelt. Umfangreich ist auch die geolo-

gisch-paläontologische Sammlung zur Rügener Schreibkreide, die 1100 Objekte umfasst. Von Mai bis Oktober bietet das Museum Fossilien-Exkursionen an. Ein Natur- und Kreidelehrpfad rund um das Kreidemuseum gibt Einblicke in die Landschaftsgeschichte sowie in die nach dem Abbau auftretenden Naturprozesse.

Übernachten

Ruhig – **Jasmar Resort Rügen:** Neddesitz, Tel. 038302 95, DZ ab 100 €, www.jasmar.de. 129 Zimmer, 16 Suiten und 98 App. gehören zum Feriendorf. Komfortable Zimmer, einige mit W-LAN. Wenige Schritte entfernt liegt die hoteleigene Jasmar-Therme; auch eine Tennisanlage gehört zum Haus.

Essen & Trinken

Fürstlich speisen – **Wrangel:** Schlossallee 1, Spyker, Tel. 038302 770, www.schloss-spyker.de, Küche tgl.12–21 Uhr. Rüganer Rezepte werden mit mediterranen Gerichten aufs Beste kombiniert und im schönen Gewölbekeller serviert. Knackfrische Salate, Argentinisches Rindersteak oder Ostseefisch – alles schmeckt vorzüglich. Auf der Terrasse direkt vor dem Schloss sitzt und speist es sich fürstlich.

Einkaufen

Gesund und lecker – **Hof Bobbin:** Oberdorf 5 a, Bobbin, Tel. 038302 88 77 57, www.hofladen-bobbin.de, Juni–Aug. Mo–Sa 10–19, So 12–18 Uhr. Kerzen, Keramik, Wolle, Schafsfelle, Honig, alte Obstsorten sowie Produkte aus ökologisch orientierter Landwirtschaft werden hier verkauft. Der Bio-Apfel-

saft aus hauseigener Mosterei ist besonders lecker.

Aktiv & Kreativ

Urzeitlicher Familienspaß – **Dinosaurierland Rügen:** Am Spycker See 2 a, Spyker, Tel. 038302 71 98 74, April–Okt. Mo–So 10–18, Nov.–März Mo–Do, Sa/So 10–15 Uhr, Erw. 7,50 €, Kinder (4–12 Jahre) 5,50 €, www.dinosaurierland-ruegen.de. Über ein Parkgelände führt ein 1100 m langer Rundweg, auf dem die Geschichte der Dinosaurier erzählt wird. Mehr als 120 originalgetreue Nachbildungen gibt es zu bestaunen. Aus Ton oder Gips können unter Anleitung auch eigene fossile Abdrücke hergestellt werden. Eine besondere Attraktion sind die Ausgrabungsstätten, in denen echte Fossilien wie Donnerkeile oder ein komplettes nachgebildetes Dinosaurierskelett freigelegt werden können.

Lietzow ▶ F 5

Schon aus der Entfernung ist das weiße Schloss auf einer kleinen Anhöhe gut zu sehen. Der prächtige Bau zeigt eine große Ähnlichkeit mit Schloss Lichtenstein am Rand der Schwäbischen Alb auf, weshalb er auch gerne als das Kleine Lichtenstein bezeichnet wird. Ein am Bau der Bahnstrecke nach Sassnitz beteiligter Ingenieur ließ es sich im 19. Jh. als privaten Wohnsitz errichten. Heute ist das Schlösschen immer noch in Privatbesitz und nicht öffentlich zugänglich.

Die Bundesstraße 96 verläuft direkt durch die Ortschaft, die auch einen kleinen Strand besitzt. Bekannt wurde Lietzow durch archäologische Ausgrabungen, die zwischen 1827 und 1939 stattfanden. Über 20 000 Fundstücke

Unser Tipp

Natur pur vom Biohof
Dort, wo die gelben Gummistiefel auf Stöckern und das gelbe Fahrrad an der Straße zwischen Lohme und Glowe in der Nähe von Schloss Spyker am Wegesrand stehen, geht es zum Biohof der Familie Sorge. Die Familie lebt dort im Einklang mit der Natur. Alles, was sie auf ihrem Hof verkauft, ist bio und stammt aus eigener Herstellung. Lecker sind das selbstgebackene Brot und der Kuchen aus dem Holzbackofen, aber auch die vielen Aufstriche aus Wildfrüchten wie Löwenzahn, Sanddorn oder Holunder. Für Zuhause unbedingt noch ein Glas Honig oder den selbstgepressten Apfelsaft mitnehmen!
Rügener Spezialitätenmanufaktur: Am Kamper Bach 5, 18551 Baldereck, Tel. 038302 534 48, Mo–Sa 9–19 Uhr, www.ruegener-spezialitaeten-manufaktur.de

aus der Jungsteinzeit wurden hier gefunden; sie gingen als die Lietzow-Kultur in die Forschungsgeschichte ein. Der schöne Waldpark Semper lädt zu einem Spaziergang entlang der Bodden Uferpromenade ein.

Essen & Trinken

Alles Fisch – **Traditionsräucherei & Erlebnisscheune Lietzow:** Spitzer Ort 7, Tel. 038302 569 66, Räucherei 8–14, Restaurant ab 11 Uhr. Geboten wird frisch zubereiteter Fisch und Räucherfisch aus der Buchenholz-Räucherkammer. Für Kinder gibt es auch einen Streichelzoo.

Lieblingsort

Mystischer Waldsee ▶ G 4

Still und dunkel ist der **Herthasee**, deshalb wird er auch gerne der Schwarze See genannt. Bis zu 11 m tief ist das fast kreisrunde Gewässer. Wer die besondere mystische Stimmung erleben will, kommt am frühen Morgen oder gegen Abend, wenn die meisten Touristen die Stubnitz bereits verlassen haben. Am besten auf dem Holzsteg hinter der einstigen Wallanlage der Herthaburg Platz nehmen und sich die Schauergeschichten über die germanische Erdgöttin Nerthus, auch Hertha genannt, zu Gemüte führen. Sie soll einst in der Herthaburg (s. S. 232) gewohnt haben. Ihr zu Ehren gab es blutige Kulte, und wenn sie im See baden ging, wurden die Sklaven, die ihr dabei halfen, besonders schlecht belohnt. Sie mussten nach dem Bade im See sterben, schließlich sollten sie keinem erzählen, was sie gesehen hatten …

Nationalpark Jasmund ❗ ▶ G 4

Stubnitz, die sich an der Ostküste Jasmunds ausdehnende hügelige Waldlandschaft, wurde 1990 zu Deutschlands kleinstem Nationalpark mit einer Fläche von 3003 ha erklärt. Der hat allerdings Großes zu bieten: die berühmten Kreidefelsen der **Großen** und der **Kleinen Stubbenkammer**, naturwüchsige Rotbuchenwälder, Wiesen, Moore und eine Fülle geschützter und seltener Tier- und Pflanzenarten. Die höchste Erhebung ist der 161 m hohe Piekberg. Der Nationalpark umfasst das größte zusammenhängende Buchenwaldgebiet an der gesamten deutschen Ostseeküste. Seit Juni 2011 steht der Nationalpark Jasmund zudem unter dem Schutz der UNESCO.

Auf dem Gebiet des Nationalparks darf in die Natur nicht eingegriffen werden, das heißt auch für Besucher: Müll mitnehmen, nur ausgewiesene Parkplätze benutzen, Flora und Fauna bestaunen, keine Pflanzen pflücken und Hunde an die Leine nehmen.

Königsstuhl

Er ist 118 m hoch und der berühmteste Felsvorsprung der **Großen Stubbenkammer**. Der Königsstuhl ist nur über einen schmalen Zugang und in Verbindung mit einem Besuch des Nationalpark-Zentrums Königsstuhl zu erreichen. Wie der Felsvorsprung seinen Namen erhielt, ist nicht eindeutig geklärt, aber es gibt zwei schöne Legenden: Die eine behauptet, der Name sei durch den schwedischen König Carl XIII. entstanden, der sich hier zu Zeiten des Großen Nordischen Krieges von 1700–21 einen Sessel aufstellen ließ, um die Seeschlacht zu beobachten. Die andere meint, früher hätten nur die Männer Könige werden können, die es schafften, als Erster von der Seeseite auf diesen Kreidefelsen zu klettern.

Nationalpark-Zentrum Königsstuhl

Stubbenkammer 2, Tel. 038392 66 17 66, www.koenigsstuhl.com, Ostern– Okt. tgl. 9–19, Nov.–Ostern tgl. 10–17 Uhr, Erw. 6 €, Familien 12 €
Die 2000 m^2 große Erlebnisausstellung auf vier Etagen ist auf jeden Fall einen Besuch wert, denn die Präsentation ist wie eine Zeitreise durch die Natur gestaltet. Die multimediale Schau wird entweder auf den Spuren eines Forschers, eines Abenteurers oder eines Romantikers begangen. Für Kinder gibt es eine Extratour mit der Maus Mimi und dem Raben Krax. Exponate

können angefasst und ausprobiert werden und im Multivisionskino kann der Nationalpark aus der Perspektive eines Adlers gesehen werden. Informativ, multimedial und so atemberaubend wie der Nationalpark selbst. Das sympathische Bistro wird vom Hofgut Bisdamitz betrieben (s. S. 237).

Waschstein

In Ufernähe des Königsstuhls liegt der 22 m³ große Gesteinsbrocken. Der Legende nach erscheint alle sieben Jahre am Johannistag eine wunderschöne, verwunschene Jungfrau und wäscht dort ihre Kleider. Derjenige, der sie zuerst sieht und ihr »Guten Tag, Gott helfe!« zuruft, hat sie aus ihrem Bann erlöst. Natürlich wird derjenige zudem mit reichen Schätzen belohnt ...

Königsstuhl-Ticket: Kein Anfahrtsstress, keine Parkplatzgebühren. Dieses Ticket beinhaltet die unbegrenzte Nutzung der Busse der RPNV plus den einmaligen Eintritt ins Nationalpark-Zentrum Königsstuhl. Das Königsstuhl-Ticket ist in den RPNV-Bussen erhältlich. Erw. 15 €, Familienticket (bis zu 5 Pers., davon max. 2 Erw.) 30 €.

Literarisch wurde diese schöne Legende von Adelbert von Chamisso in der Ballade »Die Jungfrau von Stubbenkammer« verarbeitet:
Ich trank in schnellen Zügen
Das Leben und den Tod
Beim Königsstuhl auf Rügen
Am Strand im Morgenroth.

Wildromantisch: der Strand unterhalb des Königsstuhls

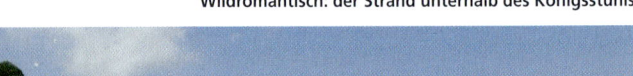

Victoria-Sicht

Nur 1 km weiter südlich, in der **Kleinen Stubbenkammer**, kann, wer keine Lust hat auf das große Gedränge am Königsstuhl, auf der kleinen, eisernen Aussichtsplattform Victoria-Sicht einen eindrucksvollen und noch dazu kostenlosen Blick auf den Königsstuhl genießen. Zudem kann der Kreidevorsprung von hier in seiner ganzen Pracht bewundert werden – sogar viel besser als von oben.

Die Bezeichnung dieser Aussichtsplattform geht ausnahmsweise einmal nicht auf eine Legende zurück, vielmehr gab ihr König Wilhelm I. am 10. Juni 1865 zu Ehren seiner Schwägerin, der englischen Königin Victoria, diesen Namen. Experten meinen, dass in der Nähe dieser Aussichtsplattform Caspar David Friedrich sein Motiv für das berühmte Gemälde »Kreidefelsen auf Rügen« (s. Abb. rechts) aus dem Jahr 1818 fand.

Herthaburg

An der Ostseite des Herthasees, 1 km westlich des Königstuhls (s. S. 228)
Von der slawischen Fluchtburg ist lediglich ein ringförmiger, 10 m hoher Erdwall erhalten geblieben. Wahrscheinlich erfolgte von hier der Zugang zur Burg über eine Brücke. Der heutige Zugang zum Burginneren ist erst später entstanden.

Küstenabbruch 2011

Zwischen Kieler Bach und Kolliker Ort nördlich der Wissower Klinken brach im Sommer 2011 wieder ein Stück Küste ab. Rund 30 000 qm³ Kreide rutschten in die Ostsee. Mitgerissen wurden auch rund 20 Buchen. Dieser Abbruch gehört zu den größten der vergangenen zehn Jahre, doch an jenen von 2002 reichte er nicht heran.

Ernst-Moritz-Arndt-Sicht

Schöner Aussichtspunkt am Tipper Ort, der nach dem auf Rügen geborenen Historiker, Schriftsteller und Publizisten Ernst Moritz Arndt (s. S. 66) benannt wurde. Der plateauförmige Kreidevorsprung bietet eine schöne Sicht auf die steil zum Meer abfallenden Kreideformationen.

Hochuferweg

Spektakuläre Aussichten und eine schöne Strecke entlang der Steilküste bietet dieser Hochuferweg zwischen Königsstuhl und Sassnitz. Etwa 10 km führt der Wanderweg immer an der Abbruchkante des Steilufers entlang. Auf dem Weg liegen mehrere Treppenabgänge, die zum Strand hinunterführen. Von der Victoria-Sicht aus überquert man verschiedene Bachtäler wie den Steinbach, den Kollicker Bach und den Kieler Bach. Auch die Wissower Klinken sind auf dem Weg zu sehen.

Wissower Klinken

Viele Jahre wurden die eigenwilligen Felsformationen, die sich hier einst befanden, irrtümlich als das Originalmotiv der berühmten »Kreidefelsen auf Rügen« von Caspar David Friedrich angesehen. 2005 stürzten 50 000 m³ Kreide in die Ostsee, damit auch die spitzen Felsen. Dennoch meinen Experten, dass die bizarren Zacken der einstigen Wissower Klinken erst in den letzten einhundert Jahren durch die Erosion geformt worden sind, und Friedrich die Felsen eher an der Kleinen Stubbenkammer, südlich der Victoria-Sicht, als Vorbild nahm. Neben dem nicht eindeutig zu bestimmenden Ort sind auch die Interpretationen des Gemäldes vielfältig. Was auch immer er dargestellt hat, ob nur eine Erinnerung an seine Hochzeitsreise oder eine Allegorie auf die Liebe – Friedrich schuf vor allem das Bild eines Romantikers, des-

Sicherlich das berühmteste Landschaftsgemälde der Insel: Caspar David Friedrichs »Kreidefelsen auf Rügen« von 1818

sen Credo lautete: »Ein Bild muss nicht erfunden, es muss empfunden sein«.

Piratenschlucht
Nahe Sassnitz, am südlichen Ende des Nationalparks Jasmund gelegen
Für kleine und große Schatzsucher ist dieser Strandabschnitt ein beliebtes Ausflugsziel, denn angeblich soll sich Rügens berühmtester Seeräuber Klaus Störtebeker hier nicht nur mit seiner Mannschaft, sondern auch mitsamt seiner Beute vor den wütenden Hansestädtern versteckt haben.

Lieblingsort

Rügens schönste Terrasse mit Sicht auf das Kap ▶ G 4

Die Sonnenterrasse des **Panorama-hotels Lohme** (s. S. 235) ist wie eine Seebrücke mit Blick auf das in der Ferne liegende Kap Arkona. Das Farbenspiel der Ostsee reicht von dramatischem, tiefdunklem Blau bis zu Smaragdgrün – ohne dabei aber je eine konstante Farbgebung innezuhaben. Die See ist eben ständig in Bewegung. Wir können von dem einmaligen Panorama nicht genug bekommen und zählen dazu gern die vorbeifahrenden Schiffe. Zum Sonnenuntergang, pünktlich zum Festdinner in dem ausgezeichneten Restaurant, gipfelt das Farbenspiel in einen orangeroten Horizont. Das Kap in der Ferne gibt sich völlig unbeeindruckt, schließlich ist es fast jeden Abend umhüllt von diesem Orangerot – oder mit Theodor Fontanes Worten zu schließen: »Lohme ist Sorrent«.

Übernachten

Gemütlich – **Pension Quasimodo:** Stubbenkammerstr. 49, Hagen, Tel. 038302 909 50, www.quasi-ruegen.de, DZ ab 60 €. Nur 3 km entfernt vom Kreidefelsen befindet sich diese kleine Pension. Helle, schöne Doppelzimmer sowie drei Appartements, die sich in dem 2005 gebauten Neubau befinden, bieten nicht nur reichlich Platz, sondern auch allen nötigen Komfort.

Nationalparkhotel – **Baumhaus Hagen:** Stubbenkammer, Sassnitz, Tel. 038392 223 10, www.baumhaushagen.im-web.de, DZ ab 60 €, Hauptgerichte ab 9,80 €. Einziges Hotel im Nationalpark Jasmund und absolut idyllisch gelegen, mit zünftigen Doppelzimmern und Appartements. Die Gaststätte ist eine beliebte Anlaufstelle für Wanderer.

Lohme ▶ G 4

Lohme ist ein beschauliches, kleines Fischerdorf, das sich seinen Charme bewahrt hat. Es liegt direkt an der 70 m hohen Steilküste. Zum Yachthafen führt eine lange Treppe hinunter. Der Ort ist bestens geeignet als Ausgangspunkt für Wanderungen in den nahe gelegenen Nationalpark Jasmund. Hektik gibt es hier nicht. Dafür aber eine traumhaft schöne Aussicht auf das Kap Arkona. Trotz fehlendem Sandstrand ist Lohme der Insidertipp für den aktiven Rügenurlauber, insbesondere für den Wanderer. Ein kleiner Dorfladen, eine Fischräucherei, ein Keramikatelier und eine Steinmanufaktur versorgen mit dem Nötigsten und mit ausgesuchten Souvenirs.

Bereits im 18. Jh. entdeckten die Romantiker Lohme. Später saßen Bettina von Arnim, Theodor Fontane und Gerhart Hauptmann auf der Terrasse des heutigen Panorama-Hotels (s. S. 234).

Im Jahre 1855 wurde Lohme als erstes Rügener Seebad anerkannt und schon damals schätzten die Gäste die romantische Natur, die Kreidefelsen, die Buchenwälder, die Hügelgräber und die tolle Lage am Steilufer. Nach 1945 geriet der Ort in Vergessenheit und erfuhr erst nach der Wende sein touristisches Revival. Im Sommer 2009 wurde allerdings die Urlaubsidylle getrübt, die Brücke musste wegen Entwässerung und Sicherung des Hanges gesperrt werden. Bereits im März 2006 war ein 130 m langes und 40 m breites Stück Steilküste in die Tiefe gestürzt. Im Sommer 2010 wurden Arbeiten zur Sicherung des Hanges abgeschlossen.

Übernachten

Golfhotel – **Hotel Schloss Ranzow:** Schlossalleee 1, Tel. 038302 889 10, www.hotel-schloss-ranzow.de, DZ ab 135 €. Wie es sich für ein Schlosshotel gehört, thront der Gast auf einem Hügel, hoch über dem Meer und dem Kap Arkona. Zimmer, Studios und Suiten sowie ein Wellnessbereich gehören zu der im Mai 2011 eröffneten Perle. 2013 soll auch der 18-Loch-Golfplatz fertig sein. Das Restaurant bietet moderne und regionale Küche.

Meerblick – **Haus am Meer:** Zum Hafen 7, Tel. 038302 885 23, www.hausam meer-lohme.de, FeWo ab 62 €. Der Balkon des neuen Hauses wird schnell zum Lieblingsplatz aller Gäste. Die 12 hellen und behaglichen App. für 2–4 Pers. bieten allen Komfort mit exklusiver Ausstattung. Kräutersauna und Dampfoase gehören auch zum Haus.

Stilvoll – **Hotel Greys:** Dorfstr. 35, Tel. 038302 92 21, www.lohme.com, DZ ab 59 €. In dem Gästehaus direkt an der Kreideküste stehen zehn individuelle und schicke Designzimmer zur Auswahl. Alle besitzen ein tiefgezogenes

Fenster und die meisten auch eine unübertreffliche Aussicht zur Seeseite. Man wähle zwischen »Modern living«, »Charles Eames« oder gediegenem alten Landhausstil.

Naturidylle – **Wald Campingplatz Nipmerow:** Jasmunder Straße 5, Tel. 03830 2 92 44, www.ruegen-naturcamping. de, April–Nov., Erw. 7 €, Kinder 4 €, Zelt 2 €, Reisemobil 5 €. Der einfache Waldcampingplatz liegt nur 3 km vom Königsstuhl entfernt und wird von herrlichen teilweise 100-jährigen Buchen umgeben. Schattige Plätze, die mit einem wunderschönen Ausblick über die Bucht zum Kap Arkona lockt.

Essen & Trinken

Terrassenlokal – **Café Niedlich:** An der Steilküste (direkt über dem Hafen), Tel. 038302 93 46, Suppe ab 3 €. Auf halber Treppe sitzt es sich hervorragend, dazu gibt es hausgemachtes Gulasch und eine große Auswahl an Kuchen und Eis. Gute und günstige Küche.

Viel Aussicht – **Panoramarestaurant Lohme:** An der Steilküste 8, Tel. 038302 91 10, www.lohme.com, tgl. 12–21.30 Uhr, Hauptgerichte ab 9,60 €. »Als Vorspeise die Lohmer Brotzeit, danach die eingelegte Ente und zum Dessert das Limonentiramisu« – egal, für was sich der Gast hier entscheidet, die Küche des Hauses ist exzellent. Ein kulinarisches Kleinod mit wunderschönem Ambiente und einer fantastischen Aussicht von der Terrasse (s. S. 236).

Einkaufen

Originell – **Steinmüller Steinmanufaktur:** Zum Hafen 6, Tel. 038302 901 09, www.ruegensteine.de, Hauptsaison Mo–Sa 13–18 Uhr, Nebensaison Fr, Sa 13–18 Uhr. Peter Müller verarbeitet

Steine, die er am Strand findet. Er poliert sie und macht so die Vielfalt der Farben und Strukturen sichtbar. In seiner Werkstatt entstehen aus dem Rügener Naturprodukt Brieföffner, Kerzenhalter, Buchstützen. Auf Wunsch bearbeitet er auch selbst gefundene Stücke. Das ideale Rügensouvenir.

Rügens bester Biohof – **Hofgut Bisdamitz:** Bisdamitz 1, Tel. 038302 92 07, www.hofgut-bisdamitz.de, Hofladen und Restaurant in der Saison tgl. 10–19 Uhr. Im Biohof Bisdamitz kann der hungrige Wanderer oder Radler im schönen verglasten Restaurant mit Blick in den Garten an großen Holztischen erstklassiges Biofleisch und Biokäse verspeisen. Jeden Mittag gibt es außerdem verschiedene leckere Mittagsgerichte. Ebenso hervorragend ist die Auswahl an köstlichem Biokuchen. Der direkt angrenzende Hofladen verkauft den Bisdamitzer Käse aus Schaf- und Kuhmilch sowie erstklassige Würste von Rind, Schwein und Lamm.

Infos

Touristik Lohme: Arkonastr. 31, Tel. 038302 888 55, www.lohme.de, April–Okt. Mo–Fr 10–12, 15–17, Sa 10–12, Nov.–März Mo–Sa 10–12 Uhr.

Glowe ▶ E 4

Glowe ist das Tor zum Badeparadies **Schaabe**. Von Lohme geht es über Ruschvitz, den angeblichen Geburtsort Klaus Störtebekers, in den kleinen Ort. In den Sommermonaten verleihen die vielen Badegäste Glowe ein quirliges Seebadflair. Dann sind die Hotels und Restaurants meist ausgebucht. Außerhalb der Saison geht es beschaulicher zu. Der unmittelbar in Glowe beginnende **Sandstrand** ist von ▷ S. 241

Auf Entdeckungstour

Romantische Küstenwanderung – von Lohme nach Bisdamitz

Küstenwald, tosende Wellen und ein Uferweg, der es in sich hat. Von Lohme nach Bisdamitz geht es bergauf, bergab über rutschigen Waldboden und tänzelnde Wildbäche – einsam und mit unendlich vielen romantischen Bildmotiven.

Reisekarte: ▶ F/G 4

Dauer: 4 Std.

Planung: ab Panoramahotel Lohme. Hotelier Matthias Ogilvie bietet in der Vor- und Nachsaison diese Wanderung für seine Hotelgäste an. Nicht-Hotelgäste können sich auf Anfrage gegen einen kleinen Unkostenbeitrag anschließen; www.lohme.com.

»Lohme lohnt!«, sagt Matthias Ogilvie, Hotelier des Panoramahotels im schönen Steilküstenort unweit der Stubbenkammer. Regelmäßig lädt er seine Gäste zu Wanderungen ein. Auf Anfrage macht der Hotelier aber auch eine Ausnahme für Nicht-Hotelgäste, die sich anschließen möchten. Heute soll es westlich von Lohme 7 km entlang der Küste gehen bis nach Bisdamitz. Nebenbei erzählt Ogilvie, dass Lohme schon 1855 als erstes Rügener Seebad anerkannt wurde. Auch war es einst ein beliebtes Reiseziel der Romantiker, die das Seebad bereits im ausgehenden 18. Jh. für sich entdeckten. Bettina von Arnim, Theodor Fontane und Gerhart Hauptmann haben auf der berühmten Terrasse des Strandhotels gesessen. »Hier war die Wiege der deutschen Romantik. Fontane verglich Lohme mit Capri und Sorrent, vor allem wegen der atemberaubend schönen Sonnenuntergänge«, erklärt Ogilvie.

Ja, wer da flieht dem Lärm der Welt
wer Ruhe für das Beste hält, wer,
wenn er durch die Wälder streift,
die Schönheit der Natur begreift,
wer, wenn die Sonne untergeht,
auf hohen Ufern träumend steht,
der hat gewiß in solchen Stunden,
was er in Lohme sucht, gefunden!

Die Worte von Gerhart Hauptmann gelten heute immer noch. Auch ist Lohme für Wanderungen bestens geeignet, da es direkt an den Nationalpark Jasmund grenzt, malerisch liegt es an der bewaldeten Steilküste. Doch die Wanderung führt nun heraus aus dem schönen Ort, über die Arkonastraße geht es an der Diakonie vorbei auf den Wanderweg L 3. Einfach der Beschilderung folgen und in den Wald hinein, rechts über den Abstieg 4 geht es auf den Uferweg, der weiter bis nach Bisdamitz führt. Festes Schuhwerk und dicke Profilsohle sind hier unbedingt ratsam, denn der mitunter schmale Waldweg ist streckenweise ganz schön steil und je nach Witterung auch schon mal matschig.

Friedrich-Motive allüberall

Die Aussicht auf die Ostsee kann man immer wieder kurz durch die Bäume erhaschen. Die See tost und die Wellen schäumen. Caspar David Friedrich hätte hier angesichts der urwüchsigen Bäume, der Vielzahl der Felsformationen sowie des dazu grünblau schimmernden Meeres bestimmt unzählige Skizzenblöcke gefüllt. Das ist Naturromantik pur. Über schmale, mit Holz befestigte Treppenstufen geht es steil herunter, anschließend wieder über einen breiten Waldweg hinauf, Holzbrücken führen über kleine Bachläufe, der Weg ist hier nun extrem glitschig – diese Wanderung verspricht schon nach nur wenigen Schritten jede Menge Abwechslung.

Die Wanderung kreuzt den Limmerbach, einer dieser vielen Bäche, die aus dem Hochbereich hinunter in die Ostsee strömen. Vor diesem kleinen Strom liegt der sogenannte Höllgrund, in dem von Mai bis Juni geradezu ein Blütenmeer aus Orchideen erwächst: vor allem das Zweiblatt und das gefleckte Knabenkraut sind zu dieser Zeit zu bewundern. Doch im Hochsommer ist davon nicht viel zu sehen. Es geht daher weiter vorbei an grasgrünen Farnen, an großen Erlen, Eschen und Buchen. Die riesigen Baumstämme sind hier von armdicken Efeuranken umschlungen. Ab und an eröffnet sich durch die Äste und das dichte grüne Blattwerk der Bäume ein Blick auf das ferne Kap Arkona. Im Tromper Wiek tosen heute die Ostseewellen, so als wollten sie uns zeigen, was in ihnen steckt. Am bemoosten Wegesrand stehen Anemonen und Schlüsselblumen.

Such nicht immer, was dir fehle,
Demut fülle deine Seele,
Dank erfülle dein Gemüt.
Alle Blumen, alle Blümchen,
Und darunter selbst ein Rühmchen,
Haben auch für dich geblüht!

Matthias Ogilvie zitiert aus Theodor Fontanes Gedicht »Zuspruch« und führt seine Gäste nun an seinem Lieblingsplatz. Es geht den schmalen Waldweg hinunter direkt an die See, die Wellen der Ostsee kommen immer näher. Der Mühlgrund ist erreicht, der wilde, glasklare Bach mit seinen moosbewachsenen Steinen plätschert munter ins Meer. Durch die vielen, großen Steine, die hier am Strand liegen, wird jeder Schritt zu einem wahren Balanceakt.

Der drittgrößte Findling Rügens

Am Strand angekommen ragt ein riesiger Steinblock, der »Gigant von Blandow«, aus dem Wasser und wird von den Wellen wild umschlungen. Mit einem Volumen von 65 m³ und 175 t Gewicht ist er der drittgrößte Findling auf Rügen. Platz eins und zwei belegen der Findling Buskam mit 1600 t bei Göhren und der Findling von Nardevitz mit 281 t. Diese riesigen Steinblöcke wurden durch Gletscher während der Eiszeit nach Rügen getragen.

Am Strand liegen angeblich jede Menge Feuersteine. Schon in der Steinzeit wurden sie nicht nur zum Feuer machen verwendet, sondern eigneten sich dank ihrer Härte auch bestens dazu, um daraus schneidende Werkzeuge und Waffen zu schlagen.

Über die großen Steine balancieren wir ein wenig unbeholfen zurück auf den Waldweg und folgen dem Weg entlang des Ufers, der sich weiter malerisch an der Küste herumschlängelt. Kein anderer Wanderer war bisher zu sehen. Es ist einsam und schön.

Über eine Holzbrücke geht es nun über den Schwieserbach, hinter dem sich das äußerst seltene Kalkmoor anschließt. Das riesige Sumpfgebiet ist bis zu 200 m breit und 350 m tief. Vor allem Schachtelhalme wachsen auf diesem feuchten, sumpfigen Boden und werden hier gerne bis zu 2 m hoch. Die ersten sumpfigen Ausläufer des Moores sind zu sehen, doch man bleibt besser auf sicherem Terrain. Ein paar Schritte weiter führt der Waldweg nun 60–70 m steil hinauf. Oben scheint schon prall die Mittagssonne durch die Blätter der Buchen. »Es wird nun ein wenig anstrengend, aber oben erwartet Sie dafür auch eine kleine Belohnung«, kündigt der Hotelier an.

Feinsten Biokäse gibt es als Belohnung

Langsam lassen wir den schattigen Wald hinter uns. Oben angekommen eröffnet sich ein traumhafter Blick auf eine sanfte Hügellandschaft mit Weizenfeldern, übersät mit blauen Kornblumen. Einige letzte Klatschmohnblüten setzen dazu markante rote Tupfer in die leicht gewellte Endmoränenlandschaft. Über einen breiten Feldweg geht es zwischen den Feldern hindurch. Das Hofgut Bisdamitz liegt direkt vor den Wanderern, wo seit 1994 schon biologischer Anbau betrieben wird. Der Hof bietet neben einem Bioladen auch ein kleines Bio-Selbstbedienungsrestaurant. 60 Milchkühe, 200 Milch- und 600 Fleischschaf-Kreuzungen sowie einige Schweine sind hier zuhause. In der eigenen Käserei wird nach traditioneller Fertigungsart der Biokäse hergestellt. Natürlich ganz ohne Zusatz künstlicher Konservierungs-, Geschmacks- oder Farbstoffe. Der Käse aus Schaf- und Kuhmilch ist nicht nur die gelungene und köstliche Überraschung: Lohme lohnt!

einem Nadelwaldbestand gesäumt. Wegen des flachen Wassers ist dieser Strand bei Familien mit kleinen Kindern beliebt. Zudem wird hier gerne nackt gebadet. Ein Kurplatz und eine Promenade, die bis zum Hafen reicht, eignen sich bestens zum Flanieren.

Ostseeperle

Im Sommer 2009 wurde die Ostseeperle, das frühere Wahrzeichen Glowes nach elf Jahren Leerstand wieder eröffnet, ein markanter Blickfang direkt am östlichen Ende des Ortes. Im Jahre 1968 wurde der Bau mit der schwungvollen Betonkonstruktion und den großen Glasfenstern mit fantastischem Blick auf die Ostsee von Ingenieur Ulrich Müther errichtet. Vor dem Mauerfall wurde das Haus als Konsum-Restaurant betrieben. Zur Hochsaison standen die Leute damals Schlange vor dem Lokal. Das DDR-Fernsehen sendete 1981 zudem seine beliebte Sendung »He, Du« aus dem Lokal, das die Einheimischen nur »Muschel« nannten.

Nach der Wende stand die Ostseeperle jahrelang leer und verkam bis zur Baufälligkeit. 1997 sollte sie sogar abgerissen werden, doch die Bewohner Glowes liefen Sturm gegen diese Pläne. Mittlerweile steht der Bau unter Denkmalschutz und wurde im Sommer 2009 von Arne Knaak, dem Geschäftsführer der Ostseeperle Glowe, als Restaurant wiedereröffnet.

Übernachten

Rundzimmer – **Ferien im Leuchtturm:** Dünenresidenz, Tel. 06201 87 39 63 oder 0151 17 8710 71, www.ferien-im-Leuchtturm.de. Rügens außergewöhnlichstes Ferienhaus, mit einem 360-Grad-Rundumbalkon, einer Turmkuppel und schönen, runden Zimmern,

vom DTB mit 5 Sternen ausgezeichnet. Der rot-weiße Urlaubstraum liegt nur wenige Meter vom feinsandigen Badestrand entfernt.

Familiär – **Ferienhof Weddeort:** Weddeort, Tel. 038302 530 18, www.glowe-ferienwohnungen.de, FeWo ›Mücke‹ ab 35 €. Die Ferienwohnungen von Anke und Jean Friemel liegen versteckt in einem kleinen Nachbarort. Zu Fuß erreichen die Gäste den Ostseestrand bereits nach wenigen Minuten, auch der Große Jasmunder Bodden und der Spyker See liegen in Fußnähe. Die Wohnungen bieten jeglichen Komfort.

Perfekt – **Sandstrand Ostseeperle:** Hauptstr. 65, Tel. 038302 563 80, www.sandstrand-ostseeperle.de, ab 35 €/Pers. »Leben und wohnen in der Natur in einem modernen Ambiente zu einem vertretbaren Preis« lautet das Credo des 2009 eröffneten Appartementhotels. Mit Teak-Einrichtung, Parkett, LCD-TV, Internet, Wellnessbereich überzeugt es auf ganzer Linie. Außerdem bieten 75 % aller Zimmer herrlichen Meerblick.

Essen & Trinken

Glanzlicht – **Seeblick Ostseeperle:** Hauptstr. 65, Tel. 038302 56 38 88, www.sandstrand-ostseeperle.de, tgl. 8–24, Küche von 11.30–22 Uhr, Hauptgerichte ab 7,50 €. Regionale Küche mit frischen Produkten und Inselspezialitäten werden geboten. Im unteren Geschoss wird Front-Cooking mit einfachen Gerichten betrieben. Reichhaltiges Frühstücksbuffet.

Maritim – **Fischerhus:** Hauptstr. 52, Tel. 038302 52 35, www.fischerhus-ruegen.de, Saison, tgl. 11.30–23 Uhr, Hauptgerichte ab 8,90 €. Urig eingerichtetes Restaurant mit regionaler Küche. Heimische Spezialitäten und natürlich fangfrischer Fisch, Sommerterrasse.

Wittow

Das »Windland« wird die Halbinsel Wittow auch gerne genannt, denn hier fegt der Wind mitunter stürmisch über die Kornfelder. Erhebungen gibt es kaum, dafür aber immer eine gute Brise salzige Seeluft. An der 46 m hohen nördlichen Spitze befindet sich eine der Sehenswürdigkeiten der Halbinsel: das Flächendenkmal Kap Arkona. Putgarten, der kleine Ort mit dem riesengroßen Parkplatz, ist der Ausgangspunkt für Erkundungen des sogenannten Deutschen Nordkaps. Neben den Leuchttürmen und dem meist überfüllten Fischerdörfchen Vitt gibt es den slawischen Burgwall, die Jaromarsburg sowie eine alte Bunkeranlage zu bestaunen. Mit der Kap Arkona-Bahn oder zu Fuß geht es von Putgarten zum Kap. Wer den Rest der Halbinsel sehen möchte, wird erstaunt sein, wie gut sich Wittow per Rad erkunden lässt, denn große Höhenunterschiede gibt es nicht zu überwinden. Das Tor zur Halbinsel bildet der Doppelort Breege-Juliusruh, der über die Schaabe, der Nehrung zwischen der Ostsee und dem Großen Jasmunder Bodden, mit der Kerninsel verbunden ist. Von Westrügen ist die Halbinsel dagegen am besten mit der Wittower Fähre zu erreichen. Den nordwestlichen Schlusspunkt bildet das an der Spitze der großen Landzunge gelegene Dranske. Es ist von dem südlich gelegenen früheren Marinestützpunkt auf dem Bug geprägt. Diese lange Landzunge steht unter dem Schutz des Nationalparks und darf nur im Rahmen einer Führung betreten werden. Wer schöne, kleine Dörfer, endlos scheinende Felder und einen kräftigen Wind mag, wird in Wittow sein Urlaubsparadies finden.

Schaabe ▶ D/E 3/4

Die fast 12 km lange, schmale Nehrung verbindet die Halbinseln Jasmund und Wittow und trennt zugleich den Großen Jasmunder Bodden von der Ostsee. Erst nach der letzten Eiszeit entstand der sandige Landstreifen; solange war Wittow eine Insel und Jasmund nur über die **Schmale Heide** mit dem Festland verbunden. Um diese einmalige Dünenlandschaft vor den Gewalten der Natur zu schützen, wurde ein Kieferwald angelegt. Erst Ende des 19. Jh. verlandete die letzte offene Stelle der Schaabe bei Glowe. An der zur Ostsee gerichteten Seite der Schaabe bildete sich über Jahrzehnte eine weit ausladende flache Bucht – die Tromper Wiek mit einem der längsten und schönsten Sandstrände der Insel, die vor allem bei Fans der Freikörperkultur beliebt ist. Reizvoll für Wanderer und Radler ist die Boddenseite der Schaabe. Fließend geht der Wald in einen dichten Schilfgürtel über, der nur hier und da durch eine kleine Sandbucht unterbrochen wird.

Infobox

Auskunft

Tourismuszentrale Rügen: Markt 25, Bergen auf Rügen, Tel. 03838 80 77 80, Mo–Fr 8–18 Uhr, www.ruegen.de
Tourismus Kap Arkona: Am Parkplatz, 18556 Putgarten, Tel. 038391 41 90, www.kap-arkona.de
Tourismusverein Gemeinde Glowe: Haupstr. 37, 18551 Glowe, Tel. 038302 88 99 39, www.glowe.de

Breege und Juliusruh ▶ D 3

Am nördlichen Ende der Schaabe ist der Doppelort so etwas wie das Tor zur Halbinsel Wittow. Auf der Ostseeseite liegt Juliusruh mit Seebadoptik und unzähligen Ferienhäusern und Appartements. Auf der anderen Seite am ruhigen Boddenhafen liegt das alte Fischerdörfchen Breege. Sonnenhungrige schätzen vor allem den 10 km langen, weißen Sandstrand am Tromper Wiek, der hier direkt vor der Haustür liegt.

Eine Attraktion ist ein alter **Park**, der 1795 als weitläufiger Garten der Residenz von Julius von der Lancken angelegt wurde. Der Großgrundbesitzer errichtete hier seinen Ruhesitz, schließlich gab es außer dem nahen Strand und den Kiefern in Küstennähe keine sonstige Bebauung. Heute ist davon nur noch der große Park erhalten, der die beiden Orte verbindet. Seit 1928 ist Juliusruh schon mit Breege zu einer Gemeinde verbunden. Übrigens besitzt der Ort kein Gotteshaus. Es wird gemunkelt, dass die Einwohner schon immer den weltlichen Interessen offener gegenüberstanden als den kirchlichen Dogmen. Man lebt hier von den Einkünften aus dem Tourismus und das schon seit über einem Jahrhundert. Bereits 1895 wurde die Kurvereinigung Juliusruh gegründet und die Einnahmequelle Tourismus entdeckt.

Der **Hafen** von Breege ist modernisiert. Das Angebot an Angeltouren, Boddenschippern, Yacht- und Segelschulen und auch Fahrten nach Hiddensee lässt keine Wünsche offen.

Übernachten

4-Sterne-Residenz – **Hotel Aquamaris:** Wittower Str. 4, Juliusruh, Tel. 038391

444 05, www.aquamaris.de, FeWo Storch ab 69 €. Über 250 Hotelzimmer, Suiten und Ferienwohnungen, die alle nach Vögeln benannt sind. Zu dem großen Komplex gehört ein umfangreiches Angebot an Wellness- und Fitnessmöglichkeiten, Sauna, Schwimmbad, Dampfbad und ein Beautycenter. Ferner gibt es drei Restaurants, Bistros und einen Pub. Die zentrale Piazza der schönen Ferienanlage lädt zum Verweilen ein.

Ostseeblick – **Strandhotel Dünenhaus:** Ringstr. 5, Juliusruh, Tel. 0383 91 40 70, www.duenenhaus.im-web.de, DZ mit Seeblick ab 60 €. In direkter Nachbarschaft zur Wellnessoase Juliusruh liegt das 1996 sanierte Haus. Besonders schön sind die Zimmer mit Seeblick und Balkon. Ein Restaurant und ein Fitnessraum gehören zum Haus.

Camping – **Freizeitpark Am Wasser:** Wittower Str. 1–2, Juliusruh, Tel. 03839 1 439 28, www.freizeitcampamwasser. m-vp.de, April–Okt., Zelt 5–6 €, Erw. 6 €, Kinder bis 14 Jahre 3,50 €. Direkt am Breeger Bodden liegender Campingplatz. Bis zur Ostsee sind es gerade mal 80 m. Campen im Wald und an der See. Gaststätte, Imbiss und Einkaufsmöglichkeiten sowie Vermietung von Booten und Fahrrädern.

Infos

Informationsamt Breege/Juliusruh: Wittower Str. 5, Juliusruh, Tel. 038391 311, www.ostseebad-breege.de.

Altenkirchen ▶ D 3

Der Ort ist so etwas wie das Zentrum der Halbinsel Wittow. Von der Wittower Fähre aus geht es über Wiek oder Breege in den Ort. Eigentlich führen alle Wege nach Altenkirchen, doch ru-

hig und beschaulich ist der Ort dennoch geblieben. Lediglich vor der schönen Backsteinkirche kommt es schon mal zu einer Art Rushhour. Für die meisten Touristen ist die Kirche nur ein kleiner Zwischenstopp, wenn auch ein sehenswerter, auf dem Weg zum Kap.

Dorfkirche

An der Kirche 1, Mai–Sept. Mo–Fr 11–17 Uhr, www.kirche-altenkirchen.de
Die Pfarrkirche ist der zweitälteste Sakralbau der Insel Rügen, gleich nach der Marienkirche in Bergen. Mittelschiff und Chor wurden um 1200 erbaut. Ursprünglich als einschiffige, romanische Basilika konzipiert, wurde die Backsteinkirche mehrmals umgebaut. Ältestes Detail ist der im südlichen Chorraum eingelassene Svantevit-Stein. Dieser slawische Grabstein soll aus der Zeit vor 1168 stammen und zeigt das Relief eines bärtigen Mannes mit einem großen Trinkhorn in den Händen. Der Legende nach stellt es den Hauptgott der Rügenslawen Svantevit dar. Doch es kann auch eine sla-

wische Gottheit oder ein Priester sein, denn eigentlich wurde Svantevit immer mit vier Gesichtern abgebildet. Das Füllhorn dagegen wurde auf jeden Fall benutzt, um die Ergiebigkeit der Ernte vorauszusagen: Schwand über Nacht das Met im Horn, mahnte der Priester zur Sparsamkeit. Ebenfalls aus dem 13. Jh. stammt der Taufbrunnen. Er zeigt vier Köpfe, die stellvertretend für die vier Paradiesesströme Euphrat, Tigris, Gihon und Pischon stehen. Malereien zieren das Kreuzrippengewölbe und wurden nach Originalfunden aus dem 13. Jh. rekonstruiert. Das große Kruzifix stammt aus dem 14. Jh. Der kleine Friedhof direkt an der Kirche ist die letzte Ruhestätte des berühmten Rügener Uferpredigers Pastor Kosegarten (s. S. 253).

Nobbiner Großsteingrab ▶ D 2

Von Altenkirchen Richtung Putgarten kommt nach etwa 2,5 km das Örtchen Nobbin. Von hier führt ein Radweg über die Goorer Berge nach Arkona. Auf dem Weg dorthin liegt das Groß-

Die Kirche Altenkirchens soll auf einem Begräbnishügel der Ranen erbaut worden sein

steingrab, der sogenannte Riesenberg, mit seinen zwei Steinreihen und den großen Wächtersteinen.

Aktiv & Kreativ

Radvergnügen – **Wittow Bike:** Straße des Friedens 10, Tel. 038391 130 71, Saison tgl. 9–18 Uhr, Rad ab 6 €, Kinderrad 3,50 €, http://uthesshochmuth.ut.funpic.de. Als Alternative zu den Parkgebühren in Putgarten einfach eines der hochwertigen Trekkingräder mit 7-Gang-Nabenschaltung ausleihen und in Richtung Kap Arkona radeln.

Farbenspiel – **Atelier & Galerie Hanne Petrick:** Neue Straße 2 a, Tel. 03839 15 95, Saison Mo–Sa 10–12 Uhr u. n. V., www.kreidefelsen.de/art-galerie/hanne.htm. Das blau gestrichene Holzhaus gehört der Malerin und Grafikerin Hanne Petrick. Wer selbst einmal mit Staffelei, Block und Pinsel die atmenberaubenden Mohn-Rapsfelder festhalten will, kann über SKR-Studien-Kontakt-Reisen (www.skr.de) auch einen einwöchigen Malkurs bei der Künstlerin belegen.

Putgarten ▶ E 2

Die nördlichste Gemeinde Rügens kurz vor dem Kap zählt nur etwa 300 Einwohner. Wer das Kap Arkona oder das Fischerdorf Vitt besuchen will und mit dem Auto anreist, parkt auf dem großen Parkplatz am Ortsrand. Von dort geht es entweder zu Fuß oder mit der Kap Arkona-Bahn weiter.

An der holprigen Kopfsteinpflasterstraße drängen sich dicht die kleinen Häuser. Einige der alten Fischerkaten sind noch reetgedeckt. Fast jedes Haus im Dorf besitzt im Erdgeschoss ein Café oder ein Restaurant oder zumindest eine Ferienwohnung. Auch für den

Unser Tipp

Eine Kate für ›die Weigel‹

Im Jahr 1955 kaufte die Schauspielerin Helene Weigel dieses Haus an der Dorfstraße von Putgarten. Die schöne Kate sollte Bert Brecht und ›der Weigel‹ als Feriendomizil dienen, doch nach dem Tod Brechts 1956 überließ die Schauspielerin es den Theaterkollegen des Berliner Ensembles.

Heute ist das reetgedeckte Haus nicht nur ein wunderschönes Café, das mit selbst gemachten Kuchen und einem wunderschönen Garten zur Rast einlädt, sondern auch ein Kulturhaus, das Lesungen und Liederabende veranstaltet. Eine Ausstellung der Fotografien Vera Tenscherts, die die große Schauspielerin und Theaterleiterin Helene Weigel über lange Jahre begleitet hat, ist ebenfalls zu sehen. Außerdem wird die Kate auch im Sinne Helene Weigels genutzt, denn immer noch können Mitglieder des Berliner Ensembles in der Ferienwohnung im Dachgeschoss ihre Theaterferien verbringen.

Helene-Weigel-Haus: Dorfstr. 16, Putgarten, Tel. 038391 43 10 07, www.helene-weigel-haus.de, Café in der Saison tgl. 13–18 Uhr.

schnellen Imbiss zwischendurch ist hier überall gesorgt.

Die größte Attraktion ist der **Rügenhof**, auf dem sich nicht nur Werkstätten und Souvenirshops befinden, sondern auch immer wieder saisonale Feste gefeiert werden. Erst wenn die Attraktionen am Kap schließen, kehrt hier wieder die beschauliche Ruhe ein, die für die Halbinsel Wittow eigentlich so prägend ist. ▷ S. 250

Auf Entdeckungstour

Nostalgische Trabi-Tour – vom Kap bis nach Sellin

Geschichtsstunde zum Anfassen. Über zwanzig Jahre nach der Wende auf der Suche nach FKK, NVA und Ferienvergnügen à la DDR – nur stilecht mit einem Trabi.

Reisekarte: Start ▶ D 6

Planung: Eine 134 km lange Tagestour in kleinen Etappen. Ausgangs-

punkt ist die Trabi-Vermietung von Fam. Dombrowski in Ramitz, Dorfstr. 8 a, Tel. 03838 312 38, Mo–Fr 7–18, Sa 8–12 Uhr; Trabi für einen Tag 60 € plus Benzinkosten.

Dauer: Ein ganzer Tag.

Für wen: Für alle, die DDR nur noch aus Geschichtsbüchern kennen.

Authentischer als mit einem himmelblauen Trabant 01s deluxe Kombi kann eine historische Spurensuche auf Rügen kaum beginnen. Von der Trabi-Vermietung von Familie Dombrowski in Ramitz nahe Bergen geht es hoch über die Wittower Fähre bis zum Kap Arkona. Dann wieder Richtung Süden über Prora, vorbei an Binz und hinunter bis ins Seebad Sellin. Eine Ostalgietour, die den ganzen Tag in Anspruch nimmt und fast quer über die Insel führt. Bei schönem Badewetter ist ein Stopp am **Bakenberg Strand** vor dem Kap-Besuch ein Muss (direkt nach der Überfahrt mit der Wittower Fähre über Wiek in Richtung Gramtitz fahren, dann weiter nach Bakenberg).

Als FFK-Zone war der schöne Strand schon vor der Wende ausgewiesen, denn »Baden ohne« gehörte in der DDR zum guten Ton. Diese Freizügigkeit wurde von den Bürgern hart erkämpft, denn bis 1956 war das Nacktbaden in der DDR offiziell verboten. Intellektuelle und Arbeiter wollten sich dieses Recht auf die Freikörperkultur aber nicht nehmen lassen. Sie protestierten heftig, schrieben Protestbriefe und liefen gegen die Volkspolizei Sturm. Dass das FKK-Verbot noch auf die NS-Zeiten zurückging, stärkte dabei nicht gerade die Position des Sozialistischen Arbeiter- und Bauernstaates. Die Regierung musste einlenken und erließ 1956 eine neue »Anordnung zur Regelung des Freibadwesens« – und FKK wurde an ausgewiesenen Stränden erlaubt.

Das Kap war einst Sperrgebiet

Vom Bakenberger Strand geht es in der ›Rennpappe deluxe‹ weiter Richtung **Kap Arkona**. Über Gramtitz und Mattchow bis zum großen Parkplatz in Putgarten zur Nebelsignalstation, vorbei an den beiden Leuchttürmen.

Dort ist der Treffpunkt für die geführte Bunkertour: Durch eine eiserne Tür werden die Besucher in eine kalte und muffige Unterwelt geführt, einem endlosen Gewirr langer Gänge. Gezeigt wird ein Sammelsurium an Erinnerungsstücken der 6. Flottille, dem Schnellbootverband der Volksmarine – jede Menge Orden, Uniformen, Gasmasken, Karten und technisches Gerät. Auch eine rot eingebundene Verfassung der DDR ist zu sehen. Der jüngere Bunker wurde 1979–1986 gebaut. Der ältere stammt noch aus Wehrmachtszeiten. Im neueren sollte die Führungselite der DDR-Marine die ersten zehn Tage nach dem Atomschlag überleben können. Das gesamte Gebiet um die Leuchttürme am Kap wurde bereits mit Gründung der DDR, am 7. Oktober 1949, zum militärischen Sperrgebiet erklärt. Nach der Wende wurde die Anlage stillgelegt. Zahlen, wie viele DDR-Bürger bei dem Versuch über die Ostsee zu fliehen ums Leben kamen, sucht man in der Ausstellung vergeblich.

Wieder auf der Erde angekommen, kann sich niemand mehr vorstellen, wie es war, als die Ostsee noch streng bewacht wurde – und ein Ausflug nach Schweden schier undenkbar war. Über zwanzig Jahre nach der Wende scheint das alles längst vergessen.

Sehnsuchtsort Rügen

Zu DDR-Zeiten war Rügen eines der beliebtesten Reiseziele. Statistisch betrachtet, konnte ein DDR-Bürger nur einmal alle zehn Jahre mit einem »Ferienscheck« hier seinen Urlaub verbringen. Die Organisation der Ferien oblag dabei dem Gewerkschaftsbund FDGB. Zudem gab es aber auch Privatzimmer auf Rügen und natürlich die Campingplätze. Wer einmal eine Unterkunft ergattert hatte, reservierte daher meist schon fürs nächste Jahr.

Ein NVA Soldat aus Pappe

Jetzt fürt die Strecke wieder südwärts. Nächste Station ist **Prora**: von Putgarten über Juliusruh vorbei an Glowe und Sagard der Ausschilderung nach Binz bzw. Prora folgen. Zu DDR-Zeiten diente das Gelände nicht nur als NVA-Drillanlage, sondern war auch Schulungsstätte für die Weltrevolution, Ferienlager, Militärerholungsheim und -hochschule.

Vor dem Eingang der **KulturKunststatt Prora** steht ein NVA-Soldat aus Pappe. Im Innern des fünfstöckigen Privatmuseums, das sich selbst als ein All-in-one-Museum bezeichnet, werden unter anderem über 60 Motorräder aus DDR-Zeiten gezeigt. Das **NVA-Museum** nimmt mehrere Stockwerke ein und präsentiert Erinnerungsstücke aus Militärtagen: vom Kochgeschirr bis zur Waffenkammer. Auch ein original eingerichtetes NVA-Urlauberzimmer aus dem »Erholungsheim Walter Ulbricht« ist zu sehen. Eine kritische Auseinandersetzung mit der Vergangenheit ist hier genauso wenig zu finden wie im Bunker am Kap. Kritische Töne sind dagegen im **Prora-Zentrum** gleich neben der Jugendherberge Prora zu hören. Im Block 5 waren damals die Bausoldaten, die Kriegsdienstverweigerer der DDR, untergebracht. Sie mussten für den Eisenbahnfährhafen in Mukran schuften. Das Zentrum informiert über ihre Geschichte und zeigt außerdem Wechselausstellungen zu Themen wie »Das hat's bei uns nicht gegeben! Antisemitismus in der DDR«.

Von Prora geht es weiter nach **Binz**. Unter Ulbricht wurde Binz zum »Seebad der Werktätigen« erklärt. Das Kurhaus war schon damals eine exklusive Adresse (s. S. 172) und wurde vom Reisebüro der DDR betrieben. Seine Gäste zählten zur Prominenz des Landes: Professoren, Chefärzte, Generaldirektoren und Schauspieler. Das schöne Haus hat eine bewegende Geschichte und sein jüdischer Besitzer Adalbert Bela Kaba-Klein, Inhaber des Kurhauses Binz, wurde nicht nur bei den Nationalsozialisten enteignet, sondern ebenso im Rahmen der »Aktion Rose«. Diese Enteignungsaktion im Jahre 1953 traf nicht nur Gutsbesitzer, sondern auch Besitzer von Hotels und Pensionen. Sie wurden, wenn nötig, willkürlich verhaftet und enteignet, wie im Falle von Kaba-Klein. Das Hotel übernahm danach der Freie Deutsche Gewerkschaftsbund (FDGB).

Ehrichs Brathering

Die letzte Station ist das luxuriöse Cliff Hotel in Sellin, das 1978 als Erholungsheim für die Mitglieder des Zentralkomitees errichtet wurde. Das großzügige Hotel besaß schon damals ein 2000 m² großes Schwimmbad, einen Kinosaal, eine Kegelbahn und einen Fahrstuhl zum Strand. Das Kino wurde mittlerweile wiederbelebt, denn 2010 fand man im Keller die komplette Kinoanlage sowie noch die original Kinosessel aus grünem Velours. Selbstredend war das Haus nur für Auserwählte zugänglich. Heute kann hier jeder Ehrichs Brathering genießen. Diese Köstlichkeit gab es schon, als die Funktionäre noch zu Gast waren.

Doch der Hering ist keine Anspielung auf Erich Honecker, sondern geht auf den Namen des Küchenchefs Roland Ehrich zurück. Mittlerweile kocht dieser ›moderne‹ Kost, nur der Brathering hat aus DDR-Zeiten noch überlebt, zusammen mit ein paar Habseligkeiten, die im Keller des Hauses in der ehemaligen Mitarbeiterkantine zu sehen sind. Im Raum der Erinnerung stehen alte Sessel, Uniformen und Porzellan. Elke Gloser, heute im Marketing tätig, arbeitete schon in den 1980er-

Von Erich Honecker bis zur FDJ – die Spuren aus alten DDR-Tagen sind über zwanzig Jahre nach dem Mauerfall nicht mehr leicht zu finden auf der Insel

Jahren im Cliff Hotel. Sie führt durch den Raum und weiß, »Erich Honecker war hier nur einmal zu Gast. Er machte ja lieber Ferien auf der abgeschirmten Insel Vilm. Egon Krenz dagegen kam öfter nach Sellin«. Und was geschah, als die Wende kam? »Wir haben den Gästen damals geraten, das Haus zu verlassen, denn für ihre Sicherheit konnten wir nicht mehr garantieren.«

Infos zur Tour

Trabi-Vermietung Klaus Dombrowski & Söhne: Dorfstr. 8 a, Ramitz, Tel. 03838 312 38, Mo–Fr 7–18, Sa 8–12 Uhr. Trabi/Tag 60 € plus Benzinkosten.

Strecke (134 km): Von der Trabivermietung Dombrowski in Ramitz, über Kluis und Trent zur Wittower Fähre. Dann weiter zum Kap über Altenkirchen. Mit einem Abstecher zum Bakenberg Strand sind das ca. 42 km. Die nächsten 35 km führen von Putgarten über Juli-

usruh vorbei an Glowe, über Sagard weiter nach Prora. In Binz auf die B 196 weiter bis zum Seebad Sellin. Von Prora nach Sellin sind es 18 km. Von Sellin zurück nach Ramitz zur Trabivermietung der Familie Dombrowski sind es 25 km.

Bunkerführung: In der Hauptsaison erste Führung 11 Uhr, dann jede Stunde, letzte Führung 17 Uhr, Treffpunkt: Marinesignalplatz, Erw. 5 €.

KulturKunststatt Prora: Objektstr. 3, TH2, Prora, Erw. 6,50 €, Kinder 3,50 €, Mai–Sept. tgl. 9–19 Uhr, www.kultur kunststatt.de/nva.html.

Prora-Zentrum: Mukraner Str.12, OT Prora, Block 5, Tel. 0162 735 03 07, www.prora-zentrum.de, April tgl. 10–17, Mai–Sept. tgl. 10–18, Okt. tgl. 10–17 Uhr, Nov.–März nach Vereinbarung, freier Eintritt, Mai–Sept. Führungen Di, Do 10 Uhr, 5 €.

Cliff Hotel Rügen: Cliff am Meer 1, Sellin, www.cliff-hotel.de (s. S. 189).

Einkaufen

Souvenirs – **Rügenhof:** Dorfstr. 22, Tel. 038391 41 90 www.ruegenhof.de, in der Saison tgl. 10–18 Uhr. Schmuck, Keramik und Fischbrötchen werden verkauft; ein Flohmarkt sowie eine kleine historische Druckwerkstatt befinden sich auf dem Gelände des alten Gutshofes. Souvenirjäger finden hier ein breites Angebot. Auch 16 FeWo gehören zum Hof, auf dem eigentlich immer etwas los ist.

Kap Arkona! ▶ E 2

Eines der großen Touristenziele ist die nördliche Spitze von Rügen. Die zwei Leuchttürme gehören zusammen mit dem Peilturm, dem Fischerdörfchen Vitt und der Wallanlage zum Flächendenkmal. Vom großen Parkplatz in Putgarten sind es ca. 2 km Fußweg bis zum Kap wer nicht laufen möchte, kann auch die Kap Arkona-Bahn benutzen und sich für 3,50 € hin- und zurückfahren lassen. Die äußerste und nördlichste Spitze der Insel ist jedoch nicht wirklich das Kap Arkona, sondern **Gellort.** Es liegt ein paar Meter weiter westlich und ist über einen Weg entlang der Steilküste zu erreichen.

Dort in der Nähe befindet sich auch der im Wasser liegende riesige Granitfindling Söbenschniedesteen, auf dem der Sage nach sieben Schneider Platz bei der Arbeit hätten. Über die 42 m lange Königstreppe geht es hinunter zum Kiesstrand, der sich bestens für einen kleinen Spaziergang eignet.

Burgwall der einstigen Jaromarsburg
Wegen Abrutschungen gesperrt
Slawische Ranen siedelten bereits seit dem 6. Jh. auf Rügen. Sie errichteten zu Ehren ihres viergesichtigen Gottes Svantevit im 6. bis 8. Jh. die Jaromarsburg. Die Burg wurde durch die Steilküste von drei Seiten geschützt. Zwei hintereinander liegende Wälle sicherten den riesigen Bau von der Landseite her. 1168 besiegte der dänische König Waldemar I. die Slawen und zerstörte diese Tempelburg und ihre Kultstätten. Hier wurde das überdimensionale hölzerne Standbild des Obergottes Svantevit mit seinen vier Köpfen und vier Hälsen verbrannt und die Slawen christianisiert. Damit hatte die slawische Epoche auf Rügen ein Ende und die Heidenbekehrung mit der Errichtung von Klöstern und Kirchen nahm ihren Lauf.

Schinkelturm
Juni–Sept. 10–18, Juli/Aug. 10–19, Winter 11–16 Uhr, Eintritt 2 €, Familienticket 5,50 €
Der berühmte preußische Architekt Karl Friedrich Schinkel (1781–1841) entwarf den quadratischen, roten Backsteinsockel mit dem verglasten Aufsatz. Er gilt als eines der ältesten festen Leuchtfeuer an der Ostseeküste und ist geprägt von einer Formstrenge und der symmetrischen Ästhetik des Klassizismus. Bei der Errichtung des Leuchtturmes war der Baumeister aber nicht persönlich vor Ort. Die Bauleitung hatte Oberbauinspektor Michaelis. Am 1. Januar 1828 ging das Leuchtfeuer mit seinen 17 Öllampen in Betrieb. Heute dient das 21 m hohe Leuchtfeuer nicht nur als Museum, sondern ist auch Mecklenburg-Vorpommerns nördlichstes Standesamt. Im Erdgeschoss geben sich Brautpaare das Jawort.

Neuer Leuchtturm
April–Mai 11–16, Juni–Sept. 11–17, Juli/Aug. 11–18 Uhr, Eintritt 3 €

Die beiden Leuchttürme am Kap zählen zu Rügens beliebtesten Ausflugszielen

Der Neue Leuchtturm löste den Schin-
kelturm 1905 ab, misst 33 m und ist als
höchster Turm am Kap auch heute immer noch in Betrieb. Einen Leucht-
turmwärter sucht der Urlauber hier
aber vergebens, denn das Signal wird
elektronisch übermittelt und fernge-
steuert. Von der Aussichtsplattform
auf 74 m über NN hat man einen fantastischen Blick über die Ostseeküste
entlang des Tromper Wieks.

Peilturm mit Künstleratelier am Kap Arkona

April–Okt. 10–18 Uhr, Eintritt 2 €,
Familienticket 5,50 €
Etwas abseits liegt der dritte Turm des
Kaps. Er wurde im Jahre 1927 erbaut
und diente ursprünglich der Reichsma-
rine als Seefunkfeuer zur Kontrolle des
Ostseeraums. Nach der Wende wurde
der Turm umgebaut und mit einer
Glaskuppel versehen, in der sich heute
»Deutschlands schönster Arbeitsplatz«
befindet. Nils Peters arbeitet schon seit
2003 regelmäßig im Sommer in den
luftigen Höhen und fertigt direkt unter der Glaskuppel seinen sogenannten Sonnenschmuck. Besucher können
von hier oben also nicht nur die einmalige Sicht auf die ehemalige Tempelburg des Svantevit genießen, sondern auch noch beim Schmuckdesigner
hereinschauen.

Marineführungsbunker

Treffpunkt und Karten an der Nebel-
signalstation, April–Mai 11–15, Juli–
Sept. 11–16, erste Führung um 11 Uhr,
Erw. 5 €, Kinder bis 14 Jahre 2,50 €
Zu DDR-Zeiten war das Kap für Urlau-
ber tabu, denn die Bunkeranlage war
Sitz der Führungsspitze der DDR-Volks-
marine und somit ein sorgsam abge-
schirmtes und geheimes Militärobjekt.
Der erste Bunker stammt noch aus
Wehrmachtszeiten. Von 1979 bis 1986
wurden drei große Bunker und rund

zehn kleine Bunkerröhren angebaut.
Heute kann die rund 2000 m^2 große
Unterwelt im Rahmen einer Führung
besichtigt werden. Im Jahr 1990 wurde
der Bunker stillgelegt. Ausgestellt sind
in der Anlage jede Menge Orden, Flag-
gen, Warnschilder, Gasmasken, Karten
und technisches Gerät.

Aktiv & Kreativ

Abtauchen am Kap – **Taucherservice**
Hanse Stralsund: Ziegelstr. 3, Stralsund, Preise auf Anfrage, Tel. 03831 29
17 32 und 0171 5101227. Ob Wrack-
tauchen in der Nähe des Fischerdorfes
Vitt oder mehrtägige Tauchfahrten bis
nach Schweden, Peter Franzke bietet
ein feines Angebot für Unterwasser-
fans.

Infos & Termine

Tourismus Kap Arkona: Am Parkplatz,
Tel. 038391 41 90, Fax 038391 419 17,
www.kap-arkona.de.
Sanddornfest: Im September steigt ein
buntes Fest auf dem Rügenhof Kap Arkona. Kurz darauf folgt das Ernte-
dankfest, dem die Kohlwochen folgen
– ein Mix aus Markt und Budenzauber.

Fischerdorf Vitt ! ▶ E 2

Vom Peilturm führt ein etwa 1,2 km
langer Fußweg nach Vitt; auch die Kap
Arkona-Bahn steuert das Dorf vom
Parkplatz aus an. Das in der kleinen
Uferschlucht im äußersten Nordwesten von Wittow gelegene hübsche alte
Fischerdorf ist aus der Ferne nicht sichtbar. Es steht unter Denkmalschutz und
wird von daher im Sommer von Touristen regelrecht überfallen. Doch die Bewohner nehmen das gelassen hin und

leben mittlerweile mit dem Fremdenverkehr.

Bereits im 10. Jh. soll der Ort als Handelsplatz der slawischen Burganlage gedient haben. Der Name lässt sich aus dem Wort »Vitten« ableiten, das in mittelalterlicher Zeit Handels- und Anlandeplätze bezeichnete, in denen der gefangene Fisch verarbeitet wurde. Noch heute wird unten am Hafen in großen, fassförmigen Tonnenöfen der Fisch frisch geräuchert, den man unbedingt probieren sollte.

Kapelle von Vitt

Die kleine weiße achteckige Kapelle liegt nicht inmitten des Dorfes, sondern steht auf einem Plateau hoch über dem Fischerdorf. Die zwischen 1806 und 1816 erbaute Dorfkapelle hat eine besondere Entstehungsgeschichte. Der Pastor in Altenkirchen kämpfte einst mit dem Problem, dass die Fischer aus Vitt nicht zum Gottesdienst nach Altenkirchen kamen. Grund war der Hering, den natürlich keiner der Fischer im Spätsommer verpassen wollte, und der Weg nach Altenkirchen war lang. Also kam Pastor Gotthard Ludwig Kosegarten Anfang des 19. Jh. auf die Idee, Uferpredigten einzuführen. Immer wenn Heringszeit war, predigte er auf dem freien Feld und ein Ausgucker beobachtete währenddessen stets die See. Wenn sich das Wasser dunkel färbte, durfte dieser Ausgucker die Predigt des Pfarrers mit dem Ausruf »De Hiering kümmt« unterbrechen. Doch die Gottesdienste waren häufig auch wegen schlechten Wetters stark beeinträchtigt, sodass der Pfarrer 1806 den Bau einer Kirche in Auftrag gab. Sie wurde aber erst zehn Jahre später fertiggestellt.

Für die Gestaltung des Innenraums beauftragte Kosegarten keinen geringeren als den großen Maler der Frühromantik **Philipp Otto Runge**. Dieser

Verwunschenes Museumsdörfchen in bester Lage: Fischerdorf Vitt

Lieblingsort

Rügens schönster FKK-Strand
▶ C 2

Ein Geheimtipp für Badenixen und
Neptunfreunde: der Bakenberg
Strand. Im äußersten Nordwesten
von Wittow liegt dieses Badeparadies. Von Altenkirchen geht es
über Gramtitz direkt nach Bakenberg. Dort, wo die vielen einfachen Camping-Hütten im Kiefernwald stehen und noch immer diesen alten DDR-Charme versprühen,
vermutet zunächst niemand diesen
schönen Strand. Prüde Zeitgenossen seien allerdings vorgewarnt:
Nacktbaden gehört hier noch zum
guten Ton. Zudem ist der Bakenberg als FKK-Strand ausgewiesen.
Doch wenn die Sonne aus dem
Himmel knallt, die Ostsee leichte
Wellen schlägt, Kinder im Sand
Burgen bauen und die Sonnenan-
beter sich auf ihren Badetüchern
räkeln, kommt fast schon südliches
Mittelmeergefühl auf – da kann
auch die mitunter doch recht kühle
Wassertemperatur der Ostsee nie-
manden mehr erschrecken.

schuf für die kleine Kapelle das Gemälde »Petrus auf dem Meer«, doch das Original erreichte nie seinen Platz auf Rügen, denn bereits 1810 starb Runge in Hamburg und das Werk des Meisters blieb in der Hansestadt. Die Kapelle bekam lediglich eine schlechte Kopie des Meisterstücks. Über der Eingangstür befindet sich das Fresko des Italieners **Gabriele Mucchi** (1899–2002), Mitbegründer des Nuovo Realismo, das 1991 vollendet wurde.

Essen & Trinken

Urig – **Zum Goldenen Anker:** Vitt Nr. 2, Tel. 038391 121 34, www.gasthof-vitt.de, tgl. 11–19 Uhr, Küche bis 20 Uhr, Nov., Jan. geschl., Hauptgerichte ab 7,50 €. Im Sommer sind die Plätze vor der Tür meist belegt. Nachmittags ist Cafébetrieb, ansonsten gibt es selbstverständlich fangfrischen Fisch wie Hering, Hornfisch, Matjes oder Scholle und die besten Bratkartoffeln in der Umgebung. Netter Service.

Wiek ► C/D 3

Wiek liegt etwa 30 km nordwestlich von Bergen auf der Halbinsel Wittow. Die Gemeinde ist über die Nehrung der Schaabe zu erreichen oder über die Wittower Fähre.

Erstmals wird der Ort im Jahre 1165 als Handelsort mit Burgwall urkundlich erwähnt. Der staatlich anerkannte Erholungsort Wiek trägt noch heute in seinem Wappen nicht nur ein Wikingerboot, sondern auch einen Bienenstock, denn schon im 14. Jh. war er als Ort der Honigsammler bekannt. Ob der heutige Name von Wiek, der flachen Bucht, oder sich aus dem slawischen Vik, das Handelsplatz bedeutet, herleitet, bleibt umstritten.

1819 war Wiek immerhin das größte Dorf auf Rügen und der Hafen noch weit bis ins 19. Jh. ein belebter Handelsplatz. Im heute neuen, umgebauten Sportboot-Hafen erinnert nichts mehr an diese Zeit. Die alte Kreideverladebrücke, die dort noch als Ruine steht, wurde nie benutzt. Vor dem Ersten Weltkrieg versuchten die Bürger Wiek als Verladestation für die Rügener Kreide auszubauen, doch den Transport übernahm dann die bis in die späten 1960er-Jahre bestehende Kleinspurbahn Altenkirchen–Bergen. Heute werden im Hafen noch Boote gebaut, die Wieker Boote-Werft ist auf Polyesterboote spezialisiert. Eine kleine Fähre verbindet in der Hochsaison einmal täglich Wiek mit der vorgelagerten Insel Hiddensee.

St. Georgskirche
Mo–Fr 10–12, 13.30–17 Uhr
Im 15. Jh. wurde dieser Backsteinbau in mehreren Phasen erbaut. Der freistehende Glockenturm geht auf die Zeit um 1600 zurück. Beeindruckend ist der dekorative Westgiebel. Auch die reiche Ausstattung wie der barocke Altaraufsatz ist sehenswert. Im Inneren steht ein seltenes spätmittelalterliches Reiterstandbild eines aufrecht im Sattel sitzenden St. Georg von Anfang des 15. Jh. Das Standbild wurde zur Kirchenweihe von der Herzogin von Pommern geschenkt.

Kinderkurheim Wiek
Am Südende des Ortes direkt an der Hauptstraße liegt die »weiße Kinderstadt«. 1920 wurden die lang gestreckten, weiß gestrichenen Holzbauten nach Plänen des Architekten Waldo Wenzel eröffnet. Damals reisten die Kinder mit einem Sonderzug von Sachsen nach Stralsund. Von dort ging es auf einem Dampfer weiter, der sie zum eigenen Anleger des damaligen Kin-

derkurheimes brachte. Heute kuren immer noch Mütter und Kinder in der AOK-Klinik Rügen, die deshalb für Nichtgäste nur von außen und von der Hofeinfahrt zu besichtigen ist.

Übernachten

Herrschaftlich – **Landhotel Herrenhaus Bohlendorf:** Bohlendorf bei Wiek (ca. 2 km südl.), Tel. 038391 770, www.boh lendorf.de, DZ ab 79 €, App. ab 89 €. Ein kleiner Feldweg führt zu dem wunderschön gelegenen Herrenhaus mit seinen komfortablen Zimmern. Auch eine Sauna sowie verschiedene Wellness-Anwendungen bietet das Landhotel. Herrlich am Morgen ist die Frühstücksrunde im Wintergarten oder auf der Terrasse mit Blick in die schöne Parkanlage. Einmalig ruhig und schön.
Wasserblick – **Wiek Hafen:** Am Hafen 4–6, Tel. Tel. 038391 770 (Vermietung durch Landhotel Bohlendorf), www.fe rienwohnungen-ruegen-wiek.de, Wohnung ab 45 €. Bestens geeignet für alle Wassersportfans, da die fünf FeWo direkt am Wieker Yachthafen liegen. Die modern eingerichteten Appartements bieten jeweils nicht nur viel Platz, sondern auch einen schönen Balkon mit Sicht auf den Hafen.

Essen & Trinken

Gutbürgerlich – **Bismarck-Stuben:** Am Markt 4, Tel. 038391 707 90, www.bis marck-stuben.de, Di–So 12–14 und ab 17.30 Uhr, Hauptgerichte ab 8,30 €. Im Zentrum Wieks bietet Familie Bruns gutbürgerliche Küche mit regionalem Einschlag zu günstigen Preisen. Frischer Fisch aus der Region gehört genauso zum Programm wie die Wieker Bohnensuppe: ein Dessert mit eingelegten Rosinen in Brandwein und Vanilleeis.

Aktiv & Kreativ

Hechtfang – **Angelwunder:** Rex Schober, An der Försterei 6, direkt im Yachthafen, Tel. 0170 24 55 105, www.an gelwunder.de, Preise auf Anfrage. Den Küstenangelschein gibt es hier. Mit den Booten Estrella und Estrella II geht es vom Hafen Wiek in die Angelgründe der nördlichen Rügenschen Bodden oder in die Ostsee um das Kap Arkona. Wer mit den Guides Gary und Rex Schober in See sticht, kann auch schon mal einen 1,31 m langen Ostsee-Hecht an den Haken bekommen – so geschehen am 7. Juli 2010.

Infos

Tourismusinformation Wiek: Am Markt 5, 18556 Wiek, Tel. 038391 768 70, www.wiek-ruegen.de, Hauptsaison Mo–Fr 8–17, Sa 8–12 Uhr.

Dranske ▶ C 3

Der staatlich anerkannte Erholungsort Dranske liegt einsam zwischen dem Wieker Bodden und der Ostseeküste, im hohen Nordwesten der Halbinsel Wittow. Dranske ist nicht unbedingt das, was man gemeinhin einen touristischen Anziehungspunkt nennen könnte. Über 80 Jahre lang diente der Ort vor allem der Nationalen Volksarmee als Marinestützpunkt. Doch schon zu Kaisers Zeiten und auch unter dem Nationalsozialismus wurde dieses Gebiet militärisch genutzt. 1991 rückte das Militär schließlich ab und Dranske fiel in eine Art Depression. Die Arbeitslosenzahlen stiegen, etliche Gebäude standen leer und Ideen und Träume für eine Neunutzung des ehemaligen Militärgeländes gab es viele. Ein gigantisches Ferienres- ▷ S. 261

Auf Entdeckungstour

Mit dem Zeesboot zwischen Rügen und Hiddensee

Alle Mann an Bord und herzlich Willkommen auf der Sophia Theresa! Eine wunderschöne Bootstour durch die Boddengewässer von Rügen.

Reisekarte: ▶ B 4

Dauer: im Sommer Tagestour 11–17, Abendtour ca. 18–22 Uhr. Route je nach Wetterlage von Mai–Okt.

Planung: Ausgangspunkt ist Vitte auf Hiddensee oder bei der Wittower Fähre am Fährhafen auf Rügen. Es können auch andere Anlegestellen vereinbart werden. Enthalten sind alkoholfreie Getränke und ein herzhaftes Essen. Sonnenuntergangstour ab 25 € p. P., Tagestour ab 35 € p. P. Tel. 0162 131 24 54, www.hiddensee-segeln.de.

Schritt für Schritt geht es über die hölzernen Planken auf das Zeesboot Sophia Theresa. Dieses wippt auf den sanften Seetangwellen leise auf und ab. Allein das An-Bord-Gehen ist schon ein richtiges kleines Abenteuer. Kapitän Eckard Friese, ein waschechter Rüganer, reicht jedem der zwölf Zeesboot-Gäste die stützende Hand für den letzten Sprung an das 12 m lange Deck aus Eichenholz.

»Ein herzliches Willkommen an Bord der Sophia Theresa!«, begrüßt der Seebär freundlich seine Gäste und zückt sogleich seine Seekarte. Alle seine neuen Crew-Mitglieder versammeln sich um ihn herum.

Alle Mann an Bord!

»Je nachdem wie stark der Wind bleibt und seine Richtung beibehält, könnten wir vielleicht erstmal in Richtung Halbinsel Bug im Wieker Bodden und danach später noch in Richtung Großer Jasmunder Bodden segeln«, erklärt er. Zunächst aber informiert Friese noch über die wichtigsten Dinge an Bord, etwa wo sich die Schwimmwesten befinden: für den schnellen Zugriff direkt unter den Sitzbänken.

Für die Verpflegung sorgt Bootsfrau Franziska, kurz Sissi genannt. Die lebenslustige Bayerin unterstützt ihren Lebensgefährten tatkräftig. In der kleinen Kombüse hat alles seinen Platz. Olivenöl, Gewürzdöschen, Getränke und sogar ein kleiner Gaskocher sind dort zu finden. Das Geschirr ist genau austariert. Keine plötzliche Welle kann das spärliche Interieur durcheinanderwirbeln.

Schon seit 2002 ist Kapitän Friese mit Urlaubern auf der Sophia Theresa unterwegs. Nach alten Plänen wurde seine Zeese rekonstruiert, aber was genau ist eigentlich ein Zeesboot – oder auf Hochdeutsch ein Zeesenboot?

Wind, Grundschleppnetz und Zweimann-Besatzung

»Zeesen, das waren ursprünglich die sackförmigen Fangnetze, die früher seitlich am Schiffsrumpf angebracht waren. Durch die besondere Beschaffenheit und den geringen Tiefgang der Fischerboote war es möglich, in den zumeist sehr flachen, von der Ostsee abgetrennten Küstengewässern einen guten Fang zu machen«, erklärt der Kapitän fachkundig. Das Fangnetz wurde dafür durch zwei Treibleinen offen gehalten. Aufgrund seiner speziellen Konstruktion kann das Zeesboot quer vor dem Wind driften, während ein Grundschleppnetz auf der Luvseite (die dem Wind zugekehrte Seite) gezogen wird.

Die Sophia Theresa wurde allerdings nie zum Fischen genutzt, auch besitzt sie einen Motor, den diese jahrhundertealten Boote ursprünglich gar nicht hatten. Die älteste Überlieferung des Wortes »Seyse«, das für ein Fangnetz steht, stammt aus dem Jahr 1315. Doch vor dem Zeesboot gab es zunächst den etwa 22 m langen Zeesbootkahn. Aus ihm entwickelte sich um 1800 dann das Zeesboot. Dieser neue Typ war nur halb so groß, wendiger und viel effektiver als sein Vorgänger. Zudem konnte das Zeesboot statt mit fünf Männern mit einer Zweimann-Besatzung gesegelt werden. Meist fischten Großvater und Enkel, Vater und Sohn oder zwei Brüder gemeinsam. Bis in die 1950er-Jahre wurde in der Küsten- und Boddenfischerei vom Oderhaff bis zu den dänischen Inseln noch mit Zeesbooten gefischt. Das Zeesboot ist perfekt für das flache Bodden- und Sundgewässer rund um Mecklenburg und Vorpommern.

Kapitän Friese navigiert derweil die Sophia Theresa durch schmale Fahrrin-

nen. Friese, dessen Haut von Wind und Sonne gegerbt ist, gibt nun das Kommando zum Setzen der fünf Segel per Hand. Eine moderne Ausrüstung meiden Zeesener. Einzig der Motor ist ein Zugeständnis, um auch bei anhaltender Flaute den Hafen anlaufen zu können.

Und woher stammt eigentlich die typische braune Segelfarbe? »Früher imprägnierten die Fischer ihre Segel gegen Wasser, Wind und Sonne mit einer eigenen Hausrezeptur. Dafür wurde das Leinensegel in eine Mischung aus Öl, Holzteer und Schweinefett getaucht, so entstand diese typische braune Farbe«, erklärt Eckard Friese fachkundig.

Landgang auf Neuland

Die erste Anlegestelle gerät in Sichtweite: der alte Teerhafen auf der Halbinsel Bug. Der Bug war viele Jahrzehnte militärisches Sperrgebiet und liegt im westlichen Teil der Halbinsel Wittow. Schon zu Kaisers Zeiten war hier das Militär stationiert, später nutzte Hitlers Wehrmacht das Gebiet als Fliegerhorst, danach kam die NVA mit ihrem Schnellbootstützpunkt. Nach der Wende 1991 wurde der Militärstützpunkt aufgelöst. Die Natur blieb jedoch durch das Sperrgebiet fast unberührt und die Landzunge wurde zum Nationalpark Vorpommersche Boddenlandschaft erklärt. Der lange, schmale Landstreifen misst etwa 8 km. Beim Landgang geht es durch hohes Gras, vorbei an großen Brombeerhecken und in einen kleinen Wald. Eine Blindschleiche kreuzt den Weg. Am Strand der Ostsee hinter den Dünen ist der Dornbusch von Hiddensee zu sehen. Am Strand sollen angeblich Berge von Bernsteinen, Hühnergöttern und Donnerkeilen zu finden sein, doch die Suche bleibt vergebens.

Nach einer guten Stunde geht es wieder zurück an Bord. Hier ruft Bootsfrau Sissi zum Kombüsendienst. Auf die blau-weißen Teller, die stilecht von einem Rüganer Töpfer aus Rambin stammen, werden anschließend dicke Pellkartoffeln verteilt. Angeblich kommen einige Mitfahrer nur wegen dieser Köstlichkeiten immer wieder.

Zeesbootfischerei – ein nostalgisches Gewerbe

Das leise Rauschen des Windes und das Untertauchen eines Eimers im Meer unterbrechen die Ruhe. Mit ihm wird das Wasser für den gemeinsamen Abwasch geschöpft. Der Segeltörn geht zu Ende, vor dem kleinen Hafen von Wittow ist die Sophia Theresa das einzige Zeesboot, das hier heute anlegt.

Nach dem Krieg kam es ab den fünfziger Jahren bis Ende der sechziger Jahre zu einer Renaissance der Zeesenfischerei, die jedoch nicht lange währen sollte: Schon Ende der siebziger Jahre starb das Gewerbe des Zeesbootfischens aus, da die Fischereiproduktionsgenossenschaften der DDR die Großreusen staatlich subventionierten. Bis in die 1980er-Jahre waren die kleinen Boote mit ihren braunen Segeln nur noch ab und an auf den Sund- und Boddengewässern in Aktion zu erleben. Nach der Wende wurde die Schleppnetzfischerei innerhalb der 3-Seemeilen-Zone verboten – das Aus für die traditionelle Zeesenfischerei bedeutete. Eine jahrhundertealte Tradition drohte dadurch in Vergessenheit zu geraten.

Heute gibt es nur noch einige wenige Fischer, die das Handwerk der Zeesbootfischerei überhaupt von der Pieke auf gelernt haben und es auch noch beherrschen. Diese Fischer dürfen nur noch mit Sondergenehmigung zum Schaufischen hinausfahren.

sort wäre doch eine Alternative? Doch keiner der Träume ging in Erfüllung.

Heute mausert sich Dranske wieder allmählich zu einem lebendigen und sehenswerten Örtchen. Nur die Reste der Plattenbauten am Ortseingang erinnern noch an die NVA-Zeit, auch wenn sie mittlerweile renoviert wurden und einen fröhlicheren, bunten Anstrich erhielten. Ein paar Häuser stehen immer noch leer, und Spekulanten aus dem Westen versprachen viel, hielten jedoch wenig.

Dranske ist vor allem das Tor zu einem Naturidyll, das aber nur im Rahmen einer organisierten Exkursion betreten werden darf (s. Tipp). Die Landzunge **Bug**, die jahrelang militärisches Sperrgebiet war, ist heute ein geschützter **Nationalpark**.

Auch der Deutsche Windsurf Cup (DWC) macht Station in Dranske. Ein Tipp für Zweiradfans ist der schöne **Ostseeküsten-Radwanderweg**, der von Dranske bis zum Kap Arkona führt.

Marinehistorisches und Heimatmuseum

Schulstraße 19, Tel. 038391 890 07, www.bug-wittow.de, Mai–Okt. Mo–Sa 14–17 Uhr, Nov.–April geschl., Erw. 2 €

Zahlreiche Dokumente, Fotos und Karten hat der Heimatverein gesammelt. Neben Militärgeschichte gibt es auch Ausstellungsräume zu den Themen Fischerei, Landwirtschaft und Fossilien.

Übernachten

Modern – **Strandhotel Dranske:** Hafenstraße 4, Tel. 038391 434 80, www.strandhotel-dranske.de, DZ ab 86 €. 58 schöne Zimmer, ein Wellnessbereich mit Sauna und ein hoteleigener Strand am Wieker-Bodden gehören zu dem 2011 eröffneten Vier-Sterne-Hotel. Das Restaurant des Hauses bietet auf einer Sonnenterrasse Regionales wie Wittower Salzwiesen Lammkoteletts.

Aktiv & Kreativ

Wassersport – **UST Surf & Rad:** Am Ufer 14, Tel. 038391 898 98, Kanu 1 Std. 10 €, Windsurfen ab 89 €, Mehrbettzimmer ab 13,20 €, www.ustruegen.de. Surf-, Kite-, Kanu-Kurse, Wassersport-Shop und Surfbistro. Günstige, einfache Unterkunft im hauseigenen No-Hotel.

Infos

Fremdenverkehrsamt Dranske: Karl-Liebknechtstr. 41, Tel. 038391 890 07, Juni–Sept. Mo–Fr 9–12, 13–17 Uhr, www.gemeinde-dranske.de.

Verkehr

Hiddensee-Fähre: Juni–Sept. Di–Fr, So. Abfahrt Dranske-Hafen, Fahrkarten an Bord oder im Fremdenverkehrsamt Dranske (Hin- und Rückfahrt 15 €). Abfahrtszeiten erfragen bei Reederei Hiddensee, Tel. 0381 268 10, www.reederei-hiddensee.de.

Unser Tipp

Geführte Wanderungen

Durch den Nationalpark Vorpommersche Boddenlandschaft, Region Südbug, werden regelmäßig geführte Wanderungen angeboten. Anmeldungen erfolgen über das Fremdenverkehrsamt Dranske oder direkt über die Nationalparkverwaltung, jeweils unter Tel. 038391 890 07 oder 87 30.

Hiddensee

Auf Entdeckungstour

Mit Ringelnatz über das ›söte Länneken‹: Mit Ute Fritsch von Kloster nach Vitte mit Sand-, Strand-, Meeresgedichten und einem Schnaps im Gepäck geht es den Spuren von Dichter Joachim Ringelnatz nach. Der Dichter und Kabarettist war öfter bei der Schauspielerin Asta Nielsen zu Gast, die 1927 auf Hiddensee ein Feriendomizil erwarb. Mehr als ein poetischer Strandspaziergang! S. 270

Der Dornbusch

Kloster

Gerhart Hauptmann Haus

Vitte

Seebühne

Mit Ringelnatz über
das ›söte Länneken‹

Kultur & Sehenswertes

Inselkirche Kloster: Ein Kleinod der Stille und letztes erhaltenes Bauwerk aus der Zeit der Zisterzienser. S. 265

Gerhart Hauptmann Haus: Alles ist so erhalten, wie der Schriftsteller und Nobelpreisträger sein Haus 1943 in Kloster verlassen hatte. S. 267

Aktiv & Kreativ

Bernstein suchen: Auf Hiddensee gibt es noch professionelle Bersteinfischer. Die beste Stelle ist gleich hinter dem Heimatmuseum in Kloster. S. 268, 272

Pferdestärken: Lustig und abwechslungsreich nicht nur für die Kleinen ist eine Pferdekutschfahrt über die Insel. S. 275

Spaziergang auf Hiddensee: Marion Magas führt mit Geschichten aus der DDR über ›dat söte Länneken‹. S. 276

Genießen & Atmosphäre

Zum kleinen Inselblick: Wohnzimmerlokal in Kloster mit ausgezeichneter Küche. S. 268

Dornbusch: 28 m ist er hoch und wurde bereits 1888 in Dienst genommen. Mehr als 15 Personen dürfen nicht gleichzeitig auf das weiße Leuchtfeuer auf dem Hügel Schluckswiek. S. 274

Abends & Nachts

Seebühne Hiddensee: Das maritime Kammertheater in Vitte ist ein Muss für Hiddensee-Urlauber – Deutschlands charmanteste Inselbühne. S. 279

Autofreies Inselidyll

»Der Porschefaktor ist auf Hiddensee gleich null«, sagte schon Stardesigner Wolfgang Joop, der das autofreie Eiland für sich entdeckte. Auf Wiesen grasen Pferde, Heidelandschaften, Sanddorn und Dünen wechseln einander ab. Gebadet wird gern hüllenlos, Urlauber bewegen sich vorzugsweise zu Fuß, mit der Pferdekutsche oder mit dem Fahrrad auf der kleinen Insel, die aus der Luft in ihrer Form an ein Seepferdchen erinnert. Das westlich von Rügen gelegene Kleinod misst von Nord nach Süd rund 16,8 km und an der schmalsten Stelle gerade mal 300 m. Das Seebad ist einer der sonnenreichsten Orte in Deutschland, und eines, das ohne große Hotelkomplexe und Campingplätze auskommt. Spontanausflügler sollten daher beachten, dass das Kontingent an Unterkünften begrenzt ist. Vor allem in der Hochsaison ist es aussichtslos, ungebucht ein Quartier zu finden.

Die vier Ortschaften ziehen sich von Norden nach Süden: Grieben, Kloster, Vitte und Neuendorf, wobei Vitte der größte Ort und auch der Verwaltungssitz der Insel ist. Im Norden erstreckt sich das 75 m hohe Hügelland mit Klippen, Kiefern- und Mischwald. Der südliche Teil dagegen ist eher vom flachen Schwemmland mit Salzwiesen, Heide und Dünen und seinen langen Sandstränden geprägt. Dazwischen wachsen Ginster, Wiesenblumen und Sanddorndickichte. Teile des Nordens (Neubessin) und die Südspitze (Gellen) gehören zur Kernzone des Nationalparks Vorpommersche Boddenlandschaft und dürfen daher nicht betreten werden. Im Frühjahr und Herbst machen hier Tausende von Zugvögel Halt.

Anfang des 20. Jh. kamen vor allem Dichter, Musiker und Literaten nach Hiddensee. Die Gästeliste von einst liest sich wie das Who's who der Elite des damaligen Geistes- und Kulturlebens: Bert Brecht, Max Reinhardt, Asta Nielsen, Thomas Mann, Billy Wilder, Albert Einstein, Erich Heckel, Joachim Ringelnatz und natürlich Gerhart Hauptmann, dessen Wohnhaus heute zu den Höhepunkten der Ortschaft Kloster zählt.

Die meisten Besucher der Insel sind Tagesgäste, doch wer die Ruhe und die Abgeschiedenheit der Insel erleben möchte, sollte über Nacht bleiben. Wenn die letzte Fähre den Hafen verlässt, wird es vor allem in der Nebensaison still und »dat söte Länneken«, das süße Ländchen, wie die Einheimischen die Insel liebevoll nennen, zeigt seine wahre Größe und das ganz ohne Porsche – nur mit ganz viel Wolken, Wasser und Wind.

Kloster ▶ B 4

Der Ort mit ganzen 350 Einwohnern liegt unterhalb der Hügellandschaft des Dornbusches. In der Hauptsaison ist auf den sandigen Wegen von Kloster jedoch einiges los. Die Attraktionen des Dorfes reihen sich wie Perlen an einer Kette an der lang gezogenen, ungeteerten Wegachse aneinander. Die hübsche Kirche mit ihrem Friedhof, Souvenirgeschäfte, Restaurants, Cafés, ein Friseur mit dem sprechenden Namen ›Die Bö‹ und am Ende schließlich das Gerhart-Hauptmann-Haus sowie das sehenswerte Heimatmuseum.

Die Entstehung des Ortes geht auf die Zisterzienser zurück, deren Orden die Insel vom 13. bis ins 16. Jh. beherrschte. Bauten aus dieser Zeit sind jedoch nicht erhalten. Noch zu Beginn

Infobox

Infos

Insel Information Hiddensee: Norderende 162, 18565 Vitte, Tel. 038300 64 20, www.seebad-hiddensee.de, Mai–Sept. Mo–Fr 9–17, Sa 10–12, April, Okt. Mo–Fr 9–16, Nov.–März Mo–Fr 9–15 Uhr.

Anreise

Die Fähren von Stralsund verkehren April–Sept. 4 x tgl. nach Hiddensee. Von April–Okt. sowie zwischen Weihnachten und Neujahr werden von Stralsund aus alle drei Inselhäfen angelaufen. Die Fahrt von Stralsund nach Neuendorf dauert 90 Min. und nach Kloster 2,5 Std., von Schaprode nach Kloster 45–90 Min. je nach Zwischenstopps in Neuendorf und Vitte. Nicht alle drei Orte werden immer mit der Fähre angelaufen, der Urlauber muss zuweilen auf Hiddensee zum nächsten Hafen laufen. Wie im öffentlichen Nahverkehr ändern sich die Fahrpläne im Jahreszeitentakt. Im Winter fährt die Fähre nur ab Schaprode und ein Bus fährt die Bahnreisenden ab Stralsund dann zum Fähranleger auf Rügen. Zudem kann es durch Eisgang oder andere Witterungseinflüsse zu Einschränkungen im Fährverkehr kommen. Bei entsprechenden Wetterlagen ist es darum empfehlenswert, sich vorab bei der Reederei Hiddensee zu informieren.

Reederei Hiddensee: Büro Stralsund, Fährstr. 16, 18439 Stralsund, Tel. 03831 268 10, www.weisse-flotte.de. Büro Hiddensee, Achtern Diek 4, 18565 Vitte, Tel. 038300 210, www.reederei-hiddensee.de.

Preise für die Fährverbindungen: Stralsund–Neuendorf, jeweils Hin- und Rückfahrt: Erw. 18,10 € Kinder 4–14 Jahre 8,90 €, Familienkarte 49,10 €, Rad 8 €, Hund 8,90 €. Schaprode–Neuendorf Erw. 14,50 €, Kinder 4–14 Jahre 8,60 €, Familienkarte 41,50 €, Rad 6,90 €, Hund 8,60 €.

Das **Wassertaxi** ist die schnellere, aber nicht die günstigste Verbindung zur Insel. Die drei Schiffe des Hiddenseer Taxirings fahren ganzjährig und können rund um die Uhr angefordert werden. Nachtfahrten oder Fahrten von Stralsund kosten einen deutlichen Aufschlag. In der Regel warten die Taxis, bis sie mindestens 7 Personen zusammen haben und fahren dann auch ohne Vorbestellung. Einzelpersonenpreis für eine einfache Fahrt kostet ab 9,80 €, Kinder 6,60 €, Rad 6 €, Hund 6,60 €.

Pirat: Tel. 0171 745 77 13
Störtebeker: Tel. 0171 745 77 10
Anna Maria: Tel. 0171 642 80 21

Für **Ausflugsfahrten** nach Hiddensee steuern im Sommer Ausflugsschiffe von Wiek, Breege oder Ralswiek die Insel Hiddensee an. Infos für Wiek unter www.reederei-hiddensee.de und unter Personenschifffahrt Kipp, Dorfstr. 101, 18556 Breege, Tel. 038391 123 06, www.reederei-kipp.de.

des 20. Jh. bestand Kloster nur aus wenigen Häusern. Heute erstrecken sich die Häuser unter großen Bäumen hoch bis zur angrenzenden Hügellandschaft mit dem Dornbusch.

Kirche und Friedhof

Kirchweg 42, Tel. 038300 328, www.kirche-hiddensee.de, Mai–Okt. 10–17 Uhr, im Sommer Konzerte, Lesungen und Ausstellungen

Unweit vom Hafen, direkt an der Hauptstraße von Kloster liegt linkerhand die kleine spätgotische Inselkirche, die bereits 1332 als Pfarrkirche für die Fischer und Bauern geweiht wurde. Außen schlicht weiß getüncht offenbart der Innenraum einen blauen Himmel voller Blüten. Ein Taufengel hängt vor dem Altar von der Decke, der früher bei Taufen herabgelassen wurde, um aus einer Art Füllhorn das Taufwasser zu spenden. Die außergewöhnliche Rosenbemalung an der Decke stammt von dem Berliner Kunstmaler Nikolaus Niemeier, der sie 1922 ausführte.

Wer die Kirche besucht, sollte unbedingt auch einen kleinen Rundgang über den Friedhof unternehmen, der die Kirche umgibt. Die Grabstätte von Gerhart Hauptmann ist hier genauso zu finden wie die letzte Ruhestätte der innovativen Tanzpädagogin Gret Palucca (1902–1993).

Gerhart-Hauptmann-Haus

Kirchweg 13, Tel. 038300 397, www.gerhart-hauptmann.de, Mai– Okt. tgl. 10–17, Nov., März Di–Sa 11–14, April Mo–Sa 11–16 Uhr, Eintritt 3 €, Führungen nach Voranmeldung. Auch Konzerte und Kammerkonzerte, Karten je nach Veranstaltung ca. 13 €
Wer durch das schöne Haus schreitet, bekommt den Eindruck, als würde der berühmte Hausherr gleich noch einmal vorbeischauen. 1885 besuchte Gerhart Hauptmann zum ersten Mal die Insel und verliebte sich sofort in das Eiland. Von 1926 bis 1943 lebte und arbeitete er im Haus Seedorn. Alle Räumlichkeiten, von der Bibliothek bis zum Weinkeller, sind noch fast so, wie der Dichter sie mitten im Zweiten Weltkrieg verlassen hat. Schreibtisch, Stehpult, Tisch, Bücher und Alltagsgegenstände vermitteln einen lebendigen Eindruck des Lebensstils des großen Literaten auf Hiddensee. Auch die kleinen Notizen, die Hauptmann in schlaflosen Nächten über seinem Bett an die Wand kritzelte, sind erhalten. Beeindruckend ist auch das geräumige Arbeitszimmer, in dem er seine zahlreichen Stücke schrieb. Mit dem Gedicht »Die Insel«, das er bei seinem letzten Aufenthalt im Jahr 1943 verfasste, setzte er Hiddensee ein literarisches Denkmal. 1946 fand er auf dem Inselfriedhof seine letzte Ruhestätte.

2012 wird der neue und moderne Eingangspavillon mit Kasse, einem Shop und einem Ausstellungsraum eröffnet. Der Eingangsbereich wird dann schräg gegenüber vom Restaurant Wieseneck sein. Der Neubau war notwendig geworden, da das alte Empfangshäuschen marode und außerdem für den großen Touristenansturm einfach zu klein war.

Lietzenburg

Zum Hochland, www.lietzenburg.de, zurzeit nicht öffentlich zugänglich
Auf einer Anhöhe am Nordrand der Ortschaft Kloster fällt dem Besucher eine burgartige Villa auf, die Lietzenburg. Der Berliner Maler Oskar Kruse (1847–1919) ließ hier 1904 das Sommerdomizil seiner Familie erbauen. Seine Schwägerin, die berühmte Puppenmacherin Käthe Kruse, kam mit ihrem Mann ab 1910 öfter zu Besuch. Der Name des Hauses ist leicht erklärt: Familie Kruse wohnte in Berlin in der Lietzenburger Straße und da das niederdeutsche Wort »Lietze« die Ente bezeichnet, lag diese Namensgebung für das Haus auf Hiddensee nahe. Die Lietzenburg wurde schnell zu einem

Der einstige Sommersitz von Literaturnobelpreisträger Gerhart Hauptmann ist heute ein Museum und die Top-Sehenswürdigkeit auf Hiddensee

Treffpunkt von Künstlern und Wissenschaftlern, die alle die Gastfreundschaft der Kruses zu schätzen wussten.

Heimatmuseum

Kirchweg 1, Tel. 038300 363, April–Okt. tgl. 10–16 Uhr, Erw. 3,50 €, Kinder 2 €, Familienkarte 9 €
Die letzten Arbeiten der Grundsanierung am Haus fanden 2009 ihren Abschluss. In der ehemaligen Seenotrettungsstation erfährt der Besucher auf zwei Etagen allerhand kulturhistorisch Wissenswertes über die Insel: Vom Donnerkeil bis zu einer Kopie des Hiddenseer Goldschatzes reicht die Ausstellung. Auch über das Alltagsleben ab 1800 wird informiert. Sämtliche Exponate des Museums wurden durch Hiddenseer Familien zusammengetragen. Ein äußerst sehenswertes Haus!

Übernachten

Schmucke Hafenresidenz – **Hotel Hitthim:** Hafenweg 8, Tel. 038300 66 60, www.hitthim.de, DZ 90 € inkl. Frühstück und 3-Gang-Abendmenü, App. 75 €. Historisches Fachwerkhaus auf dem Grundstück des alten Zisterzienserklosters direkt am Hafen. Stilvolle und liebevoll eingerichtete Zimmer und Ferienwohnungen mit hervorragender Küche.
Traditionsreich – **Pension Wieseneck:** Kirchweg 18, Tel. 038300 316, www.wieseneck-hiddensee.de, DZ ab 68 €. Unweit des Gerhart-Hauptmann-Hauses liegt die familiäre Herberge mit 17 Zimmern. Beliebter Platz vieler Gäste ist die Terrasse mit Boddenblick.
Klein, aber fein – **Rabennest:** Mühlberg 16, Tel. 038300 603 35, www.hid densee-rabennest.de, DZ ab 40 €, FeWo 65 qm^2 für 4 Pers. 70–120 €/Tag. Idyllisch gelegen und liebevoll eingerichtetes Haus mit Garten.

Essen & Trinken

Auf Hiddensee wird wie auf Rügen gerne Fisch in allen Varianten gegessen. Ansonsten bietet die Inselküche meist deftige Gerichte. Nachmittags gehört ein Stück Sanddorntorte zum absoluten Muss. Jeder Ort auf der Insel verfügt ausreichend über Lokale, doch schränkt sich in der Nachsaison die Auswahl etwas ein, da viele dann geschlossen haben.
Wohnzimmerlokal – **Zum kleinen Inselblick:** Birkenweg 2, Tel. 038300 680 01, April–Okt. Mo, Mi–So 12–23.30 Uhr, Küche bis 21.30 Uhr, Hauptgerichte ab 8 €. Hier sollte man unbedingt das Lammfilet oder die Pastagerichte probieren, auch Dorsch oder Steinbutt sind sehr gut. Bücher, Krams und alte Schallplatten, die man dort findet, können käuflich erworben werden.
Ausflugslokal – **Zum Klausner:** Im Dornbuschwald 1, Tel. 038300 66 10, www.klausner-hiddensee.de, in der Saison tgl. 10–22 Uhr, Hauptgerichte ab 7,80 €. Pension und nettes Ausflugslokal mit vielen Fischgerichten in inseltypischen Variationen.
Künstlercafé – **Café Hedins Oe:** Hügelweg 23, Tel. 038300 273, in der Saison tgl. 12–20 Uhr, Hauptgerichte ab 8,50–14,50 €. Nachmittags gibt es selbstgebackenen Kuchen, abends frischen Fisch, außerdem eine gute Weinkarte und für die Augen jede Menge Kunst.
Spitzenimbiss – **Willis Fischbarkasse:** direkt am Hafen, Brötchen ab 3 €. Hier gibt es die Allerbesten! Man kann sie auch direkt vom Kutter neben dem Fähranleger kaufen.

Einkaufen

Stöbern erlaubt – **Inselbuchhandlung Arendt:** Kirchweg 19, Tel. 038300 465, Mitte März–Anfang Okt. sowie in den

Wunderschön: der Taufengel und die Blumendecke der kleinen Kirche von Kloster

Weihnachtsferien Mo–Sa 10–17 Uhr. »Bücher, Bilder, Buntes« verspricht das Schild über dem reetgedeckten und gut sortierten Buchladen mit der richtigen Auswahl für den Inselurlaub.

Souvenirs – **Strandkiste:** Hafenweg 10, Tel. 038300 441, Mai–Sept. tgl. 10–19 Uhr. Schöne Mitbringsel: Vom Buddelschiff über Sanddornprodukte bis zum Fischerhemd findet hier am Hafen jeder etwas Passendes. Besonders schön sind auch die Naturtextilien.

Schmuckparadies – **Schatzkiste:** Kirchweg 38, Tel. 038300 441, Mai–Sept. tgl. 10–18 Uhr. Große Auswahl an Schmuck aus Holz, Leder, Kork, Horn, Silber und natürlich Bernstein. Ute Engels verkauft nicht nur, sondern entwirft auch selbst schönen Schmuck.

Aktiv & Kreativ

Radeln – **Fahrradverleih Mirko Pehl:** Hafenweg 4, Tel. 038300 437, www.

hiddensee-pension.de. Fahrrad pro Tag ab 5 €. Tourenräder mit 7-Gang-Schaltung, Kinderfahrräder und Tandems sind hier ebenfalls zu mieten. Zudem gibt es eine inselweite kostenlose Pannenhilfe.

Abends & Nachts

Kultur pur – **Gerhart-Hauptmann-Haus:** Kirchweg 13, Tel. 038300 397, Programm: www.gerhart-hauptmann.de, *Karten je nach Veranstaltung ca. 13 €.* In der Hochsaison finden im Haus regelmäßig kulturelle Veranstaltungen wie Lesungen und Kammerkonzerte statt. Auch Uwe Tellkamp, Gewinner des Deutschen Buchpreises 2008, war schon geladen – fast wie zu Lebzeiten des wichtigsten Vertreters des naturalistischen Dramas, der hier seine Künstlerkollegen empfing und u. a. die Kruses, Otto Gebühr und Albert Einstein zu Gast hatte. ▷ S. 274

Auf Entdeckungstour

Mit Ringelnatz über das ›söte Länneken‹

Mit der Autorin und Verlegerin Ute Fritsch von Kloster nach Vitte mit Sand-, Strand- und Meeresgedichten wandert man auf den Spuren des Dichters Joachim Ringelnatz. Weit mehr als nur ein poetischer Strandspaziergang!

Reisekarte: ▶ B 4

Dauer: ca. 2–3 Std.

Planung: Gestartet wird ab Hotel Dornbusch in Kloster. Keine Anmeldung erforderlich, Termine von Juni bis Sept., Tel. 0170 412 52 77, www.kuenstlerinsel-hiddensee.de, Kosten 8 € inkl. Schnäpschen.

Unterwegs mit Gedichten, Bildern und einem Schnäpschen

Joachim Ringelnatz trank gern und viel – auch auf Hiddensee, wo er Ende der 1920er-Jahre oft Urlaub machte. Häufig wohnte er bei dem Stummfilmstar Asta Nielsen, in der er eine Seelenverwandte fand. Die dänische Schauspielerin kaufte sich 1927 ein Haus in Vitte, in das sie Ringelnatz oft zusammen mit Muschelkalk, wie der Dichter seine Frau Leonharda Pieper nannte, über den Sommer einlud.

Doch das ist bereits die Endstation dieser literarischen Tour. Weißer Weg 2–3, an der Auffahrt zum Hotel Dornbusch in Kloster, ist der Ausgangspunkt für den Strandspaziergang nach Vitte, den die engagierte Germanistin und Kleinverlegerin Ute Fritsch anbietet. Alle wichtigen Verse, Bilder und Anekdoten hat die 43-Jährige stets parat. So etwa die Geschichten um das Hotel Dornbusch, das in den 1920er- und 1930er-Jahren ein beliebter Treffpunkt von Künstlern und Intellektuellen war. Leni Riefenstahl, Sigmund Freud, George Grosz oder Billy Wilder – und natürlich Joachim Ringelnatz verkehrten hier. Im Gästebuch ist noch heute manch illustrer Eintrag zu finden.

Ein Schlückchen auf Ringelnatz!

Ringelnatz notierte über seinen Aufenthalt auf der Insel: »Ich trinke einen Korn nach dem anderen.« Ein Grund mehr auch den Strandspaziergang mit einem Schlückchen auf den Dichter zu beginnen, dafür hat Ute Fritsch extra kleine Schnapsfläschchen vorbereitet: »Auf den großen Literaten Ringelnatz!« Und los geht es in Richtung Strand und Heimatmuseum. Nach wenigen Schritten liegt in Sichtweite rechts die Terrasse des Café Wieseneck, der nächste Stopp. Hier trafen sich unter anderem schon Gerhart Hauptmann und Asta Nielsen. Wenige Meter vom Café entfernt liegt das Gerhart-Hauptmann-Haus, das heute aus dieser Entfernung nicht mehr zu sehen ist. Die Bäume und das Grün sind mittlerweile zu dicht gewachsen. Früher war die Sicht von Hauptmanns Haus frei bis zum Bodden nach Vitte, sodass der Schriftsteller nur mit einem weißen Laken winken musste, wenn er Asta Nielsen zum Kaffee am Nachmittag lud.

Weiter geht es vorbei an Wiesen, auf denen Pferde grasen, in Richtung Meer. Zwei Rehe kreuzen den Weg und für das passende Gedicht sorgt die Literaturkennerin. Sie liest flugs: »Das Reh«. Später gibt es vielleicht noch Reime zum Seepferdchen oder zur Möwe. Aber welches Tiergedicht von Ringelnatz kennt dagegen jeder?

Die Ameisen

In Hamburg lebten zwei Ameisen,
Die wollten nach Australien reisen.
Bei Altona auf der Chaussee,
Da taten ihnen die Beine weh,
Und da verzichteten sie weise
Dann auf den letzten Teil der Reise.

So rezitieren fröhlich die Mitwanderer. Doch zwischendrin und kurz vor dem Strand bekommen wir noch ein paar wichtige Daten in Kürze: Ringelnatz, eigentlich Hans Bötticher, wurde am 7. August 1883 in Wurzen in Sachsen geboren. Er starb 1934 verarmt in Berlin, an einer verschleppten Tuberkulose. Sein großer Traum war es, zur See zu fahren. Er heuerte auch als Matrose an, doch die schlechten Bedingungen auf See ließen ihn sich schließlich anderweitig orientieren. Ringelnatz versuchte sich als Kaufmann in Hamburg, scheiterte damit aber, wie bei so manchem der insgesamt an die 39 verschiedenen Berufe. Unter anderem versuchte er sich auch als Schlangendompteur oder als Tabakwarenladen-

Sand-, Strand-, Meeresgedichte von Ringelnatz: Autorin und Verlegerin Ute Fritsch führt Urlauber auf den Spuren des Dichters Joachim Ringelnatz

besitzer in München, wo er 1909 als Literat entdeckt wurde. Im Künstlerlokal »Simplicissimus« engagierte man ihn als Hausdichter, denn die Bohème, die dort verkehrte – Frank Wedekind, Klabund oder Hermann Hesse – fand Gefallen an seinen Versen.

Andichtung inklusive

»Damen und Herren werden auf Wunsch gegen Bezahlung angedichtet«. So lauteten einst die Angebote Ringelnatz'. Amüsiert durch solch unterhaltsame Anekdoten geht es mit Ute Fritsch immer weiter am Strand entlang. Hinter dem nächstliegenden Aufgang tosen die Ostseewellen und der letzte Hiddenseer Bernsteinfischer und ein paar Urlauber sind hier auf der Suche nach dem Gold des Nordens. Besonders nach Nordwest-Stürmen stehen die Chancen gut, etwas zu finden. Bernstein suchte natürlich auch Ringelnatz, und 1929 notierte Asta Nielsen in ihrem Tagebuch: »Heute Morgen verließ Ringelnatz das Haus in Badehosen, knallrote Badeschuhe, ein gelbes Tuch um den Kopf und eine bunte Tasche auf dem Bauch für Bernsteine, die er zu suchen beabsichtigte ... Es ist

wohl überflüssig zu bemerken, dass er nicht einen einzigen gefunden hatte«.

Auch ein Schild hat der Dichter am Strand aufgestellt: »Bernstein verloren, Ringelnatz dringend zurückgeben!« Natürlich verewigte Ringelnatz die schönen Steinchen auch in Versen:

Steine schaumumtollt,
Zornig ausgerollt
Über Steine.
Freiheit, die ich meine,
Gibt es keine.

Badegäste am Strand

Weiter am Strand entlang geht es in Richtung Vitte. Das Geschrei der Möwen liefert den Anlass für das passende Gedicht und dann wäre da auch noch »Enttäuschter Badegast«: »Mir schmeckt das Badewasser nie. Ich denke immer an Pipi«.

Ringelnatz malte und zeichnete auch. Der vielseitig begabte Künstler hatte 1923 seine erste Ausstellung in der Galerie Flechtheim in Berlin. Auch Steine, die er am Strand fand, wurden von Ringelnatz verschönert.

Bald sind die ersten Häuser von Vitte in Sicht und es geht über einen schmalen Weg zur Hauptstraße zwischen Kloster und Vitte. Ein kleines Stück auf dem Norderende entlang und gleich die erste Straße links: Zum Seglerhafen Nr. 7 lautet die Adresse. Das zweite Haus auf der linken Seite versteckt sich hinter einer großen Hecke. Es ist die Endstation der Tour und war einst Asta Nielsens Feriendomizil. Architekt Max Taut hat das Haus mit den prägnanten Rundungen gebaut, weshalb die Schauspielerin es »Karusel« taufte, die gleichlautende dänische Form des deutschen Wortes Karussell. In weißen Lettern auf blauem Grund steht es über der Eingangstür des heute leer stehenden Hauses. Ein Foto zeigt den vorlesenden Ringelnatz mit Nielsen vor

diesem Haus – ein Sommerglück, das Anfang der 1930er-Jahre ein jähes Ende nahm. Asta Nielsen kehrte dem nationalsozialistischen Deutschland den Rücken, verließ 1936 Hiddensee und kehrte nie wieder zurück. Ringelnatz erhielt 1933 Auftrittsverbot und starb 1934 verarmt in Berlin. Doch seine Verse erinnern bis heute an schöne, glückliche Sommertage:

Insel Hiddensee

Kühe weiden bis zum Rande
Großer Tümpel, wo im Röhricht,
Kiebitz ostert. – Nackt im Sande
Purzeln Menschen selig töricht.

Und des Leuchtturms Strahlen segnen
Eine freundliche Gesundheit.

Andrerseits: Vor steiler Küste
Stürmen Wellen an und fliehen. –
Nach dem hohen Walde ziehen
Butterbrote und Gelüste.

Fischerhütten, schöne Villen
Grüßen sich vernünftig freundlich.

Steht ein Häuschen in der Mitte,
Rund und rührend zum Verlieben.
»Karusel« steht angeschrieben.
Dieses Häuschen zählt zu Vitte.

Asta Nielsen – Grischa Chmara,
Unsre Dänin, und der Russe –,

Auf dem Schaukelpolster wiegen
Sich zwei Künstler deutsch umschlungen. –
Gar kein Schutzmann kommt gesprungen. –
Doch im Bernstein träumen Fliegen.

Um die Insel rudern, dampfen,
Treiben, kämpfen Boote, Bötchen.

Termine

Hiddenseer Halbmarathon: letztes Aprilwochenende, aktuelle Infos unter: www.lauftreff.de. Entweder läuft man den Hiddenseer Halbmarathon mit 21,1 km oder den Volkslauf von 11,9 km. Wanderer gehen dagegen 11,6 km und die Kleinen starten beim 800 m Bambini-Lauf.

Heidewoche: 4 Tage, meist Mitte August, an verschiedenen Orten, www.heideverein.de. Die Hiddenseer Dünenheide e. V. und die Biologische Station Hiddensee informieren mit Exkursionen, Ausstellungen und Vorträgen zu aktuellen Themen über die Erhaltung und Entwicklung der Kulturlandschaft.

Dornbusch ▶ B 3

Leuchtfeuer Dornbusch

Mai–Okt. tgl.10.30–16 Uhr, Erw. 3 €, Kinder 1,40 €, Familienkarte 7,50 €, Kindern unter 6 Jahren haben aus Sicherheitsgründen keinen Zutritt

Das Leuchtfeuer steht 54,36 Grad nördliche Breite und 13,07 Grad östliche Länge auf dem **Schluckswiek**. Insgesamt 102 Stufen sind es bis zur Aussichtsplattform. Oben angekommen wird man mit einer wunderschönen Aussicht belohnt. Dank der Wetterstation Hiddensee, die das Leuchtfeuer gerne im Hintergrund ihrer Wetterprognosen zeigt, kennt mittlerweile jeder in Deutschland den Dornbusch auf Hiddensee.

Den Dornbusch erwandern

Ab Kloster gibt es verschiedene Wege über das Hügelland des Dornbusches. Am besten hält man sich vom Gerhart-Hauptmann-Haus aus rechts, dann in den Biologenweg, vorbei an der Biologischen Station der Universität Greifs-

wald. Die nächste Treppe führt hinunter zum Steinstrand. Unterhalb des Steilufers geht man bis zur nächsten großen, steilen Holztreppe, die wieder hinauf zum Hochuferweg erklommen wird. Zum Aufstieg sollten Sie wirklich nur die Treppen benutzen, denn die Hügellandschaft zählt zum geschützten Nationalpark. Als Belohnung für den etwas beschwerlichen Aufstieg bietet sich ein Zwischenstopp in der Ausflugsgaststätte Zum Klausner an. Die kleinen Ferienhäuser Erika und Klaus, die direkt an der Steilküste stehen und zur Gaststätte gehören, können auch gemietet werden. Erika war übrigens das erste Haus der Hiddenseer Wetterstation von Jörg Kachelmann (s S. 61).

Einen Zwischenstopp kann man auch beim Leuchtturm einlegen, um über den Dornbuschweg nach Kloster zu spazieren. Wer noch weiter will, kann vom Dornbusch aus auch den Wanderweg über die Hügellandschaft nach Grieben nehmen und von dort erst wieder zurück nach Kloster laufen. Für die kleine Strecke, je nach Tempo und Pausen mit Bernsteinsammeln, sollte man eine gute Stunde einplanen. Der lange Weg über Grieben nimmt da schon ein paar Stunden in Anspruch. Wichtig ist gutes Schuhwerk, mit Flipflops kommt man hier nicht weit.

Grieben ▶ B 3

Grieben ist die älteste und zugleich die kleinste Ortschaft Hiddensees. 36 Einwohner bewohnen das nördlich von Kloster liegende ruhige Dorf. Die wenigen Häuser reihen sich entlang der einen Hauptstraße. Die kleine rohrgedeckte Fischerkate wurde um 1720 erbaut und ist auch als Feriendomizil zu mieten. Sie zählt zu den ältesten Häusern der Insel. Ein Laden versorgt die

Bewohner mit dem Nötigsten und fungiert während der Sommersaison auch als Fahrradverleih. Die Hauptstraße in Richtung Nordosten führt zum Ende von Hiddensee, dem Enddorn. Die unterhalb dieser nördlichen Spitze liegenden zwei Haken Altbessin und Neubessin zählen zum Nationalpark Vorpommersche Boddenlandschaft und dürfen nicht betreten werden, weil sie bedrohten Vogelarten als Rastplatz dienen.

Übernachten, Essen

Kunst und Gaumenfreuden – **Gasthaus zum Enddorn:** Dorfstr. 6, Tel. 038300 304, www.enddorn.hitthim.de, in der Saison tgl. 12–21 Uhr, Sanddorntorte 3 €, Hauptgerichte ab 8,50 €, DZ ab 99 € (mind. 3 Tage Aufenthalt und HP). Das Personal ist nett und die hausgemachte Sanddorntorte vorzüglich. Im Restaurant hängen die Wände voller Kunst. Bestens geeignet für die Pause nach einer Wanderung zum Dornbusch oder einer Radtour. Auch schöne Zimmer mit Boddenblick sind hier zu haben.

Infos

www.grieben-hiddensee.de, www.seebad-hiddensee.de

Vitte ▶ B 4

Vitte ist so etwas wie die Hauptstadt der Insel. Die Hauptattraktionen heißen Blaue Scheune, Asta-Nielsen-Haus und Seebühne. Neben der Kurverwaltung und dem Rathaus sitzen hier nicht nur der Arzt und die Schule von Hiddensee, auch der einzige EC-Automat der Insel ist hier zu finden. Neben

Pferdekutschen

Nicht nur etwas für große Gepäcktransporte, auch moderierte Kutschfahrten zum Süderleuchtturm (s. S. 281 und 282) oder quer über die Insel sind zu haben (Infos unter: www.seebad-hiddensee.de).
Fuhrmannshof Neubauer: Kloster, Tel. 038300 4 87, www.hiddensee-kutsch fahrten.de
Fuhrmannshof Tiburtius: Vitte, Tel. 038 300 680 15, www.pferdundfahrrad.de
Fuhrunternehmen Mach: Neuendorf, Tel. 038300 501 96

einem Nationalparkhaus gibt es eine alte Mühle und das so genannte Hexenhaus, das älteste noch erhaltene Haus der Insel. Dazu reihen sich kleine Läden, ein großer Supermarkt und zahlreiche Restaurants und Cafés. Außerdem ist hier auch der Fähranleger für die Lastenfähre.

Der Ort Vitte wurde im Jahre 1513 erstmalig als Ortschaft erwähnt. Der Name leitet sich ab von den Fischlandplätzen, den Vitten, die hier im 13. und 14. Jh. entstanden sind. Heute zeichnet sich der Ort durch reetgedeckte Häuser und grüne Vorgärten aus. In Richtung Neuendorf reihen sich die alten Fischerhäuser aneinander. Vitte ist ein klein wenig städtischer als Kloster und besitzt sogar einen Seglerhafen. Ein mondän anmutendes Dorf, das aber leider auch mit einer Bausünde leben muss: die viel zu groß geratenen Häuser des ehemaligen Ferienheims VEB Volkswerft Stralsund gleich hinterm Deich.

Das **Naturschutzgebiet Düneheide**, das direkt an Vitte anschließt, eignet sich bestens für Wanderungen. Allerdings ist die Boddenseite Naturschutzgebiet und darf somit nicht betreten werden. Am besten ist die Heide zu

Fuß zu erkunden. Die Wege sind oft schmal und sandig, daher sollte man unbedingt festes Schuhwerk anziehen – nicht zuletzt auch wegen der Kreuzotter, die hier recht häufig unterwegs ist.

Nationalparkhaus

Norderende 2, Tel. 038300 680 41, www.nationalpark-vorpommersche-boddenlandschaft.de, April–Okt. tgl. 10–16, Nov.–März tgl. 10–15 Uhr, Eintritt frei

Es ist das nördlichste Haus von Vitte. Im Innern informiert eine Ausstellung über die Natur der Insel. Wer immer schon mal wissen wollte, wie sich Zugvögel orientieren oder wie eigentlich eine Kreuzotter aussieht, sollte das Haus aufsuchen. Vor der Haustür liegt ein Naturlehrpfad, der vor allem Kinder begeistert. Regelmäßige Vorträge und geführte Wanderungen wie Vogelstimmenführungen oder zum Thema Salzwiesen Hiddensees runden das Angebot ab.

Asta-Nielsen-Haus

Zum Seglerhafen 7, www.kinothek-asta-nielsen.de; das Haus ist nur im Rahmen einer Tour von Marion Magas zugänglich; um Voranmeldung wird gebeten, aktuelle Termine unter Veranstaltungskalender www.seebad-hiddensee, 2 €

»Fischerhütten, schöne Villen grüßen sich vernünftig freundlich, steht ein Häuschen in der Mitte, rund und rührend zum Verlieben …«, dichtete Joachim Ringelnatz über das Feriendomizil der Stummfilmdiva Asta Nielsen. Am Nordende von Vitte zur Boddenseite liegt dieses originelle Haus, ein geschwungener Rundbau, der 1922 von keinem Geringeren als Max Taut entworfen wurde. Es war das erste von insgesamt vier Ferienhäusern, die der berühmte Architekt Taut für die Insel entwarf. Die dänische Schauspielerin verbrachte in den Jahren 1925 bis 1936 oft die Sommermonate auf Hiddensee und nannte das von ihr gekaufte Feriendomizil liebevoll in ihrer dänischen Muttersprache *karusel*. Gern gesehener Gast war der Schriftsteller Joachim Ringelnatz (s. S. 270). Neben dem Haus Seedorn von Hauptmann und der Lietzenburg der Kruses in Kloster war es damals einer der Künstlertreffpunkte auf der Insel. »Nirgends ist man so jung, so froh und so frei wie auf dieser schönen Insel«, schrieb Asta Nielsen in ihr Tagebuch.

Unser Tipp

Hiddensee-Geschichten aus erster Hand

War ›dat söte Länneken‹ freier als der Rest der Deutschen Demokratischen Republik? Und durfte man Luftmatrazen wirklich nicht benutzen? Marion Magas, die 1975 mit ihrer Mutter als Sechsjährige auf die Insel kam, hat diese Zeit selbst erlebt. Die Inselchronistin und Buchautorin erzählt auf ihrem Spaziergang von Vitte nach Kloster so manche interessante Geschichte, z. B. dass die etwa 52 km entfernte dänische Insel Møn Ziel von Fluchtversuchen war. Wer nach dem kurzweiligen Rundgang zu Hause weiterlesen möchte, kann auf der Website von Frau Magas das Buch »Inselgeschichten aus einer anderen Zeit« bestellen.

Marion Magas: Führung mit Geschichten aus der DDR durch Vitte und Kloster, Treffpunkt gegenüber vom Restaurant Sanddorneck, Schulweg 1 in Vitte, aktuelle Termine unter: www.hiddensee-kultur.de, 6,50 €.

Blau wie das Meer – der einstige Ausstellungsraum der Malerinnen des Hiddenseer Künstlerinnenbundes

Das Haus von Asta Nielsen wird bald auch ohne Führung der Öffentlichkeit zugänglich sein. Auch hier soll – wie im Hauptmann-Haus – ein Museum eingerichtet werden.

Blaue Scheune
Norderende 170, nur von außen zu besichtigen
Sicherlich das meistfotografierte Haus der Insel, auch wenn es heute fast ganz hinter der großen Hecke verschwindet. Den leuchtend blauen Anstrich verdankt das Domizil der Malerin Henni Lehmann (1887–1937), die es 1920 erwarb und als Arbeits- und Ausstellungshaus nutzte. Jeden Sommer wurden hier Bilder des Hiddenseer Künstlerinnenbundes ausgestellt (s. auch S. 77).

Außerdem ist die Blaue Scheune das letzte erhalten gebliebene Rookhuus (Rauchhaus), so genannt, weil es keinen Kamin gab und der Rauch sich seinen Weg durch Ritzen und Spalten im Dach suchen musste. Dieser Haustypus war auf der Insel weit verbreitet, doch die große Sturmflut von 1872 zerstörte die meisten dieser alten Katen.

Henni-Lehmann-Haus
Wiesenweg 2, Mai–Juni Mo–Fr 15–18, Juli–Aug. Mo–Fr 14–18 Uhr, www.see bad-hiddensee.de
Seit Mai 2000 wird das Haus als Veranstaltungs- und Ausstellungsraum so-

wie als Bibliothek genutzt. Das Henni-Lehmann-Haus wurde 1907 von dem Schweriner Architekten Paul Ehmig entworfen und bis 1937 als Sommervilla der Familie Lehmann genutzt. In Erinnerung an die Verdienste der Namensgeberin und Künstlerin, die sich für bessere Lebensumstände auf Hiddensee einsetzte und unter anderem den Insulanern 1913 ein Darlehen zum Bau eines Arzthauses gab, wurde das Haus nach ihr benannt.

Übernachten

Gemütlich – **Hotel Godewind**: Süderende 53, Tel. 038300 66 00, www.hotelgodewind.de, DZ ab 95 €, App. 2–3 Pers. 95 €. Ob Ferienwohnungen oder Hotelzimmer, das Haus Godewind bietet gediegenen Komfort und Hiddenseer Gemütlichkeit. Auch eine Sauna gehört zum Haus und die Gaststätte gibt sich recht urig.

Traumhaft – **Post Hiddensee Appartements:** Wiesenweg 26, Tel. 038300 64 30, Fax 038300 643 33 www.hotel-post-hiddensee.de, 13 App. und 5 DZ, ganzjährig geöffnet, DZ ab 55 €, App. ab 120 € (ohne Frühstück). Stilvolles Haus mit behaglicher Atmosphäre. Besonders schön ist der Sandsteinkamin im Appartement.

Wunderbar – **Inselhaus Hiddensee**: Süderende 185, Tel. 08847 69 90 60, www.hiddensee.de, FeWo ab 139 €. Sechs exklusive Ferienwohnungen für Anspruchsvolle. Sauna, Solarium und Whirlpool gehören hier genauso zur Ausstattung wie Stil und Komfort. Bis zum Meer sind es zudem nur 200 Meter. Die sechs schönsten Ferienwohnungen von Hiddensee.

Großzügig – **Haus Mühlstein:** Achtern Diek 22, Tel. 03 83 00 607 31, www.haus-muehlstein-hiddensee.de, 225 € für 6 Pers. Ein modernes und stilvolles

Haus für die ganze Familie mit Sauna und Kamin. Die Terrasse eignet sich perfekt zum Grillen.

Essen & Trinken

Lecker – **Inselreif:** Süderende 9, Tel. 038300 263, www.hiddensee-inselreif.de, April–Okt. 12–21 Uhr, Hauptgerichte ab 9,50 €. Am Anfang vom Süderende liegt das mit dem Logo »Regionale Esskultur« ausgezeichnete Haus. Der warme Kartoffelsalat und der fangfrische Fisch sowie der Pommersche Rippenbraten gefüllt mit Backpflaumen sind die unbestrittenen Highlights des Hauses und ganz besonders lecker.

Einkaufen

Gemischtwarenladen – **Eisbär:** Norderende 178 a, Tel. 038300 605 34, www.eisbaer-hiddensee.de, Mai–Okt. Mo–Sa 10–19 Uhr. Fischerhemden, Friesennerze, Tabaksdosen, Schiffsglocken und keltischer Silberschmuck gehören zum gut sortierten Angebot. Wer beim Einkaufen eine Stärkung nötig hat, bestellt einfach einen leckeren Milchreis und einen Kaffee.

Nordischer Goldrausch – **Ingos Bernsteinwerkstatt Vitte:** Norderende 142, Tel. 038300 607 30, www.bernstein werkstatt-vitte.de, Mai–Okt. Mo–Fr 10–13,14.30–18 Uhr. Die Suche nach dem Gold des Nordens ist oft sehr mühselig. Wer dennoch nicht mit leeren Händen nach Hause zurückkehren will, kann hier die schmucken Steine auch kaufen.

Leselust – **Buchladen Koralle:** Norderende 202, Tel. 038300 218, Mai–Sept. tgl. 10–18 Uhr. Im Mai 1991 eröffnete die Germanistin Renate Seydel den gut sortierten Buchladen. Sie selbst ist He-

rausgeberin von Bildbiografien und Memoirenbänden aus den Bereichen Film und Theater sowie von norddeutscher Regionalliteratur.

Aktiv & Kreativ

Romantisch – **Zeesbootsfahrt mit der Sophia Theresa:** Tel. 0162 131 24 54, sophiatheresa@web.de, www.hiddenseesegeln.de, Termine je nach Wetterlage, pro Person 5 €/Std. Das schöne Zeesboot mit seinen braunen Segeln sticht zu Tages- als auch zu Sonnenuntergangsfahrten in See (s. S. 258).

Wasserfreuden – **Surf & Segel Hiddensee:** Norderende 163, Tel. 038300 605 25, www.surfundsegelhiddensee.de, Mai–Okt. tgl. 10–18 Uhr, Anfänger Segeln 10 Std. ab 150 €. Ob Schnupper-, Kindersegel- und Windsurferkurs, ein Sportbootführerschein oder lieber eine Tour mit dem Katamaran, das Angebot ist vielfältig, das junge Team nett.

Abends & Nachts

Maritimes Kammertheater – **Seebühne:** Wallweg 2, Tel. 038300 605 93, www.hiddenseebuehne.de, Tickets 12 €. Das maritime Kammertheater ist ein Muss! Ein Mix aus Schauspiel und Figurentheater, das mit viel Witz, Ironie und großem Können überzeugt. Deutschlands charmanteste Inselbühne sorgt von Mai bis September für erstklassige Unterhaltung (s. S. 80).

Termine

Jazz und Mee(h)r: Immer im Sommer im Henni-Lehmann-Haus in Vitte. Karten pro Abend 12 €. Aktuelles Programm unter www.seebad-hiddensee.de. An sieben aufeinander folgen-

Das Zeltkino muss bleiben!

Thomas Gottschalk hat kein Kino mehr. Nein, nicht der gleichnamige Fernsehmoderator, sondern der Kinomann von Hiddensee. Das Zeltkino im sogenannten Kinowäldchen ist einfach weg. Der Projektor steht still und die ›Inselregierung‹ hat einen neuen Plan: Das Kult-Kino soll zukünftig in eine Mehrzweckhalle ziehen, die unter anderem auch als Sporthalle genutzt wird. Seit 1964 gehört das Zeltkino zur Insel wie der Wind – und nun soll damit einfach Schluss sein? Das Zeltkino Hiddensee war das letzte seiner Art in Deutschland und ein echtes Unikum! Das Programm war vielfältig und gut. Neben den neuesten Kinostreifen fanden auch immer die beliebten Inselklassiker wie der alte DEFA-Streifen »Lütt Matten« von 1963/64, der auf Hiddensee spielt, ihren Platz. Das Zeltkino fehlt! Mehr Informationen zu den Aktionen für den Erhalt des Kinos unter: www.zeltkino-hiddensee.de.

den Tagen wird in jeweils zwei Konzerten nicht nur Jazz präsentiert, sondern auch Folk, Blues, Tango, Flamenco sowie klassische Musik.

Palucca-Tanzwoche: im Juli, www.palucca.eu. Seit 1996 ehren die Dresdner Studenten die Gründerin ihrer Schule und die Mitbegründerin des modernen Tanzes Gret Palucca (1902–1993) jährlich mit einer Tanzwoche. Seit 1948 besuchte Gret Palucca die Insel Hiddensee und verbrachte die Sommerferien in ihrem kleinen Haus in Vitte, das jedoch leider, weil es baufällig war, 2009 abgerissen wurde. Das alljährliche Tanzevent ist eines der kulturellen Höhepunkte auf der Insel.

Asta-Nielsen-Woche: Meist um den 11. Sept., www.seebad-hiddensee.de. Mit

einem bunten Programm wird über eine ganze Woche der großen dänischen Stummfilmdiva Asta Nielsen gedacht.

Neuendorf ▶ B 5

Hier stehen die Häuser so, als wären sie geradezu aus einem Würfelbecher geworfen worden, mitten auf der Wiese. Es gibt kaum befestigte Wege. Wo sie fehlen, geht das Gras eben einfach bis zur Eingangstür. Die meisten der weißen, reetgedeckten Häuser sind in West-Ost-Richtung ausgerichtet; die Wohnräume sind dem Süden zugewandt, um hier entsprechend viel Licht und Wärme einzufangen. Aus der Ferne scheinen die kleinen Häuschen auf dem Wasser zu stehen, denn das Land ist hier extrem flach. Lediglich seichte Sandwälle sind zu finden, die die Bewohner liebevoll ihre ›Berge‹ nennen.

Das Fischerdorf steht unter Denkmalschutz und einige der Bewohner arbeiten noch heute als Fischer. Streng genommen besteht der Ort eigentlich aus zwei Teilen: im Norden Neuendorf und im Süden der ältere Teil mit Namen Plogshagen, der zur selben Zeit wie das Zisterzienserkloster in Kloster (s. S. 264) im Jahre 1236 nach seinem ersten Bewohner Peter Plog benannt wurde. Das so genannte neue Dorf kam erst um 1700 dazu. Doch für Außenstehende ist die Grenze heute überhaupt nicht zu erkennen, denn die Ortsteile gehen mittlerweile nahtlos ineinander über.

Eine Randposition hat das Dorf zwar schon, doch natürlich gibt es hier alles, um die Urlauber zu versorgen: zwei Einkaufsquellen, einen Fahrradverleih, einen Souvenirshop und diverse Restaurants. Und seit Pfingsten 2009 gibt es eine neue touristische Attraktion:

das Fischereimuseum Lütt Partie, das von Vitte aus gesehen gleich am Ortsanfang steht.

Vor allem Naturliebhaber und Freunde langer Strände kommen am südlichsten Zipfel von Hiddensee auf ihre Kosten. Vor der Gellen steht der kleine Leuchtturm und markiert das südliche Ende der Insel. Der Zutritt des Biotops Gellen ist allerdings strengstens verboten. Hier leben viele zum Teil vom Aussterben bedrohte Vogelarten und in den Dünen wachsen geschützte Pflanzen wie Wollgras und Sonnentau.

Fischereimuseum Lütt Partie

Pluderbarg 7, Mai–Sept. Mo–Sa 14–17 Uhr, Eintritt frei, eine Spende an den Förderverein ist jedoch willkommen Gleich am Anfang des Dorfes begrüßt immer einer der fünf Fischer von Lütt Partie die Besucher. Im Jahre 1885 wurde der reetgedeckte ehemalige Reusenschuppen von den Mitgliedern der damaligen Standfischerkompagnie erbaut. Noch bis 2005 wurde er für seinen ursprünglichen Zweck, der Lagerung von Netzen, genutzt. Danach stand er lange leer und verfiel, bis die fünf gestandenen Neuendorfer Männer beschlossen, ein Museum daraus zu machen. Mit EU-Geldern wurde der Schuppen saniert. Anschließend trugen die Fischer fleißig Anschauungsmaterial zusammen. Und nun hängen im Schuppen nach wie vor auch Netze von der Decke, aber es gibt darüber hinaus auch jede Menge alte Fotos, Seekarten und das Modell einer Reuse zu bestaunen sowie viel Wissenswertes über Fische und Fischfang zu erfahren. Wer sich fragt, wie ein Netz repariert wird, liest hier keine langen Beschriftungsschildchen, sondern fragt einfach direkt den Fachmann, der es dann gerne an den Ausstellungsobjekten vorführt.

Auch wofür die Holzklötzchen im Einmachglas gut waren, wird hier erklärt. Die Hölzer wurden für das Rotationsprinzip benutzt: Jeder Fischer im Ort warf ein Stückchen mit seiner Hausmarke in den Topf und dann wurde per Los entschiedenen, wer welche Pflichten an Land übernehmen musste. Gemeckert wurde nicht, auch wenn einer zweimal hintereinander dieselbe Tätigkeit per Los zog. Das funktionierte damals immer, sagen die Fischer.

Ein wirklich sehens- und erlebenswertes Heimatmuseum, das die Neuendorfer mit viel Engagement und Liebe führen.

Lücht

Der nur 12,2 m hohe **Süderleuchtturm** kann nicht bestiegen werden, dennoch steht der weiße Turm mit seiner feuerroten Spitze schon seit 1905 fast trotzig vor der Schutzzone des Nationalparks am Beginn des Schwemmlandes Gellen. Schließlich ist er auch ein Quermarkenfeuer und signalisiert mit seinen weißen, roten und grünen Farbsektoren, ab welcher Position ein Kurswechsel auf See stattfinden muss, damit das Schiff im sicheren Fahrwasser bleibt (s. S. 282).

Übernachten

Hafenhaus – **Fischer Timm:** Am Bollwerk 1, Tel. 038300 500 82, www.fischer-timm.de, FeWo 41–67 €. Helle, geräumige App. mit Gartenmitbenutzung und schönem Boddenblick.

Eigenheim auf Zeit – **Jana Kallius:** Dörpstr. 3 a, Tel. 038300 501 94, www.hiddenseezeit.de, kleines Ferienhaus 75 €. Für Kinder gibt es eine Buddelausrüstung und nach Absprache ist auch die Waschmaschinennutzung möglich.

Essen & Trinken

Maritim – **Gasthaus zur Boje:** Königsbarg 18, Tel. 038300 65 20, www.zur-boje-hiddensee.de, Mai–Sept. tgl. ab 9 Uhr, warme Küche 12–21.30, Winter 10–20 Uhr. Matjes ab 9,50 €, Fischteller für 2 Pers. 34 €. Smutjes Fischteller oder die Heringsplatte zur Boje heißen die Klassiker des Hauses. Rustikales maritimes Ambiente mit einer schönen Terrasse unter Sonnenschirmen.

Aktiv & Kreativ

Auf Rädern – **Freizeitladen Hiddensee:** Schaulbarg 7, Tel. 038300 477, www.freizeitladen-hiddensee.de, Tourenrad pro Tag 6 €, inkl. Pannenhilfe. Fam. Leschner führt einen ganzen Fuhrpark an Zweirädern, auch Rikschas, Bollerwagen oder Tandems gibt es.

Alternativ – **Heilpraktikerin Corny Kronemann:** Dörpstr. 21, Tel. 038300 461, www.reiki-auf-hiddensee.de. Yoga-Stunde 10 €. Die Heilpraktikerin bietet neben Shiatsu, Fasten und Reiki eine ayurvedische Ernährungsberatung sowie Yoga-Kurse an.

Infos & Termine

Hiddensee Inselnachrichten: Von Februar bis Dezember erscheint einmal im Monat die Minizeitung für 2,50 €. Barbara Franck ist Redakteurin und Herausgeberin und berichtet über die neuesten Beschlüsse der Gemeindevertretung genauso wie über Termine zu neuen Ausstellungen und anderen kulturellen Ereignissen.

Inselschwimmen Neuendorf–Schaprode: Ende Juli, www.samtens.dlrg.de. Ca. 60 Schwimmer treten jedes Jahr an beim spektakulären Langzeitschwimmen zwischen den beiden Inseln.

Lieblingsort

Lücht – der Süderleuchtturm auf dem Gellen ▶ B 5

Besonders schön ist er bei Sonnenaufgang, der Süderleuchtturm, der bei weitem nicht so bekannt ist wie sein großer Bruder, das berühmte Leuchtfeuer Dornbusch. Vor der Schutzzone des Nationalparks am Beginn des Schwemmlandes Gellen steht der nur 12,2 m hohe Turm. Am Strand entlang, von Neuendorf kommend, gibt sich die kleine, weiße Lücht mit ihrer feuerroten Spitze erst kurz vor Erreichen des Ziels zu erkennen.

Register

Register

Abbildungsnachweis/Impressum

Abbildungsnachweis

AKG, Berlin: S. 233
Bildagentur Huber, Garmisch-Parten-
kirchen: S. 12–13 (Dörr); 88–89
(Mehlig); 117, 253 (Schmid); 142 li.,
146–147, 258 (Lubenow)
DuMont Bildarchiv, Ostfildern: S. 8,
10 o. li., 11 o. li., 24–25, 29, 30,
38–39, 42, 44–45, 46, 52–53, 59, 61,
64, 69, 90 li., 94–95, 102–103, 110
re., 111 li., 120, 132, 136, 142 re.,
143 li., 154–155, 160–161, 168 li.,
169 li., 171, 184, 196 li., 206–207,
216 li., 216 re., 217 li., 221,
228–229, 230–231, 238, 251, 262
re., 277, Umschlagrückseite (Jung);
S. 23, 32, 98, 90 re., 91 li., 104,
106–107 (Lubenow)
Dagny Eggert, Hamburg: S. 9 re.,
10 o. re., 10 u. li., 16, 18–19, 110 li.,
123, 126–127, 166–167, 190
Karola Kostede, Hamburg: S. 9 li.,
11 o. re., 71, 83, 196 re., 203, 209,
214–215, 262 li., 266, 270, 272,
282–283

laif, Köln: Titelbild, S. 11 u. re.,
234–235 (Westrich); 35 (Bungert);
10 u. re., 178–179, 197 li., 212
(Modrow); 249 (Jonkmanns)
Look, München: Umschlagklappe
vorne (age fotostock); S. 150–151,
263 li., 269 (Zielske); 156 (Seer); 168
re., 174–175 (Wothe)
Mauritius, Mittenwald: S. 140 (Wittek)
picture alliance/dpa, Frankfurt a.M.:
S. 11 u. li., 254–255 (Grimm); 56,
74, 86, 244 (ZB); 66 (Imagno); 96
(Sauer); 145 (Büttner); 246 (dpa)
Dieter Stroh: S. 80
S. 77: Mit freundlicher Genehmigung
des Archivs Julie-Wolfthorn-Freun-
deskreis (Leitung: Sabine Krusen)
aus: Marion Magas, »Wie sich die
Malweiber die Ostseeküste eroberten«, Berlin 2008.

Kartografie

DuMont Reisekartografie,
Fürstenfeldbruck
© DuMont Reiseverlag, Ostfildern

Umschlagfotos

Titelbild: Selliner Seebrücke bei Nacht
Umschlagklappe vorne: Kreideküste im Nationalpark Jasmund

Hinweis: Autorinnen und Verlag haben alle Informationen mit größtmöglicher
Sorgfalt geprüft. Gleichwohl sind Fehler nicht vollständig auszuschließen. Alle
Angaben erfolgen ohne Gewähr. Bitte schreiben Sie uns! Über Ihre Rückmel-
dung zum Buch und über Verbesserungsvorschläge freuen sich Autorinnen und
Verlag:
DuMont Reiseverlag, Postfach 3151, 73751 Ostfildern,
info@dumontreise.de, www.dumontreise.de

2., aktualisierte Auflage 2012
© DuMont Reiseverlag, Ostfildern
Alle Rechte vorbehalten
Redaktion/Lektorat: Christine Traber, Henriette Volz
Grafisches Konzept: Groschwitz/Blachnierek, Hamburg
Printed in China